新訂朱子全書

附外編

27

[宋]朱熹 撰
朱傑人 嚴佐之 劉永翔 主編

上海古籍出版社

本册書目

朱熹佚詩佚文全考

束景南　考訂

類目

訓蒙絶句

辑録説明

朱熹作訓蒙絶句九十八首，多被後世竄亂，甚至改名性理吟，與僞作同刻并行。宋徐經孫黄季清注朱文公訓蒙詩跋云：「右訓蒙絶句五卷，晦庵先生朱文公之所作也。謹按先生自序，謂『病中默誦四書，隨所思記以絶句，後以代訓蒙者五言七言之讀。』……其目雖不出於四書之間，而先生之性與天道可得而聞者，具於此矣。其曰『訓蒙』，乃先生謙抑，不敢自謂盡道之辭云耳……絶句凡九十八首，始於天，而以事天終焉。」至元時，訓蒙絶句已增爲百首，改名性理絶句，程端禮程氏家塾讀書分年日程卷一云：「日讀字訓綱三五段，此乃朱子以孫芝老能言，作性理絶句百首教之之意。」今訓蒙絶句傳世有二種不同版本：一爲朱玉輯入朱子文集大全類編（簡稱朱本），共百首，起於天，終於聞知；一爲鄭端編入朱子學歸（簡稱鄭本），共九十九首，起於天，終於事天。鄭本有體認、仁之三、辭達而已矣之二、大而化之之二共四首爲朱本所無。按仁之三即朱文公文集卷六送林熙之詩五首之第三首，作於乾道四年，顯非訓蒙絶句原有之詩。朱培文公大全集補遺、朱啟昆朱子大全集補遺均輯録訓蒙絶句，只九十四首，起於天而終于事天，同於鄭本，而缺仁之三、曾點、克己一、困心衡慮、困學五首。今以朱本為底本，參以鄭本、朱培本、朱啟昆本，異文校録於下，異詩亦附其後，以備參考。訓蒙絶句原本九十八首，今朱本為百首，疑其中先天圖二首為偽。又朱本有困學、困心衡慮、曾點、克己一共四首同見於朱文公文集卷二。今一仍其舊不删，姑存原貌。

束景南

目録

序

病中默誦四書，隨所思記以絶句，後以代訓蒙者五言七言之讀。

(1)天

氣體蒼蒼故曰天，其中有理是為乾。渾然氣理流行際，萬物同根此一源。

〔注〕鄭本「蒼蒼」作「蒼然」。鄭本亦為第一首。

(2)太極圖

性蔽其源學失真，異端投隙害彌深。推原氣禀由無極，只此一圖傳聖心。

〔注〕鄭本為第十一首。

(3)先天圖一

不待安排自整齊，只緣太極本如斯。試將萬事依圖看，先後乘除可理推。

〔注〕鄭本為第十二首。

(4)先天圖二

乾坤復姤互推移，動静之端起至微。終日斂襟看不足，其中圖處是真機。

〔注〕鄭本「圖」作「圓」。鄭本為第十三首。

(5)小學

灑掃庭堂職足供，步趨唯諾飾儀容。是中有理今休問，教謹端詳體立功。

〔注〕鄭本「足」作「是」，「教」作「敬」。鄭本為第四十首。

(6)西銘

人因形異種私根，不道其初同一源。直自源頭明説下，盡將父母屬乾坤。

〔注〕鄭本為第十八首。

(7)唤醒一

為學常思唤此心，唤之難熟物難昏。纔昏自覺中如失，猛省猛求則明存。

〔注〕鄭本「難熟」作「能熟」，「則明」作「明則」。鄭本為第三十五首。

(8)唤醒二

二字親聞十九冬，向來已愧緩無功。從今何以驗勤怠，不出此心生熟中。

〔注〕鄭本無此詩。

(9)學

軻死如何道乏人，緣知學字未分明。先除功利虚無習，盡把聖言身上尋。

〔注〕鄭本「未」作「不」，朱培本、朱啟昆本「尋」作「行」。

(10)心

性外初非更有心，只於理内别虚靈。虚靈妙用由斯出，故主吾心統性情。

〔注〕鄭本「吾心」作「吾身」。鄭本為第六首。

(11)意

意乃精專所生時，志之所向定於斯。要須總驗心情意，一發而俱性在茲。

〔注〕鄭本「精專」作「情專」。朱培本「生」作「主」。鄭本為第八首。

(12)致知

此心原自有知存，氣蔽其明物有昏。漸漸剔開昏與蔽，一時通透理窮源。

〔注〕鄭本「有」作「又」，「通」作「俱」。鄭本為第二十六首。

(13)中庸

過兼不及總非中，離却平常不是庸。二字莫將容易看，只斯為道用無窮。

〔注〕朱培本「二」作「庸」。鄭本為第十首。

(14)人心道心 一

自從載籍流傳後，此是論心第一條。剖析精明為訓切，如何心學尚寥寥。

〔注〕朱培本「是」作「日」。鄭本為第四十六首。

(15)人心道心二

因形與理別言心，其實隨形有理存。纔與理違形獨用，便為物欲理皆昏。

〔注〕鄭本為第四十七首。

(16)人心道心三

莫道惟危便為惡，只緣衆欲起於形。嘗許急把理來救，亦要少從危處行。

〔注〕鄭本「嘗」作「常」。鄭本為第四十八首。

(17)命一

妙合之機不暫停，自然氣化與形生。原於妙合名為命，即此而思得性真。

〔注〕鄭本「形生」作「流形」，「真」作「靈」。鄭本為第三首。

(18)命二

靜思二五生人物，新者如源舊者流。流之東之源不息，始知聚散返而求。

〔注〕鄭本「流之」作「流自」，「始知聚散返而求」作「始終聚散即斯求」。鄭本爲第四首。

(19)性

謂之性者無他義，只是蒼天命理名。論性不當唯論理，談空求理又非真。

〔注〕鄭本「不」作「固」。鄭本爲第五首。

(20)道

如何率性名爲道，隨事如緣大路行。欲説道中條理具，又將理字别其名。

〔注〕鄭本「緣」作「由」。鄭本爲第五首。

(21)情

謂之情者莫他思，只是吾心初動機。又把動時分析出，人當隨發察其幾。

〔注〕鄭本「莫」作「無」。鄭本為第七首，其第二十一首為仁之三：「天理生生本不窮，要從知覺驗流通。若知體用元無間，始笑前來説異同。」朱本無此詩。按：此詩即朱文公文集卷六送林熙之詩五首之三，作於乾道四年，顯非訓蒙絶句中詩。

(22)戒慎恐懼

防欲當施禦寇功，及其未知立崇墉。常求四者無他法，依舊同歸主敬中。

〔注〕鄭本「及其未知」作「及於未至」。鄭本為第三十首。

(23)謹獨

為學無功由間斷，其如間斷費關防。方知謹獨功誠切，多是此時心曷亡。

〔注〕鄭本「曷亡」作「易忘」。鄭本為第六十一首。

(24)静一

心惟動與静相乘，當静之時乃動源。所以功夫先要静，動而無静體難存。

〔注〕鄭本「存」作「全」。鄭本為第二十四首。

(25)靜二

莫將靠靜偏於靜，須是深知格物功。事到理明隨理去，動常有靜在其中。

〔注〕鄭本「知」作「加」。鄭本為第二十五首。

(26)體用

體用如何是一源，用猶枝葉體猶根。當於發處原其本，體立於斯用乃存。

〔注〕鄭本為第十七首。

(27)鬼神

鬼神即物以為名，屈則無形伸有形。一屈一伸端莫測，可窺二五運無停。

〔注〕鄭本為第二首。

(28)鳶飛魚躍一

此理充盈宇宙間，下窮魚躍上飛鳶。飛斯在上躍斯下，神化誰知本自然。

〔注〕鄭本「誰知」作「孰尸」。鄭本爲第六十二首。

(29)鳶飛魚躍二

神化誰知本自然，盍將此意返而觀。試當事上深加察，纔著些私便不安。

〔注〕鄭本「誰知」作「孰尸」，「當」作「將」。鄭本爲第六十三首。

(30)仁一

義兼禮智由仁出，接物當先主以仁。方有三端隨用發，譬之四序始於春。

〔注〕鄭本「以」作「在」，「三」作「四」。鄭本爲第二十首。

(31)仁二

心無私滓與天同，物我乾坤一本中。隨分而施無不愛，方知仁體蓋言公。

〔注〕鄭本「蓋」作「合」。鄭本爲第十九首。

(32)三省一

曾子尚憂三者失，自言日致省身功。如何後學不深察，便欲傳心一唯中。

〔注〕鄭本為第三十七首。

(33)三省二

用功事上實根源，三省真傳入道門。理即是心隨事顯，事能盡理始心存。

〔注〕鄭本為第三十八首。

(34)就有道而正焉

差以毫釐大辭正，苟羞就正墮終身。不惟枉費窮年力，反作滔天禍世人。

〔注〕鄭本為第七十八首，其第三十四首為體認：「雖云道本無形象，形象原因體認生。試驗操存功熟後，隱然常覺在中明。」朱本無此詩。

(35)十五志學

功夫一進十年期，斷自聖言當致思。豈不欲人躋聖速，只緣科級蓋如斯。

〔注〕鄭本為第三十九首。

(36)知天命

假借立言雖似是，知非枉出我勞功。苟從志立循而得，方信真知味不同。

〔注〕鄭本「枉出我」作「我出枉」。鄭本為第四十九首。

(37)安仁利仁

語利猶能安則難，且從利做莫分看。懸知等級無他事，去盡私心只一般。

〔注〕鄭本「分看」作「空安」，「事」作「義」。

(38)君子去仁

誰云貧賤人難處，只為重輕權倒持。釣渭耕莘皆往轍，聖賢不法我何歸？

〔注〕鄭本爲第七十七首。

(39)一貫

一貫明言忠與恕，教人之意已昭然。當於用處求其一，謹勿懸空想聖賢。

〔注〕鄭本「謹」作「慎」。鄭本爲第八十六首。

(40)必有鄰

德者人心之所同，苟能有德類斯從。不須閉户嗟寥落，但立誠心自用功。

〔注〕鄭本爲第八十首。

(41)斐然成章

學雖隨器有成形，方可裁中設準繩。假借變形無定止，縱逢大匠亦何成。

〔注〕鄭本「雖」作「須」，「惜」作「借」，「變形」作「變移」。鄭本爲第八十四首。

(42)言志

莫道車裘事亦輕，仲由勇義乃能行。欲知共弊為難易，試把車裘驗我心。

〔注〕鄭本「我心」作「世情」。鄭本為第八十三首。

(43)居敬一

但得心存斯敬立，莫於存外更加功。殷勤夫子明斯意，約禮之時已在中。

〔注〕鄭本「敬立」作「是敬」。鄭本為第二十三首。

(44)居敬二

大哉程子明居敬，千聖同符入德門。試把功夫橫竪看，總來不出敬斯存。

〔注〕鄭本「敬斯存」作「欲斯存」。鄭本為第二十二首。

(45)汶上

仕非其地寧無仕，此事還他德行人。彼以勢邀吾自逝，丈夫無欲氣常伸。

〔注〕鄭本為第五十二首。

(46)不改其樂

己私既克本性情，到處逢源與理行。不待有心求樂道，此心之樂自然生。

〔注〕鄭本「性情」作「心存」。鄭本為第六十六首。

(47)先難

為學須教效自行，但專一意使功深。哀哉狹隘頻斯效，仰止仁人後獲心。

〔注〕鄭本「行」作「形」，「斯」作「求」。鄭本為第六十首。

(48)樂亦在其中

夫子亦將貧對樂，只因人苦處貧難。苟非天理能持敬，只向私心重處安。

〔注〕鄭本題無「亦」字，「持敬」作「攘敵」。鄭本為第六十五首。

(49)吾無隱乎爾

聖道雖云妙莫窺，初非恍惚與希夷。分明説在吾行處，後學無於行外思。

〔注〕鄭本為第九十四首。

(50)吾知勉夫

常懷四體昊天恩，自是淵冰恐懼深。一息尚存憂未免，死而後已即斯心。

〔注〕鄭本為第九十七首。

(51)任重

氣無强弱志為先，努力便行休放肩。捱得一番難境界，便添脊骨一番堅。

〔注〕鄭本為第七十首。

(52)絶四

在人四者要皆無，絶盡聖心天與俱。敢以單題希聖術，力除私欲是功夫。

〔注〕鄭本「敢以單題」作「敢爾單提」。鄭本為第八十九首。

(53)博約

事來心向理中行，事過將心去學文。局定更無他罅隙，得斯二者老吾身。

〔注〕鄭本「心向」作「身向」。朱培本「理」作「禮」。鄭本為第九十八首。

(54)卓爾

顏淵不日趨於聖，此境寧容末學知。細誦師言強思索，獨於博約語無疑。

〔注〕鄭本「聖」作「化」。鄭本為第八十七首。

(55)逝者如斯一

如何物却能形道，只為皆存理一端。偶感斯川存動理，故言逝者可同觀。

〔注〕鄭本為第六十七首。

(56)逝者如斯二

淵流萬古只如斯，東江曾無間斷時。後學不應川上嘆，安行體用亦難窺。

〔注〕鄭本「淵流」作「岷源」，「江」作「注」。按「江」字平仄不調，作「注」是。鄭本為第六十八首。

(57)四十五十無聞

聖人接物本於仁，罕以深言拒絶人。何足畏辭嚴且截，急將此意省吾身。

〔注〕鄭本「何」作「不」。鄭本為第七十三首。

(58)曾點

春服初成麗景遲，步隨流水玩晴漪。微吟緩節歸來玩，一任清風拂面吹。

〔注〕鄭本「晴」作「清」。按「清」字與「清風」重。鄭本為第八十一首。按：此詩又見朱文公文集卷二。

(59)浴沂

只就吾身分上思，相呼童子浴沂歸。更無一點閑思想，正是助忘俱勿時。

〔注〕鄭本爲第八十二首。

(60)克己一

寶鑒當年照膽寒，向來埋没太無端。祇今垢盡明全見，還得當年寶鑒看。

〔注〕鄭本爲第二十九首。按：此詩又見朱文公文集卷二。

(61)克己二

本體元來只是公，毋將私意混其中。顔淵造聖無他事，惟在能加克己功。

〔注〕鄭本「毋」作「自」。朱培本「顔淵」作「雖顔」。鄭本爲第二十七首。

(62)克己三

莫道公私未判然，自憂一日用功難。便隨明處猛分攞，志在希顔即是顔。

〔注〕鄭本爲第二十八首。

(63)出門如見大賓

竦然敬立體斯存，容貌常如見大賓。此是聖門持守法，必須心在可為仁。

〔注〕鄭本為第七十九首。

(64)為己為人一

藥病還須考自知，和根斬斷為人機。心隨身上門常閉，課罷苔封候夕暉。

〔注〕此首鄭本無。

(65)為己為人二

辛勤為作求人計，沽得過情聲譽來。自外而觀為可喜，此心已失實堪哀。

〔注〕鄭本題作「為人」，「為作」作「盡作」，「人」作「聞」。鄭本為第三十六首。

(66)莫我知也乎一

心即是天天即理，無形不與理相隨。故言唯有天知我，天豈真知人有知。

〔注〕鄭本「形」作「行」，「真知」作「真如」。鄭本為第九十首。

(67)莫我知也乎二

聖心端似涉修蹊，俯首無言但疾馳。學者常修存此意，自能遏絶為人私。

〔注〕鄭本「常修」作「須常」。按首句有「修蹊」，兩「修」義雖别而字重，以鄭本為佳。鄭本為第九十二首。

(68)莫我知也乎三

天怨人尤兩不形，斂然下學是功程。了無可使人知處，盡日相酬理與心。

〔注〕鄭本「斂」作「歛」。鄭本為第九十一首。

(69)下學上達

學在事時斯是理，盍於事上每深思。但令下學功夫到，上達之機便自知。

〔注〕鄭本「深」作「尋」。朱培本「便」作「修」。鄭本為第三十二首。

(70)固窮

不是書生不阨窮，道窮何所愧於中。貪求貪欲販夫事，於此不安須彼從。

〔注〕此首鄭本無。

(71)參前倚衡

理隨心見不曾離，苟有斯心便在兹。果似有形君信否，用心熟後自能知。

〔注〕鄭本為第五十一首。

(72)辭達而已矣

方識聖門辭達旨，作文之法在其中。但將正意由辭出，此外徒勞善用功。

〔注〕鄭本「善」作「苦」。鄭本為第七十五首。

(73)困心衡慮

舊喜安心苦覓心，捐書絶學費追尋。困衡此日安無地，始覺從前枉寸陰。

〔注〕鄭本題作困學之一。鄭本爲第十五首。

(74)困學

困學功夫豈易成，斯名獨恐是虚稱。傍人莫笑標題誤，庸行庸言實未能。

〔注〕鄭本爲第十六首。按：以上二詩又見朱文公文集卷二，題作困學二首。

(75)九思

人之進學在於思，思到能知是與非。但得用心纔熟後，自然後處有思隨。

〔注〕鄭本「纔」作「純」，「後處」作「發處」。鄭本爲第七十四首。

(76)予欲無言

妙道皆形日用間，即斯可見不須言。時將天象明人事，希聖功夫萬古存。

〔注〕鄭本「時」作「試」。鄭本爲第九十三首，其第七十六首爲辭達而已矣之二：「因辭可以驗人心，心底開明辭必明。試把正人文字看，何嘗巧滯與艱深。」朱本無此詩。

(77)難言

難言非謂不容言，欲狀其中體段難。須是養成天地塞，却將剛大反而觀。

〔注〕鄭本「剛大」作「正直」。鄭本為第七十二首。

(78)勿忘勿助長

忘則無功助則私，不忘不助正斯時。是中體段須當察，便見鳶飛魚躍機。

〔注〕鄭本「見」作「是」。鄭本為第六十四首。

(79)仰思一

公德明光萬世師，從容酬酢更何疑。當年不合知何事，清夜端居獨仰思。

(80)仰思二

聖賢事業理難同，僭作新題欲自攻。王事兼施吾豈敢，儻容思勉議成功。

〔注〕以上二詩鄭本無。朱文公文集卷二有此二詩。

(81)古者以利為本

論性無非日用間，何須虛誕與深艱。昭昭萬古皆其際，不待追求便自然。

〔注〕鄭本「萬古皆其際」作「萬事皆其理」，「不待追求便自然」作「只是功夫欲順難」。鄭本為第五十首。

(82)芻豢悦口

食中有味知斯悦，只是能加咀嚼功。行處心安思處得，餘甘常溢齒牙中。

〔注〕鄭本為第五十九首。

(83)牛山

此心此理自天根，不待栽培觸處生。只要闌防人欲伐，更須著著察兹萌。

〔注〕鄭本「著著」作「著意」。鄭本為第六十九首。

(84)夜氣

理則無形氣是乘，氣隨夜息理斯存。息時所感尤當驗，晝不能清夜亦昏。

〔注〕鄭本「所」作「無」，「尤」作「猶」。鄭本為第三十三首。

(85)莫知其鄉一

心此活物原無定，或出他鄉入此鄉。猛省不知誰是主，只因操舍有存亡。

〔注〕鄭本「物」作「動」。鄭本為第四十四首。

(86)莫知其鄉二

存以公兮亡以私，存亡倏忽動時機。莫教事過方纔省，辨析精須念慮微。

〔注〕鄭本「精須」作「須嚴」。鄭本為第四十五首。

(87)求放心

不察予心重似鷄，更兼放處只緣私。纔知用理維持定，正如有本出無稽。

〔注〕鄭本「定」作「際」，「正如有本出無稽」作「不待追求便在兹」。按鄭本符合絶句格律。鄭本為第三十一首。

(88)心之官則思

一身胡屬此心微？只謂能思擇所為。底事虛靈來暗塞，獨於利欲用其思！

〔注〕鄭本「謂」作「為」，句内兩「為」字雖音義别而字重；又「來」作「成」，「利」作「物」。鄭本為第四十三首。

(89)動心忍性一

困窮拂亂雖天意，如舜何須增不能。上智惟明事之理，也須到底事中行。

〔注〕鄭本「亂」作「動」，「惟」作「雖」，「到底」作「親到」。鄭本為第五十八首。

(90)動心忍性二

不當拂處常逢拂，不應空時亦至空。處順不如常處逆，動心忍性始成功。

〔注〕鄭本「應」作「合」。按「應」若讀平聲則平仄不調，若讀去聲則於義未洽，鄭本為佳。鄭

本爲第五十七首。

(91)存心

功夫但欲存心爾，底事存心條緒多？直使聖賢更剖析，只緣私欲費推磨。

〔注〕鄭本「私欲」作「私意」，「推」作「消」。鄭本爲第四十一首。

(92)養性

此心不假增加力，養字元非別用功。只要關防并省察，莫教私欲害其中。

〔注〕鄭本「此心」作「性初」，「教」作「要」，「欲」作「意」。按「要」字與上句字重，且平仄不調，作「教」讀平聲是。鄭本爲第四十二首。

(93)事天

皇天命理以爲人，理有存亡繫我心。存養須還天所付，終身履薄以臨冰。

〔注〕鄭本「須」作「上」，「付」作「賦」，「冰」作「深」。鄭本爲第九十九首。

(94)萬物皆備

萬物當須以理觀，不離太極是其源。故雖萬物我皆具，只為中心太極行。

〔注〕鄭本題作萬物皆備於我，「雖」作「須」，「萬物我皆具」作「萬類皆我具」，「行」作「存」。按「萬類皆我具」平仄不調，非是。鄭本為第七十一首。

(95)良知

孩提自然良知發，此亦心蒙尚未開。既壯蒙開超萬欲，良心反喪亦哀哉。

〔注〕鄭本「然」作「幼」，「亦」作「日」，「超萬欲」作「超物欲」。鄭本為第五十六首，其第九十五首為大而化之之一：「春冰融盡絶澌微，徹底冰壺燭萬幾。静對春風感形化，聖心體段蓋如斯。」朱本無此詩。

(96)觀瀾

眇焉方寸神明舍，天下經綸此處看。嘗向狂瀾觀至理，只是功夫欲順難。

〔注〕鄭本「焉」作「然」，「此處看」作「具此中」，「嘗」作「每」，「至理」作「不足」，「只是功夫欲

順難」作「正如有本出無窮」。按：「只是功夫欲順難」不合絶句格律。八瓊室金石補正卷八十三録朱熹手書石刻觀瀾詩作：「眇愁方寸神明舍，天下經綸具此中。每向狂瀾觀不足，正如有本出無窮。」鄭本為第五十五首。

(97)不能使人巧

學求入處雖師授，此外難為盡靠師。但向行時無恃處，進前曲折自能知。

〔注〕鄭本「雖」作「須」，「恃」作「息」。鄭本為第五十四首。

(98)山徑之蹊

苟能用力可充微，一或昏忘功便虧。老矣方知深自儆，幾番茅塞徑之蹊。

〔注〕朱培本「或」作「息」。鄭本為第五十三首。

(99)大而化之

從心所欲皆天理，具體如顔化未能。所謂不思并不勉，舜由仁義即非行。

〔注〕鄭本為大而化之之二，「如顔化未能」作「顔淵罷不能」。鄭本為第九十六首。

(100)聞知

見固能知聞亦知，雖聞如與見同時。只緣一本元無二，千聖已亡心在茲。

〔注〕鄭本為第八十八首。

婺源茶院朱氏世譜

輯録説明

朱熹作婺源茶院朱氏世譜，向以為亡佚，實保存在民國重修新安月潭朱氏族譜中。據新安月潭朱氏族譜前許承堯序稱：「譜凡三修：一舉於宋，再舉於明，三舉於清康熙中。迄今又二百餘年矣。」是此譜乃由宋譜不斷續修而來，而其中卷一却一本朱熹婺源茶院朱氏世譜未變，相沿至今。按新安月潭朱氏族譜卷一，詳譜茶院一世至十世世譜，注云：「一世至十世，熹公編。」又婺源始祖世系圖之下，有朱汝賢按語云：「六世從祖紫陽夫子所編家譜，斷自茶院府君為始祖，傳五世蘆村府君，生四子：中立，絢，發，舉。絢，即夫子之大父也。然婺、建二派甚繁，於吾固有疏遠，不敢泛載，惟夫子一枝為最密，故茶院已下六世，一以夫子定本為正。」可見新安月潭朱氏族譜卷一，實即全本朱熹之婺源茶院朱氏世譜。而此一卷婺源茶院朱氏世譜所本，又可上溯至南宋末年，新安月潭朱氏族譜前有茶院第十二世孫朱冲序云：「右茶院朱氏世譜，有刊本，見大全後集第十一卷。譜内己身以上稱公，己身以下稱郎，蓋因舊譜所定凡例如此。」可見新安月潭朱氏族譜第一卷朱熹所編一世至十世世譜，乃來自朱熹大全後集第十一卷中之婺源茶院朱氏世譜。考宋史藝文志著録朱熹前集四十卷、後集九十一卷，此後集應即朱冲所云大全後集，其卷數（合之前集）甚多於今本朱熹文集者，即因收入婺源茶院朱氏世譜等作之故。朱冲為南宋末年人，是婺源茶院朱氏世譜為宋末人編入朱熹後集第十一卷，今則編入新安月潭朱氏族譜第一卷。兹就新安月潭朱氏族譜卷一，輯出婺源茶院朱氏世譜。朱冲所云「己身以上稱公，己身以下稱郎」，今新安月潭朱氏族譜卷一已非如此，當為後人所改。又其中言十世而下有及淳熙十年以後事，亦應為後來續修族譜者所增。今照本輯録，不作删改。

東景南

目録

婺源茶院朱氏世譜序

熹聞之先君子太史吏部府君曰：「吾家先世居歙州歙縣之黄墩。舊譜云：「長春鄉呈坎人。」相傳望出吴郡。秋祭率用魚鱉。舊譜云：「有諱介者，世數不可考矣。」」又按奉使公聘遊集自云：「系出金陵，蓋唐孝友先生之後。」考之唐書，孝友先生諱仁軌，自為丹陽朱氏而居亳州永城，以孝义世被旌賞，一門閥閲相望，而非吴郡之族。奉使公作先吏部詩又云：「迢迢建業水，高臺下鳳凰。鼻祖有故序，於今草樹荒。」不知何所指也。唐天祐中，陶雅為歙州刺史，初克婺源，乃命吾祖領兵三千戍之，是為制置茶院府君。卒葬連同，子孫因家焉。生三子，仕南唐，補常侍丞之號。今族譜亦不見。其後亦有散居他郡者。以上并見吏部所録蘆村府君作歙溪府君詩序。熹按：今連同别有朱氏，舊不通譜，近年乃有自言為茶院昆弟之後者，猶有南唐補牒，亦當時鎮戍將校也，蓋其是非不可考矣。先吏部於茶院為八世孫，宣和中始官建之政和，而葬承事府君於其邑，遂為建人。於今六十年，而熹抱孫焉，則居閩五世矣。淳熙丙申，熹還故里，將展連同之墓，則與方夫人、十五公、馮夫人之墓皆已失之。

因亟詢訪，得連同兆域所在，乃率族人言於有司，而後得之。其文據藏於家，副在族弟，然而三墓者則遂不可復見。癸卯五月辛卯，因閲舊譜，感世次之易遠，骨肉之易疏，而墳墓之不易保也，乃更為序次，定為婺源茶院朱氏世譜，而并書其後如此。仍録一通，以示族人。十一世以下，來者未艾，徽、建二族，自今每歲當以新收名數更相告語而附益之，庶千里之外，兩書如一，傳之永遠，有以不忘宗族之誼。至於廬村府君，其墓益遠，居故里者，尤當以時相率展省。更力求訪三墓所在而表識之，以塞子孫之責。而熹之曾大父王橋府君無他子，其墓在故里者，恃有薄田於其下，得以奉守不廢，當質諸有司，以為祭田，使後之子孫雖貧無得鬻云。九世孫宣教郎、直徽猷閣、主管台州崇道觀熹序。

婺源始祖世系圖

婺源始祖世系圖

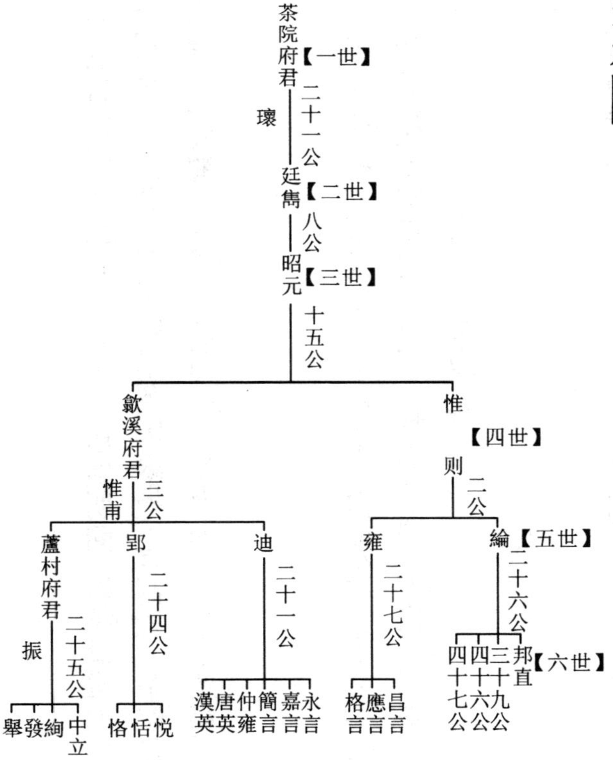

【一世】

茶院府君，諱瓌，又名古僚，字舜臣，行二十一。唐廣明間，因巢亂避地歙之黄墩。天祐中，以刺史陶雅之命，領兵三千戍婺源，民賴以安，因家焉。官制置。茶院是為始遷婺源之祖。娶杜夫人四娘，合葬萬安鄉千秋里，地名連同。坐丑面未。生子廷雋。

【二世】

廷雋公，字文智，又字文和，行八，瓌公子。生後梁太祖乾化二年壬申，殁宋太宗淳化五年甲午，壽八十三。葬來蘇鄉安豐里湯村下園。坎山辛向。方氏十三娘，贈恭人，葬萬安鄉松巖里塘村社屋之南。未山壬子向。生子昭元。

【三世】

昭元公，字致堯，小字曾老，行十五，廷雋公子。生後周世宗顯德元年甲寅，殁宋咸平二年己亥，壽四十六。葬湯村廷雋公墓。面坎山，加乾落甲向，水南流復為坤。娶德興馮氏十三恭人，生後晉出帝開運三年丙午，殁宋太宗雍熙元年甲申三月一日，葬千秋里丁家橋。生子二：惟則，惟甫。再娶夫人金氏，葬官坑嶺下。

【四世】

惟則公，行二，昭元公長子。生子二：綸，雍。

歙溪府君，諱惟甫，字文秀，又字專美（按年譜作全美），小字道真，行三，昭元公次子。生宋太宗太平興國四年己卯十月三十日辰時，歿仁宗至和元年甲午二月九日，壽七十六。葬松巖里之歙溪，今名三公塢。乾亥山丙向。娶程恭人二娘，小名豆蔻。生太平興國己卯三月九日子時，歿嘉祐己亥七月三十日，葬官坑嶺下。庚申山坎向，金斗形梁上穴。生子三：迪，郢，振。

【五世】

綸公，行二十六，惟則公長子。生四子：邦直，三十九公，四十六公，四十七公。

雍公，行二十七，惟則公次子。生三子：昌言，應言，格言。

迪公，字順卿，行二十一，惟甫公長子。生六子：永言，嘉言，簡言，仲雍，唐英，漢英。

郢公，字公楚，行二十四，惟甫公次子。生三子：悦，恬，恪。

蘆村府君，諱振（按年譜作振之），字文舉，行二十五，惟甫公三子。娶汪氏三娘，贈恭人，葬湯村。再娶汪氏九娘，與公合葬松巖里蘆村鎮莊。背艮山坤向，巽水歸乾山來龍。生四子：中立，絢，發，舉。

【六世】

邦直公，行三十五，綸公長子，葬松巖里。娶張氏，贈恭人。墓在緋衣堂。生七子：曰剛。曰伯篪，任通直郎、河北應撥軍馬使司參議官，建炎己酉十二月八日歿於王事。曰弁，字少章，生神宗熙寧十年丁巳十月十日寅時。建炎間居邑之西園中。太學内舍生，補修武郎，轉右武大夫、吉州團練使，充大金軍前通問使，留雲中一十七年。還朝，改宣教郎、直秘閣、主管佑神觀，轉奉議郎。歿紹興十四年壬戌四月十六日，葬錢塘縣積慶峰下。先娶晁文莊公女，再娶王文正公女，生子曰林。曰宏。曰國通，補忠訓郎。曰彦正。曰申德，奉使出疆，補保義郎。

蘆村府君長房中立公支圖

蘆村府君長房中立公支圖

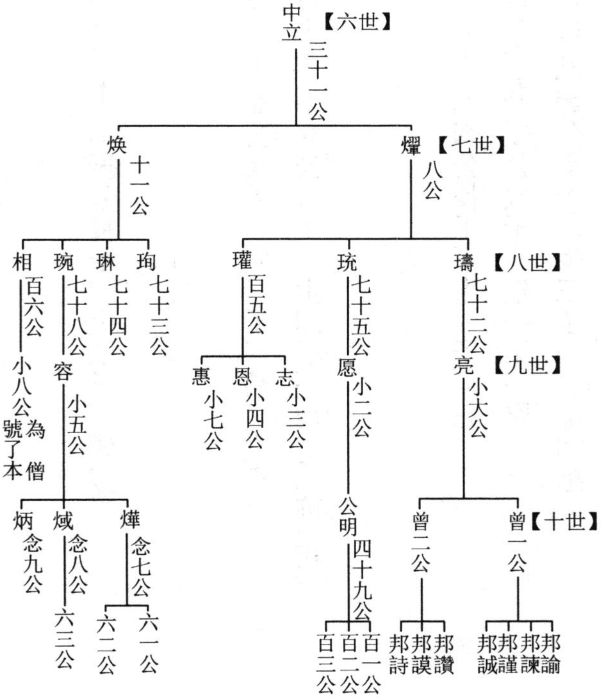

【六世】

中立公，字藏之，行三十一，振公長子。生二子：燿，焕。

【七世】

燿公，字光庭，行八，中立公長子。生三子：璹，琉，璀。

焕公，字彦章，行十一，中立公次子。生四子：珣，琳，琬，相。

【八世】

璹公，字子珪，行七十二，燿公長子。生一子：亮。

琉公，字子□，行七十五，燿公次子。生一子：愿。

璀公，字□□，行百五，燿公季子。生三子：志，恩，惠。

珣公，字子美，行七十三，焕公長子。

琳公，字子琳，行七十四，焕公次子。

琬公，字季真，行七十八，焕公三子。生子一：容。

相公，字季質，行百六，煥公四子。生小八公，為僧。

【九世】

亮公，行小大，璹公子。生二子：曾一，曾二。

愿公，行小二，琉公子。生一子：公明。

志公，行小三，瓘公長子。

恩公，行小四，瓘公次子。

惠公，行小七，瓘公季子。

容公，行小五，琬公子。生三子：燁，焧，炳。

小八公，相公子。為僧，號了本，後還俗。

【十世】

曾一公，亮公長子。生四子：邦諭，邦諫，邦謹，邦誠。

曾二公，亮公次子。生三子：邦讚，邦謨，邦詩。

公明公，一名士朋，字道夫，行四十九，愿公子。生三子：百一，百二，百三。

煒公：行念七，容公長子。生二子：六一，六二。
烒公，行念八，容公次子。生子一：六三。
炳公，行念九，容公季子。

蘆村府君二房絢公支圖

蘆村府君二房絢公支圖

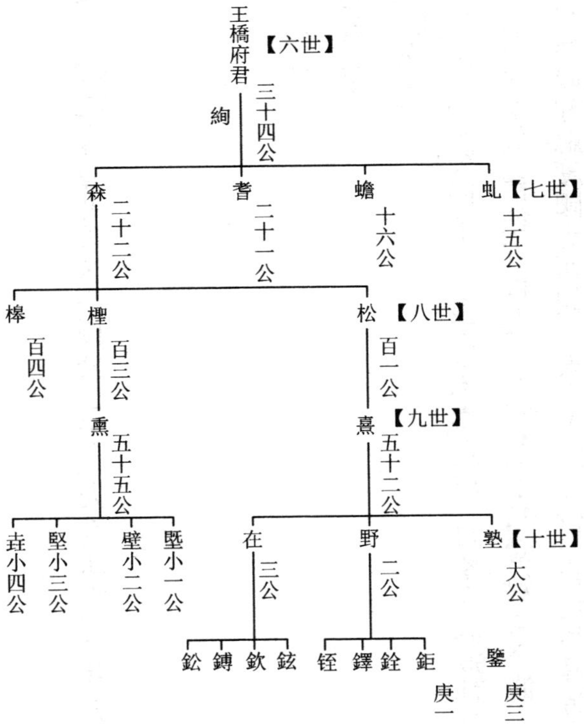

【六世】

王橋府君，諱絢，字義之（年譜作義夫），振公二子。夫人汪氏，合葬大王橋塢。生四子：虬，蟾，耆，森。

【七世】

虬公，行十五，絢公長子。

蟾公，行十六，絢公次子。

耆公，行二十一，絢公三子。

森公，字良材，行二十二，絢公四子。少務學不事進取，每舉先訓戒飭諸子，諄諄以忠孝和友為本，且曰：「吾家業儒，積德五世矣，後必有顯者，當勉勵謹飭，以無墜先世之業。」卒贈承事郎，葬建寧政和縣護國寺西偏。夫人程氏五娘，葬政和縣將溪事實詳載韋齋行狀。生三子：松，檉，槹。

【八世】

松公，字喬年，號韋齋。行百一，森公長子。生有俊才，自為兒童，出語已驚人。未冠，由郡學貢京師。政和八年同上舍出身，授迪功郎、建州政和縣尉。丁承事憂。服除，吏調南劍州尤溪縣尉，監泉州石井鎮。紹興四年，召試館職，除秘書省正字，循左從政郎。丁母程氏憂。服除，召對，改左宣教郎，除秘書省校書郎，遷著作佐郎，尚書度支員外郎，兼史館校勘。歷司勳吏部員外郎，兼領史職如故，與修哲宗實録。書成，轉奉議郎，年勞轉承議郎。出知饒州，未上，請祠，主管台州崇道觀。秩滿，再請，命下而卒。吏部之少也，以詩文名，初不事雕飾，而天然秀發，格力閑暇，超然有出塵之趣。其為文汪洋放肆，不見涯涘，遠近傳誦，至聞京師。一日，喟然嘆曰：「文則昌矣，如去道遠何！」則又發憤折節，益取六經百氏之書伏而讀之，以求天下國家興亡理亂之變，與夫一時君子所以應時合變先後本末之序，期於有用，若賈長沙、陸宣公之為者。既又得浦城蕭顗子莊、劍浦羅從彦仲素，而與之遊，則又聞龜山楊氏所傳河洛之學，獨得古聖賢不傳之遺意。於是益自刻勵，痛刮浮華，以趨本實，日誦大學、中庸之書，以用力於致知誠意之地。自謂卞急害道，因取古人佩韋之義名其齋，以自警飭焉。所為文有韋齋集十二卷，行於世，外集十卷，藏於家。殁紹興十三年癸亥三月辛亥日，卒於建安之水南。紹興之十四年甲子，葬白塔山五夫里，後改葬上梅里。

　　櫄公，字大年，行百三，森公次子。為承信郎。生子熏。

　　槔公，字逢年，行百四，森公三子。負軼才，不肯俯仰於世。有詩數十篇，高遠近道，號玉瀾集。為建州貢元。

【九世】

　　熹公，字元晦，號晦庵。行五十二，松公子。生高宗建炎四年庚戌九月十五日甲寅，生於南劍州尤溪縣之寓舍。登紹興戊辰第，賜同進士出身。歷仕累官至朝奉大夫、華文閣待制。卒寧宗慶元六年庚申三月乙丑，壽七十一。葬建陽唐石里大林谷。理宗寶慶丁亥贈太師、信國公。紹定改封徽國公。娶白水劉致中女，生三子：塾，野，在。

　　按：「歷仕累官」以下至「改封徽國公」，應為後來修譜者所增，「華文閣待制」亦誤。

　　熏公，字仲修，行五十五，櫄公子。生四子：塈，壁，堅，垚。

【十世】

　　塾公，字受之，行大，熹公長子。從東萊呂先生學。生紹興癸酉七月，歿紹熙辛亥正月二十四日。夫人潘氏。生子鑒，官知巢縣，知漳州、無為軍，監進奏院，知興國軍，淮西運使，湖南總領。生子浚，字深遠，官至運使，生二子：林，彬。
野公，字文之，行二，熹公次子。生紹興甲戌七月，奏補將仕郎，贈朝奉大夫。夫人劉氏。生四子：鉅，銓，鐸，鋌。鉅，任知縣，生四子：長淵，授將仕；次洽，授通奉；三潛，授登仕；四濟，授迪功。
在公，字敬之，行三，熹公三子。生乾道己丑正月初一日寅時。娶吕氏、趙氏。歷仕承務郎，舒州山口鎮二令，監作丞，簿、承司農，泉州倅，大理寺丞，知南康軍，改衡州，宫觀，信州不赴，浙西提舉，嘉興守，司農卿，焕章、樞密院承旨，兩浙漕，司農大卿，工部侍郎，寶謨閣、知平江，改袁州不赴，知隆興玉霄宫、洞霄宫。生四子：鉉，欽，鐏，鈆。鉉字子玉，生嘉泰壬戌，任總領司干，光澤丞，鎮江大軍倉使。夫人王氏。生子涇，授縣丞。欽，生子沅，授將仕。鐏，仕承務郎，福州海口鎮，生三子：長溱，授將仕；次沅，授將仕；三洛，授將仕。鈆，生子潭，授司法。

按：以上譜序十世，已多有後來修譜者所增内容。

蘆村府君三房發公支圖

蘆村府君三房發公支圖

- 發 三十七公【六世】
  - 丕訓 二十八公【七世】
    - 秬 十九公【八世】
      - 燾 五十六公【九世】
        - 塤 六十公【十世】
          - 小五公
        - 圻 五九公【十世】
        - 坦 五八公【十世】
          - 小一公
        - 均 五四公【十世】
          - 小七公
          - 小四公
          - 鍾 小二公
  - 天佐 二十五公【七世】
  - 天任 二十四公【七世】

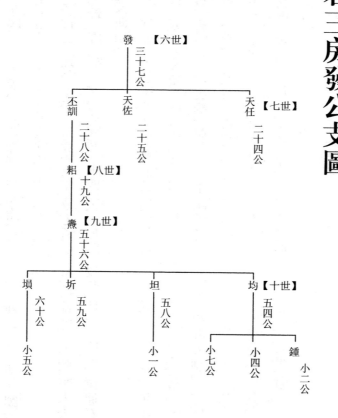

【六世】

發公，字得之，行三十七，振公三子。生子三：天任，天佐，丕訓。

【七世】

天任公，行二十四，發公長子。

天佐公，行二十五，發公次子。

丕訓公，字應之，行二十六，發公三子，生子耜。

【八世】

耜公，行十九，丕訓公子。生子燾。

【九世】

燾公，字仲堪，行三十六，耜公子。生子四：均，坦，圻，埧。

【十世】

均公，字康國，行五四，𤪌公長子。生三子：鍾公，小四公，小七公。

坦公，字履退，行五八，𤪌公次子。生一子：小一。

圻公，字重父，行五九，𤪌公三子。

塤公，字和父，行六十，𤪌公四子。生一子：小五。

蘆村府君四房臨溪府君支圖

蘆村府君四房臨溪府君支圖

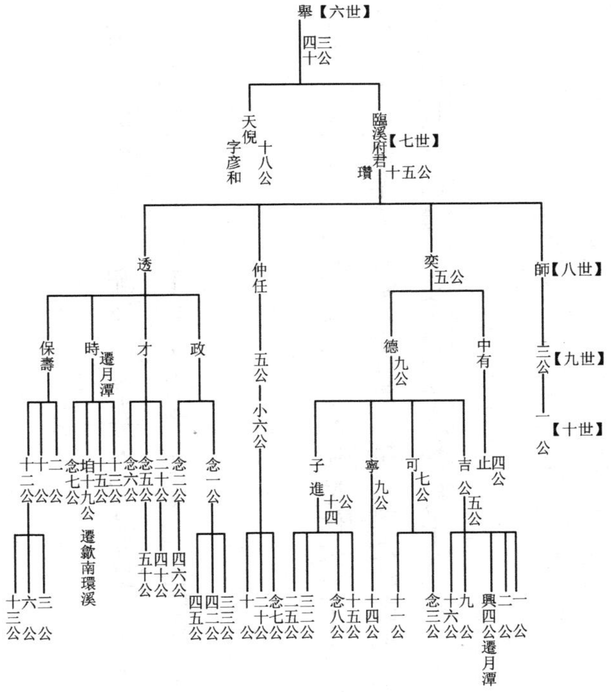

【六世】

舉公，字服之，行四十三，振公四子。配汪氏，贈恭人，合葬婺源縣東萬安鄉千秋里四都，土名茶坑。溪東程家洲，系新丈嵩，字七百十五號。生子二：曰瓚，曰天倪。

【七世】

臨溪府君，諱瓚，字彦圭，行十五，舉公長子。自婺源遷休寧二十六都八保臨溪，是爲始遷臨溪之祖。配周氏十七娘，贈恭人，合葬七保高塘坑。倒地幞頭形，坤申行龍，離山癸向。生子四：曰師，曰弈，曰仲任，曰透。天倪公，字彦和，行十八，舉公次子。生子二：七十六公，八十二公。

【八世】

師公，瓚公長子。生一子：三公。傳一世止。

奕公，字子大，行五，瓚公二子。配程氏，贈恭人，合葬高塘坑。生子二：曰中有，曰德。中有生四公。

仲任公，行六，瓚公三子。生五公。

透公，行七，瓚公四子。生子四：曰政，曰才，曰時，曰保壽。

【九世】

中有公，奕公長子。生四公止。

德公，行九，奕公次子。卒葬臨溪查木塢。配項氏，卒葬臨溪水碓坑口，甲山庚向。生四子：吉，可，寧，子進。

五公，仲任公子。生小六公。小六公生三子止。

政公，透公長子。生二子：念一，念二。念一生三子：長三三公，次四二公，季四五公。念二生一子：四六公。

才公，透公二子。生三子：長二十，次念五，季念六。

時公，透公三子。遷月潭。生四子：長十三，絶；次十五公，絶；三埴，遷環溪；四曰念七公。

保壽公，透公四子。生三子：長二公，次十公，季十二公。十二公生三子：長三公，次六公，季十三公。

【十世】

吉公，行五，德公長子。卒葬二十六都八保瓦瑶基墓林，兑山卯向。娶洪氏九娘，卒葬同處，兑山卯向。生子五：長一公，次二公，三興公，四曰九公，五曰十六公。興公遷月潭。

可公，行七，德公次子。生二子：念三公，十一公。

寧公，行九，德公三子。生一子：十四公。

子進公，行十四，德公四子。生四子：十五公，念八公，三二公，三五公。

垍公，行十九，時公第三子。遷歙南二十七都環溪居焉。生子鍹。今子孫蕃衍，是為環溪派。

孟子要略

輯録説明

紹熙三年，朱熹約取孟子集注之要而成孟子要略一書（又名孟子要旨）。真德秀有孟子要略序云：「先生之于孟子發明之也至矣，其全在集注，而其要在此編……學者于集注求其全體，而又于此玩味其要指焉，則七篇之義無復餘蘊矣。」是書後佚。清劉茱雲傳瑩曾從金履祥孟子集注考證中輯出孟子要略，已非完書。兹仍從孟子集注考證中輯録出孟子要略。

束景南

目録

卷一

滕文公為世子，將之楚，過宋而見孟子。孟子道性善，言必稱堯舜。世子自楚返，復見孟子。孟子曰：「世子疑吾言乎？夫道一而已矣。成覸謂齊景公曰：『彼，丈夫也；我，丈夫也；吾何畏彼哉？』顏淵曰：『舜何？人也。予何？人也。有為者亦若是。』公明儀曰：『文王，我師也；周公豈欺我哉？』今滕，絶長補短，將五十里也，猶可以為善國。書曰：『若藥不瞑眩，厥疾不瘳。』」

公都子曰：「告子曰：『性無善無不善也。』或曰：『性可以為善，可以為不善；是故文武興，則民好善；幽厲興，則民好暴。』或曰：『有性善，有性不善；是故以堯為君而有象，以瞽瞍為父而有舜；以紂為兄之子，且以為君，而有微子啟、王子比干。』今曰『性善』，然則彼皆非與？」孟子曰：「乃若其情，則可以為善矣，乃所謂善也。若夫為不善，非才之罪也。惻隱之心，人皆有之；羞惡之心，人皆有之；恭敬之心，人皆有之；是非之心，人皆有之。惻隱之心，仁也；羞惡之心，義也；恭敬之心，禮也；是非之心，智也。仁義禮智，非由外鑠我也，我固有之也，弗思耳矣。故曰：『求則得之，舍則失之。』或相倍蓰而無算者，不能盡其才者也。詩曰：『天生蒸民，有物有則。民之秉彝，好是懿德。』孔子曰：『為此詩者，其知道乎！故有物必有則；民之秉彝也，故好是懿德。』」孟子曰：「人之所以異於禽獸者幾希，庶民去之，君子存之。舜明於庶物，察於人倫，由仁義行，非行仁義也。」

曹交問曰：「人皆可以為堯舜，有諸？」孟子曰：「然。」「交聞文王十尺，湯九尺，今交九尺四寸以長，食粟而已，如何則可？」曰：「奚有於是？亦為之而已。有人於此，力不能勝一匹雛，則為無力人矣；今曰舉百鈞，則為有力人矣。然則舉烏獲之任，是亦為烏獲而已矣。夫人豈以不勝為患哉？弗為耳。徐行後長者謂之弟，疾行先長者謂之不弟。夫徐行者，豈人所不能哉？所不為也。堯舜之道，孝弟而已矣。子服堯之服，誦堯之言，行堯之行，是堯而已矣。子服桀之服，誦桀之言，行桀之行，是桀而已矣。」曰：「交得見於鄒君，可以假館，願留而受業於門。」曰：「夫道若大路然，豈難知哉？人病不求耳。子歸而求之，有餘師。」

告子曰：「性猶湍水也，決諸東方則東流，決諸西方則西流。人性之無分於善不善也，猶水之無分於東西也。」孟子曰：「水信無分於東西，無分於上下乎？人性之善也，猶水之就下也。人無有不善，水無有不下。今夫水，搏而躍之，可使過顙；激而行之，可使在山。

是豈水之性哉？其勢則然也。人之可使為不善，其性亦猶是也。」

孟子曰：「人皆有不忍人之心。先王有不忍人之心，斯有不忍人之政矣。以不忍人之心，行不忍人之政，治天下可運之掌上。所以謂人皆有不忍人之心者，今人乍見孺子將入於井，皆有怵惕惻隱之心，非所以內交於孺子之父母也，非所以要譽於鄉黨朋友也，非惡其聲而然也。由是觀之，無惻隱之心，非人也；無羞惡之心，非人也；無辭讓之心，非人也；無是非之心，非人也。惻隱之心，仁之端也；羞惡之心，義之端也；辭讓之心，禮之端也；是非之心，智之端也。人之有是四端也，猶其有四體也。有是四端而自謂不能者，自賊者也；謂其君不能者，賊其君者也。凡有四端於我者，知皆擴而充之矣，若火之始然，泉之始達。苟能充之，足以保四海；苟不充之，不足以事父母。」

孟子曰：「人皆有所不忍，達之於其所忍，仁也；人皆有所不為，達之於其所為，義也。人能充無欲害人之心，而仁不可勝用也；人能充無穿踰之心，而義不可勝用也；人能充無受爾汝之實，無所往而不為義也。士未可以言而言，是以言餂之也；可以言而不言，是以不言餂之也，是皆穿踰之類也。」

告子曰：「食色，性也。仁，內也，非外也；義，外也，非內也。」孟子曰：「何以謂仁內義外也？」曰：「彼長而我長之，非有長於我也；猶彼白而我白之，從其白於外也，故謂之外也。」曰：「異於白馬之白也，無以異於白人之白也；不識長馬之長也，無以異於長人之長與？且謂長者義乎？長之者義乎？」曰：「吾弟則愛之，秦人之弟則不愛也，是以我為悦者也，故謂之内。長楚人之長，亦長吾之長，是以長為悦者也，故謂之外也。」曰：「耆秦人之炙，無以異於耆吾炙，夫物則亦有然者也，然則耆炙亦有外歟？」

孟子曰：「富歲，子弟多賴；凶歲，子弟多暴，非天之降才爾殊也，其所以陷溺其心者然也。今夫麰麥，播種而耰之，其地同，樹之時又同，浡然而生，至於日至之時，皆熟矣。雖有不同，則地有肥磽，雨露之養、人事之不齊也。故凡同類者，舉相似也，何獨至於人而疑之？聖人，與我同類者。故龍子曰：『不知足而為屨，我知其不為蕢也。』屨之相似，天下之足同也。口之於味，有同耆也；易牙先得我口之所耆者也。如使口之於味也，其性與人殊，若犬馬之與我不同類也，則天下何耆皆從易牙之於味也？至於味，天下期於易牙，是天下之口相似也。惟耳亦然。至於聲，天下期於師曠，是天下之耳相似也。惟目亦然。至於子都，天下莫不知其姣也。不知子都之姣者，無目者也。故曰：口之於味也，有同耆焉；耳之於聲也，有同聽焉；目之於色也，有同美焉。至於心，獨無所同然乎？心之所同然者何也？謂理也，義也。聖人先得我心之所同然耳。故理義之悦我心，猶芻豢之悦我口。」

孟子曰：「牛山之木嘗美矣，以其郊於大國也，斧斤伐之，可以為美乎？是其日夜之所息，雨露之所潤，非無萌蘖之生焉，牛羊又從而牧之，是以若彼濯濯也。人見其濯濯也，以為未嘗有材焉，此豈山之性也哉？雖存乎人者，豈無仁義之心哉？其所以放其良心者，亦猶斧斤之於木也，旦旦而伐之，可以為美乎？其日夜之所息，平旦之氣，其好惡與人相近也者幾希。則其旦晝之所為，有梏亡之矣。梏之反覆，则其夜氣不足以存；夜氣不足以存，則其違禽獸不遠矣。人見其禽獸也，而以為未嘗有才焉者，是豈人之情也哉？故苟得其養，無物不長；苟失其養，無物不消。孔子曰：『操则存，舍则亡；出入無時，莫知其鄉。』惟心之謂與？」

孟子曰：「欲貴者，人之同心也。人人有貴於己者，弗思耳矣。人之所貴者，非良貴也。趙孟之所貴，趙孟能賤之。詩云：『既醉以酒，既飽以德。』言飽乎仁義也，所以不願人之膏粱之味也；令聞廣譽施於身，所以不願人之文繡也。」

孟子曰：「今有無名之指，屈而不信，非疾痛害事也，如有能信之者，则不遠秦楚之路，為指之不若人也。指不若人，則知惡之；心不若人，则不知惡，此之謂不知類也。」

孟子曰：「拱把之桐梓，人苟欲生之，皆知所以養之者。至於身，而不知養之者，豈愛身不若桐梓哉？弗思甚也。」

孟子曰：「人之於身也，兼所愛。兼所愛，则兼所養也。無尺寸之膚不愛焉，则無尺寸之膚不養也。所以考其善不善者，豈有他哉？於己取之而已矣。體有貴賤，有小大。無以賤害貴。養其小者為小人，養其大者為大人。今有場師，舍其梧檟，養其樲棘，則為賤場師焉。養其一指而失其肩背，而不知也，則為狼疾人也。飲食之人，則人賤之矣，為其養小以失大也。飲食之人無有失也，則口腹豈適為尺寸之膚哉？」

公都子問曰：「鈞是人也，或為大人，或為小人，何也？」孟子曰：「從其大體為大人，從其小體為小人。」曰：「鈞是人也，或從其大體，或從其小體，何也？」曰：「耳目之官不思，而蔽於物。物交物，則引之而已矣。心之官則思，思則得之，不思則不得也。此天之所與我者。先立乎其大者，則其小者不能奪也。此為大人而已矣。」

孟子曰：「仁，人心也；義，人路也。舍其路而弗由，放其心而不知求，哀哉！人有雞犬放，則知求之；有放心而不知求。學問之道無他，求其放心而已矣。」

孟子曰：「養心莫善於寡欲。其為人也寡欲，雖有不存焉者寡矣；其為人也多欲，雖有存焉者寡矣。」

孟子曰：「大人者，不失其赤子之心者也。」

孟子曰：「形色，天性也。惟聖人然後可以踐形。」

孟子曰：「萬物皆備於我矣。反身而誠，樂莫大焉。彊恕而行，求仁莫近焉。」

孟子曰：「盡其心者，知其性也；知其性，則知天矣。存其心，養其性，所以事天也。殀壽不貳，修身以俟之，所以立命也。」

孟子曰：「君子深造之以道，欲其自得之也。自得之，則居之安；居之安，則資之深；資之深，則取之左右逢其原。故君子欲其自得之也。」

王子墊問曰：「士何事？」孟子曰：「尚志。」曰：「何謂尚志？」曰：「仁義而已矣。殺一無罪非仁也，非其有而取之非義也。居惡在？仁是也；路惡在？義是也。居仁由義，大人之事備矣。」

孟子曰：「矢人豈不仁於函人哉？矢人唯恐不傷人，函人唯恐傷人。巫匠亦然。故術不可不慎也。孔子曰：『里仁為美。擇不處仁，焉得智？』夫仁，天之尊爵也，人之安宅也。莫之禦而不仁，是不智也。不仁、不智，無禮、無義，人役也。人役而恥為役，由弓人而恥為弓，矢人而恥為矢也。如恥之，莫如為仁。仁者如射，射者正己而後發；發而不中，不怨勝己者，反求諸己而已矣。」

孟子曰：「君子所以異於人者，以其存心也。君子以仁存心，以禮存心。仁者愛人，有禮者敬人。愛人者，人恒愛之；敬人者，人恒敬之。有人於此，其待我以横逆，則君子必自反也：我必不仁也，必無禮也，此物奚宜至哉？其自反而仁矣，自反而有禮矣，其横逆由是也，君子必自反也：我必不忠。自反而忠矣，其橫逆由是也，君子曰：『此亦妄人也已矣。如此，則與禽獸奚擇哉？於禽獸又何難焉？』是故君子有終身之憂，無一朝之患也。乃若所憂則有之：舜，人也；我，亦人也。舜為法於天下，可傳於後世，我由未免為鄉人也，是則可憂也。憂之如何？如舜而已矣。若夫君子所患則亡矣。非仁無為也，非禮無行也。如有一朝之患，則君子不患矣。」

孟子曰：「愛人不親，反其仁；治人不治，反其智；禮人不答，反其敬。行有不得者，皆反求諸己，其身正而天下歸之。詩云：『永言配命，自求多福。』」

孟子曰：「舜發於畎畝之中，傅説舉於版築之間，膠鬲舉於魚鹽之中，管夷吾舉於士，孫叔敖舉於海，百里奚舉於市。故天將降大任於斯人也，必先苦其心志，勞其筋骨，餓其體膚，空乏其身，行拂亂其所為，所以動心忍性，曾益其所不能。人恒過，然後能改；困於心，衡於慮，而後作；徵於色，發於聲，而後喻。入則無法家拂士，出則無敵國外患者，國恒亡。然後知生於憂患而死於安樂也。」

孟子曰：「無為其所不為，無欲其所不欲，如此而已矣。」

孟子曰：「無或乎王之不智也。雖有天下易生之物也，一日暴之，十日寒之，未有能生者也。吾見亦罕矣，吾退而寒之者至矣，吾如有萌焉何哉？今夫弈之為數也，小數也；不專心致志，則不得也。弈秋，通國之善弈者也。使弈秋誨二人弈，其一人專心致志，惟弈秋之為聽。一人雖聽之，一心以為有鴻鵠將至，思援弓繳而射之，雖與之俱學，弗若之矣。為是其智弗若與？曰：非然也。」

孟子曰：「仁之勝不仁也，猶水勝火。今之為仁者，猶以一杯水，救一車薪之火也；不熄，則謂之水不勝火，此又與於不仁之甚者也，亦終必亡而已矣。」

孟子曰：「五穀者，種之美者也，苟為不熟，不如荑稗。夫仁，亦在乎熟之而已矣。」

孟子曰：「自暴者，不可與有言也；自棄者，不可與有為也。言非禮義，謂之自暴也；吾身不能居仁由義，謂之自棄也。仁，人之安宅也；義，人之正路也。曠安宅而弗居，舍正路而不由，哀哉！」

孟子曰：「人不可以無恥，無恥之恥，無恥矣。」

孟子曰：「不仁者可與言哉？安其危而利其菑，樂其所以亡者。不仁而可與言，則何亡國敗家之有？有孺子歌曰：『滄浪之水清兮，可以濯我纓；滄浪之水濁兮，可以濯我足。』孔子曰：『小子聽之！清斯濯纓，濁斯濯足矣。自取之也。』夫人必自侮，然後人侮之；家必自毁，而後人毁之；國必自伐，而後人伐之。太甲曰：『天作孽，猶可違；自作孽，不可活。』此之謂也。」

卷二

孟子曰：「人之所不學而能者，其良能也；所不慮而知者，其良知也。孩提之童，無不知愛其親者，及其長也，無不知敬其兄也。親親，仁也；敬長，義也；無他，達之天下也。」

孟子曰：「仁之實，事親是也；義之實，從兄是也；智之實，知是二者弗去是也；禮之實，節文斯二者是也；樂之實，樂是二者，樂則生矣；生則惡可已也，惡可已，則不知足之蹈之，手之舞之。」

孟子曰：「事孰為大？事親為大；守孰為大？守身為大。不失其身而能事其親者，吾聞之矣；失其身而能事其親者，吾未之聞也。孰不為事？事親，事之本也；孰不為守？守身，守之本也。曾子養曾晳，必有酒肉；將徹，必請所與；問有餘，必曰：『有。』曾晳死，曾元養曾子，必有酒肉；將撤，不請所與；問有餘，曰：『亡矣。』將以復進也。此所謂養口體者也。若曾子，則可謂養志也。事親若曾子者，可也。」

孟子曰：「天下大悅而將歸己，視天下悅而歸己，猶草芥也，惟舜為然。不得乎親，不可以為人；不順乎親，不可以為子。舜盡事親之道而瞽瞍厎豫，瞽瞍厎豫而天下化，瞽瞍厎豫而天下之為父子者定，此之謂大孝。」

萬章問曰：「舜往于田，號泣于旻天，何為其號泣也？」孟子曰：「怨慕也。」萬章曰：「『父母愛之，喜而不忘；父母惡之，勞而不怨。』然則舜怨乎？」曰：「長息問於公明高曰：『舜往于田，則吾既得聞命矣；號泣于旻天，于父母，則吾不知也。』公明高曰：『是非爾所知也。』夫公明高以孝子之心，為不若是恝，我竭力耕田，共為子職而已矣，父母之不我愛，於我何哉？帝使其子九男二女，百官牛羊倉廩備，以事舜於畎畝之中，天下之士多就之者，帝將胥天下而遷之焉。為不順於父母，如窮人無所歸。天下之士悅之，人之所欲也，而不足以解憂；好色，人之所欲，妻帝之二女，而不足以解憂；富，人之所欲，富有天下，而不足以解憂；貴，人之所欲，貴為天子，而不足以解憂。人悅之、好色、富貴，無足以解憂者，惟順於父母可以解憂。人少，則慕父母；知好色，則慕少艾；有妻子，則慕妻子；仕則慕君，不得於君則熱中。大孝終身慕父母。五十而慕者，予於大舜見之矣。」

萬章問曰：「詩云：『娶妻如之何？必告父母。』信斯言也，宜莫如舜。舜之不告而娶，何也？」孟子曰：「告則不得娶。男女居室，人之大倫也。如告，則廢人之大倫，以懟父母，是以不告也。」萬章曰：「舜之不告而娶，則吾既得聞命矣；帝之妻舜而不告，何也？」曰：「帝亦知告焉則不得妻也。」萬章曰：「父母使舜完廩，捐階，瞽瞍焚廩。使浚井，出，從而揜之。象曰：『謨蓋都君咸我績，牛羊父母，倉廩父母，干戈朕，琴朕，弤朕，二嫂使治朕棲。』象往入舜宮，舜在牀琴。象曰：『鬱陶思君爾。』忸怩。舜曰：『惟茲臣庶，汝其于予治。』不識舜不知象之將殺己與？」曰：「奚而不知也？象憂亦憂，象喜亦喜。」曰：「然則舜偽喜者與？」曰：「否。昔者有饋生魚於鄭子產，子產使校人畜之池。校人烹之，反命曰：『始舍之，圉圉焉；少則洋洋焉；攸然而逝。』子產曰：『得其所哉！得其所哉！』校人出，曰：『孰謂子產智？予既烹而食之，曰「得其所哉，得其所哉」。』故君子可欺以其方，難罔以非其道。彼以愛兄之道來，故誠信而喜之，奚偽焉？」

桃應問曰：「舜為天子，皋陶為士，瞽瞍殺人，則如之何？」孟子曰：「執之而已矣。」「然則舜不禁與？」曰：「夫舜惡得而禁之？夫有所受之也。」「然則舜如之何？」曰：「舜視棄天下猶棄敝蹝也。竊負而逃，遵海濱而處，終身訢然，樂而忘天下。」

萬章問曰：「象日以殺舜為事，立為天子則放之，何也？」孟子曰：「封之也；或曰：放焉。」萬章曰：「舜流共工于幽州，放驩兜于崇山，殺三苗于三危，殛鯀于羽山，四罪而天下咸服，誅不仁也。象至不仁，封之有庳。有庳之人奚罪焉？仁人固如是乎：在他人則誅之，在弟則封之？」曰：「仁人之於弟也，不藏怒焉，不宿怨焉，親愛之而已矣。親之，欲其貴也；愛之，欲其富也。封之有庳，富貴之也。身為天子，弟為匹夫，可謂親愛之乎？」「敢問或曰放者，何謂也？」曰：「象不得有為於其國，天子使吏治其國而納其貢税焉，故謂之放。豈得暴彼民哉？雖然，欲常常而見之，故源源而來，『不及貢，以政接于有庳。』此之謂也。」

孟子曰：「君子之於物也，愛之而弗仁；於民也，仁之而弗親。親親而仁民，仁民而愛物。」

孟子曰：「道在邇而求諸遠，事在易而求諸難。人人親其親，長其長，而天下平。」

孟子曰：「於不可已而已者，無所不已。於所厚者薄，無所不薄也。其進鋭者，其退速。」

卷三

孟子見梁惠王。王曰：「叟！不遠千里而來，亦將有以利吾國乎？」孟子對曰：「王！何必曰利？亦有仁義而已矣。王曰『何以利吾國』，大夫曰『何以利吾家』，士庶人曰『何以利吾身』，上下交征利而國危矣。萬乘之國，弒其君者，必千乘之家；千乘之國，弒其君者，必百乘之家。萬取千焉，千取百焉，不為不多矣。苟為後義而先利，不奪不饜。未有仁而遺其親者也，未有義而後其君者也。王亦曰仁義而已矣，何必曰利？」

孟子曰：「雞鳴而起，孳孳為善者，舜之徒也；雞鳴而起，孳孳為利者，蹠之徒也。欲知舜與蹠之分，無他，利與善之間也。」

孟子曰：「魚，我所欲也，熊掌，亦我所欲也；二者不可得兼，舍魚而取熊掌者也。生，亦我所欲也，義，亦我所欲也；二者不可得兼，舍生而取義者也。生亦我所欲，所欲有甚於生者，故不為苟得也；死亦我所惡，所惡有甚於死者，故患有所不辟也。如使人之所欲莫甚於生，則凡可以得生者，何不用也？使人之所惡莫甚於死者，則凡可以辟患者，何不為也？由是則生而有不用也，由是則可以辟患而有不為也，是故所欲有甚於生者，所惡有甚於死者。非獨賢者有是心也，人皆有之，賢者能勿喪耳。一簞食，一豆羹，得之則生，弗得則死，嘑爾而與之，行道之人弗受；蹴爾而與之，乞人不屑也；萬鍾則不辯禮義而受之。萬鍾於我何加焉？為宮室之美、妻妾之奉、所識窮乏者得我與？鄉為身死而不受，今為宮室之美為之；鄉為身死而不受，今為妻妾之奉為之；鄉為身死而不受，今為所識窮乏者得我而為之，是亦不可以已乎？此之謂失其本心。」

陳代曰：「不見諸侯，宜若小然；今一見之，大則以王，小則以霸。且志曰：『枉尺而直尋，宜若可為也。』」孟子曰：「昔齊景公田，招虞人以旌，不至，將殺之。志士不忘在溝壑，勇士不忘喪其元。孔子奚取焉？取非其招不往也。如不待其招而往，何哉？且夫枉尺而直尋者，以利言也。如以利，則枉尋直尺而利，亦可為與？昔者趙簡子使王良與嬖奚乘，終日而不獲一禽。嬖奚反命曰：『天下之賤工也。』或告以王良。良曰：『請復之。』强而後可，一朝而獲十禽。嬖奚反命曰：『天下之良工也。』簡子曰：『我使掌與女乘。』謂王良，良不可，曰：『吾為之範我馳驅，終日不獲一；為之詭遇，一朝而獲十。詩云：「不失其馳，舍矢如破。」我不貫與小人乘，請辭。』御者且羞與射者比；比而得禽獸，雖若丘陵，弗為也。如枉道而從彼，何也？且子過矣，枉己者，未有能直人者也。」

景春曰：「公孫衍、張儀豈不誠大丈夫哉？一怒而諸侯懼，安居而天下熄。」孟子曰：「是焉得為大丈夫乎？子未學禮乎？丈夫之冠也，父命之；女子之嫁也，母命之，往送之門，戒之曰：『往之女家，必敬必戒，無違夫子！』以順為正者，妾婦之道也。居天下之廣居，立天下之正位，行天下之大道；得志，與民由之；不得志，獨行其道。富貴不能淫，貧賤不能移，威武不能屈，此之謂大丈夫。」

宋牼將至楚，孟子遇於石丘，曰：「先生將何之？」曰：「吾聞秦楚構兵，我將見楚王說而罷之。楚王不悦，我將見秦王說而罷之。二王我將有所遇焉。」曰：「軻也請無問其詳，願聞其指。說之將何如？」曰：「我將言其不利也。」曰：「先生之志則大矣，先生之號則不可。先生以利說秦楚之王，秦楚之王悦於利，以罷三軍之師，是三軍之士樂罷而悦於利也。為人臣者懷利以事其君，為人子者懷利以事其父，為人弟者懷利以事其兄，是君臣、父子、兄弟終去仁義，懷利以相接，然而不亡者，未之有也。先生以仁義說秦楚之王，秦楚之王悦於仁義，而罷三軍之師，是三軍之士樂罷而悦於仁義也。為人臣者懷仁義以事其君，為人子者懷仁義以事其父，為人弟者懷仁義以事其兄，是君臣、父子、兄弟去利，懷仁義以相接也，然而不王者，未之有也。何必曰利？」

萬章問曰：「人有言『伊尹以割烹要湯』，有諸？」孟子曰：「否，不然。伊尹耕於有莘之野，而樂堯舜之道焉。非其義也，非其道也，祿之以天下，弗顧也；繫馬千駟，弗視也。非其義也，非其道也，一介不以與人，一介不以取諸人。湯使人以幣聘之，囂囂然曰：『我何以湯之聘幣為哉？我豈若處畎畝之中，由是以樂堯舜之道哉？』湯三使往聘之，既而幡然改曰：『與我處畎畝之中，由是以樂堯舜之道，吾豈若使是君為堯舜之君哉？吾豈若使是民為堯舜之民哉？吾豈若於吾身親見之哉？天之生此民也，使先知覺後知，使先覺覺後覺也。予，天民之先覺者也；予將以斯道覺斯民也。非予覺之，而誰也？』思天下之民匹夫匹婦有不被堯舜之澤者，若己推而內之溝中。其自任以天下之重如此，故就湯而說之以伐夏救民。吾未聞枉己而正人者也，況辱己以正天下者乎？聖人之行不同也，或遠、或近；或去、或不去；歸潔其身而已矣。吾聞其以堯舜之道要湯，未聞以割烹也。伊訓曰：『天誅造攻自牧宮，朕載自亳。』」

萬章問曰：「或謂孔子於衛主癰疽，於齊主侍人瘠環，有諸乎？」孟子曰：「否，不然也，好事者為之也。於衛主顏讎由。彌子之妻與子路之妻，兄弟也。彌子謂子路曰：『孔子主我，衛卿可得也。』子路以告。孔子曰：『有命。』孔子進以禮，退以義，得之不得曰『有命』。而主癰疽與侍人瘠環，是無義無命也。孔子不悅於魯衛，遭宋桓司馬將要而殺之，微服而過宋。是時孔子當阨，主司城貞子，為陳侯周臣。吾聞觀近臣，以其所為主；觀遠臣，以其所主。若孔子主癰疽與侍人瘠環，何以為孔子？」

孟子曰：「莫非命也，順受其正。是故知命者，不立乎巖墻之下。盡其道而死者，正命也；桎梏死者，非正命也。」

孟子曰：「口之於味也，目之於色也，耳之於聲也，鼻之於臭也，四肢之於安佚也，性也，有命焉，君子不謂性也。仁之於父子也，義之於君臣也，禮之於賓主也，智之於賢者也，聖人之於天道也，命也，有性焉，君子不謂命也。」

孟子曰：「求則得之，舍則失之，是求有益於得也，求在我者也；求之有道，得之有命，是求無益於得也，求在外者也。」

孟子曰：「君子有三樂，而王天下不與存焉。父母俱存，兄弟無故，一樂也；仰不愧於天，俯不怍於人，二樂也；得天下英才而教育之，三樂也。君子有三樂，而王天下不與存焉。」

孟子曰：「廣土衆民，君子欲之，所樂不存焉；中天下而立，定四海之民，君子樂之，所性不存焉。君子所性，雖大行不加焉，雖窮居不損焉，分定故也。君子所性，仁義禮智根於心，其生色也睟然見於面，盎於背，施於四體，四體不言而喻。」

孟子曰：「說大人，則藐之，勿視其巍巍然。堂高數仞，榱題數尺，我得志，弗為也。食前方丈，侍妾數百人，我得志，弗為也。般樂飲酒，驅馳田獵，後車千乘，我得志，弗為也。在彼者，皆我所不為也；在我者，皆古之制也，吾何畏彼哉？」

魯平公將出，嬖人臧倉者請曰：「他日君出，則必命有司所之。今乘輿已駕矣，有司未知所之，敢請。」公曰：「將見孟子。」曰：「何哉，君所為輕身以先於匹夫者？以為賢乎？禮義由賢者出；而孟子之後喪踰前喪。君無見焉！」公曰：「諾。」樂正子入見，曰：「君奚為不見孟軻也？」曰：「或告寡人曰：『孟子之後喪踰前喪。』是以不往見也。」曰：「何哉，君所謂踰者？前以士，後以大夫；前以三鼎，而後以五鼎與？」曰：「否。謂棺椁衣衾之美也。」曰：「非所謂踰也，貧富不同也。」樂正子見孟子，曰：「克告於君，君為來見也。嬖人有臧倉者沮君，君是以不果來也。」曰：「行，或使之；止，或尼之。行止，非人所能也。吾之不遇魯侯，天也。臧氏之子焉能使予不遇哉？」

孟子去齊，充虞路問曰：「夫子若有不豫色然。前日虞聞諸夫子曰：『君子不怨天，不尤人。』」曰：「彼一時，此一時也。五百年必有王者興，其間必有名世者。由周而來，七百有餘歲矣。以其數，則過矣；以其時考之，則可矣。夫天未欲平治天下也；如欲平治天下，當今之世，舍我其誰也？吾何為不豫哉？」

滕文公問曰：「齊人將築薛，吾甚恐，如之何則可？」孟子對曰：「昔者大王居邠，狄人侵之，去之岐山之下居焉。非擇而取之，不得已也。苟為善，後世子孫必有王者矣。君子創業垂統，為可繼也。若夫成功，則天也。君如彼何哉？强為善而已矣。」

孟子曰：「饑者甘食，渴者甘飲，是未得飲食之正也，饑渴害之也。豈惟口腹有饑渴之害，人心亦皆有害。人能無以饑渴之害為心害，則不及人，不為憂矣。」

孟子曰：「人有不為也，而後可以有為。」

孟子曰：「仕，非為貧也，而有時乎為貧；娶妻，非為養也，而有時乎為養。為貧者，辭尊居卑，辭富居貧。辭尊居卑，惡乎宜乎？抱關擊柝。孔子嘗為委吏矣，曰：『會計當而已矣。』嘗為乘田矣，曰：『牛羊茁壯長而已矣。』位卑而言高，罪也；立乎人之本朝，而道不行，耻也。」

卷四

齊宣王問曰："齊桓、晉文之事，可得聞乎？"孟子對曰："仲尼之徒無道桓文之事者，是以後世無傳焉，臣未之聞也。無已，則王乎？"曰："德何如則可以王矣？"曰："保民而王，莫之能禦也。"曰："若寡人者，可以保民乎哉？"曰："可。"曰："何由知吾可也？"曰："臣聞之胡齕曰：王坐於堂上，有牽牛而過堂下者，王見之，曰：『牛何之？』對曰：『將以釁鐘。』王曰：『舍之！吾不忍其觳觫，若無罪而就死地。』對曰：『然則廢釁鐘與？』曰：『何可廢也？以羊易之！』不識有諸？"曰："有之。"曰："是心足以王矣。百姓皆以王為愛也，臣固知王之不忍也。"王曰："然。誠有百姓者。齊國雖褊小，吾何愛一牛？即不忍其觳觫，若無罪而就死地，故以羊易之也。"曰："王無異於百姓之以王為愛也。以小易大，彼惡知之？王若隱其無罪而就死地，則牛羊何擇焉？"王笑曰："是誠何心哉？我非愛其財而易之以羊也。宜乎百姓之謂我愛也。"曰："無傷也，是乃仁術也，見牛未見羊也。君子之於禽獸也，見其生，不忍見其死；聞其聲，不忍食其肉。是以君子遠庖廚也。」王説曰：「詩云：『他人有心，予忖度之。』夫子之謂也。夫我乃行之，反而求之，不得吾心。夫子言之，於我心有戚戚焉。此心之所以合於王者，何也？」曰：「有復於王者曰：『吾力足以舉百鈞，而不足以舉一羽；明足以察秋毫之末，而不見輿薪』，則王許之乎？」曰：「否。」「今恩足以及禽獸，而功不至於百姓者，獨何與？然則一羽之不舉，為不用力焉；輿薪之不見，為不用明焉；百姓之不見保，為不用恩焉。故王之不王，不為也，非不能也。」曰：「不為者與不能者之形何以異？」曰：「挾太山以超北海，語人曰：『我不能。』是誠不能也。為長者折枝，語人曰：『我不能。』是不為也，非不能也。故王之不王，非挾太山以超北海之類也；王之不王，是折枝之類也。老吾老，以及人之老；幼吾幼，以及人之幼：天下可運於掌。詩云：『刑於寡妻，至於兄弟，以御於家邦。』言舉斯心加諸彼而已。故推恩足以保四海，不推恩無以保妻子。古之人所以大過人者，無他焉，善推其所為而已矣。今恩足以及禽獸，而功不至於百姓者，獨何與？權，然後知輕重；度，然後知長短。物皆然，心為甚。王請度之！抑王興甲兵，危士臣，構怨於諸侯，然後快於心與？」王曰：「否。吾何快於是？將以求吾所大欲也。」曰：「王之所大欲可得聞與？」王笑而不言。曰：「為肥甘不足於口與？輕煖不足於體與？抑為采色不足視於目與？聲音不足聽於耳與？便嬖不足使令於前與？王之諸臣皆足以供之，而王豈為是哉？」

曰：「否，吾不為是也。」曰：「然則王之所大欲可知已，欲辟土地，朝秦楚，莅中國而撫四夷也。以若所為求若所欲，猶緣木而求魚也。」王曰：「若是其甚與？」曰：「殆有甚焉。緣木求魚，雖不得魚，無後災。以若所為求若所欲，盡心力而為之，後必有災。」曰：「可得聞與？」曰：「鄒人與楚人戰，則王以為孰勝？」曰：「楚人勝。」曰：「然則小固不可以敵大，寡固不可以敵衆，弱固不可以敵强。海内之地方千里者九，齊集有其一。以一服八，何以異於鄒敵楚哉？蓋亦反其本矣。今王發政施仁，使天下仕者皆欲立於王之朝，耕者皆欲耕於王之野，商賈皆欲藏於王之市，行旅皆欲出於王之塗，天下之欲疾其君者皆欲赴愬於王。其若是，孰能禦之？」王曰：「吾惛，不能進於是矣。願夫子輔吾志，明以教我。我雖不敏，請嘗試之。」曰：「無恒產而有恒心者，惟士為能。若民，則無恒產，因無恒心。苟無恒心，放辟邪侈，無不為已。及陷於罪，然後從而刑之，是罔民也。焉有仁人在位罔民而可為也？是故明君治民之產，必使仰足以事父母，俯足以畜妻子，樂歲終身飽，凶年免於死亡；然後驅而之善，故民之從之也輕。今也制民之產，仰不足以事父母，俯不足以畜妻子；樂歲終身苦，凶年不免於死亡。此惟救死而恐不贍，奚暇治禮義哉？王欲行之，則盍反其本矣：五畝之宅，樹之以桑，五十者可以衣帛矣。鷄豚狗彘之畜，無失其時，七十者可以食肉矣。百畝之田，勿奪其時，八口之家可以無饑矣。謹庠序之教，申之以孝悌之義，頒白者不負戴於道路矣。老者衣帛食肉，黎民不饑不寒，然而不王者，未之有也。」

公孫丑問曰：「夫子當路於齊，管仲、晏子之功，可復許乎？」孟子曰：「子誠齊人也，知管仲、晏子而已矣。或問乎曾西曰：『吾子與子路孰賢？』曾西蹵然曰：『吾先子之所畏也。』曰：『然則吾子與管仲孰賢？』曾西艴然不悦，曰：『爾何曾比予於管仲？管仲得君如彼其專也，行乎國政如彼其久也，功烈如彼其卑也；爾何曾比予於是？』」曰：「管仲，曾西之所不為也，而子為我願之乎？」曰：「管仲以其君霸，晏子以其君顯。管仲、晏子猶不足為與？」曰：「以齊王，由反手也。」曰：「若是，則弟子之惑滋甚。且以文王之德，百年而後崩，猶未洽於天下；武王、周公繼之，然後大行。今言王若易然，則文王不足法與？」曰：「文王何可當也？由湯至於武丁，賢聖之君六七作，天下歸殷久矣，久則難變也。武丁朝諸侯，有天下，猶運之掌也。紂之去武丁未久也，其故家遺俗，流風善政，猶有存者；又有微子、微仲、王子比干、箕子、膠鬲，皆賢人也，相與輔相之，故久而後失之也。尺地，莫非其有也；一民，莫非其臣也；然而文王猶方百里起，是以難也。齊人有言曰：『雖有智慧，不如乘勢；雖有鎡基，不如待時。』今時則易然也：夏后、殷、周之盛，地未有過千里者也，而齊有其地矣；鷄鳴狗吠相聞，而達乎四境，而齊有其民矣。地不改辟矣，民不改聚矣，行仁政而王，莫之能禦也。且王者之不作，未有疏於此時者也；民之憔悴於虐政，未有甚於此時者也。饑者易為食，渴者易為飲。孔子曰：『德之流行，速於置郵而傳命。』當今之時，萬乘之國行仁政，民之悅之，猶解倒懸也。故事半古之人，功必倍之，惟此時為然。」

孟子曰：「以力假仁者霸，霸必有大國；以德行仁者王，王不待大。湯以七十里，文王以百里。以力服人者，非心服也，力不贍也；以德服人者，中心悅而誠服也，如七十子之服孔子也。詩云：『自西自東，自南自北，無思不服。』此之謂也。」

孟子曰：「言近而指遠者，善言也；守約而施博者，善道也。君子之言也，不下帶而道存焉；君子之守，修其身而天下平。人病舍其田而芸人之田，所求於人者重，而所以自任者輕。」

孟子曰：「人不足與適也，政不足閒也；唯大人為能格君心之非。君仁，莫不仁；君義，莫不義；君正，莫不正。一正君而國定矣。」

孟子曰：「離婁之明，公輸子之巧，不以規矩，不能成方圓；師曠之聰，不以六律，不能正五音；堯舜之道，不以仁政，不能平治天下。今有仁心仁聞，而民不被其澤，不可法於後世者，不行先王之道也。故曰：徒善不足以為政，徒法不能以自行。詩云：『不愆不忘，率由舊章。』遵先王之法而過者，未之有也。聖人既竭目力焉，繼之以規矩準繩，以為方員平直不可勝用也；既竭耳力焉，繼之以六律，正五音不可勝用也；既竭心思焉，繼之以不忍人之政，而仁覆天下矣。故曰：為高必因丘陵，為下必因川澤；為政不因先王之道，可謂智乎？是以惟仁者宜在高位。不仁而在高位，是播其惡於衆也。上無道揆也，下無法守也，朝不信道，工不信度，君子犯義，小人犯刑，國之所存者幸也。故曰：城郭不完，兵甲不多，非國之災也；田野不辟，貨財不聚，非國之害也。上無禮，下無學，賊民興，喪無日矣。詩曰：『天之方蹶，無然泄泄。』泄泄猶沓沓也。事君無義，進退無禮，言則非先王之道者，猶沓沓也。故曰：責難於君謂之恭，陳善閉邪謂之敬，吾君不能謂之賊。」

孟子曰：「規矩，方員之至也；聖人，人倫之至也。欲為君，盡君道；欲為臣，盡臣道。二者皆法堯舜而已矣。不以舜之所以事堯事君，不敬其君者也；不以堯之所以治民治民，賊其民者也。孔子曰：『道二，仁與不仁而已矣。』暴其民甚，則身弒國亡；不甚，則身危國削，名之曰『幽』、『厲』，雖孝子慈孫，百世不能改也。詩云：『殷鑒不遠，在夏后之世。』此之謂也。」

卷五

孟子曰：「堯舜，性者也；湯武，反之也。動容周旋中禮者，盛德之至也。哭死而哀，非為生者也；經德不回，非以干祿也；言語必信，非以正行也。君子行法，以俟命而已也。」

孟子曰：「禹惡旨酒而好善言。湯執中，立賢無方。文王視民如傷，望道而未之見。武王不泄邇，不忘遠。周公思兼三王，以施四事；其有不合者，仰而思之，夜以繼日；幸而得之，坐以待旦。」

孟子曰：「堯舜，性之也；湯武，身之也；五霸，假之也。久假而不歸，惡知其非有也。」

孟子曰：「伯夷目不視惡色，耳不聽惡聲。非其君，不事；非其民，不使。治則進，亂則退。橫政之所出，橫民之所止，不忍居也。思與鄉人處，如以朝衣朝冠坐於塗炭也。當紂之時，居北海之濱，以待天下之清也。故聞伯夷之風者，頑夫廉，懦夫有立志。伊尹曰：

『何事非君？何使非民？』治亦進，亂亦進，曰：『天之生斯民也，使先知覺後知，使先覺覺後覺。予，天民之先覺者也。予將以此道覺此民也。』思天下之民匹夫匹婦有不與被堯舜之澤者，若己推而納之溝中，其自任以天下之重也。柳下惠不羞汙君，不辭小官。進不隱賢，必以其道。遺佚而不怨，阨窮而不憫。與鄉人處，由由然不忍去也。『爾為爾，我為我，雖袒裼裸裎於我側，爾焉能浼我哉？』故聞柳下惠之風者，鄙夫寬，薄夫敦。孔子之去齊，接淅而行；去魯，曰：『遲遲吾行也，去父母國之道也。』可以速而速，可以久而久，可以處而處，可以仕而仕，孔子也。」孟子曰：「伯夷，聖之清者也；伊尹，聖之任者也；柳下惠，聖之和者也；孔子，聖之時者也。孔子之謂集大成。集大成也者，金聲而玉振之也。金聲也者，始條理也；玉振之也者，終條理也。始條理者，智之事也；終條理者，聖之事也。智，譬則巧也；聖，譬則力也。由射於百步之外也，其至，爾力也；其中，非爾力也。」

孟子曰：「聖人，百世之師也，伯夷、柳下惠是也。故聞伯夷之風者，頑夫廉，懦夫有立志；聞柳下惠之風者，薄夫敦，鄙夫寬。奮乎百世之上，百世之下，聞者莫不興起也。非聖人而能若是乎？而況於親炙之者乎？」

孟子曰：「仲尼不為已甚者。」

禹、稷當平世，三過其門而不入，孔子賢之。顏子當亂世，居於陋巷，一簞食，一瓢飲，人不堪其憂，顏子不改其樂，孔子賢之。孟子曰：「禹、稷、顏回同道。禹思天下有溺者，由己溺之也；稷思天下有饑者，由己饑之也，是以如是其急也。禹、稷、顏子易地則皆然。今有同室之人鬭者，救之，雖被髮纓冠而救之，可也；鄉鄰有鬭者，被髮纓冠而救之，則惑也，雖閉户可也。」

孟子曰：「子路，人告之以有過，則喜。禹聞善言，則拜。大舜有大焉，善與人同，捨己從人，樂取於人以為善。自耕稼、陶、漁以至為帝，無非取於人者。取諸人以為善，是與人為善者也。故君子莫大乎與人為善。」

公孫丑問曰：「夫子加齊之卿相，得行道焉，雖由此霸王，不異矣。如此，則動心否乎？」孟子曰：「否，我四十不動心。」曰：「若是，則夫子過孟賁遠矣。」曰：「是不難，告子先我不動心。」曰：「不動心有道乎？」曰：「有。北宮黝之養勇也，不膚橈，不目逃，思以一毫挫於人，若撻之於市朝；不受於褐寬博，亦不受於萬乘之君；視刺萬乘之君，若刺褐夫；無嚴諸侯，惡聲至，必反之。孟施舍之所養勇也，曰：『視不勝猶勝也。量敵而後進，慮勝而後會，是畏三軍者也。舍豈能為必勝哉？能無懼而已矣。』孟施舍似曾子，北宮黝似子夏。夫二子之勇，未知其孰賢，然而孟施舍守約也。昔者曾子謂子襄曰：『子好勇乎？吾嘗聞大勇於夫子矣：自反而不縮，雖褐寬博，吾不惴焉；自反而縮，雖千萬人，吾往矣。』孟施舍之守氣，又不如曾子之守約也。」曰：「敢問夫子之不動心與告子之不動心，可得聞與？」「告子曰：『不得於言，勿求於心；不得於心，勿求於氣。』不得於心，勿求於氣，可；不得於言，勿求於心，不可。夫志，氣之帥也；氣，體之充也。夫志至焉，氣次焉；故曰：『持其志，無暴其氣。』」「既曰『志至焉，氣次之』，又曰『持其志，無暴其氣』，何也？」曰：「志壹則動氣，氣一則動志也。今夫蹶者、趨者，是氣也，而反動其心。」「敢問夫子惡乎長？」曰：「我知言，我善養吾浩然之氣。」「敢問何為浩然之氣？」曰：「難言也。其為氣也，至大至剛，以直養而無害，則塞於天地之間。其為氣也，配義於道；無是，餒也。是集義所生者，非義襲而取之也。行有不慊於心，則餒矣。我故曰：告子未嘗知義，以其外之也。必有事焉，而勿正，心勿忘，勿助長也。無若宋人然：宋人有閔其苗之不長而揠之者，芒芒然歸，謂其人曰：『今日病矣！予助苗長矣！』其子趨而往視之，則苗槁矣。天下之不助苗長者寡矣。以為無益而舍之者，不耘苗者也；助之長者，揠苗者也。非徒無益，而又害之。」「何謂知言？」曰：「詖辭知其所蔽，淫辭知其所陷，邪辭知其所離，遁辭知其所窮。生於其心，害於其政；發於其政，害於其事。聖人復起，必從吾言矣。」「宰我、子貢善為說辭；冉牛、閔子、顏淵善言德行。孔子兼之，曰：『我於辭令，則不能也。』然則夫子既聖矣乎？」曰：「惡！是何言也？昔者子貢問於孔子曰：『夫子聖矣乎？』孔子曰：『聖則吾不能，我學不厭而教不倦也。』子貢曰：『學不厭，智也；教不倦，仁也。仁且智，夫子既聖矣。』夫聖，孔子不居，是何言也？」「昔者竊聞之：子夏、子游、子張皆有聖人之一體，冉牛、閔子、顏淵則具體而微，敢問所安。」曰：「姑舍是。」曰：「伯夷、伊尹何如？」曰：「不同道。非其君不事，非其民不使，治則進，亂則退，伯夷也。何事非君，何使非民，治亦進，亂亦進，伊尹也。可以仕則仕，可以止則止，可以久則久，可以速則速，孔子也。皆古聖人也，吾未能有行焉；乃所願，則學孔子也。」「伯夷、伊尹於孔子，若是班乎？」曰：「否。自有生民以來，未有孔子也。」曰：「然則有同與？」曰：「有。得百里之地而君之，皆能以朝諸侯，有天下；行一不義，殺一不辜，而得天下，皆不為也。是則同。」曰：「敢問其所以異。」曰：「宰我、子貢、有若，智足以知聖人，汙不至阿其所好。宰我曰：『以予觀於夫子，賢於堯舜遠矣。』子貢曰：『見其禮而知其政，聞其樂而知其德，由百世之後，等百世之王，莫之能違也。自生民以來，未有夫子也。』有若曰：『豈惟民哉？麒麟之於走獸，鳳凰之於飛鳥，太山之於丘垤，河海之於行潦，類也。聖人之於民，亦類也。出於其類，拔乎其萃，自生民以來，未有盛於孔子也。』」

公都子曰：「外人皆稱夫子好辯，敢問何也？」孟子曰：「予豈好辯哉？予不得已也。

天下之生久矣，一治一亂。當堯之時，水逆行，氾濫於中國，蛇龍居之，民無所定，下者為巢，上者為營窟。書曰：『洚水警余。』洚水者，洪水也。使禹治之。禹掘地而注之海，驅蛇龍而放之菹，水由地中行，江、淮、河、漢是也。險阻既遠，鳥獸之害人者消，然後人得平土而居之。堯舜既没，聖人之道衰，暴君代作，壞宫室以為汙池，民無所安息；棄田以為園囿，使民不得衣食。邪説暴行又作，園囿、汙池、沛澤多而禽獸至。及紂之身，天下又大亂。周公相武王誅紂，伐奄三年討其君，驅飛廉於海隅而戮之，滅國者五十，驅虎豹犀象而遠之，天下大悦。書曰：『丕顯哉，文王謨！丕承者，武王烈！佑啟我後人，咸以正無缺。』世衰道微，邪説暴行有作，臣弑其君者有之，子弑其父者有之。孔子懼，作春秋。春秋，天子之事也，是故孔子曰：『知我者，其惟春秋乎！罪我者，其惟春秋乎！』聖王不作，諸侯放恣，處士横議，楊朱、墨翟之言盈天下。天下之言不歸楊，則歸墨。楊氏為我，是無君也；墨氏兼愛，是無父也。無父無君，是禽獸也。公明儀曰：『庖有肥肉，廄有肥馬，民有饑色，野有餓莩，此率獸而食人也。』楊墨之道不息，孔子之道不著，是邪説誣民，充塞仁義也。仁義充塞，則率獸食人，人將相食。吾為此懼，閑先聖之道，距楊墨，放淫辭，邪説者不得作。作於其心，害於其事；作於其事，害於其政。聖人復起，不易吾言矣。昔者禹抑洪水而天下平，周公兼夷狄，驅猛獸而百姓寧，孔子成春秋而亂臣賊子懼。詩云：『戎狄是膺，荆舒是懲，則莫我敢承。』無父無君，是周公所膺也。我亦欲正人心，息邪說，距詖行，放淫辭，以承三聖者，豈好辯哉？予不得已也。能言距楊墨者，聖人之徒也。」

浩生不害問曰：「樂正子何人也？」孟子曰：「善人也，信人也。」「何謂善？何謂信？」曰：「可欲之謂善，有諸己之謂信，充實之謂美，充實而有光輝之謂大，大而化之之謂聖，聖而不可知之之謂神。樂正子，二之中、四之下也。」

萬章問曰：「孔子在陳曰：『盍歸乎來！吾黨之小子狂簡，進取，不忘其初。』孔子在陳，何思魯之狂士？」孟子曰：「孔子『不得中道而與之，必也狂狷乎！狂者進取，狷者有所不為也。』孔子豈不欲中道哉？不可必得，故思其次也。」「敢問何如斯可為狂矣？」曰：「如琴張、曾晳、牧皮者，孔子之所謂狂矣。」「何以謂之狂也？」曰：「其志嘐嘐然，曰：『古之人，古之人。』夷考其行，而不掩焉者也。狂者又不可得，欲得不屑不絜之士而與之，是獧也，是又其次也。孔子曰：『過我門而不入我室，我不憾焉者，其惟鄉原乎！鄉原，德之賊也。』」曰：「何如斯可謂之鄉原矣？」曰：「『何以是嘐嘐也？言不顧行，行不顧言，則曰：古之人，古之人。行何為踽踽涼涼？生斯世也，為斯世也，善斯可矣。』閹然媚於世也者，是鄉原也。」萬子曰：「一鄉皆稱原人焉，無所往而不為原人，孔子以為德之賊，何哉？」曰：「非之無舉也，刺之無刺也，同乎流俗，合乎污世，居之似忠信，行之似廉絜，衆皆悦之，自以為是，而不可與入堯舜之道，故曰『德之賊』也。孔子曰：惡似而非者：惡莠，恐其亂苗也；惡佞，恐其亂義也；惡利口，恐其亂信也；惡鄭聲，恐其亂樂也；惡紫，恐其亂朱也；惡鄉原，恐其亂德也。君子反經而已矣。經正，則庶民興；庶民興，斯無邪慝矣。」

詩集解

輯録説明

朱熹早年一本毛序而作詩集解，淳熙四年以後始黜毛序而作詩集傳。今詩集解亡佚，然當時主毛序之説者如吕祖謙吕氏家塾讀詩記（簡稱吕記）、段昌武毛詩集解（簡稱段解）、嚴粲詩緝（簡稱嚴緝）多引朱熹詩集解之説。朱熹吕氏家塾讀詩記後序云：「此書（即吕氏家塾讀詩記）所謂『朱氏』者，實熹少時淺陋之説，而伯恭父誤有取焉。」朱熹詩集解於淳熙四年序定後嘗印刻，尤袤遂初堂書目録有朱氏集傳稿，即此詩集解，可見當時亦甚流行。段昌武毛詩集解作於淳祐八年，嚴粲詩緝成於淳祐四年，二人均為主毛序説詩派，二書亦皆仿吕祖謙吕氏家塾讀詩記而成，如詩緝序所云：「二兒初為周南、召南，受東萊義，誦之不能習，余為輯諸家説，句析其訓，章括其旨。」故二書中所引「朱曰」、「朱氏曰」，必為朱熹主毛序説之詩集解，而非黜毛序説之詩集傳。兹即於此三書中輯出詩集解，猶得太半。

東景南

目録

序

或有問於余曰：詩何為而作也？余應之曰：人生而靜，天之性也；感於物而動，性之欲也。夫既有欲矣，則不能無思；既有思矣，則不能無言；既有言矣，則言之所不能盡，而發於咨嗟詠歎之餘者，必有自然之音響節奏而不能已焉。此詩之所以作也。曰：然則其所以教者何也？曰：詩者，人心之感物而形於言之餘也。心之所感有邪正，故言之所形有是非。惟聖人在上，則其所感者無不正，而其言皆足以為教。其或感之之雜，而所發不能無可擇者，則上之人必思所以自反，而因有以勸懲之，是亦所以為教也。昔周盛時，上自郊廟朝廷而下達於鄉黨閭巷，其言粹然無不出於正者，聖人固已協之聲律，而用之鄉人，用之邦國，以化天下；至於列國之詩，則天子巡守，亦必陳而觀之，以行黜陟之典；降至昭穆而後，寖以陵夷；至於東遷，而遂廢不講矣。孔子生於其時，既不得位，無以行帝王勸懲黜陟之政，於是特舉其籍而討論之，去其重復，正其紛亂，而其善之不足以為法、惡之不足以為戒者，則亦刊而去之，以從簡約，示久遠，使夫學者即是而有以考其得失，善者思之，而惡者改焉。是以其政雖不足以行於一時，而其教實被於萬世，是則詩之所以為教者然也。曰：然則國風、雅、頌之體，其不同若是，何也？曰：吾聞之，凡詩之所謂「風」者，多出於里巷歌謡之作，所謂男女相與詠歌，各言其情者也。惟周南、召南親被文王之化以成德，而人皆有以得其性情之正，故其發於言者，樂而不過於淫，哀而不及於傷，是以二篇獨為風詩之正經。自邶而下，則其國之治亂不同，人之賢否亦異，其所感而發者，有邪正是非之不齊，而所謂先王之「風」者，於此焉變矣。若夫雅、頌之篇，則皆成周之世朝廷郊廟樂歌之詞，其語和而莊，其義寬而密，其作者往往聖人之徒，固所以為萬世法程而不可易者也。至於雅之變者，亦皆一時賢人君子閔世病俗之所為，而聖人取之，其忠厚惻怛之心，陳善閉邪之意，尤非後世能言之士所能及之。此詩之為經，所以人事浹於下，天道備於上，而無一理之不具也。曰：然則其學之也當奈何？曰：本之二南以求其端，參之列國以盡其變，正之於雅以大其規，和之於頌以要其正，此學詩之大旨也。於是乎章句以綱之，訓詁以紀之，諷詠以昌之，涵濡以體之，察之情性隱微之間，審之言行樞機之始，則修身及家平均天下之道，其亦不待他求而得之於此矣。問者唯唯而退。余時方輯詩傳，因悉次是語以冠其篇云。淳熙四年丁酉冬十月戊子，新安朱熹序。

按：此序在今詩集傳中，而實為詩集解舊序。朱熹孫朱鑑編詩傳遺説卷二於此序下有注云：

「詩傳舊序，此乃先生丁酉歲用小序解經時所作，後乃盡去小序。」淳熙四年丁酉朱熹序定者為主毛序說之詩集解，而非黜毛序說之詩集傳，故此序為詩集解序，自原不在詩集傳中。詩傳遺説編於端平二年，既云「遺説」，乃輯文集、語録中論詩之語編成，而凡詩集傳中説均不録，朱鑑既將此序之説亦采入遺説，足證端平二年之時此序尚不在詩集傳中。又宋刻本詩集傳亦皆無此序，亦可證此序原非詩集傳之序。兹仍將此序輯録於此，以見詩集解之原貌。

綱領

論語：「詩三百，一言以蔽之，曰：思無邪。」

凡詩之言，善者可以感人之善心，惡者可以懲創人之逸志，其用歸於使人得其情性之正而已。然其言微婉，且或各因一事而發，求其直指全體，則未有若此之明且盡者。故夫子言詩三百篇，而惟此一言足以盡蓋其義。（段解）

詩卷第一

國風一

國者，諸侯所封之域；而風者，民俗歌謠之詩也。謂之風者，以其被上之化，以有言，而其言又足以感人，如物因風之動；以有聲，而其聲又足以動物也。是以諸侯采之，以貢於天子，天子受之，而列於樂官，於以考其俗尚之美惡，而知其政治之得失焉。舊説二南爲正風，所以用之閨門鄉黨邦國，而化天下也；十三國爲變風，亦領在樂官，以時存肄，備觀省而垂鑒戒耳。（嚴緝，段解）

周南一之一

周，國名。南，南方諸侯之國也。岐周，在今鳳翔府岐山縣。豐，在今京兆府鄠縣終南山北。南方之國，即今興元府、京西、湖北等路諸州。鎬，在豐東二十五里。（嚴緝，段解）

周公制禮作樂，於是取文王時詩，分爲二篇：其言文王之化者，繫之周公，以周公主内治故

也；其言諸侯之國被文王之化以成德者，繫之召公，以召公長諸侯故也。（吕記，嚴緝，段解）

帝嚳之子棄，爲唐虞后稷，封於邰。其後公劉遷於豳，至古公亶父又遷於岐山之下。（吕記，段解）

鄠，音户。（嚴緝）

關雎

后妃之德也。風之始也，所以風天下而正夫婦也。故用之鄉人焉，用之邦國焉。風，風也，教也。風以動之，教以化之。

太姒未嘗稱后，此追稱之云耳。此詩當時人所作，以美太姒之德。周公取以爲周南之首篇，以教天下後世，以明凡爲后妃者，其德皆當如是也。故序者不曰美太妃之德，而特言后妃之德。（嚴緝）

周公取以爲首篇，以教後世。凡爲后妃者，其德當皆如是也。故序者不言美大姒，而特言后妃之德，蓋周公之遺意歟？然文王未嘗稱王，則大姒未嘗稱后妃，此特追稱之耳。（段解）

此詩雖美大姒，而實以深見文王之德。（段解）

謂國風篇章始，亦風教之所由始。（嚴緝）

如風之著物，鼓舞震盪，物無不化，而不知為之者。（嚴緝）

風兼二義：以象言，則曰風；以事言，則曰教。（呂記，段解）

詩者，志之所之也。在心為志，發言為詩。情動於中，而形於言；言之不足，故嗟歎之；嗟歎之不足，故永歌之；永歌之不足，不知手之舞之，足之蹈之也。情發於聲，聲成文謂之音。

心之所之，謂之志。情者，性之感於物而動者也。喜怒哀懼愛惡欲，是謂七情，形見永長也。（段解）

聲不止於言，凡嗟歎永歌者，皆是也。成文，謂其清濁高下疾徐疏數之節，相應而和也。然情之所感不同，則音之所成或亦異矣。（段解，呂記）

五聲，宮最濁，而羽極清，所以協歌之上下。十二律，黃最濁，而應極清，又所以旋相為宮，而節其聲之上下。（段解）

治世之音安以樂，其政和；亂世之音怨以怒，其政乖；亡國之音哀以思，其民困。故正得失，動天地，感鬼神，莫近於詩。先王以是經夫婦，成孝敬，厚人倫，美教化，移風俗。

和平怨怒之極，又足以達陰陽之氣而致災召祥，蓋出於自然。（嚴緝）

事有得失，詩因其實而諷詠之，使人有所創艾興起。至其和平怨怒之極，又足以達於陰陽之氣

而致祥召災，蓋其出於自然，不假人力，足以入人深而見功速，非他教之所及也。（段解）

人者，天地之心，鬼神之會，志壹則動氣，理之必然也。（段解）

先王，指文、武、周公、成王。（嚴緝，段解）

是，指風雅頌之正經。經，經常也。女正位乎内，男正位乎外，夫婦之常也。孝者，子之所以事父；敬者，臣之所以事君。詩之始作，多發於男女之間，而達於父子君臣之際，故先王以詩為教，使人興於善，而戒其失，所以導夫婦之常，而成父子君臣之道也。三綱既正，則人倫厚，教化美，而風俗移矣。（段解，嚴緝）

夫婦有別，則父子親；父子親，則君臣和。故經夫婦所以成其孝敬也。（段解）

故詩有六義焉：一曰風，二曰賦，三曰比，四曰興，五曰雅，六曰頌。上以風化下，下以風刺上，主文而譎諫，言之者無罪，聞之者足以戒，故曰風。

比者，以物為比，而不正言其事，甫田、碩鼠、衡門之類是也。因所見聞，或託物起興，而以事繼其聲，關雎、樛木之類是也。（段解，吕記）

興，起也。詩本人情，其言易曉，而諷詠之間，優柔浸清，又有以感人而入於人心。故誦而習之，則其或邪或正，或勸或懲，皆可使人志意油然興起於善，而不能自已也。（段解）

比方有兩例：有繼所比而言其事者，有全不言其事者。興亦有兩例：有取所興為義者，則以上句形容下句之情思，下句指言上句之事實； 有全不取其義者，則但取一二字而已。要之，上句常虛，下句常實，則同也。（段解，吕記）

然比興之中，螽斯專於比，而緑衣兼於興，兔罝專於興，而關雎兼於比。此其例中，又自有不同也。（段解）

此一條本出於周禮大師之官，蓋三百篇之綱领管轄。風、雅、颂者，聲樂部分之名也。風則十五國風，雅則大、小雅，颂則三颂也。賦、比、興則所以製風、雅、颂之體也。故大師之教國子必陳之，以是六者三經而三緯之，則凡詩之節奏指歸，皆將不待講説而直可吟詠以得之矣。六者之序，以其篇次，風固為先，而風則有賦比興矣，故三者次之，而雅、颂又次之，蓋亦以是三者為之也。（段解）

風者，民俗歌謠之詩，如物被風而有聲，又因其聲以動物也。上以風化下者，詩之美惡，其風皆出於上，而被於下也。下以風刺上者，在下之人，又歌詠其詩之美惡，以譏其上也。凡以風刺上者，皆不主於政事，而主於文辭，不以正諫，而託意以諫，若風之被物，彼此無心，而能有所動也。（段解）

主於文辭，而託之以諫，雖優游不迫，而感人實深。（吕記）

至於王道衰，禮義廢，政教失，國異政，家殊俗，而變風變雅作矣。國史明乎得失之迹，傷人倫之廢，哀刑政之苛，吟詠情性，以風其上，達於事變，而懷其舊俗者也。故變風發乎情，止乎禮義。發乎情，民之性也；止乎禮義，先王之澤也。

二十五篇為正風。自鹿鳴而至菁菁者莪二十篇，為正小雅。自文王而至卷阿十八篇，為正大雅。邶至豳十三國，為變風。六月至何草不黄五十八篇，為變小雅。民勞至召旻十三篇，為變大雅，皆康昭以後所作。（段解）

舊説正風、正雅皆文武成王時詩，周公所定樂歌之辭。變風、變雅皆康昭以後所作。然正變之説，經無明文可考，今姑從之。（嚴緝，段解）

人倫廢，刑政苛，詩之所刺，不越乎此。國史采而得之，哀傷其然，於是吟詠紬繹其情性之未發，而節文之以授樂官，使時而颺之，以風其上。此非達於當時之變故而不忘乎厥初之舊俗者，有所不能也。（段解）

情者，性之動； 而禮義者，性之德也。性則天命之在我者也。（嚴緝，段解）

正風雅頌，則不可以情言，皆天理之本也，亦不可但止乎禮義而已，乃禮義所由出也。（段解）

是以一國之事，繫一人之本，謂之風。言天下之事，形四方之風，謂之雅。雅者，正也，言王政之所由廢興也。政有小大，故有小雅焉，有大雅焉。頌者，美盛德之形容，以其成功告於神明者也。是謂四始，詩之至也。

形者，體而象之之謂。（嚴緝，段解）

小雅言政事之一事，大雅意不主於一事。大抵皆詠歌先王之功德，中固福禄之辭，而政之大體繫焉。（段解）

正小雅二十二篇，皆王政之一事。正大雅十八篇，言王政之大體。以其規模氣象考之，意其音節亦有不同者；及其變也，則各以其聲而繫之歟？（吕記）

玩其辭氣之遠近，考其制度之廣狹，疑其音節亦不同矣。及其變也，則亦各以其聲而繫之歟？（段解）

史記：「關雎之亂以為風始，鹿鳴以為小雅始，文王為大雅始，清廟為頌始。」所謂「四始」也。詩之所以為詩者，至是無餘藴矣。後世雖有作者，其孰能加於此乎！（段解）

然則關雎、麟趾之化，王者之風，故繫之周公，南，言化自北而南也；鵲巢、騶虞之德，諸侯之風也，先王之所以教，故繫之召公。周南、召南，正始之道，王化之基。

成王立，周公相之，制禮作樂，乃采文王世風化所及民俗之詩，以為房中之樂。蓋其得之國中者，雜以南國之詩，而謂之周南，言自天子之國而被於諸侯，不但國中而已也；其得之南國者，則直謂之召南，言自方伯之國被於南方，而不敢以繫於天子也。（段解）

關雎、麟趾言化者，化之所自出也；鵲巢、騶虞言德者，蒙化以成德也。召南之德，即周南之化所成，故曰「先王之所以教」。先王，謂文王也。程子曰：「周南、召南，其猶乾、坤乎！」愚嘗推其説曰：乾始萬邦，非坤無以代之終；坤終萬物，非乾無以資其始。故乾元統天，爲萬物之所從出，而無所不統，周南之化似之；坤元雖生萬物，而所以生之者，乃順承天意而已，召南之德似之。此程子之意也。而楊亦曰：「王者諸侯之風相須以爲治，蓋一體也。」（段解，嚴緝）

王者之政，始於家，終於天下，而二南正家之事也。王者之化，必至於法度彰，禮樂著，雅、頌之聲作，而後可以言成。然無其始，亦何所因而立哉！基者，堂宇之所因而立者也。程子謂「有關雎、麟趾之意，而後可以行周官之法度」，其謂是歟？（段解）

是以關雎樂得淑女，以配君子，憂在進賢，不淫其色，哀窈窕，思賢才，而無傷善之心焉，是關雎之義也。

主於德而言，則樂而不淫，哀而不傷；主於色而言，則樂必淫，哀必傷。此幾微之理，毫釐之辨，善養心者，審諸此而已矣。（段解）

或曰：先儒多以周道衰，詩人本諸袵席而關雎作。故揚雄以周康之時關雎作，爲傷始亂。杜欽亦曰：「佩玉晏鳴，關雎歎之。」但儀禮以關雎爲鄉樂，又爲房中之樂，則是周公制作之時，已有此詩矣。若如此説，則儀禮不得爲周公之書；儀禮不爲周公之書，則周之盛時乃無鄉射、燕飲、房中之樂，而必有待乎後世之刺詩也，其不然也明矣。且爲人子孫，乃無故而播其祖先之失於天下，

如此而尚可以為風化之首乎？（段解）

關關雎鳩，在河之洲。窈窕淑女，君子好逑。

興者，先言他物以引起所詠之辭。（段解）

關關，雎雄相應和之聲也。（段解）

河，北方流水之通名。（段解，嚴緝）

淑女，指太姒也。（嚴緝）

女者，未嫁之稱，蓋指文王之妃太姒為處子時而言。君子，指文王。（段解，嚴緝）

宮中之人，於其始至，見其有幽閒貞静之德，故作是詩，謂彼關關然之雎鳩，則相與和鳴於河洲之上矣；此窈窕之淑女，則豈非君子之善匹乎。言其相與和樂而恭敬，若其摯而有别也。漢匡衡曰：「窈窕淑女，君子好逑。言能致其貞淑，不貳其操，情欲之感，無介乎容儀宴私之意，不形於動静，夫然後可以配至尊而為宗廟主。此綱紀之首，王教之端也。」可謂善説詩矣。（段解）

此詩，序以為后妃之德，而四章竟不及其德如何，但反復歌詠之而已。豈其德之深遠純備，有難以言語形狀而指陳歟？嗚呼，此其所以為德之至也。（段解）

參差荇菜，左右流之。窈窕淑女，寤寐求之。求之不得，寤寐思服。悠哉悠哉，輾轉反側。

左右流之，求之無方也。（吕記）

流，順水之流而取之也。（段解）

或寤或寐，言無時也。（段解）

服，猶懷也。（嚴緝）

輾者轉之半，轉者輾之周，反者輾之過，側者轉之留，皆卧而不安席之意。（段解）

此章本其未得而言：彼參差之荇菜，則當左右無方以流之矣；此窈窕之淑女，則當寤寐不忘以求之矣。（段解）

參差荇菜，左右采之。窈窕淑女，琴瑟友之。

友者，親愛之意。樂則和平之極。（段解）

參差荇菜，左右芼之。窈窕淑女，鐘鼓樂之。

求而得之，則當以琴瑟鐘鼓樂之也。（吕記）

此章據今始得而言：彼參差之荇菜既得之，則當采擇而烹芼之矣；此窈窕淑女既得之，則當親愛而娛樂之矣。（段解）

關雎樂而不淫，哀而不傷。愚謂此言為此詩者，得其情性之正，聲氣之和也。蓋德如雎鳩，摯而有別，則后妃情性之正，固可以見其一端矣。至於寤寐反側，琴瑟鐘鼓，極其哀樂，而皆不過其則焉，則詩人情性之正，又可以見其全體也。猶其聲氣之和有不可得而聞者，雖若可恨，然學者姑即其詞而玩其理，以養心焉，則亦可以得學詩之本矣。（段解）

葛覃

后妃之本也。后妃在父母家，則志在於女工之事，躬儉節用，服澣濯之衣，尊敬師傅，則可以歸安父母，化天下以婦道也。

葛之覃兮，施于中谷。維葉萋萋，黄鳥于飛。集于灌木，其鳴喈喈。

初夏時也。（段解）

葛之覃兮，施于中谷。維葉莫莫，是刈是濩。為絺為綌，服之無斁。

莫莫，茂密也。（嚴緝）

織以為布。（段解）

於是治以為布，而服之無厭。蓋親執其勞，而知其成之不易，所以心誠愛之，雖極垢弊，而不思厭棄也。（段解）

言告師氏，言告言歸。薄汙我私，薄澣我衣。害澣害否，歸寧父母。

薄，猶少也。（段解）

何者當澣，而何者可以未澣乎，我將歸寧於父母矣。歸寧者，歸而問安之義。（呂記）

此詩見后妃已貴而能勤，已富而能儉，已長而敬不弛於師傅，已嫁而孝不衰於父母，是皆德之厚而人所難也。（嚴緝）

卷耳

后妃之志也。又當輔佐君子，求賢審官，知臣下之勤勞。内有進賢之志，而無險詖私謁之心，朝夕思念，至於憂勤也。

采采卷耳，不盈頃筐。嗟我懷人，置彼周行。

采采，非一采也。（呂記，嚴緝，段解）

卷耳，據本草，即蒼耳。（呂記）

周行，大道也。（嚴緝）

詩有三周行：此及大東者，皆道路之道；鹿鳴，乃道義之道。（呂記，段解）

陟彼崔嵬，我馬虺隤。我姑酌彼金罍，維以不永懷。

虺隤，馬罷不能升高之病。（段解）

陟彼高崗，我馬玄黃。我姑酌彼兕觥，維以不永傷。

玄黃，病極而變色也。（段解）

兕，野牛也。周禮有觥罰之事。（嚴緝，呂記）

觥，其不敬者，但謂以觥罰之耳，非必觥專為罰爵也。（呂記，嚴緝）

陟彼砠矣，我馬瘏矣，我僕痡矣，云何吁矣。

極言其勤勞嗟嘆之狀，以為至是非飲酒所能釋矣。蓋諷其君子當厚恩意，無窮已之辭也。

極道勤勞嗟嘆之狀，諷其君子當厚其恩意，無窮已之辭也。（呂記）

（段解）

樛木

后妃逮下也。言能逮下而無嫉妬之心焉。

南有樛木，葛藟纍之。樂只君子，福履綏之。

纍，猶繫也。（段解）

南有樛木，葛藟荒之。樂只君子，福履將之。

南有樛木，葛藟縈之。樂只君子，福履成之。

螽斯

后妃子孫衆多也。言若螽斯不妬忌，則子孫衆多也。

螽斯居處和一，而卵育繁多，故以為不妬忌而子孫衆多之比，非必知其不妬忌也。或曰：古人精察物理，固有以知其不妬忌也。（呂記，段解）

螽斯羽，詵詵兮，宜爾子孫，振振兮。

螽斯羽，薨薨兮，宜爾子孫，繩繩兮。

繩繩，不絶貌。（呂記，段解）

螽斯羽，揖揖兮，宜爾子孫，蟄蟄兮。

桃夭

后妃之所致也。不妬忌，則男女以正，昏姻以時，國無鰥民也。

桃之夭夭，灼灼其華。之子于歸，宜其室家。

木少則花盛，桃之有花，正昏姻之時也。月令：「仲春，令會男女。」（段解）

宜者，和順之意。（段解）

桃之夭夭，有蕡其實。之子于歸，宜其家室。

蕡，實之盛。（段解）

桃之夭夭，其葉蓁蓁。之子于歸，宜其家人。

互文以協韻耳。（段解）

兔罝

后妃之化也。關雎之化行，則莫不好德，賢人衆多也。

肅肅兔罝，椓之丁丁。赳赳武夫，公侯干城。

言聞此椓杙之聲，而視其人則甚武，而可以爲國扞城者也。田野之人皆有可用之才，足以見賢人之衆多矣。此文王時周人之詩，極其尊稱，不過曰公侯而已，亦文王未嘗稱王之一驗也。凡雅頌稱王者，皆追王後所作爾。（呂記，嚴緝，段解）

肅肅兔罝，施于中逵。赳赳武夫，公侯好仇。

好仇，善匹也，非特扞城而已。（呂記，嚴緝）

仇，與逑同。公侯善匹，猶曰聖人之耦也，則非特扞城而已。（段解）

肅肅兔罝，施于中林。赳赳武夫，公侯腹心。

腹心，同心同德之謂也，非特好仇而已。（呂記，段解）

芣苢

后妃之美也。和平則婦人樂有子矣。

采采芣苢，薄言采之。采采芣苢，薄言有之。

言采之，又曰有之，言掇之，又曰捋之，言袺之，又曰襭之，雖不廣譬曲喻，而周旋一物之間，已盡人之情矣。（段解）

采采芣苢，薄言掇之。采采芣苢，薄言捋之。

化行俗美，室家和平，婦人無事，相與采此芣苢，而賦其事以相樂也。（段解）

捋，取其子也。（呂記，嚴緝，段解）

采采芣苢，薄言袺之。采采芣苢，薄言襭之。

袺，以衣貯之，而執其袵也。襭，以衣貯之，而扱其袵於帶間也。（呂記，段解）

漢廣

德廣所及也。文王之道被於南國，美化行乎江漢之域，無思犯禮，求而不可得也。

江漢之俗，其女好游，漢魏以來猶然，如大堤之曲可見也。（段解）

南有喬木，不可休息。漢有游女，不可求思。漢之廣矣，不可泳思。江之永矣，不可方思。

興而比也。（段解）

江，水出永康軍岷山。（嚴緝）

其幽閒貞静之女，見者自無狎暱之心，决知其不可求也。（呂記，段解）

非必遂有求之者，但設言以見其幽閒貞静之極，逆知其非求之可得而犯禮之思，于是而遂息焉耳。（段解）

翹翹錯薪，言刈其楚。之子于歸，言秣其馬。漢之廣矣，不可泳思。江之永矣，不可方思。

翹翹，秀起貌。（段解）

之子，指游女也。秣，飼也。（段解）

以錯薪起興，而欲秣其馬，則悦之至；以江漢為比，而嘆其終不可求，則敬之深。（段解）

翹翹錯薪，言刈其蔞。之子于歸，言秣其駒。漢之廣矣，不可泳思。江之永矣，不可方思。

駒，馬之小者。（段解）

汝墳

道化行也。文王之化行乎汝墳之國，婦人能閔其君子，猶勉之以正也。

遵彼汝墳，伐其條枚。未見君子，惄如調饑。

遵彼汝墳，伐其條肄。既見君子，不我遐棄。

魴魚赬尾，王室如燬。雖則如燬，父母孔邇。

是時文王三分天下有其二，而率商之叛國以事紂，故汝墳之人猶以文王之命供紂之役。其家人見其勤苦而勞之曰：汝之勞既如此，而王室之政方酷烈而未已；然文王之德如父母然，望之甚近，亦可以忘其勞矣。此雖别離之久，思念之深，而其所以相告語者，獨有尊君親上之意，而無情愛狎暱之私，則其德澤之深，風化之美，皆可見矣。（段解）

麟之趾

關雎之應也。關雎之化行，則天下無犯非禮，雖衰世之公子，皆信厚如麟趾之時也。

麟，仁獸。上古極治之時，蓋嘗見於郊藪。紂之衰世，不復有矣。然關雎之化行於周南，則其公子振振信厚，蓋有麟之德焉。（段解）

麟之趾，振振公子，于嗟麟兮。

麟之趾仁厚，公子亦仁厚。（吕記）

言之不足，故嗟嘆之，言公子如此，非特似之。是乃麟也，何必麕身牛尾馬蹄然後為王者之瑞哉。（段解）

麟之定，振振公姓，于嗟麟兮。

麟之角，振振公族，于嗟麟兮。

公族，公同高祖，祖廟未毁，有服之親。（吕記）

按：此卷首五詩，皆言后妃之德，關雎舉其全體言也，葛覃、卷耳言其志行之在己，樛木、螽斯美其德惠之及人，皆指一事而言也。其辭雖主於后妃，然其實則皆所以著文王修身齊家之效也。至於桃夭、兔罝、芣苢，則家齊而國治之效也。漢廣、汝墳，則以南國之詩附焉，而見天下已有可平之漸矣。若麟之趾，則又王者之瑞，有非人力所致而自至者，故復以是終焉，而序以為關雎之應。夫其所以至此者，后妃之德固不為無所助矣，然妻道無成，則亦豈得而專之哉。或乃專美后妃，而不本於文王，其亦誤矣。（段解，嚴緝）

召南一之二

召，地名，扶風縣有召亭，即其地。今雍縣析為岐山、天興二縣，未知召亭的在何縣。（嚴緝，段解）

鵲巢

夫人之德也。國君積行累功，以致爵位，夫人起家而居有之，德如鳲鳩，乃可以配焉。

文王之時，關雎、麟趾之化行於内，諸侯蒙化以成其德，而其道亦始於家人，故其夫人之德如是。當是時之人，歌詠以美之，當必為一人而作，然周公取以為法，明夫人之德皆當如是，則其義不主於所指之人，故序詩者特曰夫人之德而已。後言大夫妻者倣此。（段解，嚴緝）

維鵲有巢，維鳩居之。之子于歸，百兩御之。

之子，指夫人。（嚴緝）

南國諸侯被文王之化，能正心修身以齊其家；其女子亦被后妃之化，故嫁於諸侯，而其家人美之。（嚴緝）

維鵲有巢，維鳩方之。之子于歸，百兩將之。

維鵲有巢，維鳩盈之。之子于歸，百兩成之。

成，成其禮也。（呂記，嚴緝，段解）

采蘩

夫人不失職也。夫人可以奉祭祀，則不失職矣。

于以采蘩，于沼于沚。于以用之，公侯之事。

于以采蘩，于澗之中。于以用之，公侯之宮。

被之僮僮，夙夜在公。被之祁祁，薄言還歸。

公，公所也。謂宗廟之中，非私室也。（呂記，嚴緝，段解）

祭義云：「及祭之後，陶陶遂遂，如將復入，然不欲遽去，愛敬之無已也。」陶，音摇。（嚴緝，呂記）

祭之日及祭之夜，陶陶遂遂，如將復入，然不欲遽去，愛敬之無已也。（段解）

或曰：蘩，所以生蠶。蓋古者后夫人有親蠶之禮，此詩亦猶周南之有葛覃也。宮，即記所謂宮桑蠶室也。公，亦即所謂公桑也。事，蓋蠶事也。（段解）

草蟲

大夫妻能以禮自防也。

喓喓草蟲，趯趯阜螽。未見君子，憂心忡忡。亦既見止，亦既覯止，我心則降。

召南之大夫行役在外，其妻獨居，見此二物以類相從，似有陰陽之性，因感時物之變，而思其君子，恐不得保其全而見之也。（呂記，段解）

陟彼南山，言采其蕨。未見君子，憂心惙惙。亦既見止，亦既覯止，我心則説。

惙惙，憂也。（嚴緝）

非必大夫妻親出采蕨，蓋言今其時矣。（呂記，段解）

陟彼南山，言采其薇。未見君子，我心傷悲。亦既見止，亦既覯止，我心則夷。

采蘋

大夫妻能循法度也。能循法度，則可以承先祖共祭祀矣。

于以采蘋，南澗之濱。于以采藻，于彼行潦。

于以盛之，維筐及筥。于以湘之，維錡及釜。

于以奠之，宗室牖下。誰其尸之，有齊季女。

室前東户西牖，牖下則室中西南隅，所謂奥也。（吕記，嚴緝，段解）

祭祀之禮，主婦主薦，豆實以葅醢。有齊季女，則幽閒貞静之至也，能循法度也宜哉。（段解）

甘棠

美召伯也。召伯之教，明於南國。

蔽芾甘棠，勿翦勿伐，召伯所茇。

翦其枝葉，伐其條幹。（段解）

止於其下以自蔽，猶草舍耳，非真作舍於其下也。（段解，吕記）

蔽芾甘棠，勿翦勿敗，召伯所憩。

敗，折也。（段解）

勿敗，則非特勿伐而已，愛之愈久而愈深也。（段解）

蔽芾甘棠，勿翦勿拜，召伯所説。

行露

召伯聽訟也。衰亂之俗微，貞信之教興，彊暴之男，不能侵陵貞女也。

召南之風非一國，其被化必有淺深。此詩之作，其被化之未純者歟？是時當文王與紂之事，文王之教既興，則紂之舊俗微矣，故其子女能有貞信自愛之心。然以其未純也，故猶未免有彊暴侵凌之患，必待獄訟之明而後察，與夫漢廣異矣。（段解）

厭浥行露，豈不夙夜，謂行多露。

女子自述己志，曰：道間之露方濕，我豈不欲早夜而行乎？畏多露之沾濡而不敢耳。蓋以好早夜獨行，或有彊暴侵凌之患，故託以行多露而畏其沾濡也。（段解）

誰謂雀無角，何以穿我屋？誰謂女無家，何以速我獄？雖速我獄，室家不足。

無室家之道，而致我於獄，言其彊暴之甚也。（段解）

不知汝雖能致我於獄，而求為室家之禮，初未嘗備，如雀雖能穿屋，而實未嘗有角也。（段解）

誰謂鼠無牙，何以穿我墉？誰謂女無家，何以速我訟？雖速我訟，亦不女從。

言汝雖能致我於訟，然求其為室家之禮，有所不足，則我亦終不汝從矣。（段解）

使貞女之志得以自伸者，召伯聽訟之明也。（呂記，段解）

羔羊

鵲巢之功致也。召南之國化文王之政，在位皆節儉正直，德如羔羊也。

在位節儉正直，本於國君夫人正身齊家以及其國之效，故曰鵲巢之功至也。（嚴緝）

衣裳有常制，進止有常所，其節儉正直亦可見矣。（呂記，段解）

羔羊之皮，素絲五紽。退食自公，委蛇委蛇。

自，從也。公，朝也。（呂記，段解，嚴緝）

羔羊之革，素絲五緎。委蛇委蛇，自公退食。

羔羊之縫，素絲五總。委蛇委蛇，退食自公。

殷其雷

勸以義也。召南大夫遠行從政，不遑寧處，其室家能閔其勤勞，勸以義也。

殷其雷，在南山之陽。何斯違斯，莫敢或遑。振振君子，歸哉歸哉。

興也。（呂記，段解）

何斯，斯，此人也。違斯，斯，此所也。此君子獨去此而不敢少暇乎。歸哉歸哉，冀早畢事而還

歸也。閔之深而無怨辭，所謂勸以義也。（段解）

何斯，斯，此人也。違斯，斯，此所也。歸哉歸哉，冀其畢事而還歸也。閔之深而無怨辭，所謂勸以義也。（吕記）

殷其雷，在南山之側。何斯違斯，莫敢遑息。振振君子，歸哉歸哉。

殷其雷，在南山之下。何斯違斯，莫或遑處。振振君子，歸哉歸哉。

摽有梅

男女及時也。召南之國被文王之化，男女得以及時也。

述女子之情，欲昏姻之及時也。視桃夭則少貶矣。行露、死麕於漢廣亦然。（吕記，段解）

摽有梅，其實七兮。求我庶士，迨其吉兮。

梅，木名。（段解）

吉，卜而得吉也。（吕記，段解）

此一時也。（段解）

摽有梅，其實三兮。求我庶士，迨其今兮。

此又一時也。（段解）

摽有梅，頃筐塈之。求我庶士，迨其謂之。

此又一時也。（段解）

小星

嘒彼小星，三五在東。肅肅宵征，夙夜在公，寔命不同。

惠及下也。夫人無妬忌之行，惠及賤妾，進御於君，知其命有貴賤，能盡其心矣。

興也。（呂記，段解）

三五，言其稀，蓋初昏或將旦時也，於義無所取，特取其在東在公兩字之相應耳。（段解）

肅肅，整齊之貌也。（段解）

命，所賦之分也。衆妾進御於君，不敢當夕，見星而往，見星而還，故因其所見以起興。（呂記，嚴緝）

命，所賦之分也。衆妾進御於君，不敢當夕，見星而往，見星而還，故因所見而起興，遂言其所以如此者。由其所賦之分不同於貴者，是以深以得御於君，為夫人之惠，而不敢致怨於往來之勤也。（段解）

嘒彼小星，維參與昴。肅肅宵征，抱衾與裯，實命不猶。

江有汜

美媵也。勤而無怨，嫡能悔過也。文王之時，江沱之間，有嫡不以其媵備數，媵遇勞而無怨，嫡亦自悔也。

是時汜水之旁，媵有待年於國，而嫡不與之偕行者。其後被后妃夫人之化，乃能自悔而迎之。（段解）

江有汜，之子歸，不我以，不我以，其後也悔。

言江猶有汜，而之子乃不我以。雖不我以，其後也亦悔矣。（段解）

江有渚，之子歸，不我與，不我與，其後也處。

處，安也。（嚴緝）

江有沱，之子歸，不我過，不我過，其嘯也歌。

今江陵漢陽安復之間，多有此水也。（段解）

嘯以舒憤懣之氣，言其悔時也。歌則得其所處而樂矣。此兼上兩章之意而言。易曰「震無咎」者，存乎悔，於此見之。王風云：「條其歗矣。」列女傳云：「倚柱而歗。」皆悲嘆之聲也。（呂記，嚴緝，段解）

野有死麕

惡無禮也。天下大亂，彊暴相陵，遂成淫風。被文王之化，雖當亂世，猶惡無禮也。

野有死麕，白茅包之。有女懷春，吉士誘之。

麕，鹿屬，無角。（段解）

林有樸樕，野有死鹿。白茅純束，有女如玉。

舒而脱脱兮，無感我帨兮，無使尨也吠。

此述女子惡無禮之辭，言女姑舒徐，毋徒動我之帨，毋徒驚我之犬。示己心不動，必不許也。毋動我之帨，毋驚我之犬，以甚言其不能相及也。其凜然不可犯之意，蓋自可以見於不言之表矣。（段解）

何彼襛矣

美王姬也。雖則王姬，亦下嫁於諸侯，車服不繫其夫，下王后一等，猶執婦道以成肅雝之德也。

何彼襛矣，唐棣之華。曷不肅雝，王姬之車。

何彼，曷不，皆設問之辭也。襛，盛也。言何彼戎戎而盛乎，唐棣之華也？豈不肅雝乎，王姬之車也？（呂記）

夫使人望其車，而知其敬且和也，則其根於中者深，而發於外者著矣。（嚴緝）

何彼襛矣，華如桃李。平王之孫，齊侯之子。

言齊一之侯，猶易之康侯，禮之寧侯也。（嚴緝）

其釣維何？維絲伊緡。齊侯之子，平王之孫。

絲之合而為綸，猶男女之合而為昏也。（段解，嚴緝）

騶虞

鵲巢之應也。鵲巢之化行，人倫既正，朝廷既治，天下純被文王之化，則庶類蕃殖，蒐田以時，仁如騶虞，則王道成也。

文王之化始於關雎，而至於麟趾，則其化之入人者深矣；形於鵲巢，而及於騶虞，則其澤之及物也廣矣。蓋意誠心正之功不息而久，則其薰蒸透徹、融液周徧自不能已者，非智力之私所能及

也。故序以騶虞為鵲巢之應，而見王道之成，其必有所傳矣。（嚴緝，段解）

按：鵲巢至采蘋言夫人、大夫妻，以見當時國君、大夫被文王之化，而能修身以正其家也。甘棠以下，又見由方伯能布文王之化、而國君能修之家以及其國也。其辭雖無及於文王者，然文王明德新民之功，至是而其所施者博矣，抑所謂其民皞皞而不知為之者歟？（段解，嚴緝）

彼茁者葭，壹發五豝，于嗟乎騶虞。

茁，生出壯盛之貌。（段解）

葭，亦名葦。（段解）

一發五豝，言禽獸之衆多。（呂記）

一發五豝，猶言中必疊雙也。（段解）

觀歐陳之説，則其為虞官明矣。獵以虞為主，其實嘆文王之仁而不斥言也。（段解）

南國諸侯，承文王之化，修身齊家以治其國，而其仁民之餘恩可以及於庶類，故春田之際，草木之茂，禽獸之多，至於如此。而詩人述其事以美之，且歎之曰：此其仁心自然，不由勉强，是真可謂之騶虞矣。（段解）

彼茁者蓬，壹發五豵，于嗟乎騶虞。

蓬，其華似柳絮，聚而飛如亂髮也。（嚴緝）

詩卷第二

邶一之三

邶、鄘、衛，三國名，在禹貢冀州，西阻太行，北踰衡漳，東南跨河以及兖州桑土之野。及商之季，而紂都焉。（段解）

朝歌，故城，今在南州衛縣西二十里，所謂殷墟。衛故都即今衛縣。

衛本都河北，朝歌之東，淇水之北，百泉之南。其後不知何時，並得邶、鄘之地。至懿公為狄所滅。戴公東從渡河，野處漕邑。文公又徙居於楚丘。漕、楚丘皆在滑州。大抵今懷州、衛、澶、相、滑、濮等州，開封、大名府界，皆衛境。（段解）

八世至頃侯。（段解）

邶、鄘地既入衛，其詩皆主衛事，而必有其舊號者，豈其聲之異歟？非特衛詩然也。（段解）

邶、鄘之詩，皆主衛事，而必存其舊號者，豈其聲之異歟？（呂記，嚴緝）

柏舟

言仁而不遇也。衛頃公之時，仁人不遇，小人在側。

汎彼柏舟，亦汎其流。耿耿不寐，如有隱憂。微我無酒，以敖以遊。

耿耿，小明，憂之貌也。（呂記，段解）

微，猶非也。（嚴緝，段解）

以柏為舟，堅緻牢實，而不以乘載，無所倚薄，但汎然水中而已，故其隱憂之深如此。（段解）

列女傳以為婦人之詩。今考其辭氣卑順柔弱，且居變風之首，而與下篇相對，豈亦莊姜之詩也歟？（段解）

我心匪鑒，不可以茹。亦有兄弟，不可以據。薄言往愬，逢彼之怒。

鑒能度物，而我不能，但以兄弟宜可據依，而不知其不可也。故或往愬焉，而反逢其怒耳。（呂記，段解）

茹，納也。（嚴緝）

我心匪石，不可轉也。我心匪席，不可卷也。威儀棣棣，不可選也。

其操守堅正，雖不遇，而亦不變改也。（段解）

憂心悄悄，愠於群小。覯閔既多，受侮不少。静言思之，寤辟有摽。

愠於群小，見怒於群小也。（段解）

觀此，可以曲盡小人之情態。（段解）

日居月諸，胡迭而微。心之憂矣，如匪澣衣。静言思之，不能奮飛。

迭，更。微，虧也。（段解）

緑衣

衛莊姜傷己也。妾上僭，夫人失位，而作是詩也。

緑兮衣兮，緑衣黄裏。心之憂矣，曷維其已。

緑兮衣兮，緑衣黄裳。心之憂矣，曷維其亡。

緑兮絲兮，女所治兮。我思古人，俾無訧兮。

絺兮綌兮，凄其以風。我思古人，實獲我心。

燕燕

衛莊姜送歸妾也。

莊姜作。（嚴緝）

燕燕于飛，差池其羽。之子于歸，遠送于野。瞻望弗及，泣涕如雨。

興也。（呂記，段解）

燕燕于飛，頡之頏之。之子于歸，遠于將之。瞻望弗及，佇立以泣。

燕燕于飛，下上其音。之子于歸，遠送于南。瞻望弗及，實勞我心。

仲氏任只，其心淵塞。終温且惠，淑慎其身。先君之思，以勗寡人。

只，語助。（呂記，嚴緝，段解）

温，和也。（呂記，段解）

終温且惠，始終如也。（呂記，段解）

上四句，莊姜美戴嬀，下二句，因使之以先君之故，而有以勵己，蓋稱其美以求教戒之辭。（呂記，段解）

日月

衛莊姜傷己也。遭州吁之難，傷己不見答於先君，以至困窮之詩也。

日居月諸，照臨下土。乃如之人兮，逝不古處。胡能有定，寧不我顧。

逝，發語之辭。（呂記，段解）

日居月諸，下土是冒。乃如之人兮，逝不相好。胡能有定，寧不我報。

日居月諸，出自東方。乃如之人兮，德音無良。胡能有定，俾也可忘。

德音，美其辭；無良，醜其實也。（呂記，嚴緝）

日居月諸，東方自出。父兮母兮，畜我不卒。胡能有定，報我不述。

稱，稱述也。（嚴緝）

不述，猶曰不可稱述也。（呂記，段解）

終風

衛莊姜傷己也。遭州吁之暴，見侮慢而不能正也。

終風且暴，顧我則笑。謔浪笑敖，中心是悼。

謔，戲言也。浪，放蕩也。（呂記，嚴緝，段解）

終風且霾，惠然肯來。莫往莫來，悠悠我思。

終風且霾，以比州吁之暴益甚也。（呂記，段解）

終風且曀，不日有曀。寤言不寐，願言則嚏。

曀曀其陰，虺虺其靁。寤言不寐，願言則懷。

虺虺，靁將發而未震之聲。（呂記，嚴緝）

虺虺，靁時將發而未震。（段解）

擊鼓

怨州吁也。衛州吁用兵暴亂，使公孫文仲將而平陳與宋。國人怨其勇而無禮也。

伐鄭以結陳宋之成也。按左傳：「州吁與宋陳伐鄭，圍其東門，五日而還。」出兵不為久，而衛人之怨如此者，身犯大逆，衆叛親離，莫肯為之用耳。（嚴緝，呂記，段解）

擊鼓其鏜，踴躍用兵。土國城漕，我獨南行。

從孫子仲，平陳與宋。不我以歸，憂心有忡。

爰居爰處，爰喪其馬。于以求之，于林之下。

猶蹇叔哭送其子之意也。（呂記，段解）

死生契闊，與子成說。執子之手，與子偕老。

成說，成其約誓之言。（呂記，段解）

與其家人訣別，言其始為室家之時，期以死生契闊，無所不同，既成其約誓之，又言又相與執手

而期以偕老，言至死而不相棄也。（段解，呂記）

于嗟闊兮，不我活兮。于嗟洵兮，不我信兮。

凱風

美孝子也。衛之淫風流行，雖有七子之母，猶不能安其室，故美七子能盡其孝道，以慰其母心，而成其志爾。

不能安其室者，欲嫁也。成其志者，七子成母之善志，遂不嫁也。（段解）

凱風自南，吹彼棘心。棘心夭夭，母氏劬勞。

棘，小木叢生，多刺難長。（段解）

棘難長，而心又其穉弱而未成者也。（嚴緝）

母生衆子，幼而育之，其劬勞甚矣。本其始而言，以起自責之端也。（段解）

凱風自南，吹彼棘薪。母氏聖善，我無令人。

棘可以為薪，則成就矣，然非美材。喻子之壯大而無善也。（呂記）

棘可以為薪，則成就矣，然非美材。故以興子之壯大而無善也，其自責也深矣。（段解）

爰有寒泉，在浚之下。有子七人，母氏勞苦。

母欲嫁者，本為淫風流行，而七子乃以勞苦為説，可謂幾諫矣。（呂記，嚴緝）至是乃若微指其事，而痛自刻責，以感動其母心也。母以淫風流行，不能自守，而諸子自責，但以不能事母，使母勞苦為辭。婉辭微諫，不顯其親之惡，可謂孝矣。（段解）

睍睆黃鳥，載好其音。有子七人，莫慰母心。

睍睆，清和圓轉之意。（段解）

雄雉

刺衛宣公也。淫亂不恤國事，軍旅數起，大夫久役，男女怨曠，國人患之，而作是詩。

此詩皆女怨之辭。（呂記，段解）

雄雉于飛，泄泄其羽。我之懷矣，自詒伊阻。

雉，野鷄，善鬭。（嚴緝）

泄泄，飛之緩也。（段解）

阻，隔也。（嚴緝，段解，呂記）

雄雉于飛，下上其音。展矣君子，實勞我心。

瞻彼日月，悠悠我思。道之云遠，曷云能來。

悠悠，長也。（呂記，段解）

來，歸也。（嚴緝）

百爾君子，不知德行。不忮不求，何用不臧。

百爾君子，泛指從役大夫也。（呂記，段解）

求，貪求也。（呂記，段解）

戰國之時，諸侯無義戰。報復私怨，所謂忮也；貪人土地，所謂求也。二者之行，婦人女子知其不可，足以見先王之澤猶在也。（嚴緝）

匏有苦葉

刺衛宣公也。公與夫人並為淫亂。

匏有苦葉，濟有深涉。深則厲，淺則揭。

匏尚有葉，是未有霜而成實之時。濟渡之處又有深涉，未可以渡也。（呂記，段解）

有瀰濟盈，有鷕雉鳴。濟盈不濡軌，雉鳴求其牡。

或曰：承上章之興以為比也。蓋以匏有苦葉與濟有深涉，以濟盈與雉鳴，然後雉求其牝比淫亂之人。此亦詩之一體也。夫詩之為體，舒緩宏闊有如此者，而後世學者求之崎嶇蹙狹之中，銖校寸量，如治法律，失之遠矣。（吕記，段解）

雝雝鳴雁，旭日始旦。士如歸妻，迨冰未泮。

招招舟子，人涉卬否。人涉卬否，卬須我友。

以比男女必待配耦而相從。（吕記，段解）

谷風

刺夫婦失道也。衛人化其上，淫于新昏而棄其舊室，夫婦離絶，國俗傷敗焉。

皆述逐婦之辭也。宣姜有寵而夷姜縊，是以其民化之，而谷風之詩作，所謂一國之事繫一人之本者如此。（吕記，嚴緝，段解）

習習谷風，以陰以雨。黽勉同心，不宜有怒。采葑采菲，無以下體。德音莫違，及爾同死。

行道遲遲，中心有違。不遠伊邇，薄送我畿。誰謂荼苦，其甘如薺。宴爾新昏，如兄如弟。

今故夫之送我，乃不遠而甚近。（吕記，段解）

我後。涇以渭濁，湜湜其沚。宴爾新昏，不我屑以。毋逝我梁，毋發我笱。我躬不閱，遑恤

以，猶與也。（嚴緝）

宴安於新昏，不以舊室為潔而與之也。（呂記，段解）

知其不能禁而絶意之辭也。（呂記）

救之。就其深矣，方之舟之。就其淺矣，泳之游之。何有何亡，黽勉求之。凡民有喪，匍匐

浮水曰游。（呂記，嚴緝，段解）

不計其有與亡，而強勉以求之。（呂記，段解）

予于毒。不我能慉，反以我為讎。既阻我德，賈用不售。昔育恐育鞫，及爾顛覆。既生既育，比

承上章言：我於女家勤勞如此，女既不我養，而反以我為仇讎。（呂記，段解）

來塈。我有旨蓄，亦以御冬。宴爾新昏，以我御窮。有洸有潰，既詒我肄。不念昔者，伊余

君子棄絶之，曾不念我之來息時也。追言其始見君子之時，接禮之厚，怨之深也。（呂記，

段解）

式微

黎侯寓於衛，其臣勸以歸也。

式微式微，胡不歸？微君之故，胡為乎中露！

式微式微，胡不歸？微君之躬，胡為乎泥中！

旄丘

責衛伯也。狄人迫逐黎侯，黎侯寓於衛，衛不能修方伯連率之職，黎之臣子以責於衛也。

旄丘之葛兮，何誕之節兮。叔兮伯兮，何多日也。

黎之臣子久寓於衛，登旄丘之上，而見其葛節之疏闊，因託以起興，曰：旄丘之葛，何其節之闊也；衛之君臣，何其多日而不見救也。此詩本責衛君，而但斥其臣，可見優柔而不迫矣。（呂記）

何其處也，必有與也；何其久也，必有以也。

處，安處也。與，與國也。以，他故也。因上章「何多日也」，而言其何安處而不來，意必有與國相俟而俱來耳；又言何其久而不來，意其或有事故而不得來。詩之曲盡人情如此。（呂記，段解）

狐裘蒙戎，匪車不東。叔兮伯兮，靡所與同。

蒙戎，亂貌，言敝也。（段解）

自言客久而裘敝矣，豈我之車不東，告於女乎。（段解，嚴緝）但叔兮伯兮，不與我同心，雖往告之，而不肯來耳。至是始微諷切之。（段解）

瑣兮尾兮，流離之子。叔兮伯兮，褎如充耳。

褎，多笑貌。（呂記）

言黎之君臣流離瑣尾，若此其可憐也，而衛之諸臣顔色褎然，如塞耳而無聞，何哉？至是然後盡其辭焉。然流離患難之餘，而其言之有序而不迫如此，其人亦可知矣。（呂記，段解）

簡兮

刺不用賢也。衛之賢者仕於伶官，皆可以承事王者也。

簡兮簡兮，方將萬舞。日之方中，在前上處。

碩人俁俁，公庭萬舞。有力如虎，執轡如組。

轡，今之韁也。（呂記，嚴緝）

左手執籥，右手秉翟。赫如渥赭，公言賜爵。

赭，赤色也，言其顏色之充盛也。公言賜爵，即儀禮燕飲而獻工之禮也。（段解）

以碩人而得此，則亦辱矣，乃反以其賚予之親洽為榮而誇美之，亦玩世不恭之意。或曰：渥赭，慙而色變之貌。（段解）

此二章皆反復道賢者之美，而不得其所，亦可見矣。（段解）

山有榛，隰有苓，云誰之思？西方美人。彼美人兮，西方之人兮。

簡兮四章，三章章四句，一章章六句。（呂記）

泉水

衛女思歸也。嫁於諸侯，父母終，思歸寧而不得，故作是詩以自見也。

毖彼泉水，亦流于淇。有懷于衛，靡日不思。孌彼諸姬，聊與之謀。

諸姬，謂娣姪也。（嚴緝）

言毖然之泉水，則亦流於淇矣；我之有懷於衛，則亦無日而不思矣。是以即諸姬而與之謀為歸衛之計。（呂記，段解）

出宿于泲，飲餞于禰。女子有行，遠父母兄弟。問我諸姑，遂及伯姊。

追言其始嫁時，已遠其父母兄弟矣，況今父母既終，而復可歸哉。（呂記，段解）

出宿于干，飲餞于言。載脂載舝，還車言邁。遄臻于衛，不瑕有害。

干、言，地名，適衛所經之地也。脂，以脂膏塗其舝，使滑澤也。舝，車軸也。（呂記）

軑，轂内之金也。一云轄也。按廣韻鎋舝同釋云：「車軸頭鐵也。」韻略十五，轄亦作鎋，見軑即舝也。車不駕，則脱軸頭之舝，將行，乃設之，以脂膏塗其舝，使滑澤也。軑，音犬。（嚴緝）

我思肥泉，兹之永歎。思須與漕，我心悠悠。駕言出遊，以寫我憂。

悠悠，思之長也。（呂記）

北門

刺仕不得志也。言衛之忠臣，不得其志爾。

出自北門，憂心殷殷。終窶且貧，莫知我艱。已焉哉，天實為之，謂之何哉！

衛之忠臣，不得其志，因行出北門，而有所感，心為之憂慇慇然。蓋出北門背明向陰，亦處亂世、事暗君之比也。（呂記，段解）

王事適我，政事一埤益我。我入自外，室人交偏讁我。已焉哉，天實為之，謂之何哉！

王事既適我矣，政事又一埤益我，其勞如此，而窶貧之甚。室人無以自安，而交徧讁我，則其困於内外極矣。（吕記，段解）

王事敦我，政事一埤遺我。我入自外，室人交徧摧我。已焉哉，天實為之，謂之何哉！

北風

刺虐也。衛國並為威虐，百姓不親，莫不相攜持而去焉。

北風其涼，雨雪其雱。惠而好我，攜手同行。其虚其邪，既亟只且！

言衛之君臣威虐已甚，將與其所好去而避之。（吕記，段解）

北風其喈，雨雪其霏。惠而好我，攜手同歸。其虚其邪，既亟只且！

莫赤匪狐，莫黑匪烏。惠而好我，攜手同車。其虚其邪，既亟只且！

静女

刺時也。衛君無道，夫人無德。

静女其姝，俟我於城隅。愛而不見，搔首踟躕。

静女其孌，貽我彤管。彤管有煒，説懌女美。

此女之美，又可悦懌，皆願見之辭也。（呂記，段解）

自牧歸荑，洵美且異。匪女之為美，美人之貽。

新臺

刺衛宣公也。納伋之妻，作新臺于河上而要之，國人惡之，而作是詩也。

新臺有泚，河水瀰瀰。燕婉之求，籧篨不鮮。

言其不知醜之多也。（呂記，段解）

新臺有洒，河水浼浼。燕婉之求，籧篨不殄。

魚網之設，鴻則離之。燕婉之求，得此戚施。

二子乘舟

思伋壽也。衛宣公之二子争相為死，國人傷而思之，作是詩也。

二子乘舟，汎汎其景。願言思子，中心養養。

景、影字通，景，古字也。（呂記，段解）

二子乘舟，汎汎其逝。願言思子，不瑕有害。

詩卷第三

鄘一之四

柏舟

共姜自誓也。衛世子共伯蚤死，其妻守義，父母欲奪而嫁之，誓而弗許，故作是詩以絶之。

汎彼柏舟，在彼中河。髧彼兩髦，實維我儀。之死矢靡它，母也天只，不諒人只。

髧，髮垂貌。（嚴緝）

以夫已死，不忍斥，故以兩髦言之也。（呂記，段解）

母恩如天。（嚴緝）

告其母而質之於天，曰：何其不信我也。序所謂「誓而不許」者如此。（呂記，段解）

汎彼柏舟，在彼河側。髧彼兩髦，實維我特。之死矢靡慝，母也天只，不諒人只。

特，有孤特之義，而以爲匹者。古人用字多如此，猶治之謂亂也。（呂記，段解）

墻有茨

衛人刺其上也。公子頑通乎君母，國人疾之，而不可道也。

墻有茨，不可埽也。中冓之言，不可道也。所可道也，言之醜也。

墻有茨，不可襄也。中冓之言，不可詳也。所可詳也，言之長也。

詳，詳言之也。不欲言，故託以長。（呂記，段解）

墻有茨，不可束也。中冓之言，不可讀也。所可讀也，言之辱也。

讀，誦言也。（呂記，嚴緝，段解）

君子偕老

刺衛夫人也。夫人淫亂，失事君子之道，故陳人君之德，服飾之盛，宜與君子偕老也。

君子偕老，副笄六珈。委委佗佗，如山如河。象服是宜，之子不淑，云如之何？

君子，其夫也。偕老，言偕生而偕死也。婦人夫死，稱未亡人，言待死也。今宣姜夫死而淫，是失偕老之義。（呂記，段解）

委委佗佗，雍容自得之貌。（呂記，嚴緝，段解）

如山，言其安重也。如河，言其弘廣也。（呂記，段解）

玼兮玼兮，其之翟也。鬒髮如雲，不屑髢也。玉之瑱也，象之揥也，揚且之皙也。胡然而天也，胡然而帝也！

且，語助也。（呂記，段解）

胡然而天，胡然而帝，言服飾容貌之美，見者驚猶鬼神也。（呂記，段解）

瑳兮瑳兮，其之展也。蒙彼縐絺，是紲袢也。子之清揚，揚且之顔也。展如之人兮，邦之媛也。

蒙，或謂加絺綌于褻之上。説文紲、褻字同，所謂表而出之也。（段解）

見其徒有美色，而無人君之德也。（段解）

桑中

刺奔也。衛之公室淫亂，男女相奔，至于世族，在位相竊妻妾，期於幽遠，政散民流而不可止。

爰采唐矣，沬之鄉矣。云誰之思，美孟姜矣。期我乎桑中，要我乎上宫，送我乎淇之上矣。

桑中、上宫，又沫鄉之中小地名也。（嚴緝）

爰采麥矣，沫之北矣。云誰之思，美孟弋矣。期我乎桑中，要我乎上宫，送我乎淇之上矣。

春秋定姒，公、穀作定弋。（吕記，嚴緝）

爰采葑矣，沫之東矣。云誰之思，美孟庸矣。期我乎桑中，要我乎上宫，送我乎淇之上矣。

鶉之奔奔

刺衛宣姜也。衛人以為宣姜鶉鵲之不若也。

鶉之奔奔，鵲之彊彊。人之無良，我以為兄。

鵲之彊彊，鶉之奔奔。人之無良，我以為君。

定之方中

美衛文公也。衛為狄所滅，東徙渡河，野處漕邑。齊桓公攘戎狄而封之。文公徙居楚丘，始建城市而營宮室，得其時制，百姓説之，國家殷富焉。

按春秋傳：「懿公九年冬，狄人入衛，懿公敗死。宋桓公迎衛之遺民，立宣姜子申，以廬于漕，是為戴公。是年戴公卒，立其弟燬，是為文公。於是齊桓公城楚丘而遷衛焉。文公大布之衣，大帛之冠，務財訓農，通商惠工，敬教勸學，授方任能。元年革車三十乘，季年乃三百乘。」（段解，呂記）

定之方中，作于楚宮。揆之以日，作于楚室。樹之榛栗，椅桐梓漆，爰伐琴瑟。

定，北方營室星也。此星昏而正中，夏正十月也。於時可以營制宮室，故謂之營室。（段解）

宮、室，互文以協韻也。（段解）

榛栗，可以備籩實。（呂記）

桐，梧桐。漆，木有液粘黑，可飾器物。（段解）

升彼虛矣，以望楚矣。望楚與堂，景山與京，降觀于桑。卜云其吉，終然允臧。

虛，故城也。（呂記，嚴緝）

楚，楚丘。（段解）

堂，楚丘之旁邑也。（呂記，段解）

景，測景以正方面也，與「既景乃岡」之景同。（段解）

桑，木名，葉可飼蠶。（段解）

既得其處，於是下而觀焉，則又多桑而宜蠶。（呂記，段解）

此章本其始之望景觀卜而言，以至於終而果獲其善也。（段解）

靈雨既零，命彼倌人，星言夙駕，説于桑田。匪直人也，秉心塞淵，騋牝三千。

塞，則多不明。塞淵，則塞而明，猶曰「誠明」云耳。是人也，亦小充此道矣。（呂記，段解）

言方春時，雨既降，而農桑之務作，文公於是命主駕者晨起駕車，亟往而勞勸之。詩人因言非獨此人誠實而淵深，其所蓄之騋牝亦三千矣。（段解，呂記）

記曰：「問國君之富，數馬以對。」（呂記，嚴緝）

蝃蝀

止奔也。衛文公能以道化其民，淫奔之恥，國人不齒也。

不齒，與禮所謂「終身不齒」者異，止謂恥之而不敢道，猶今人所謂不掛齒牙也。（段解）

蝃蝀在東，莫之敢指。女子有行，遠父母兄弟。

日與雨交，倏然成質，乃陰陽之氣不當交而交者，蓋天地之淫氣也。在東者，暮虹也。（嚴緝）

朝隮于西，崇朝其雨。女子有行，遠兄弟父母。

乃如之人也，懷昏姻也，大無信也，不知命也。

相鼠

刺無禮也。衛文公能正其群臣，而刺在位承先君之化，無禮儀也。

相鼠有皮，人而無儀。人而無儀，不死何為！

人而無儀，則其不死，亦何為哉！

相鼠有齒，人而無止。人而無止，不死何俟！

相鼠有體，人而無禮。人而無禮，胡不遄死！

干旄

美好善也。衛文公臣子多好善，賢者樂告以善道也。

衛本以淫亂無禮，不樂善道而亡，今人心危懼，正懲創往事，興起善端時也，故其為詩如此。蓋所謂生於憂患，死於安樂者。小序之言，疑亦有所本。（段解）

孟子曰：「夫苟好善，則人將輕千里而來，告之以善。」此詩見之。（段解）

孑孑干旄，在浚之郊。素絲紕之，良馬四之。彼姝者子，何以畀之？

子孑，特出之貌。（呂記，嚴緝，段解）

縿，旗之體也，旒，縿之垂也。旄、旟、旌，建之車後。（呂記）

旄、旟、旌，皆旗之類也，三者皆建於車之後。（段解）

四之，兩服兩驂。姝，美也。子，指衛之臣子。畀，與也。（段解）

子，指所見之賢者。（嚴緝）

此設為賢者之言，言衛之卿大夫建此干旄，欲有所咨問於我，我將何以畀之乎。言不知所以副其意者。彼姝者子，言其德之美，指衛之臣子。（呂記）

此設為賢者之言，言衛之卿大夫建於旄，駕四馬，來浚之郊，其禮竟之盛如此，德又甚美，欲有所咨問於我，我將何以畀之乎。惟恐無以副其意。（段解）

孑孑干旟，在浚之都。素絲組之，良馬五之。彼姝者子，何以予之？

上設旌旄，其下繫斿，斿下屬縿，皆畫鳥隼也。（段解）

都，居民所聚也。（呂記，嚴緝）

孑孑干旌，在浚之城。素絲祝之，良馬六之。彼姝者子，何以告之？

析翟羽，設於旌干之首也。（段解）

城，浚都之城也。（呂記）

傳：天子駕六，諸侯與卿駕四，大夫駕三，士駕二，庶人駕一。則凡車無駕五者，而衛臣子之車，亦不得有駕六之制也。良馬五之、六之者，取協韵而極言其盛。凡詩之言類此者多矣。（段解，吕記）

載馳

許穆夫人作也。閔其宗國顛覆，自傷不能救也。衛懿公為狄人所滅，國人分散，露於漕邑。許穆夫人閔衛之亡，傷許之小，力不能救，思歸唁其兄，又義不得，故賦是詩也。

露，未有宫室而廬居也。（吕記，段解，嚴緝）

聖人録泉水於前，所以著禮之經；列載馳於後，所以盡事之變。夫宗國覆滅，莫大之變，顧以父母既終而不得歸，則事變之微於是者可知矣。（吕記，段解）

載馳載驅，歸唁衛侯。驅馬悠悠，言至于漕。大夫跋涉，我心則憂。

悠悠，遠而未至之貌。（吕記，段解）

夫人父母不在，當使大夫寧其兄弟。夫人欲自歸唁其兄弟，而託以不欲勞其大夫之跋涉也。（吕記，段解）

既不我嘉，不能旋反。視爾不臧，我思不遠。

既不我嘉，不能旋濟。視爾不臧，我思不閟。

濟，渡也。自許歸衛，必有所渡之水也。（呂記，嚴緝，段解）

陟彼阿丘，言采其蝱。女子善懷，亦各有行。許人尤之，衆穉且狂。

漢書：「岸善崩。」（呂記，嚴緝）

將欲升高望遠，以舒憂想之情，言采其蝱，以療鬱結之疾。（呂記，段解）

我行其野，芃芃其麥。控于大邦，誰因誰極？大夫君子，無我有尤。百爾所思，不如我所之。

控，持而告之也。因，如「因魏莊子」之「因」。（呂記，嚴緝）

言我將行其野，涉芃芃之麥，而控告於大邦，然未知其將何所因而何所至乎。雖大夫君子為我思所以處此者百方，然不如使我得自盡其心之為愈也。（呂記，段解）

衛一之五

淇奧

美武公之德也。有文章，又能聽其規諫，以禮自防，故能入相于周，美而作是詩也。

武公年九十有五，猶箴儆于國曰：「自卿以下，至于師長士，苟在朝者，無謂我老耄而捨我，必恪恭于朝，以交戒我。」又作賓之初筵、抑之詩以自警。其能聽規諫，以禮自防可知矣。（呂記）

按國語：「武公年九十有五，猶箴儆於國曰：『自卿以下，至於師長，苟在朝者，無謂我老耄而捨我，必恪恭於朝，以交戒我。』又作賓之初筵、抑之詩以自儆。」（嚴緝）

瞻彼淇奧，綠竹猗猗。有匪君子，如切如磋，如琢如磨。瑟兮僩兮，赫兮咺兮，有匪君子，終不可諼兮。

漢書所謂「淇園之竹」是也。（呂記）

淇上多竹，漢世猶然，所謂淇園之竹是也。（嚴緝）

瞻彼淇奧，綠竹青青。有匪君子，充耳琇瑩，會弁如星。瑟兮僩兮，赫兮咺兮，有匪君子，終不可諼兮。

瞻彼淇奧，綠竹如簀。有匪君子，如金如錫，如圭如璧。寬兮綽兮，猗重較兮，善戲謔兮，不為虐兮。

金、錫，言其鍛鍊之精純。（嚴緝）

圭、璧，言其生質之温潤。（嚴緝）

言其德稱，是重服也。（嚴緝）

言其寬廣而自如，和易而中節也。蓋寬綽無斂束之意，戲謔非莊嚴之時，皆常情所忽，而易致過差之地也。然猶可觀而必有節焉，則其動容周旋之間，無適而非禮，亦可見矣。（嚴緝）

考槃

刺莊公也。不能繼先公之業，使賢者退而窮處。

考槃在澗，碩人之寬。獨寐寤言，永矢弗諼。

自誓不忘此樂也。（嚴緝）

考槃在阿，碩人之薖。獨寐寤歌，永矢弗過。

考槃在陸，碩人之軸。獨寐寤宿，永矢弗告。

碩人

閔莊姜也。莊公惑於嬖妾，使驕上僭。莊姜賢而不答，終以無子，國人閔而憂之。

碩人其頎，衣錦褧衣。齊侯之子，衛侯之妻，東宮之妹，邢侯之姨，譚公維私。

大人尊貴之稱。（嚴緝）

褧，儀禮作景，禮記作絅。（呂記）

手如柔荑，膚如凝脂，領如蝤蠐，齒如瓠犀。螓首蛾眉，巧笑倩兮，美目盼兮。

茅之始生曰荑。脂之凝者曰膏。（呂記，嚴緝）

瓠犀，瓠中之子也，言其方正潔白而比次整齊也。（呂記，嚴緝）

蛾，蠶蛾也，其眉細而長。（呂記，嚴緝）

盼，白黑分明。（呂記）

碩人敖敖，説于農郊。四牡有驕，朱幩鑣鑣，翟茀以朝。大夫夙退，無使君勞。

四牡，車之四馬。（呂記）

言莊姜自齊來嫁，舍止近郊。乘是車馬之盛，以入君之朝。國人樂得以為莊公之配，故謂諸大夫朝於君者宜早退，無使君劳於政事，而不得與夫人相親也。（呂記）

河水洋洋，北流活活。施罛濊濊，鱣鮪發發。葭菼揭揭，庶姜孽孽，庶士有朅。

濊濊，罟入水聲。（呂記，嚴緝）

氓

刺時也。宣公之時，禮義消亡，淫風大行，男女無别，遂相奔誘。華落色衰，復相棄背，或乃困而自悔，喪其妃耦，故序其事以風焉。美反正，刺淫泆也。

氓之蚩蚩，抱布貿絲。匪來貿絲，來即我謀。送子涉淇，至于頓丘。匪我衍期，子無良媒。將子無怒，秋以為期。

氓，蓋男子不知其誰何之稱也。蚩蚩，無知之貌。（嚴緝，呂記）

初言氓者，始見其來，莫知其為誰何也；既與之謀，則爾汝之矣。此言之次第。（呂記）

士君子立身一敗，而萬事瓦解，何以異此！（嚴緝）

乘彼垝垣，以望復關。復關不見，泣涕漣漣；既見復關，載笑載言。爾卜爾筮，體無咎言。以爾車來，以我賄遷。

垣，墻也。（嚴緝）

桑之未落，其葉沃若。于嗟鳩兮，無食桑葚。于嗟女兮，無與士耽。士之耽兮，猶可説也；女之耽兮，不可説也。

沃若，潤澤貌。（呂記，嚴緝）

桑之沃若，以比始者容色美盛，情好歡洽之時也；桑之黄落，以比色衰而愛弛也。（呂記）

士之耽猶可説，而女之耽不可説者，婦人深自愧悔之辭，主言婦人惟以貞信為節，一失其正，則餘無可觀爾。非真以士之耽為可説而恕之也。（呂記，嚴緝）

桑之落矣，其黃而隕。自我徂爾，三歲食貧。淇水湯湯，漸車帷裳。女也不爽，士貳其行。士也罔極，二三其德。

漸，漬也。（嚴緝）

淇水漸其車之帷裳，言見棄而歸也。女未嘗差其所守，而士者自貳其行。蓋由其心無所至極，而二三其德故也。（呂記）

三歲為婦，靡室勞矣。夙興夜寐，靡有朝矣。言既遂矣，至于暴矣。兄弟不知，咥其笑矣。靜言思之，躬自悼矣。

靡，不也。夙，早也。興，起也。咥，笑貌。言我三歲為婦，盡心竭力，不以室家之勞為勞，早起夜卧，無有一朝不然者。與爾始相與謀約之言既已遂矣，而爾遽以暴戾加己。（呂記，嚴緝）

然亦何所歸咎哉，但靜而思之，躬自痛悼而已。蓋淫奔從人，不為兄弟所齒故也。（呂記）

及爾偕老，老使我怨。淇則有岸，隰則有泮。總角之宴，言笑晏晏。信誓旦旦，不思其反。反是不思，亦已焉哉！

我總角之時，與爾宴樂言笑，成此信誓，曾不思其反復以至於此也。既不思其反復而至此矣，則亦如之何哉，亦已而已矣。左傳曰：「思其終也，思其復也。」思其反之謂也。（呂記）

竹竿

衛女思歸也。適異國而不見答，思而能以禮者也。

籊籊竹竿，以釣于淇。豈不爾思，遠莫致之。

我豈不思衛乎，遠而不可至爾。（呂記）

泉源在左，淇水在右。女子有行，遠兄弟父母。

淇水在右，泉源在左。巧笑之瑳，佩玉之儺。

瑳，鮮白色，笑而見齒，其色瑳然，猶所謂粲然，皆笑也。（嚴緝）

淇水滺滺，檜楫松舟。駕言出遊，以寫我憂。

駕言出遊，以寫我憂，與泉水之卒章同意。（呂記）

芄蘭

刺惠公也。驕而無禮，大夫刺之。

芄蘭之支，童子佩觿。雖則佩觿，能不我知。容兮遂兮，垂帶悸兮。

支、枝同。（呂記，嚴緝）

雖則佩觿，然無成人之德，但能傲然不我知而已。言驕而無禮，餘無所能也。容兮遂兮，舒緩放肆之貌。悸，帶下垂之貌。（呂記，嚴緝）

芄蘭之葉，童子佩韘。雖則佩韘，能不我甲。容兮遂兮，垂帶悸兮。

河廣

宋襄公母歸于衛，思而不止，故作是詩也。

誰謂河廣，一葦杭之。誰謂宋遠，跂予望之。

誰謂河廣，曾不容刀。誰謂宋遠，曾不崇朝。

伯兮

刺時也。言君子行役，為王前驅，過時而不反焉。

先儒以此詩疑此時作，然無明文可考。（呂記）

伯兮朅兮，邦之桀兮。伯也執殳，為王前驅。

婦人自言其君子之才之美如是，今乃執殳而為王前驅也。（呂記）

自伯至東，首如飛蓬。豈無膏沐，誰適為容。

蓬，草也。首如飛蓬，髮亂也。（呂記）

傳云：「女為説己者容。」（嚴緝，呂記）

其雨其雨，杲杲出日。願言思伯，甘心首疾。

其者，冀其將然之辭。（呂記，嚴緝）

望其君子之歸而不歸也，是以不堪憂思之苦，而甘心於首疾也。（呂記）

焉得諼草，言樹之背。願言思伯，使我心痗。

思得草之美者，玩以忘憂。然世豈有是哉，則亦思之不已而心痗矣。爾心痗，則其病益深，非特首疾而已也。（呂記）

有狐

刺時也。衛之男女失時，喪其妃耦焉。古者國有凶荒，則殺禮而多昏，會男女之無夫家者，所以育人民也。

有狐綏綏，在彼淇梁。心之憂矣，之子無裳。

綏綏，獨行求匹之貌。（呂記）

有狐綏綏，在彼淇厲。心之憂矣，之子無帶。

有狐綏綏，在彼淇側。心之憂矣，之子無服。

木瓜

美齊桓公也。衛國有狄人之敗，出處于漕。齊桓公救而封之，遺之車馬器服焉。衛人思之，欲厚報之，而作是詩也。

投我以木瓜，報之以瓊琚。匪報也，永以為好也。

投我以木瓜，而報之以瓊琚，報之厚矣，而猶曰非敢以為報，姑欲長以為好而不忘爾。蓋報人之施而曰如是報之足矣，則報者之情倦，而施者之德忘；惟其歉然常若無物可以報之，則報者之情，施者之德，兩無窮也。（呂記）

投我以木桃，報之以瓊瑶。匪報也，永以為好也。

投我以木李，報之以瓊玖。匪報也，永以為好也。

詩卷第四

王一之六

王，謂周東都洛邑王畿，方六百里。在豫州太華外方之間，北得河陽，漸冀州之南。周初，文居豐，武居鎬。成王時，周公始營洛，為時會諸侯之所，以其土中，四方來者道里均故也。自是謂豐鎬為西都，而洛邑為東都。至幽王嬖褒姒，生伯服，廢申后及太子宜臼。宜臼奔申，申侯怒，與犬戎攻宗周，弑幽王於戲。晉文侯、鄭武公迎宜臼於申而立之，是為平王，徙居東都王城。於是王室遂卑，與諸侯無異。其地在今河南府及懷、孟等州。（段解，呂記，嚴緝）

黍離

閔宗周也。周大夫行役至于宗周，過故宗廟宮室，盡為禾黍，閔周室之顛覆，彷徨不忍去，而作是詩也。

彼黍離離，彼稷之苗。行邁靡靡，中心搖搖。知我者謂我心憂，不知我者謂我何求。

悠悠蒼天，此何人哉！

彼黍離離，彼稷之穗。行邁靡靡，中心如醉。知我者謂我心憂，不知我者謂我何求。悠悠蒼天，此何人哉！

彼黍離離，彼稷之實。行邁靡靡，中心如噎。知我者謂我心憂，不知我者謂我何求。悠悠蒼天，此何人哉！

君子于役

刺平王也。君子行役無期度，大夫思其危難，以風焉。

君子于役，不知其期。曷至哉！鷄棲于塒，日之夕矣，羊牛下來。君子于役，如之何勿思！

君子之行役，不知其還反之期。且今亦何所至哉，鷄則棲于塒矣，日則夕矣，牛羊則下來矣。雖欲使我之不思，不可得也。（呂記，段解）

（呂記，段解）

君子于役，不日不月。曷其有佸！鷄棲于桀，日之夕矣，羊牛下括。君子于役，苟無饑渴。

君子行役之久，不可計以日月，而又不知其何時可以來會也。亦庶幾其免於饑渴而已矣。（呂記，段解）

君子陽陽

閔周也。君子遭亂，相招為禄仕，全身遠害而已矣。

君子當衰世，知道之不行，為貧而仕，亦免死而已。所以辭尊居卑，辭富居貧，豈惡富貴而不居哉，誠以處其尊與富，則任其責； 位卑者，言責不加焉。是以相招為禄仕，雖役於伶官之賤，而陽陽自得者若有所樂乎此者，其全身遠害之計深矣。雖非聖賢出處之正，然比於不自量其力不足，而昧於營利以没身者，豈不賢哉！ 觀是詩，則周室下衰，無可復振之理，可知其為閔周也。（段解）

君子當衰世也，知道之不行，為貧而仕，亦免死而已。所以辭尊居卑，辭富居貧，豈惡富貴而不居哉，誠以官尊而禄厚，則責重而憂深，非吾力之所能堪也。是以相招為禄仕，雖役於伶官之賤，而陽陽自得，若誠有樂乎此者，其所以全身遠害之計深矣。雖非聖賢出處之正，然比於不自量其力之不足，而昧於榮利以没身者，豈不賢哉！ 此固聖賢之所與也。（嚴緝）

君子陽陽，左執簧，右招我由房，其樂只且。

笙竽，皆以竹管植於匏中，而竅其管底之側，以薄金葉障之，吹則鼓之而出聲，所謂簧也。故笙竽者皆謂之簧。笙，十三簧，或十九簧。竽，三十六簧也。（段解）

只且，語助聲。（呂記，嚴緝，段解）

君子陶陶，左執翿，右招我由敖，其樂只且。

揚之水

刺平王也。不撫其民，而遠屯戍于母家，周人怨思焉。

先王之制，諸侯有故，則方伯連帥以諸侯之師討之；王室有故，則方伯連帥以諸侯之師救之。天子鄉遂之民，供貢賦，衛王室而已。平王微弱，威令不行於天下，無以保其母家，而使畿甸之民遠為諸侯戍守，周人以非其職而怨思也。又況幽王之禍，申侯實為之，則平王所與不共戴天讎也。乃不能討，而反戍焉，愛母忘父，其悖理也亦甚矣！民之怨也，豈不亦以此歟？（呂記，段解）

先王之訓，諸侯有故，則方伯連率以諸侯之師討之；王室有故，則方伯連率以諸侯之師救之。天子鄉遂之民，供貢賦，衛王室而已。今平王微弱，威令不行於天下，無以保其母家，乃勞天子之民，遠為諸侯屯守，故周人戍申者以非其職而怨思也。又況申侯實啟犬戎以致驪山之禍，乃平王及其臣民不共戴天之讎也。今平王知有母而不知有父，知其立己為有德，而不知其弑父為可怨，至使

復讎討賊之師反爲報施酬恩之舉，則其絶滅天理而得罪於民，又益深矣。（嚴緝）

揚之水，不流束薪。彼其之子，不與我戍申。懷哉懷哉，曷月予還歸哉！

其，語助也。（嚴緝）

申，在今鄧州信陽軍之境。（嚴緝）

思之哉，思之哉，何月而得遄歸也。（吕記，嚴緝）

揚之水，不流束蒲。彼其之子，不與我戍甫。懷哉懷哉，曷月予還歸哉！

書吕刑，禮記作甫刑。（吕記，嚴緝）

揚之水，不流束蒲。彼其之子，不與我戍許。懷哉懷哉，曷月予還歸哉！

許，今潁昌府許昌縣是也。（嚴緝）

中谷有蓷

閔周也。夫婦日以衰薄，凶年饑饉，室家相棄爾。

中谷有蓷，暵其乾矣。有女仳離，嘅其歎矣。嘅其歎矣，遇人之艱難矣。

中谷有蓷，暵其脩矣。有女仳離，條其歗矣。條其歗矣，遇人之不淑矣。

條，條然歗貌。（嚴緝）

中谷有蓷，暵其濕矣。有女仳離，啜其泣矣。啜其泣矣，何嗟及矣！

兔爰

閔周也。桓王失信，諸侯背叛，構怨連禍，王師傷敗，君子不樂其生焉。

按左傳：「鄭武公為平王卿士，王貳於虢，鄭伯怨王，王曰：『無之。』故周鄭交質。桓王即位，將卒畀虢公政。鄭祭足帥師取温之麥，又取成周之禾。五年，王遂奪鄭伯政，鄭伯不朝。王以諸侯伐鄭，鄭伯禦之，戰于繻葛。王卒大敗，祝聃射王中肩。」（呂記，段解）

左傳隱三年云：「鄭武公、莊公為平王卿士，王貳於虢，鄭伯怨王，王曰：『無之。』周鄭交質。桓王即位，將卒畀虢公政。鄭祭足帥師取温之麥，又取成周之禾。」桓五年云：「王奪鄭伯政，鄭伯不朝。王以諸侯伐鄭，鄭伯禦之，戰于繻葛。王卒大敗，祝聃射王中肩。」質，音致。祭，音再。繻，音須。射，音食。中，音衆。（嚴緝）

有兔爰爰，雉離于羅。我生之初，尚無為；我生之後，逢此百罹，尚寐無吪！

為此詩者，蓋及見西周之盛，故曰：方我生之初，天下尚無事；及我生之後，而逢時之多難如此。（呂記，段解）

寢而不動以死耳。（嚴緝）

有兔爰爰，雉離于罦。我生之初，尚無造；我生之後，逢此百憂，尚寐無覺！
有兔爰爰，雉離于罿。我生之初，尚無庸；我生之後，逢此百凶，尚寐無聰！

葛藟

王族刺平王也。周室道衰，棄其九族焉。

緜緜葛藟，在河之滸。終遠兄弟，謂他人父。謂他人父，亦莫我顧。

葛藟，其支蔓聯屬，自有宗族之義。（呂記，段解）

緜緜葛藟，在河之涘。終遠兄弟，謂他人母。謂他人母，亦莫我有。
緜緜葛藟，在河之漘。終遠兄弟，謂他人昆。謂他人昆，亦莫我聞。

采葛

懼讒也。

彼采葛兮，一日不見，如三月兮。
彼采蕭兮，一日不見，如三秋兮。
彼采艾兮，一日不見，如三歲兮。

大車

刺周大夫也。禮義陵遲，男女淫奔，故陳古以刺今，大夫不能聽男女之訟焉。

周衰，大夫猶有能以刑政治其私邑者，故淫奔者畏而歌之如此，然其去二南之化則遠矣。此可以觀世變也。（段解）

大車檻檻，毳衣如菼。豈不爾思，畏子不敢。

賦也。（段解）

子，大夫也。不敢，不敢奔也。（段解）

大車哼哼，毳衣如璊。豈不爾思，畏子不奔。

穀則異室，死則同穴。謂予不信，有如皦日。

民之欲相奔者，畏其大夫，自以終身不得如其志也，故曰：生不得相奔以同室，庶幾死得合葬以同穴而已。謂予不信，有如皎日，約誓之辭也。（呂記，段解）

丘中有麻

思賢也。莊王不明，賢人放逐，國人思之，而作是詩也。

丘中有麻，彼留子嗟。彼留子嗟，將其來施施。

麻，穀名，子可食，皮可績為布者。（段解）

將其來施施，望之之辭也。（呂記，段解）

丘中有麥，彼留子國。彼留子國，將其來食。

子國，亦字也。（呂記，嚴緝，段解）

丘中有李，彼留之子。彼留之子，貽我佩玖。

貽我佩玖，冀其有以贈己也。（呂記，段解）

鄭一之七

鄭，邑名。本在西都畿内咸林之地。宣王以封其弟友為采地，後為幽王司徒，而死於犬戎之難，是為桓公。其子武公掘突，定平王於東都，亦為司徒。又得虢、檜之地，乃徙其封，而施舊號於新邑，是為新鄭。咸林，在今華州鄭縣。新鄭，即今鄭州是也。其封域山川，詳見檜風。（段解）

鄭桓公食於西都畿内之鄭邑，今華之鄭是也。其後又得虢、鄶之地，施舊號於新邑，則今新鄭是也。（嚴緝）

鄭聲之淫，有甚於衛矣。故夫子論為邦，獨以鄭聲為戒，蓋舉重而言也。（嚴緝）

緇衣

美武公也。父子並為周司徒，善於其職，國人宜之，故美其德，以明有國善善之功焉。

周人作是詩。（嚴緝）

緇衣之宜兮，敝予又改為兮。適子之館兮，還予授子之粲兮。

周官：大司徒，掌邦教之官也。國人，鄭人也。（段解）

漢有白粲之刑，給舂導之役是也。（呂記，嚴緝，段解）

言子之服緇衣也甚宜，其或敝也，則予願為子更為之。（呂記，段解）

又將適子之館，既還，而又授子以粲也。（呂記）

緇衣之好兮，敝予又改造兮，適子之館兮，還予授子之粲兮。

緇衣之蓆兮，敝予又改作兮。適子之館兮，還予授子之粲兮。

將仲子

刺莊公也。不勝其母以害其弟，弟叔失道，而公弗制，祭仲諫，而公弗聽，小不忍以致大亂焉。

將仲子兮，無踰我里，無折我樹杞。豈敢愛之，畏我父母。仲可懷也，父母之言，亦可畏也。

將仲子兮，無踰我墻，無折我樹桑。豈敢愛之，畏我諸兄。仲可懷也，諸兄之言，亦可畏也。

雖知汝之言，誠可懷思，而父母之言，亦豈不可畏哉。（呂記，段解）

將仲子兮，無踰我園，無折我樹檀。豈敢愛之，畏人之多言。仲可懷也，人之多言，亦可畏也。

叔于田

刺莊公也。叔處于京，繕甲治兵以出于田，國人說而歸之。

叔于田，巷無居人。豈無居人，不如叔也，洵美且仁。

叔于狩，巷無飲酒。豈無飲酒，不如叔也，洵美且好。

叔適野，巷無服馬。豈無服馬，不如叔也，洵美且武。

大叔于田

刺莊公也。叔多才而好勇，不義而得衆也。

大叔于田，乘乘馬，執轡如組，兩驂如舞。叔在藪，火烈具舉，襢裼暴虎，獻于公所。將叔無狃，戒其傷女。

轡，今之韁也。（嚴緝）

烈，熾盛貌。（呂記，段解）

國人謂之曰：請叔無習此事，恐其或傷女也。言其得衆如此。（呂記，段解）

叔于田，乘乘黄，兩服上襄，兩驂雁行。叔在藪，火烈俱揚。叔善射忌，又良御忌，抑磬控忌，抑縱送忌。

馬之上者為上駕，猶史所謂上駟也。（嚴緝，呂記，段解）

抑，發語之辭。（呂記，段解，嚴緝）

舍拔曰縱。拔，音跋。（嚴緝）

叔于田，乘乘鴇，兩服齊首，兩驂如手。叔在藪，火烈俱阜。叔馬慢忌，叔發罕忌，抑釋掤忌，抑鬯弓忌。

兩服並首在前，而兩驂在旁，稍出其後，如人之左右手也。（呂記，段解）

鬯，弓囊也。（呂記，段解）

言其田事將畢，而從容整暇如此。（呂記，段解）

清人

刺文公也。高克好利，而不顧其君，文公惡而欲遠之而不能，使高克將兵而禦狄于竟，陳其師旅，翱翔河上，久而不召，衆散而歸。高克奔陳，公子素惡高克進之不以禮，文公退之不以道，危國亡師之本，故作是詩也。

清人在彭，駟介旁旁，二矛重英，河上乎翱翔。

翱翔，無事之貌。（呂記，段解）

清人在消，駟介麃麃，二矛重喬，河上乎逍遥。

清人在軸，駟介陶陶，左旋右抽，中軍作好。

羔裘

刺朝也。言古之君子，以風其朝焉。

羔裘如濡，洵直且侯。彼其之子，舍命不渝。

羔裘，大夫服也。（段解）

直，順也。（段解）

其，語助也。（呂記，嚴緝，段解）

言此羔裘潤澤，毛順而美，彼服此者，當生死之際，又能以身居其所受之理，而不可奪也。（段解）

羔裘豹飾，孔武有力。彼其之子，邦之司直。

豹甚武而有力，故服其所飾之裘者如此。（段解）

羔裘晏兮，三英粲兮。彼其之子，邦之彥兮。

英，裘飾也。（呂記，段解）

粲，光明貌。（呂記）

粲，鮮明貌。（嚴緝）

遵大路

思君子也。莊公失道，君子去之，國人思望焉。

遵大路兮，摻執子之袪兮，無我惡兮，不寁故也。

君子去其國，國人思而望之，於其循大路而去也，攬持其袪以留之，曰：無惡我而不留，故舊不可以遽絶也。（吕記，段解）

遵大路兮，摻執子之手兮，無我魗兮，不寁好也。

女曰鷄鳴

刺不説德也。陳古義以刺今，不説德而好色也。

女曰鷄鳴，士曰昧旦。子興視夜，明星有爛。將翱將翔，弋鳧與雁。

明星，啓明之星也，先日而出者。（段解）

鳧，水鳥，如鴨，青色，背上有文。（段解）

女曰鷄鳴，以警其夫；而士曰昧旦，言不止於鷄鳴矣。婦又語其夫曰：若是，則子可以起而視之，意者明星已爛矣。如是則可以翱翔而往，弋取鳧雁而歸也。（吕記）

鷄鳴以警其夫，而士曰昧旦，言不止於鷄鳴矣。婦又語其夫曰：若是，則子可以起而視夜之如何，意者星已出而爛然。如是則可以翱翔而往，弋取鳧雁而歸矣。其相與警戒之言如此，則不流於宴昵之私可知矣。（段解）

弋言加之，與子宜之。宜言飲酒，與子偕老。琴瑟在御，莫不靜好。

宜，和其所宜也。內則曰：「牛宜稌，羊宜黍，豕宜稷，犬宜粱，雁宜麥，魚宜苽。」（呂記，嚴緝）射者，男子之事，而中饋者，婦人之職也。婦人謂其夫既得其鳧雁以歸，則我當與子和其滋味之所宜，以之飲酒相樂，期於偕老，而其琴瑟之在御者，亦莫不安靜而和好，言其和樂而不淫也。（呂記，段解）

知子之來，雜佩以贈之。知子之順之，雜佩以問之。知子之好之，雜佩以報之。

來之，致其來者，如所謂修文德以來之。（段解）珩，佩之上橫者也，下垂三道，貫以蠙珠。璜，如半璧，繫於兩旁之下端。琚，如圭，而兩端正方，在珩璜之中。瑀，如大珠，在中央之中，别以珠貫，下繫於璜，而交貫於瑀，復上繫於珩之兩端。衝牙，如牙，兩端皆銳，橫繫於瑀下，與璜齊，行則衝璜出聲也。（呂記，嚴緝）

順，愛。（段解）

婦又語其夫曰：我苟知子之所致而來及所親愛，則將解此雜佩，以送遺報答之。蓋不惟治其門內之職，又欲其君子親賢友善，結其驩心，而無所愛於佩飾之玩也。（段解）

有女同車

刺忽也。鄭人刺忽之不昏於齊。大子忽嘗有功於齊，齊侯請妻之。齊女賢而不取，卒以無大國之助，至於見逐，故國人刺之。

有女同車，顔如舜華。將翺將翔，佩玉瓊琚。彼美孟姜，洵美且都。

有女同行，顔如舜英。將翺將翔，佩玉將將。彼美孟姜，德音不忘。

將將，玉聲也。（吕記，段解）

山有扶蘇

刺忽也。所美非美然。

所美非美，所謂賢者佞，智者愚也。（吕記，段解）

山有扶蘇，隰有荷華。不見子都，乃見狂且。

山有橋松，隰有游龍。不見子充，乃見狡童。

擇兮

刺忽也。君弱臣強，不倡而和也。

擇兮擇兮，風其吹女。叔兮伯兮，倡予和女。

擇兮擇兮，風其漂女。叔兮伯兮，倡予要女。

狡童

刺忽也。不能與賢人圖事，權臣擅命也。

彼狡童兮，不與我言兮。維子之故，使我不能餐兮。

彼狡童兮，不與我食兮。維子之故，使我不能息兮。

不與我食，猶不與我言也。（吕記，段解）

息，安也。（嚴緝）

褰裳

思見正也。狂童恣行，國人思大國之正己也。

子惠思我，褰裳涉溱。子不我思，豈無他人，狂童之狂也且！
所以然者，狂童之狂已甚而不可緩也。且，語助辭也。（呂記，段解）
子惠思我，褰裳涉洧。子不我思，豈無他士，狂童之狂也且！

丰

刺亂也。婚姻之道缺，陽倡而陰不和，男行而女不隨。
子之丰兮，俟我乎巷兮，悔予不送兮。
子之昌兮，俟我乎堂兮，悔予不將兮。
衣錦褧衣，裳錦褧裳。叔兮伯兮，駕予與行。
婦人既悔其始之不送，而失此人也；則曰叔兮伯兮，豈無有駕車而迎我以行者乎。（呂記，段解）
裳錦褧裳，衣錦褧衣。叔兮伯兮，駕予與歸。

東門之墠

刺亂也。男女有不待禮而相奔者也。
東門之墠，茹藘在阪。其室則邇，其人甚遠。

門之旁有墠，墠之外有阪，阪之上有草，誌其所欲奔之處也。其室則邇，其人甚遠者，思之切，欲奔而未得間之辭。（呂記，段解）

東門之栗，有踐家室。豈不爾思，子不我即。

門之旁有栗，栗之下有成行列之室家，亦誌其處也。豈不爾思，子不我即，俟其就己而俱往也。（呂記，段解）

風雨

風雨淒淒，鷄鳴喈喈。既見君子，云胡不夷。

思君子也。亂世則思君子不改其度焉。

我得見此人，則我心之所思，豈不坦然而平哉。（呂記，段解）

風雨瀟瀟，鷄鳴膠膠。既見君子，云胡不瘳。

瀟瀟，風雨聲。（呂記，嚴緝，段解）

風雨如晦，鷄鳴不已。既見君子，云胡不喜。

子衿

刺學校廢也。亂世則學校不修焉。

青青子衿，悠悠我心。縱我不往，子寧不嗣音？

青青子佩，悠悠我思。縱我不往，子寧不來？

挑兮達兮，在城闕兮。一日不見，如三月兮。

挑，輕儇跳躍之貌。達，放恣也。（嚴緝）

揚之水

閔無臣也。君子閔忽之無忠臣良士，終以死亡，而作是詩也。

揚之水，不流束楚。終鮮兄弟，維予與女。無信人之言，人實迋女。

揚之水，不流束薪。終鮮兄弟，維予二人。無信人之言，人實不信。

兄弟既不相容，所與親者二人而已，然亦不能自保於讒間。此忽之所以亡也。（呂記，段解）

出其東門

閔亂也。公子五争，兵革不息，男女相棄，民人思保其室家焉。

五争，首尾二十年。（呂記，段解）

出其東門，有女如雲。雖則如雲，匪我思存。縞衣綦巾，聊樂我員。

出其闉闍，有女如荼。雖則如荼，匪我思且。縞衣茹藘，聊可與娱。

茅蒐，可以染絳。（呂記，段解）

野有蔓草

思遇時也。君之澤不下流，民窮於兵革，男女失時，思不期而會焉。

野有蔓草，零露漙兮。有美一人，清揚婉兮。邂逅相遇，適我願兮。

野有蔓草，則零露漙矣。有美一人，則清揚婉矣。邂逅相遇，則得以適我願矣。（呂記，段解）

野有蔓草，零露瀼瀼。有美一人，婉如清揚。邂逅相遇，與子偕臧。

瀼瀼，露多貌。（嚴緝）

與子偕臧，猶言各得其所欲也。（呂記，段解）

溱洧

刺亂也。兵革不息，男女相棄，淫風大行，莫之能救焉。

溱與洧，方渙渙兮。士與女，方秉蕑兮。女曰觀乎，士曰既且。且往觀乎，洧之外，洵訏且樂。維士與女，伊其相謔，贈之以勺藥。

士與女既相與戲謔，又以勺藥爲贈，所以結恩情之厚也。（呂記，段解）

溱與洧，瀏其清矣。士與女，殷其盈矣。女曰觀乎，士曰既且。且往觀乎，洧之外，洵訏且樂。維士與女，伊其將謔，贈之以勺藥。

詩卷第五

齊一之八

齊，國名。本少昊時爽鳩氏所居之地，在禹貢青州岱山之陰，濰淄之野。周武王以封太公望，東至於海，西至於河，南至於穆陵，北至於無棣。太公姜姓，本四岳之後。既封於齊，通工商之業，便魚鹽之利，民多歸之，遂為大國。今青齊濰淄等州，是其地也。（段解）

鷄鳴

思賢妃也。哀公荒淫怠慢，故陳賢妃貞女，夙夜警戒相成之道焉。

鷄既鳴矣，朝既盈矣。匪鷄則鳴，蒼蠅之聲。

會朝之臣，既已盈矣。（吕記）

言古之賢妃御於君所，至於將旦之時，必告君曰：鷄既鳴矣，會朝之臣既已盈矣，欲令君早起而視朝也。然其實非鷄之鳴也，乃蒼蠅之聲也。蓋賢妃當夙興之時，心常恐晚，故聞其似者，而以

為真。非其心存警畏而不留於逸欲，何以能此！故詩人叙其事而美之。（段解）

東方明矣，朝既昌矣。匪東方之明，月出之光。

東方明，則日將出矣。（段解）

蟲飛薨薨，甘與子同夢。會且歸矣，無庶予子憎。

蟲飛，夜將旦，而百蟲作也。（段解）

薨薨，群飛貌。（嚴緝）

甘，樂也。會，大夫朝也。此三告也，言當此時，我豈不樂與子同寢而夢哉；然群臣之會於朝者，俟君不出，將散而歸矣，無乃以我之故，而並以子為憎乎。（段解）

還

刺荒也。哀公好田獵，從禽獸而無厭，國人化之，遂成風俗。習於田獵謂之賢，閑於馳逐謂之好焉。

子之還兮，遭我乎峱之間兮。並驅從兩肩兮，揖我謂我儇兮。

子之茂兮，遭我乎峱之道兮。並驅從兩牡兮，揖我謂我好兮。

子之昌兮，遭我乎峱之陽兮。並驅從兩狼兮，揖我謂我臧兮。

山南曰陽。（呂記，嚴緝，段解）

著

刺時也。時不迎親也。

俟我於著乎而，充耳以素乎而，尚之以瓊華乎而。

尚，加也。（嚴緝）

俟我於庭乎而，充耳以青乎而，尚之以瓊瑩乎而。

俟我於堂乎而，充耳以黄乎而，尚之以瓊英乎而。

東方之日

刺衰也。君臣失道，男女淫奔，不能以禮化也。

東方之日兮，彼姝者子，在我室兮。在我室兮，履我即兮。

履，随也。（呂記，嚴緝）

履，躡也。言躡我而相就也。（段解）

東方之月兮，彼姝者子，在我闥兮。在我闥兮，履我發兮。

發，行去也。謂隨我而行去也。（呂記，嚴緝，段解）

東方未明

刺無節也。朝廷興居無節，號令不時，挈壺氏不能掌其職焉。

東方未明，顛倒衣裳。顛之倒之，自公召之。

東方未晞，顛倒裳衣。倒之顛之，自公令之。

令，號令也，猶召之也。（呂記，段解，嚴緝）

折柳樊圃，狂夫瞿瞿。不能晨夜，不夙則莫。

瞿瞿，驚顧之貌。（呂記，嚴緝）

南山

刺襄公也。鳥獸之行，淫乎其妹，大夫遇是惡，作詩而去之。

南山崔崔，雄狐綏綏。魯道有蕩，齊子有歸。既曰歸止，曷又懷止。

葛屨五兩，冠緌雙止。魯道有蕩，齊子庸止。既曰庸止，曷又從止。

庸，用此道而嫁於魯也。（呂記，嚴緝，段解）

從，相從也。（呂記，嚴緝，段解）

蓺麻如之何？衡從其畝。取妻如之何？必告父母。既曰告止，曷又鞠止。

欲樹麻者，必先縱横耕治其田畝，然後可以得麻。人之欲娶妻者，必先告之於父母，然後可以得妻也。今魯桓公之娶文姜也，既告而成禮矣，曷為不能禁制。（呂記，段解）。

析薪如之何？匪斧不克。取妻如之何？匪媒不得。既曰得止，曷又極止。

極，窮也。（呂記，段解）

甫田

大夫刺襄公也。無禮義而求大功，不修德而求諸侯，志大心勞，所以求者非其道也。

無田甫田，為莠驕驕。無思遠人，勞心忉忉。

驕驕，茂盛也。（嚴緝）

無田甫田，維莠桀桀。無思遠人，勞心怛怛。

婉兮孌兮，總角丱兮。未幾見兮，突而弁兮。

丱，總角貌。（嚴緝）

盧令

刺荒也。襄公好田獵畢弋，而不修民事，百姓苦之，故陳古以風焉。

盧令令，其人美且仁。

令令，犬頷下之環聲。（段解）

盧重環，其人美且鬈。

鬈，鬚好貌。（嚴緝）

盧重鋂，其人美且偲。

偲，多鬚之貌，傳所謂「于思」，即此字，通用也。（嚴緝）

敝笱

刺文姜也。齊人惡魯桓公微弱，不能防閑文姜，使至淫亂，為二國患焉。

防，所以止水，閑，所以扞物。故防閑有禁制之意。（呂記，段解）

敝笱在梁，其魚魴鰥。齊子歸止，其從如雲。

敝笱在梁，其魚魴鱮。齊子歸止，其從如雨。

敝笱在梁，其魚唯唯。齊子歸止，其從如水。

言其從之者，多如水之流也。（呂記，段解）

載驅

齊人刺襄公也。無禮義，故盛其車服，疾驅於通道大都，與文姜淫，播其惡於萬民焉。

按春秋：「魯莊公之二年，冬十有二月，夫人姜氏享齊侯于祝丘。五年，夫人姜氏如齊師。七年春，夫人姜氏會齊侯于防。冬，夫人姜氏會齊侯于穀。」

載驅薄薄，簟茀朱鞹。魯道有蕩，齊子發夕。

夕，猶宿也。發夕，言離於所宿之舍。（呂記，段解）

四驪濟濟，垂轡瀰瀰。魯道有蕩，齊子豈弟。

驪，馬黑色也。（嚴緝）

汶水湯湯，行人彭彭。魯道有蕩，齊子翱翔。

汶水滔滔，行人儦儦。魯道有蕩，齊子遊敖。

遊敖，猶翱翔也。（呂記，嚴緝，段解）

猗嗟

刺魯莊公也。齊人傷魯莊公有威儀技藝，然而不能以禮防閑其母，失子之道，人以為齊侯之子焉。

猗嗟昌兮，頎而長兮，抑若揚兮。美目揚兮，巧趨蹌兮，射則臧兮。

抑而若揚，美之盛也。揚，目之動也。（呂記，段解）

極稱其威儀技藝之美，所以刺其不能以禮防其母也，若曰惜乎其特少此耳。（呂記，段解）

猗嗟名兮，美目清兮，儀既成兮。終日射侯，不出正兮，展我甥兮。

名，猶稱也，言其威儀技藝之可名也。清，目清明也。（呂記，段解，嚴緝）

侯，張布而射之也。（呂記，段解）

言稱其為齊之甥也，而又以見其非齊侯之子，此詩人之微辭也。（呂記，段解）

猗嗟變兮，清揚婉兮，舞則選兮。射則貫兮，四矢反兮，以禦亂兮。

目清而眉揚，故謂目為清，眉為揚。（呂記，段解）

魏一之九

魏，國名，本舜、禹故都，在禹貢冀州雷首之北，析城之西，南枕河曲，北涉汾水。其地陿隘，而民貧俗儉，蓋有聖賢之遺風焉。周初以封同姓，後為晉獻公所滅，而取其地，今河中府解州，即其地也。（段解）

魏，本姬姓之國，不知其始封之自。（嚴緝）

蘇氏曰：「魏地入晉久矣，其詩疑皆為晉而作，故列於唐風之前，猶邶鄘之於衛也。」今按：篇中公行、公路、公族，皆晉官，疑實晉詩。又恐魏亦嘗有此官，蓋不可考矣。（段解）

葛屨

刺褊也。魏地陿隘，其民機巧趨利，其君儉嗇褊急，而無德以將之。

糾糾葛屨，可以履霜。摻摻女手，可以縫裳。要之襋之，好人服之。

糾糾，繚戾寒涼之意。（呂記，段解）

女，婦未見之稱也。（呂記）

好人，猶言大夫也。（嚴緝）

好人提提，宛然左辟，佩其象揥。維是褊心，是以為利。

宛然，讓之貌也。（呂記，段解）

揥，所以摘髮，用象為之，貴者之飾也。（呂記，嚴緝，段解）

汾沮洳

刺儉也。其君儉以能勤，刺不得禮也。

彼汾沮洳，言采其莫。彼其之子，美無度。美無度，殊異乎公路。

汾，水名。沮洳，水浸處，下濕之地也。（呂記，段解，嚴緝）

儉嗇不似貴人也。（呂記，段解）

彼汾一方，言采其桑。彼其之子，美如英。美如英，殊異乎公行。

一方，彼一方也。史記：「扁鵲視見垣一方人。」（呂記，段解）

彼汾一曲，言采其藚。彼其之子，美如玉。美如玉，殊異乎公族。

一曲，謂水曲流處。（呂記，嚴緝，段解）

園有桃

刺時也。大夫憂其君，國小而迫，而儉以嗇，不能用其民，而無德教，日以侵削，故作是詩也。

園有桃，其實之殽。心之憂矣，我歌且謠。不我知者，謂我士也驕。彼人是哉，子曰何其？心之憂矣，其誰知之。其誰知之，蓋亦勿思。

或云比也。園有桃，則食其實；國有民，則國用其力。或云賦也。詩固有一章而三義者，在人觀之如何耳。（嚴緝）

彼不知我心之所憂者，反以我為驕慢，而曰：彼君之所為已是矣，而子之言獨何為哉。蓋舉國之人莫覺其非，而反以憂之者為驕也。故曰心之憂矣，其誰知之。重言其誰知之，而曰蓋亦勿思，蓋曰：此之可憂，較然易知；彼之非我，特未之思耳。誠思之，則將不暇非我而自憂矣。（呂記，段解）

園有棘，其實之食。心之憂矣，聊以行國。不我知者，謂我士也罔極。彼人是哉，子曰何其？心之憂矣，其誰知之。其誰知之，蓋亦勿思。

陟岵

孝子行役，思念父母也。國迫而數侵削，役乎大國，父母兄弟離散，而作是詩也。

陟彼岵兮，瞻望父兮。父曰：嗟予子行役，夙夜無已。上慎旃哉，猶來無止。

尚庶幾慎之哉，猶可以來歸，無止於彼而不來也。蓋生則必歸，死則止而不來矣。（呂記，段解）

陟彼屺兮，瞻望母兮。母曰：嗟予季行役，夙夜無寐。上慎旃哉，猶來無棄。

陟彼岡兮，瞻望兄兮。兄曰：嗟予弟行役，夙夜必偕。上慎旃哉，猶來無死。

十畝之間

刺時也。言其國削小，民無所居焉。

十畝之間兮，桑者閑閑兮，行與子還兮。

十畝之外兮，桑者泄泄兮，行與子逝兮。

伐檀

刺貪也。在位貪鄙，無功而受祿，君子不得進仕爾。

坎坎伐檀兮，寘之河之干兮，河水清且漣猗。不稼不穡，胡取禾三百廛兮。不狩不獵，胡瞻爾庭有縣貆兮。彼君子兮，不素餐兮！

坎坎，用力之聲。檀，木可以為車者。寘，與置同。（段解）

檀木性堅，可為車。（嚴緝）

猗，與兮同，語辭也。按書：「斷斷猗，無他技。」大學作「兮」。（呂記）

猗，義與兮同。書「斷斷猗」，大學作「兮」。莊子亦云：「我猶為人猗。」（嚴緝）

貆，貉類。餐，食也。（段解）

遂歎彼君子者，不肯無事，而空食人之食，則此無功而受祿者之為空食而可賤，明矣。（段解）

有人於此用力伐檀，將以為車而行陸也；今乃置之河干，則但見河水之清漣，而無所用。以比君子進德修業，將以有為，而不遇其時。（段解）

坎坎伐輻兮，寘之河之側兮，河水清且直猗。不稼不穡，胡取禾三百億兮。不狩不獵，胡瞻爾庭有縣特兮。彼君子兮，不素食兮！

輻，車輻也，伐木以為輻也。直，波文之直也。（段解）

坎坎伐輪兮，寘之河之漘兮，河水清且淪猗。不稼不穡，胡取禾三百囷兮。不狩不獵，胡瞻爾庭有縣鶉兮。彼君子兮，不素飧兮！

輪，車輪也，伐木以為輪也。（段解）

碩鼠

刺重斂也。國人刺其君重斂，蠶食於民，不修其政，貪而畏人，若大鼠也。

碩鼠碩鼠，無食我黍。三歲貫女，莫我肯顧。逝將去女，適彼樂土。樂土樂土，爰得我所。

爰，語辭也。（呂記，段解）

今將去女，以適彼樂土，而得我之所也。（呂記，段解）

碩鼠碩鼠，無食我麥。三歲貫女，莫我肯德。逝將去女，適彼樂國。樂國樂國，爰得我直。

碩鼠碩鼠，無食我苗。三歲貫女，莫我肯勞。逝將去女，適彼樂郊。樂郊樂郊，誰之永號！

詩卷第六

唐一之十

唐，唐叔所都，在今太原府。曲沃及絳，皆在今絳州。

蟋蟀

刺晉僖公也。儉不中禮，故作是詩以閔之，欲其及時以禮自虞樂也。此晉也，而謂之唐，本其風俗憂深思遠，儉而用禮，乃有堯之遺風焉。

蟋蟀在堂，歲聿其莫。今我不樂，日月其除。無已大康，職思其居。好樂無荒，良士瞿瞿。

太康，過於樂也。（呂記，嚴緝）

瞿瞿，驚懼之貌。（嚴緝）

蟋蟀在堂，歲聿其逝。今我不樂，日月其邁。無已大康，職思其外。好樂無荒，良士蹶蹶。
逝，邁，皆去也。（呂記）

蟋蟀在堂，役車其休。今我不樂，日月其慆。無已大康，職思其憂。好樂無荒，良士休休。
休休，安閑之貌。樂也有節，不至於淫，所以安也。（呂記，嚴緝）

山有樞

刺晉昭公也。不能修道以正其國，有財不能用，有鍾鼓不能以自樂，有朝廷不能灑埽，政荒民散，將以危亡，四鄰謀取其國家而不知，國人作詩以刺之也。

山有樞，隰有榆。子有衣裳，弗曳弗婁。子有車馬，弗馳弗驅。宛其死矣，他人是愉。
宛，坐見死貌。（呂記）
山則有樞矣，隰則有榆矣，子有衣裳車馬而不服不乘，若一旦宛然以死，則它人取之以為己樂矣。（呂記）

山有栲，隰有杻。子有廷內，弗灑弗埽。子有鍾鼓，弗鼓弗考。宛其死矣，他人是保。

山有漆，隰有栗。子有酒食，何不日鼓瑟。且以喜樂，且以永日。宛其死矣，他人入室。

人多憂，則覺日短，飲食作樂可以引長此日也。（呂記）

揚之水

刺晉昭公也。昭公分國以封沃，沃盛强，昭公微弱，國人將叛而歸沃焉。

按左傳、史記：晉穆侯之大子曰仇，其弟曰成師。穆侯薨，仇立，是為文侯。文侯薨，昭侯立，封成師於曲沃。師服諫曰：「吾聞國家之立也，本大而末小，是以能固。故天子建國，諸侯立家，今晉甸侯也而建國，本既弱矣，其能久乎？」成師卒，謚曰桓叔。（呂記）

揚之水，白石鑿鑿。素衣朱襮，從子于沃。既見君子，云何不樂。

揚之水，白石皓皓。素衣朱繡，從子于鵠。既見君子，云何其憂。

揚之水，白石粼粼。我聞有命，不敢以告人。

粼粼，水清石見之貌。（嚴緝）

椒聊

刺晉昭公也。君子見沃之盛彊，能修其政，知其蕃衍盛大，子孫將有晉國焉。

椒聊之實，蕃衍盈升。彼其之子，碩大無朋。椒聊且，遠條且。

椒聊之實，蕃衍盈匊。彼其之子，碩大且篤。椒聊且，遠條且。

綢繆

刺晉亂也。國亂則昏姻不得其時焉。

綢繆束薪，三星在天。今夕何夕，見此良人。子兮子兮，如此良人何！

良人，夫稱也。（嚴緝）

綢繆束芻，三星在隅。今夕何夕，見此邂逅。子兮子兮，如此邂逅何！

綢繆束楚，三星在户。今夕何夕，見此粲者。子兮子兮，如此粲者何！

杕杜

刺時也。君不能親其宗族，骨肉離散，獨居而無兄弟，將為沃所并爾。

有杕之杜，其葉湑湑。獨行踽踽，豈無他人，不如我同父。嗟行之人，胡不比焉。人無兄弟，胡不佽焉。

有杕之杜，其葉菁菁。獨行睘睘，豈無他人，不如我同姓。嗟行之人，胡不比焉。人無兄弟，胡不佽焉。

羔裘

刺時也。晉人刺其在位不恤其民也。

羔裘豹袪，自我人居居。豈無他人，維子之故。

在位者不恤其民，故在下者謂之曰：彼服是羔裘豹袪之人。（呂記）

羔裘豹褎，自我人究究。豈無他人，維子之好。

鴇羽

刺時也。昭公之後大亂五世，君子下從征役，不得養其父母，而作是詩也。

昭公七年，潘父弑昭公，而納桓叔，不克。晉人立昭公之子平，是為孝侯。孝侯八年，曲沃桓叔卒，子鱓立，是為莊伯。伐翼，殺孝侯。晉人立其弟鄂侯。六年，莊伯伐翼，鄂侯奔隨。王命虢公伐曲沃，而立鄂侯之子光，是為哀侯。元年，翼人復逆鄂侯，而納諸鄂。二年，莊伯卒，子稱立，是為武公。九年，武公伐翼，逐翼侯於汾隰，夜獲之。晉人立哀侯之子，是為小子侯。小子侯四年，武公殺之，明年遂滅翼。王命虢仲立哀侯之弟緡。二十八年，武公又殺之。自孝侯至是，大亂五世矣。（呂記）

肅肅鴇羽，集于苞栩。王事靡盬，不能蓺稷黍，父母何怙。悠悠蒼天，曷其有所？

肅肅鴇翼，集于苞棘。王事靡盬，不能蓺黍稷，父母何食。悠悠蒼天，曷其有極？

肅肅鴇行，集于苞桑。王事靡盬，不能蓺稻粱，父母何嘗。悠悠蒼天，曷其有常？

稻，即今南方所食稻米。粱，粟類也，有數色。（嚴緝）嘗，食也。（呂記，嚴緝）

無衣

美晉武公也。武公始并晉國，其大夫為之請命乎天子之使，而作是詩也。

豈曰無衣七兮，不如子之衣，安且吉兮。

豈曰無衣六兮，不如子之衣，安且燠兮。

天子之卿六命，變七言六者，謙也。不敢必當侯伯七命之服，得受六命之服，列於天子之卿，猶愈於無天子之命也。（嚴緝）

有杕之杜

刺晉武公也。武公寡特，兼其宗族，而不求賢以自輔焉。

有杕之杜，生于道左。彼君子兮，噬肯適我。中心好之，曷飲食之。

噬，發語辭也。（呂記，嚴緝）

寡特不足恃賴，則彼君子亦不肯適我矣。（呂記）

有杕之杜，生于道周。彼君子兮，噬肯來遊。中心好之，曷飲食之。

葛生

刺晉獻公也。好攻戰，則國人多喪矣。

葛生蒙楚，蘞蔓于野。予美亡此，誰與獨處。

予之所美者，獨不在是。（呂記）

葛生蒙棘，蘞蔓于域。予美亡此，誰與獨息。

角枕粲兮，錦衾爛兮。予美亡此，誰與獨旦。

粲、爛，華美鮮明之貌。（呂記，嚴緝）

旦，自夜至旦也。（呂記）

夏之日，冬之夜。百歲之後，歸于其居。

夏之日，日永之時也。冬之夜，夜永之時也。（呂記，嚴緝）

冬之夜，夏之日。百歲之後，歸于其室。

采苓

刺晉獻公也。獻公好聽讒焉。

獻公好聽讒，觀驪譖殺太子及逐群公子之事，可見也。（呂記，嚴緝）

采苓采苓，首陽之巔。人之為言，苟亦無信。舍旃舍旃，苟亦無然。人之為言，胡得焉。

采，有聽取之義，故以采苓起興。（呂記）

采苦采苦，首陽之下。人之為言，苟亦無與。舍旃舍旃，苟亦無然。人之為言，胡得焉。

與，許與也。（呂記，嚴緝）

采葑采葑，首陽之東。人之為言，苟亦無從。舍旃舍旃，苟亦無然。人之為言，胡得焉。

秦一之十一

鄭氏詩譜曰：「秦者，隴西國名，於禹貢近雍州鳥鼠山。」今秦州是也。（呂記）

岐豐之地，文王用之，以興二南之化，如彼其忠且厚也。秦人用之，未幾而一變其俗，見於詩者，大抵尚氣概，先勇力，已悍然有招八州而朝同列之氣矣。蓋雍州土厚水深，其民敦重質直，無鄭衛浮靡之習，以善導之，則易以興起，而篤於仁義；以猛驅之，則其彊毅果敢之資，亦足以彊兵力農，而成富彊之業也。論至於此，以見厚重者之可與有為，而又以見上之導民不可不謹其所之也。（段解，嚴緝，呂記）

車鄰

美秦仲也。秦仲始大有車馬禮樂侍御之好焉。

有車鄰鄰，有馬白顛。未見君子，寺人之令。

是時，秦君始有車馬及此寺人之官，將見者必先寺人通之。故國人創見而誇美之也。（段解）

阪有漆，隰有栗。既見君子，並坐鼓瑟。今者不樂，逝者其耋。

阪則有漆矣，隰則有栗矣。既見君子，則並坐鼓瑟矣。

阪有桑，隰有楊。既見君子，並坐鼓簧。今者不樂，逝者其亡。

簧，笙中金葉，吹笙，則鼓動之以出聲者也。（段解）

駟驖

美襄公也。始命有田狩之事，園囿之樂焉。

秦自非子以來，世為附庸。及周幽王為犬戎所敗，秦仲之孫襄公救周有功，平王賜之以岐西之地，於是始命為諸侯。（段解）

駟驖孔阜，六轡在手。公之媚子，從公于狩。

駟驖，四馬皆黑色如鐵也。阜，肥大也。六轡者，兩服兩驂各兩轡，而驂馬内兩轡納之於觖，故惟六轡在手也。（段解）

媚，愛也。（嚴緝）

媚子，所親愛之人也。（呂記，段解）

奉時辰牡，辰牡孔碩。公曰左之，舍拔則獲。

牡，獸之牡者也。辰牡者，冬獻狼，夏獻麋，春秋獻鹿豕之類。奉之者，虞人翼以待射也。孔，甚也。碩，肥大也。公曰左之者，命御者使左其車，以獻獸之左也。蓋射必中其左，乃為中殺，五御

所謂「逐禽左者為是」故也。（段解）

左之而舍拔，無有不獲者，言禽之多而射御之善也。（段解）

遊于北園，四馬既閑。輶車鸞鑣，載獫歇驕。

鸞，鈴也，效鸞鳥之聲。鑣，馬銜也。（呂記，嚴緝，段解）

田事已畢，故遊於北園，以車載犬，蓋以休其足力也。韓愈畫記有「騎擁田犬」者，亦此類。

（呂記，段解）

小戎

美襄公也。備其兵甲，以討西戎，西戎方强，則征伐不休，國人則矜其車甲，婦人能閔其君子焉。

西戎方强，則征伐宜休矣，而不休征伐。不休，則國人宜怨矣，而不怨，反為詩以美其上，而聖人亦有取焉，何哉？西戎者，秦之臣子，不共戴天之讎也。襄公上承天子之命，以報君父之讎，其所以不能自已者，豈忮忿之私心哉，乃人倫之正，天理之發，以大義驅其人而戰之，敵之强弱，戰之勝負，皆不暇有所顧，而惟知仇讎之不可以不復，此襄公所以能用其人，而秦人所以樂為之用也。聖人有取乎此，亦春秋大復讎而與討賊之意歟？（段解）

小戎俴收，五楘梁輈。游環脅驅，陰靷鋈續。文茵暢轂，駕我騏馵。言念君子，温其如玉。在其板屋，亂我心曲。

游環，靷環也。以皮為之，引兩驂馬之外轡，貫其中而執之，所以制驂馬，使不得外出也。環當兩服馬之背上，游移前却，無定處，故謂之游環，亦謂之靳，左傳曰：「如驂之有靳。」脅驅，亦以皮為之，前繫於衡之兩端，後繫於軫之兩端，當服馬兩脅外，以驅驂馬，使不得内入也。（段解）

揜軓，在軾前軫上。靷者，以皮二條，前繫驂馬之頸，後繫陰板之上。鋈續，陰板之上有續靷之處，白金沃其環，以為飾也。（呂記，段解）

轂，所以貫車輪者。（呂記，段解）

君子，婦人目其夫也。温其如玉，美之之辭。板屋者，西戎之俗，以板為屋。心曲，心中委曲之處也。（段解，呂記）

四牡孔阜，六轡在手。騏駵是中，騧驪是驂。龍盾之合，鋈以觼軜。言念君子，温其在邑。方何為期，胡然我念之！

中，兩服馬也。（嚴緝）

盾，干也。畫龍於盾，合而載之，以為車上之衛。必載二者，備破毁也。觼，環之有舌者。軜，驂内轡也。置觼於軾前，以繫軜，故謂之觼軜，亦銷沃白金以為飾也。（段解，呂記，嚴緝）

邑，西鄙之邑也。方，將也。將以何時為歸期乎，何為使我思念之極也。（呂記，段解，嚴緝）

俴駟孔群，厹矛鋈錞。蒙伐有苑，虎韔鏤膺。交韔二弓，竹閉緄縢。言念君子，載寢載興。厭厭良人，秩秩德音。

俴駟，四馬皆以淺薄之金為甲，欲其輕而易於馬之旋習也。（段解）

鋈錞，亦以白金鋈之也。（呂記）

蒙，雜也。伐，中干也，盾之别名。苑，文貌，畫雜羽之文於盾上也。（段解）

鏤膺，鏤金以飾馬當胸帶也。（段解）

閉，弓檠也，儀禮作䪐。緄，繩。縢，約也。以竹為閉，而以繩約之於弛弓之裏。檠，弓體使正也。（段解，呂記，嚴緝）

載寢載興，言思之深，既寢而又興也。（呂記）

蒹葭

刺襄公也。未能用周禮，將無以固其國焉。

蒹葭蒼蒼，白露為霜。所謂伊人，在水一方。遡洄從之，道阻且長。遡游從之，宛在水中央。

伊人，猶言彼人也。一方，彼一方也。（呂記，嚴緝，段解）

蒹葭淒淒，白露未晞。所謂伊人，在水之湄。遡洄從之，道阻且躋。遡游從之，宛在水中坻。

蒹葭采采，白露未已。所謂伊人，在水之涘。遡洄從之，道阻且右。遡游從之，宛在水中沚。

采采，言其盛而可采也。（呂記，嚴緝）

右，不相值，而出其右也。（段解）

終南

戒襄公也。能取周地，始為諸侯受顯服，大夫美之，故作是詩，以戒勸之。

襄公雖未能遽有周地，然既有天子之命矣。穀梁子曰：「王者無外，命之則成矣。」（呂記，嚴緝，段解）

終南何有？有條有梅。君子至止，錦衣狐裘。顏如渥丹，其君也哉。

終南，在今京兆府之南。（段解）

君子，指其君也。（呂記，段解）

言其容貌衣服，稱其為君也。（嚴緝）

欲其修德以稱之，故盛陳容貌衣服之美，以戒勸之也。（段解）

終南何有？有紀有堂。君子至止，黻衣繡裳。佩玉將將，壽考不忘。

紀，山之廉角也。堂，山之寬平處也。（呂記，段解）

黻之狀亞，兩己相戾矣。（嚴緝，段解，呂記）

繡，刺繡。（呂記，段解）

將將，佩玉聲也。壽考不忘者，欲其居此位，服此服，長久而安寧也。亦戒勸之辭。（呂記，段解）

黄鳥

哀三良也。國人刺穆公以人從死，而作是詩也。

三人者，不食其言，以死從君，而詩人不以為美者，死不為義，不足美也。（呂記，段解）

春秋傳云：「秦穆公之不為盟主也宜哉。死而棄民，先王遺世，猶貽之法，而况奪之善人乎。今縱無法以遺後嗣，而又收其良以死，難以在上矣。君子是以知秦之不復東征也。」又按史記：「秦武公卒，以人從死者六十六人。至穆公遂用百七十七人，而三良與焉。」蓋特其初特出於戎翟之俗，而無明王賢伯以討其罪，於是習以為常，則雖穆公之賢，而不免論其事者，亦徒閔三良之不幸，而歎秦之衰。至於王政不綱，諸侯擅命，殺人不忌，至於如此，則莫知其為非也。嗚呼，俗之敝也久矣！其後始皇之葬，後宮皆令從死，工匠生閉墓中，尚何怪哉！（嚴緝）

交交黄鳥，止于棘。誰從穆公？子車奄息。維此奄息，百夫之特。臨其穴，惴惴其慄。

彼蒼天者，殲我良人。如可贖兮，人百其身。

以所見起興也。（呂記，段解）

此奄息之死，若可以他人贖之，則人雖有百身，亦皆願贖之矣。愛之甚也。（呂記，段解）

三人死非其義，詩人特哀之而已。死不為義，不足美也。（嚴緝）

交交黄鳥，止于桑。誰從穆公？子車仲行。維此仲行，百夫之防。臨其穴，惴惴其慄。

彼蒼者天，殲我良人。如可贖兮，人百其身。

交交黄鳥，止于楚。誰從穆公？子車鍼虎。維此鍼虎，百夫之禦。臨其穴，惴惴其慄。

彼蒼者天，殲我良人。如可贖兮，人百其身。

晨風

刺康公也。忘穆公之業，始棄其賢臣焉。

鴥彼晨風，鬱彼北林。未見君子，憂心欽欽。如何如何，忘我實多。

山有苞櫟，隰有六駮。未見君子，憂心靡樂。如何如何，忘我實多。

靡樂，憂之深也。（呂記，段解）

山有苞棣，隰有樹檖。未見君子，憂心如醉。如何如何，忘我實多。

如醉，憂又甚矣。（呂記，段解）

無衣

刺用兵也。秦人刺其君好攻戰，亟用兵，而不與民同欲焉。

襄公以王命攘戎狄，報君父之讎，故征伐不休，而詩人美之。康公令狐、河曲之戰，修私怨，逞小忿，故好攻戰，亟用兵，而詩人刺之。詩可以觀，於此見矣。（呂記，嚴緝，段解）

豈曰無衣，與子同袍。王于興師，修我戈矛，與子同仇。

其懽愛之心，足以相死如此。（段解）

豈曰無衣，與子同澤。王于興師，修我矛戟，與子偕作。

澤，裏也。以其親膚，近於垢澤，故謂之澤。汙，音烏。垢，古口反。（呂記，嚴緝）

豈曰無衣，與子同裳。王于興師，修我甲兵，與子偕行。

渭陽

康公念母也。康公之母，晉獻公之女。文公遭麗姬之難未反，而秦姬卒。穆公納文公，康公時為太子，贈送文公於渭之陽，念母之不見也。「我見舅氏，如母存焉。」及其即位，而作是詩也。

「我見舅氏，如母存焉」，蓋為康公之語。（呂記）

我送舅氏，曰至渭陽。何以贈之？路車乘黄。

乘黄，四馬皆黄也。（呂記，嚴緝，段解）

我送舅氏，悠悠我思。何以贈之？瓊瑰玉佩。

權輿

刺康公也。忘先君之舊臣，與賢者有始而無終也。

於我乎夏屋渠渠，今也每食無餘。于嗟乎，不承權輿。

言康公其初有渠渠之夏屋，以待賢者，而其後待賢之意寖衰，供億寖薄，賢者每食而無餘，於是歎之，言不能繼其始也。漢楚元王敬禮申公、白公、穆生，穆生不耆酒，元王每置酒，嘗為穆生設醴。

及王戊即位，常設，後忘設焉。穆生退曰：「可以逝矣。醴酒不設，王之意怠，不去，楚人將鉗我於市。」稱疾。申公、白公强起之，曰：「獨不念先王之德歟？今王一旦失小禮，何足至此？」穆生曰：「先王之所以禮吾三人者，爲道之存故也。今而忽之，是忘道也。忘道之人，胡可久處，豈爲區區之禮哉！」遂謝病去。此詩其當之矣。（呂記，段解）

於我乎每食四簋，今也每食不飽。于嗟乎，不承權輿。

四簋，禮食之盛也。（呂記，段解）

詩卷第七

陳一之十二

今陳州是也。（嚴緝）

宛丘

刺幽公也。淫荒昏亂，游蕩無度焉。

子之湯兮，宛丘之上兮。洵有情兮，而無望兮。

言此人遊蕩於宛丘之上，信有情思而可樂矣，然無威儀可瞻望也。（呂記，段解）

坎其擊鼓，宛丘之下。無冬無夏，值其鷺羽。

值，遇也。（呂記，嚴緝，段解）

言無時不遇其出遊而舞於是也。（呂記，段解）

坎其擊缶，宛丘之道。無冬無夏，值其鷺翿。

東門之枌

疾亂也。幽公淫荒，風化之所行，男女棄其舊業，亟會於道路，歌舞於市井爾。

東門之枌，宛丘之栩。子仲之子，婆娑其下。

穀旦于差，南方之原。不績其麻，市也婆娑。

穀旦于逝，越以鬷邁。視爾如荍，貽我握椒。

衡門

誘僖公也。愿而無立志，故作是詩，以誘掖其君也。

誘，進也。（嚴緝）

衡門之下，可以棲遲。泌之洋洋，可以樂饑。

洋洋，水安流廣長之貌。（呂記，段解，嚴緝）

豈其食魚，必河之魴。豈其取妻，必齊之姜。

豈其食魚，必河之鯉。豈其取妻，必宋之子。

東門之池

刺時也。疾其君之淫昏，而思賢女以配君子也。

東門之池，可以漚麻。彼美淑姬，可與晤歌。

東門之池，可以漚紵。彼美淑姬，可與晤語。

紵，麻屬也。

東門之池，可以漚菅。彼美淑姬，可與晤言。

東門之楊

刺時也。昏姻失時，男女多違親迎，女猶有不至者也。

東門之楊，其葉牂牂。昏以為期，明星煌煌。

明星，啟明星也。煌煌，大明貌。東門，蓋此人親迎之所，以其所見起興，曰：東門之楊，則其葉牂牂矣，昏以為期，而明星煌煌矣。

東門之楊，其葉肺肺。昏以為期，明星晢晢。

墓門

刺陳佗也。陳佗無良師傅，以至於不義，惡加於萬民焉。

陳佗，文公子，桓公鮑之弟也。桓公疾病，佗殺其太子免而代之。桓公卒，而佗立。明年，為蔡人所殺。此詩刺佗，而追咎先君不能為佗置良師傅，以至於此也。（呂記，段解）

墓門有棘，斧以斯之。夫也不良，國人知之。知而不已，誰昔然矣。

墓門有梅，有鴞萃止。夫也不良，歌以訊之。訊予不顧，顛倒思予。

夫也不良，則有歌其惡以訊之者矣。訊之而不予顧，至於顛倒，然後思予，則豈有所及哉。亦追咎之辭也。（呂記）

防有鵲巢

憂讒賊也。宣公多信讒，君子憂懼焉。

防有鵲巢，邛有旨苕。誰侜予美，心焉忉忉。

侜張，欺誑也。忉忉，憂勞之貌。（呂記，段解）

中唐有甓，邛有旨鷊。誰侜予美，心焉惕惕。

月出

刺好色也。在位不好德，而説美色焉。

月出皎兮，佼人僚兮。舒窈糾兮，勞心悄兮。

當月出之時，而思佼人之好，欲一見之，以舒窈糾之情而不可得，是以為之勞心悄然也。（呂記，段解）

月出皓兮，佼人懰兮。舒懮受兮，勞心慅兮。

懮受，憂思也。（呂記，段解）

月出照兮，佼人燎兮。舒夭紹兮，勞心慘兮。

夭紹，糾緊之意。（呂記，段解）

株林

刺靈公也。淫乎夏姬，驅馳而往，朝夕不休息焉。

胡為乎株林，從夏南。匪適株林，從夏南。

駕我乘馬，説于株野。乘我乘駒，朝食于株。

澤陂

刺時也。言靈公君臣淫於其國，男女相説，憂思感傷焉。

彼澤之陂，有蒲與荷。有美一人，傷如之何。寤寐無為，涕泗滂沱。

彼澤之陂，有蒲與蕑。有美一人，碩大且卷。寤寐無為，中心悁悁。

彼澤之陂，有蒲菡萏。有美一人，碩大且儼。寤寐無為，輾轉伏枕。

輾轉伏枕，卧而不寐，思之深且久也。（呂記，段解）

檜一之十三

今鄭州即其地。（段解）

周衰，檜為鄭桓公所滅，其世次微不傳，故其作詩之世不可得而推。蘇氏則以為檜詩皆為鄭而作，正如邶、鄘之於衛。（段解）

羔裘

大夫以道去其君也。國小而迫，君不用道，好絜其衣服，逍遥遊燕，而不能自強於政治，故作是詩也。

羔裘逍遥，狐裘以朝。豈不爾思，勞心忉忉。

孟子去齊，其心蓋如此云。（吕記，段解）

羔裘翱翔，狐裘在堂。豈不爾思，我心憂傷。

羔裘如膏，日出有曜。豈不爾思，中心是悼。

羔裘之色，潤澤如脂膏所漬，日出照之，則有光曜。（吕記，段解）

素冠

刺不能三年也。

喪禮：爲父爲君，斬衰三年。爲母，齊衰三年。（吕記，段解）

庶見冠兮，棘人欒欒兮，勞心慱慱兮。

喪事欲其揔揔耳，哀遽之狀也。（吕記，段解）

喪事欲其縱縱耳，哀遽之狀。音總。（嚴緝）

庶見素衣兮，我心傷悲兮，聊與子同歸兮。

與子同歸，言其愛慕之辭也。（吕記，段解）

庶見素韠兮，我心藴結兮，聊與子如一兮。

韠，蔽膝也，以韋為之。冕服謂之韍，其餘曰韠。韠從裳色，素衣素裳，則素韠也。藴結者，思之不解也。與子如一，甚於同歸矣。（呂記，嚴緝，段解）

隰有萇楚

疾恣也。國人疾其君之淫恣，而思無情欲者也。

隰有萇楚，猗儺其枝。夭之沃沃，樂子之無知。

隰有萇楚，猗儺其華。夭之沃沃，樂子之無家。

隰有萇楚，猗儺其實。夭之沃沃，樂子之無室。

無室，猶無家也。（呂記，嚴緝，段解）

匪風

思周道也。國小政亂，憂及禍難，而思周道焉。

匪風發兮，匪車偈兮，顧瞻周道，中心怛兮。

發，飄揚貌。偈，疾驅貌。（段解）

周道，適周之路也。顧瞻周道而思王室。（呂記）

周道，適周之路。言常時風發而車偈，則中心怛然。今非風發也，非車偈也，特顧瞻周道而思王室之陵遲，故中心為之怛然耳。（段解）

匪風飄兮，匪車嘌兮，顧瞻周道，中心弔兮。

嘌，漂摇不安之車。弔，傷也。（段解）

嘌，嘌摇不安之貌。（嚴緝）

誰能亨魚，溉之釜鬵。誰將西歸，懷之好音。

誰能亨魚乎，有則我願為之溉其釜鬵。誰將西歸乎，有則我願慰勞之以好音而勉之。言能有興周道者，則己將歸之也。（呂記，段解）

曹一之十四

今之曹州是也。（段解）

蜉蝣

刺奢也。昭公國小而迫，無法以自守，好奢而任小人，將無所依焉。

蜉蝣之羽，衣裳楚楚。心之憂矣，於我歸處。

蜉蝣之羽翼，猶人衣裳之楚楚然也。然朝生暮死，蓋以比人之玩細娱，而無遠慮者耳。（呂記，段解）

蜉蝣之翼，采采衣服。心之憂矣，於我歸息。

蜉蝣掘閱，麻衣如雪。心之憂矣，於我歸說。

候人

刺近小人也。共公遠君子而好近小人焉。

彼候人兮，何戈與祋。彼其之子，三百赤芾。

維鵜在梁，不濡其翼。彼其之子，不稱其服。

維鵜在梁，不濡其咮。彼其之子，不遂其媾。

薈兮蔚兮，南山朝隮。婉兮孌兮，季女斯饑。

鳲鳩

刺不壹也。在位無君子，用心之不壹也。

鳲鳩在桑，其子七兮。淑人君子，其儀一兮。其儀一兮，心如結兮。

鳲鳩在桑，其子在梅。淑人君子，其帶伊絲。其帶伊絲，其弁伊騏。

其帶伊絲，其弁伊騏，言其有常度，不差忒也。（呂記，段解）

鳲鳩在桑，其子在棘。淑人君子，其儀不忒。其儀不忒，正是四國。

忒，差忒也。有常度而其心一，故儀不忒；儀不忒，則足以正四國矣。大學傳曰：「其爲父子兄弟足法，而後民法之也。」（呂記，段解）

鳲鳩在桑，其子在榛。淑人君子，正是國人。正是國人，胡不萬年。

下泉

思治也。曹人疾共公侵刻，下民不得其所，憂而思明王賢伯也。

洌彼下泉，浸彼苞稂。愾我寤歎，念彼周京。

或曰：苞稂微草，猶得下泉之潤，而已不被明王賢伯之澤。（段解）

洌彼下泉，浸彼苞蕭。愾我寤歎，念彼京周。

洌彼下泉，浸彼苞蓍。愾我寤歎，念彼京師。

蓍，筮草也。京師，高丘而聚居之地。（段解，呂記，嚴緝）

芃芃黍苗，陰雨膏之。四國有王，郇伯勞之。

黍苗既芃芃然矣，而又有陰雨以膏之。四國既有王矣，而又有郇伯以勞之。傷今之不然也。

（呂記，段解）

詩卷第八

豳一之十五

豳，在今邠州三水縣。邰，在今京兆府武功縣。（段解）

七月

陳王業也。周公遭變，故陳后稷先公風化之所由，致王業之艱難也。

周禮籥章：「中春，晝擊土鼓，龡豳詩以逆暑。中秋，夜迎寒，亦如之。」即此詩也。（段解）

公劉以下，太王以前，先公之通稱。（段解）

陳此詩，使瞽矇朝夕諷誦以教之。（段解）

使成王知其積累之艱難如此，而思奉承之不易，且以見己之所以當國而不辭之意。（呂記，段解）

七月流火，九月授衣。一之日觱發，二之日栗烈。無衣無褐，何以卒歲。三之日于耜，四之日舉趾。同我婦子，饁彼南畝，田畯至喜。

三王之正不同，周既用天正矣，而此詩月數，皆以人正為紀，何也？曰：所謂改正朔者，以是月為歲首也，月固不易也。况此詩陳后稷先公之舊曆，夏商之世，而成於周公之年，則安得遽以天正為紀。（段解，吕記，嚴緝）

火以六月之昏，加於正南午位，當東西之中。至七月之昏，則下而西流矣。（吕記，段解）

一之日，一陽之月。二之日，二陽之月。變月言日者，猶言是月之日。後凡言日者放此。蓋周之先公已用此以紀候。有周有天下，遂以為一代之正朔也。（段解，嚴緝，吕記）

歲，夏正之歲也。（段解）

我，家長自謂也。老者率婦子而餉之。（段解）

此章前段言衣之始，後段言食之始。二章至五章，終前段意。六章至八章，終後段意。（嚴緝，段解）

言所以授衣為是故也。（吕記，段解）

治天早而用力齊，是以田畯至而喜之也。（段解）

七月流火，九月授衣。春日載陽，有鳴倉庚。女執懿筐，遵彼微行，爰求柔桑。春日遲遲，采蘩祁祁。女心傷悲，殆及公子同歸。

遵，循也。（吕記，段解）

采蘩祁祁，蠶生未齊，未可食桑，故以此啖之也。（段解）

公子，豳公之子也。蓋是時公子猶娶於國中，而貴家大族連姻公室者，亦無不力於蠶桑之事，故其許嫁之女，預以將及公子同歸，而遠其父母為悲也。此其風俗之厚，而上下之情交相忠愛如此。後章言公子者倣此。（段解，嚴緝，呂記）

七月流火，八月萑葦，蠶月條桑。取彼斧斨，以伐遠揚，猗彼女桑。七月鳴鵙，八月載績。載玄載黄，我朱孔陽，為公子裳。

條而取之，則蠶長而桑盛，與求柔桑之時異矣。（段解）

七月暑退將寒，而是歲禦冬之備，亦庶幾成矣。又當預擬來歲治蠶之用，故於八月萑葦既成之際而收蓄之。（段解）

取葉存條曰猗。（嚴緝）

采桑而大小畢取，見蠶盛而人力至也。（段解）

凡此女功之所成者，皆染之，或玄或黄，而朱者尤鮮明。（呂記，段解）

以上二章，專言蠶績之事，以終首章前段無衣之意。（段解）

四月秀葽，五月鳴蜩。八月其獲，十月隕蘀。一之日於貉，取彼狐狸，為公子裘。二之日其同，載纘武功，言私其豵，獻豜于公。

獻豜於公，亦愛其上之無已也。獸小者私之以為己有，而大者則獻之於上。（呂記，段解）

此專言狩獵，以終首章前段無褐之意。（段解）

五月斯螽動股，六月莎鷄振羽。七月在野，八月在宇，九月在户，十月蟋蟀入我牀下。穹室熏鼠，塞向墐户。嗟我婦子，曰為改歲，入此室處。

宇，簷下也。（呂記，嚴緝，段解）

塞向，以當北風也。（呂記，段解）

天既寒而事亦已，可以入此室處矣。（段解）

此章亦以終首章前段御寒之意。（段解）

六月食鬱及薁，七月亨葵及菽。八月剥棗，十月穫稻。為此春酒，以介眉壽。七月食瓜，八月斷壺，九月叔苴。采荼薪樗，食我農夫。

菽，豆也。（呂記，嚴緝，段解）

果酒嘉蔬，以養老疾，奉賓祭，介眉壽者，頌禱之辭也。（呂記，段解）

瓜瓠苴荼，以為常食，少長之義，豐儉之節然也。（呂記，段解）

自此章至卒章，皆言農圃飲食祭祀燕樂，以終首章後段之意。（嚴緝，段解）

九月築場圃，十月納禾稼，黍稷重穋，禾麻菽麥。嗟我農夫，我稼既同，上入執宮功。晝爾于茅，宵爾索綯。亟其乘屋，其始播百穀。

言納於場者，無所不備，則我稼同矣。（呂記）

宫，邑居者之宅也。古者民受五畝之宅，二畝半為廬，在田，春夏居之；二畝半為宅，在邑，秋冬居之。功，葺治之事也。（段解）

二之日鑿冰沖沖，三之日納于凌陰。四之日其蚤，獻羔祭韭。九月肅霜，十月滌場。朋酒斯饗，曰殺羔羊。躋彼公堂，稱彼兕觥，萬壽無疆。

鑿冰，謂取冰於山也。（嚴緝）

豳土多寒，故正月風未解凍，冰猶可藏也。（呂記，嚴緝，段解）

鄉飲酒之禮，尊兩壺於房户之間是也。（段解）

鴟鴞

周公救亂也。成王未知周公之志，公乃為詩以遺王，名之曰鴟鴞焉。

管蔡流言，使成王疑周公。周公雖已滅之，然成王之疑未釋，則亂未弭也。故周公作此鴟鴞之詩以遺王，而告以王業艱難，不忍毁壞之意，所以為救亂也。（呂記，段解）

管蔡流言，使成王疑周公矣。其挾武庚及淮夷以叛，蓋以周公為亂也。周公雖已滅之，然成王之疑未釋，則亂未泯也。故周公作此鴟鴞之詩以遺王，告之以王業艱難，不忍毁壞之意，所以為救亂也。（嚴緝）

鴟鴞鴟鴞，既取我子，無毁我室。恩斯勤斯，鬻子之閔斯。

鬻養此子，誠可憫憐。今既取之，其毒甚矣，况又毁我室耶。蓋周公托爲鳥言以自比。（呂記，段解）

喻同管蔡作亂者。（段解）

迨天之未陰雨，徹彼桑土，綢繆牖户。今女下民，或敢侮予。

徹，取也。（呂記，嚴緝）

牖者，巢之通氣處，户，其出入處也。（呂記，段解）

亦爲鳥言及天之未陰雨之時，而往取桑根，以纏綿巢之隙穴，使之堅固，以備陰雨之患。（呂記，段解）

予手拮据，予所捋荼，予所蓄租，予口卒瘏，曰予未有室家。

捋，取也。（呂記，嚴緝，段解）

荼，苕華，可藉巢者。（呂記，嚴緝）

亦爲鳥言所以拮据捋荼蓄租，勞苦而至於病者，以巢之未成也。以比己之所以勤勞如此者，以王室新造而未集故也。（呂記，段解）

予羽譙譙，予尾翛翛，予室翹翹。風雨所漂摇，予維音嘵嘵。

翹翹，成而未定也，風雨又從而漂摇之，以比己既勞悴，王室未安，而多難乘之，則其作詩以喻王，亦不得不汲汲也。（呂記，段解）

東山

周公東征也。周公東征，三年而歸，勞歸士，大夫美之，故作是詩也。一章言其完也，二章言其思也，三章言其室家之望女也，四章樂男女之得及時也。君子之于人，序其情而閔其勞，所以説也。説以使民，民忘其死，其唯東山乎！

皆其心之所願而不敢言者。上之人乃先其未發而歌詠以勞苦之，則其懽欣感激之情為如何哉。夫古之人上下之際，情志交孚，雖家人父子之相語，無以過此，其所以維持鞏固數十百年而無一旦土崩之勢也與？（呂記，段解）

我徂東山，慆慆不歸。我來自東，零雨其濛。我東曰歸，我心西悲。制彼裳衣，勿士行枚。蜎蜎者蠋，烝在桑野。敦彼獨宿，亦在車下。

烝，發語聲。（呂記）

敦，獨處不移之貌。（呂記，嚴緝，段解）

其在塗也，覩物起興，而自歎曰：彼蜎蜎者蠋，則在桑野矣；此敦然而獨宿者，則亦在車下

也。（呂記，段解）

我徂東山，慆慆不歸。我來自東，零雨其濛。果臝之實，亦施于宇。伊威在室，蠨蛸在户。町畽鹿場，熠燿宵行。不可畏也，伊可懷也。

螢火夜飛，其光熠燿也。（呂記，嚴緝，段解）

此則述其歸未至而思家之情也。（呂記，段解）

我徂東山，慆慆不歸。我來自東，零雨其濛。鸛鳴于垤，婦歎于室。洒掃穹窒，我征聿至。有敦瓜苦，烝在栗薪。自我不見，于今三年。

栗，周土之所宜木。（呂記，段解）

我徂東山，慆慆不歸。我來自東，零雨其濛。倉庚于飛，熠燿其羽。之子于歸，皇駁其馬。親結其縭，九十其儀。其新孔嘉，其舊如之何。

士昏禮曰：「父送女，命之曰：『戒之敬之，夙夜無違命。』母施衿結帨，曰：『勉之敬之，夙夜無愆而事。』」此親結其縭之事然也。（段解）

九其儀，十其儀，言其儀之多也。（呂記）

此言東征之歸士，其未有室家者，及時而昏姻，既其善矣；其舊有室家者，相見而喜，當如何耶。（呂記，段解）

破斧

美周公也。周大夫以惡四國焉。

既破我斧，又缺我斨。周公東征，四國是皇。哀我人斯，亦孔之將。

四國，四方之國，從管蔡之亂者。（呂記，嚴緝，段解）

言東征之役，既破我斧，而缺我斨，其勞甚矣。然周公之意，蓋將使四方莫敢不一於正而後已。其哀我人也，豈不大哉。然則雖破斧而缺斨，義有所不得辭矣。夫管蔡流言以謗周公，而公征之，不知者以為公之為是，以為其身而已，故為此詩者，為之發明其心如此。學者於此玩味而有得焉，則正大而天地之情可見矣。（呂記，段解）

既破我斧，又缺我錡。周公東征，四國是吪。哀我人斯，亦孔之嘉。

既破我斧，又缺我銶。周公東征，四國是遒。哀我人斯，亦孔之休。

遒，斂而固之也。（呂記，段解）

伐柯

美周公也。周大夫刺朝廷之不知也。

伐柯如何，匪斧不克。取妻如何，匪媒不得。

克，能也。（吕記，嚴緝，段解）

此章之興，以題後章之義。詩之為體，優游不迫，有至於如此者。而學者求之於崎嶇蹙狹之中，寸量銖較，如治法律，失之遠矣。（段解）

伐柯伐柯，其則不遠。我覯之子，籩豆有踐。

執柯以伐柯，即此手中之柯，而得其法。以比王欲迎周公，亦不過反之於吾心，則知所以迎之之道，則我得見公，而陳其籩豆之列，將有日矣。（吕記，段解）

九罭

美周公也。周大夫刺朝廷之不知也。

九罭之魚鱒魴，我覯之子，衮衣繡裳。

衮衣繡裳，九章：一曰龍，二曰山，三曰華蟲，雉也，四曰火，五曰宗彝，虎蜼也，皆繢於衣；六曰藻，七曰粉米，八曰黼，九曰黻，皆繡於裳。天子之龍，一升二降。上公但有降龍。以龍首卷然，故謂之衮也。蜼，位、抽、壘三音。卷，音捲。（嚴緝）

鴻飛遵渚，公歸無所，於女信處。

鴻飛遵陸，公歸不復，於女信宿。

是以有袞衣兮，無以我公歸兮，無使我心悲兮。

狼跋

美周公也。周公攝政，遠則四國流言，近則王不知，周大夫美其不失其聖也。

狼跋其胡，載疐其尾。公孫碩膚，赤舄几几。

胡，頷下懸肉也。（吕記，嚴緝）

胡，頷下垂肉也。（段解）

赤舄几几，安重貌。士冠禮：「屨，夏用葛，玄端黑屨，青絇繶純。」注：「絇之言拘，以為行戒。狀如刀衣鼻，在屨頭繶縫中紃也。」繶，於力反。縫，扶用反。（吕記）

公之被毁，以四國之流言也。而詩人以為此非四國之所為，乃公自讓其大美而弗居耳。蓋不使讒邪之口得以加乎公之忠聖，此可見其愛公之深，敬公之至，而其立言亦有法矣。（段解）

狼疐其尾，載跋其胡。公孫碩膚，德音不瑕。

詩卷第九

小雅二

舊説自鹿鳴至魚麗，文武之世燕勞樂歌之辭，周公所删定也。南陔至菁菁者莪，周公相成王所制之樂歌也。蓋國之常政，每事為詩，以寫其至誠和樂，而被之音聲，舉是事，則奏是詩焉。（呂記，段解）

正小雅，燕饗之樂也。正大雅，會朝之樂，受釐陳戒之辭也。故或歡欣和悦，以盡群下之情；或恭敬齋莊，以發先王之德。詞氣不同，音節亦異，多周公制作時所定也。及其變也，則事未必同，而各以其聲附之歟？（段解）

鹿鳴之什二之一

鹿鳴

燕群臣嘉賓也。既飲食之，又實幣帛筐篚，以將其厚意，然後忠臣嘉賓得盡其心矣。

按：序以為燕群臣嘉賓之詩，而燕禮亦云：「工歌鹿鳴、四牡、皇皇者華。」即謂此也。鄉飲酒用樂亦然。而學記言：「大學始教，宵雅肄三。」亦謂此三詩。然則又為上下通用之樂矣。豈本為燕群臣嘉賓而作，其後乃推而用之鄉人也與？（段解）

於朝曰君臣焉，於燕曰賓主焉。先王以禮使臣之厚也，蓋亦有諸侯之使焉。（呂記，段解）

呦呦鹿鳴，食野之苹。我有嘉賓，鼓瑟吹笙。吹笙鼓簧，承筐是將。人之好我，示我周行。

將，行也。（呂記，段解）

周行，大道也。（呂記，嚴緝，段解）

蓋所求於群臣嘉賓者如此。夫如是，是以君臣上下誠意交孚，而莫不一出於正，所以和樂而不

流也。（吕記，段解）

此燕饗賓客之詩，蓋君臣之分以嚴爲主，朝廷之禮以敬爲主。然一於嚴敬，則情或不通，而無以盡其忠告之益。故先王因其飲食聚會而製爲燕饗之禮，以通上下之情。（段解）

呦呦鹿鳴，食野之蒿。我有佳賓，德音孔昭，示民不恌，君子是則是傚。我有旨酒，嘉賓式燕以敖。

恌，愉薄也。（吕記，段解，嚴緝）

言嘉賓之德，足以示民，使不愉薄，而君子所當則傚也。（吕記）

言嘉賓之德音甚明，足以示民，使不愉薄，而君子所當則傚，則亦不待言語之間，而其所以示我者，蓋亦深矣。（段解）

呦呦鹿鳴，食野之芩。我有佳賓，鼓瑟鼓琴。鼓瑟鼓琴，和樂且湛。我有旨酒，以燕樂嘉賓之心。

四牡

勞使臣之來也。有功而見知，則説矣。

四牡騑騑，周道倭遲。豈不懷歸，王事靡盬，我心傷悲。

駕此四牡而出使於外，其道路之回遠如此，當是時豈不思歸乎，特以王事不可以不堅固，不敢徇私而廢公，是以內顧而傷悲也。（呂記，段解）

為臣者奔走王事，特以盡其職分之當為，何敢自以為勞哉。然君子之心則不以是而自安也。臣勞於事而不自言，君探其情而代之言，上下之間可謂各盡其道矣。（嚴緝，段解）

四牡騑騑，嘽嘽駱馬。豈不懷歸，王事靡盬，不遑啟處。

翩翩者鵻，載飛載下，集于苞栩。王事靡盬，不遑將父。

興也。翩翩，飛貌。（呂記，嚴緝）

或曰：鵻，俗字也。當作隹。凡鳥之短尾，皆隹屬。（呂記，段解）

今使臣勤勞於外，乃不遑養其父，則鵻之不如也。（呂記，段解）

翩翩者鵻，載飛載止，集于苞杞。王事靡盬，不遑將母。

駕彼四駱，載驟駸駸。豈不懷歸，是用作歌，將母來諗。

非使臣作是歌也，設言其情以勞之爾。夫使臣將命，以賦政於四方，乃其職分之所當然，而先王之意，殷勤惻怛，惟恐勞之不至，乃為之探其情意之所不能已而未敢言者，於其燕勞而詠歌之。孔子曰：「體群臣，則士之報禮重。」於此其見之矣。（呂記，段解）

皇皇者華

君遣使臣也，送之以禮樂，言遠而有光華也。

送之以禮樂，歌是詩以遺之也。（呂記，段解）

皇皇者華，于彼原隰。駪駪征夫，每懷靡及。

興也。（呂記，段解）

懷，思也。（呂記，段解）

唯恐不能宣上之德而達下情也。（呂記，段解）

此詩若以戒夫使臣者，而託於其自道之辭以發之。詩之忠厚如此。（呂記，段解）

我馬維駒，六轡如濡。載馳載驅，周爰咨諏。

使臣自以每懷靡及，故廣詢博訪，以補其不及，而盡其職也。（呂記，段解）

叔孫穆子所謂「君教使臣曰：『每懷靡及，諏謀度詢，必咨於周。』敢不拜教！」可謂得詩之意矣。（段解）

我馬維騏，六轡如絲。載馳載驅，周爰咨謀。

我馬維駱，六轡沃若。載馳載驅，周爰咨度。

沃若，猶如濡也。（呂記，段解）

我馬維駰，六轡既均。載馳載驅，周爰咨詢。

常棣

燕兄弟也。閔管蔡之失道，故作常棣焉。

舊説以鹿鳴以下至魚麗為文武燕勞之樂歌，而此詩之序又以為閔管蔡之失道而作者，何也？曰：文武之際，固有燕兄弟之詩矣，周公以管蔡之為亂也，故制作之際，更為是詩，委曲致意，以申兄弟之好。蓋燕兄弟者，文武之政；而閔管蔡者，周公之心也。夫燕兄弟之詩，當極其和樂，以篤兄弟之好，而此詩專言死喪急難之事，其志切，其詞哀，蓋處兄弟之變，孟子所謂「其兄關弓而射之，則已垂涕泣而道之」之義也。文武燕兄弟之詩，雖不可見，然意其詞意和平，必異於此，故序者以閔管蔡之失道發之。（呂記，段解，嚴緝）

常棣之華，鄂不韡韡。凡今之人，莫如兄弟。

死喪之威，兄弟孔懷。原隰裒矣，兄弟求矣。

脊令在原，兄弟急難。每有良朋，況也永歎。

雖有良朋，不過為之長歎息而已，力或不能相及也。（呂記，段解）

兄弟鬩于墻，外禦其務。每有良朋，烝也無戎。

烝，發語聲。（呂記，段解）

戎，助也。（呂記，段解）

此章正為管蔡啟商之事而發，以明兄弟恩情之篤也。呂與叔解鬩為窺伺，謂寇至而兄弟同力以相死也，此意亦甚美矣，然以文意及一篇之全指觀之，則未安也。蓋此詩首章略言至親莫如兄弟之意，次章乃以意外不測之事言之，以明兄弟之情，其切如此。三章但言急難，則淺於死喪矣。至於此章則又以其情義之甚薄，而猶有所不能已者言之。其序若曰：死喪不能相收，急難猶相助，又不幸而至於或有小忿，猶當共禦外侮，其所以責之者，可謂益輕以約，而所以著夫兄弟之義者，益深且切矣。至於又不能然，乃或無事而相忘，則兄弟真如路人矣，故下章始深責之。然其詞氣和平，怨而不怒，讀者猶或以是為當然而未之悟也。其後兩章乃始極道兄弟至親，雖有籩豆室家之樂，然非兄弟，則無與同之，以備見兄弟之恩，異形同氣，死生苦樂無適而不相濡之意。卒章又申告之，使之反復窮極，驗其信然，可謂委曲漸次説盡人情矣。然其詞意高深，初若簡質闊疏，而不切於事者，故説有所不察，又以小忿為嫌，而曲其説以避之，於是一篇之意無復統紀，而失聖人之意遠矣。（呂記，段解）

喪亂既平，既安且寧。雖有兄弟，不如友生。

儐爾籩豆，飲酒之飫。兄弟既具，和樂且孺。妻子好合，如鼓琴瑟。兄弟既翕，和樂且湛。

言妻子好合如琴瑟之和，而兄弟有不合焉，則無以久其樂矣。（呂記，段解）

宜爾室家，樂爾妻帑。是究是圖，亶其然乎。

伐木

燕朋友故舊也。自天子至于庶人，未有不須友以成者。親親以睦，友賢不棄，不遺故舊，則民德歸厚矣。

伐木丁丁，鳥鳴嚶嚶。出自幽谷，遷于喬木。嚶其鳴矣，求其友聲。相彼鳥矣，猶求友聲，矧伊人矣，不求友生！神之聽之，終和且平。

嚶嚶，鳥聲之和也。（呂記，段解）

伐木許許，釃酒有藇，既有肥羜，以速諸父，寧適不來，微我弗顧。於粲洒掃，陳饋八簋，既有肥牡，以速諸舅，寧適不來，微我有咎。

許許，衆人共力之聲。淮南子云：「舉大木者，呼邪許。」蓋舉重勸力之歌也。（嚴緝）

諸父，朋友之同姓而尊者也。諸舅，朋友之異姓而尊者也。（呂記，嚴緝）

先諸父而後諸舅者，親疏之殺也。（段解）

寧適不來，寧使其適然而不來。（呂記，段解）

顧，念也。於，歎辭。（呂記，段解）

言具酒食以樂朋友如此，寧使彼有故而不來，而無使我恩意之不至也。孔子曰：「所求乎朋友，先施之未能也。」此可謂能先施矣。（呂記，段解）

伐木於阪，釃酒有衍。籩豆有踐，兄弟無遠。民之失德，乾餱以愆。有酒湑我，無酒酤我。坎坎鼓我，蹲蹲舞我。迨我暇矣，飲此湑矣。

兄弟朋友之同儕者，無遠皆在也。（呂記，嚴緝，段解）

湑，亦釃也。釃酒者，或以筐，或以草，泲之而去其糟也。禮所謂「縮酌用茅」是也。（呂記，段解）

人之所以至於失朋友之義者，非必有大故也，或以乾餱之薄物而至於有愆耳。故我不計有無，但及閒暇，則飲酒以相樂也。（呂記，段解）

天保

下報上也。君能下下以成其政，臣能歸美以報其上焉。

天保定爾，亦孔之固。俾爾單厚，何福不除。俾爾多益，以莫不庶。

爾，指君也。（呂記，嚴緝，段解）

除，除舊而生新。（呂記，嚴緝，段解）

言天之安定我君，使之如此也。（呂記，段解）

天保定爾，俾爾戩穀。罄無不宜，受天百禄。降爾遐福，維日不足。

戩，與剪同，盡也。穀，善也。言盡善云者，猶其曰單厚多益也。（嚴緝，呂記，段解）

爾有以受天之禄矣，而天又降爾以福，言天人之際交相與也。書所謂「昭受上帝，天其申命用休」，語意正如此。（呂記，段解）

天保定爾，以莫不興。如山如阜，如岡如陵，如川之方至，以莫不增。

川之方至，言其盛長未可量也。（呂記，段解）

吉蠲為饎，是用孝享。禴祠烝嘗，于公先王。君曰卜爾，萬壽無疆。

公，謂后稷以下，至公叔祖類也。史記：「公叔祖類生古公亶父。」索隱云：「古公亶父之父。世本作太公組紺、諸盩，三代世表作叔類。」（段解，呂記）

先王，太王以下也。文王時周未有曰先王者，此詩非武王時作，則或周公所更定者與？君，謂先公先王也。卜，猶期也。（呂記，段解，嚴緝）

神之弔矣，詒爾多福。民之質矣，日用飲食。群黎百姓，徧為爾德。

至，猶所謂祖考來格也。（段解）

言其質實無為，日用飲食而已。（呂記，段解）

徧為爾德者，言助爾為德也。（呂記）

如月之恒，如日之升。如南山之壽，不騫不崩。如松柏之茂，無不爾或承。

承，奉也。（呂記，段解）

采薇

遣戍役也。文王之時，西有昆夷之患，北有玁狁之難，以天子之命，命將率，遣戍役，以守衛中國，故歌采薇以遣之，出車以勞還，杕杜以勤歸也。

文王既受命為西伯，得專征伐，而其征伐也，亦必稱天子之命以行之，此足以見服事殷之實矣。而或者謂文王受命而稱王，則是二天子也，而可乎！（呂記）

采薇采薇，薇亦作止。曰歸曰歸，歲亦莫止。靡室靡家，玁狁之故。不遑啟居，玁狁之故。

此設為戍役者之言也。（呂記，段解）

凡此所以使我舍其室家，而不暇啟居者，非上之人故為是以苦我也；直以玁狁之故，有所不得已而然耳。蓋序其勤苦悲傷之情，而又風之以義也。（段解，吕記）

采薇采薇，薇亦柔止。曰歸曰歸，心亦憂止。憂心烈烈，載饑載渴。我戍未定，靡使歸聘。

雖憂之深，然戍事未已，將誰使歸問其室家之安否乎。（吕記，段解）

采薇采薇，薇亦剛止。曰歸曰歸，歲亦陽止。王事靡盬，不遑啟處。憂心孔疚，我行不來。

不來，不反也。見士之歇力致死，無還心也。（段解）

彼爾維何？維常之華。彼路斯何？君子之車。戎車既駕，四牡業業。豈敢定居，一月三捷。

戎車既駕，而四牡盛矣，則何敢以定居乎。庶乎一月之間，三戰而三捷也。（吕記，段解）

駕彼四牡，四牡騤騤。君子所依，小人所腓。四牡翼翼，象弭魚服。豈不日戒，玁狁孔棘。

言將士豈不日相警戒乎，玁狁之難甚急，誠不可以忘備也。（吕記，段解）依，猶乘也。（嚴緝）

昔我往矣，楊柳依依；今我來思，雨雪霏霏。行道遲遲，載饑載渴。我心傷悲，莫知我哀。

此章設為役人預自道其歸時事，言勤勞之甚也。（呂記，段解）

出車

勞還率也。

我出我車，于牧矣。自天子所，謂我來矣。召彼僕夫，謂之載矣。王事多難，維其棘矣。

我出我車，于彼郊矣。設此旐矣，建彼旄矣。彼旟旐斯，胡不旆旆？憂心悄悄，僕夫況瘁。

郊在牧内，蓋前軍已至牧，而後軍猶在郊也。（段解）

建，立也。（嚴緝）

此章所謂旐者，玄武也，旟者，朱雀也。下章所謂旂者，青龍也。（呂記，段解）

鳥隼龜蛇，曲禮所謂「前朱雀而後玄武」也。（嚴緝）

旆旆，飛揚之貌。（嚴緝）

王命南仲，往城于方。出車彭彭，旂旐央央。天子命我，城彼朔方。赫赫南仲，玁狁于襄。

南仲，文王之臣，此時大將也。（呂記，段解）

往城于方，今靈夏州，西夏所居之地。（呂記，嚴緝，段解）

交龍為旂，所謂青龍也。（嚴緝）

天子命我城彼朔方者，文王以商王之命，命南仲，而南仲語其軍士以天子之命也。（呂記，段解）

襄，上也，與「懷山襄陵」之襄同。（段解）

昔我往矣，黍稷方華；今我來思，雨雪載塗。王事多難，不遑啟居。豈不懷歸，畏此簡書。

或曰：簡書，冊命臨遣之辭也。（呂記，段解）

本其往時所見，與今還時所遭，以見其出之久。（呂記，段解）

喓喓草蟲，趯趯阜螽。未見君子，憂心忡忡；既見君子，我心則降。赫赫南仲，薄伐西戎。

豈既却玁狁，而還師以伐昆夷也歟？（呂記，段解）

薄之為言，聊也，蓋不勞餘力也。（段解）
此章言其室家相望之情。（嚴緝）
春日遲遲，卉木萋萋。倉庚喈喈，采蘩祁祁。執訊獲醜，薄言還歸。赫赫南仲，玁狁于夷。
此章言其振旅而凱還之時也。（呂記，段解）

杕杜

勞還役也。
此詩首末皆述其室家思望之情以勞之。（段解）
有杕之杜，有睆其實。王事靡盬，繼嗣我日。日月陽止，女心傷止，征夫遑止。
軍事在外，其室家感時物之變而思之。（呂記）
有杕之杜，其葉萋萋。王事靡盬，我心傷悲。卉木萋止，女心悲止，征夫歸止。
陟彼北山，言采其杞。王事靡盬，憂我父母。檀車幝幝，四牡痯痯，征夫不遠。
憂我父母，詒我父母之憂也。（呂記，段解）
檀車之堅而敝矣，四牡之壯而罷矣，則征夫之歸亦不遠矣。（段解）

匪載匪來，憂心孔疚。期逝不至，而多為恤。卜筮偕止，會言近止，征夫邇止。

期已過而猶不至，則使我多為憂恤宜矣。（呂記，段解）

且卜且筮，其繇皆曰近矣，則征夫其亦邇而將至也與。（呂記，段解）

魚麗

美萬物盛多，能備禮也。文武以天保以上治内，采薇以下治外，始于憂勤，終于逸樂，故美萬物盛多，可以告于神明矣。

此燕饗通用之樂歌，極道物多且盛，見主人禮意之勤以優賓也。（嚴緝）

魚麗于罶，鱨鯊。君子有酒，旨且多。

凡此皆先王之政也。然必有至誠惻怛之心，仁厚愷悌之化，使人不知其所以為之者，然後可行耳。不然，則叢脞已甚矣，豈所恃以為治哉。（呂記，段解）

舊説「君子有酒旨」為句，「且多」為句，非是。當以「有酒」為句，「旨且多」為句。言酒旨而又多也，且罶、酒、鯊、多，亦隔句協韻也。（呂記）

魚麗于罶，魴鱧。君子有酒，多且旨。

魚麗于罶，鰋鯉。君子有酒，旨且有。

物其多矣，維其嘉矣。物其旨矣，維其偕矣。物其有矣，維其時矣。

南陔之什二之二

南陔

孝子相戒以養也。

白華

孝子之絜白也。

華黍

時和歲豐，宜黍稷也。

由庚

萬物得由其道也。

此笙詩也。鄉飲酒禮：「鼓瑟而歌鹿鳴、四牡、皇皇者華，然後笙入，堂下磬南北面立，樂南陔、白華、華黍。」燕禮亦鼓瑟歌鹿鳴、四牡、皇皇，然後笙入，立於縣中，奏南陔、白華、華黍。南陔以下，今無以考其名篇之義，然曰笙、曰樂、曰奏，而不言歌，則有聲而無詞明矣。所以知其篇第在此者，意古經篇題之下必有譜焉，如投壺「魯鼓、薛鼓」之節而亡之耳。（段解，呂記）

按儀禮鄉飲酒及燕禮，前樂既畢，皆閒歌魚麗，笙由庚；歌南有嘉魚，笙崇丘；歌南山有臺，笙由儀。閒，代也，言一歌一吹也。然則此六者蓋一時之詩，而皆爲燕饗賓客、上下通用之樂。毛詩分魚麗以足前什，而説不察，遂分魚麗以上爲文武詩，嘉魚以下爲成王詩，其失甚矣。（段解）

南有嘉魚

樂與賢也。大平之君子至誠，樂與賢者共之也。

此亦燕饗通用之樂。（嚴緝）

南有嘉魚，烝然罩罩。君子有酒，嘉賓式燕以樂。

樂，協韻，去聲，其義則與音洛者同。（呂記）

興也。（呂記，段解）

烝然，發語聲也。（呂記，段解）

南有嘉魚，烝然汕汕。君子有酒，嘉賓式燕以衎。

南有樛木，甘瓠纍之。君子有酒，嘉賓式燕綏之。

此興之取義者，似比而實興也。（段解）

翩翩者鵻，烝然來思。君子有酒，嘉賓式燕又思。

來思之思，語辭也。又思，既燕而又思之，以見其至誠有加而無已也。凡思之為語助者，上字協韻；為思慮之思者，本字協韻。此章則來字與末句思字協韻。（呂記，段解）

崇丘

萬物得極其高大也。

南山有臺

樂得賢也。得賢則能為邦家立太平之基矣。

南山有臺，北山有萊。樂只君子，邦家之基。樂只君子，萬壽無期。

萊，草名，葉香可食者。（嚴緝）

南山有桑，北山有楊。樂只君子，邦家之光。樂只君子，萬壽無疆。

南山有杞，北山有李。樂只君子，民之父母。樂只君子，德音不已。
南山有栲，北山有杻。樂只君子，遐不眉壽。樂只君子，德音是茂。
遐、何通。（呂記，段解）
南山有枸，北山有楰。樂只君子，遐不黄耇。樂只君子，保艾爾後。

由儀

萬物之生各得其宜也。

蓼蕭

澤及四海也。

蓼彼蕭斯，零露湑兮。既見君子，我心寫兮。燕笑語兮，是以有譽處兮。
蓼彼蕭斯，零露瀼瀼。既見君子，為龍為光。其德不爽，壽考不忘。
蓼彼蕭斯，零露泥泥。既見君子，孔燕豈弟。宜兄宜弟，令德壽豈。
諸侯朝於天子，天子與之燕，以示慈惠，故歌此詩。宜兄宜弟，猶曰宜其家人。蓋諸侯繼世而立，多疑忌其兄弟，如晉詛無畜群、公子秦鍼懼選之類，故以宜其兄弟美之，亦所以警戒之也。此詩

曰既見，蓋於其初燕而歌之；後詩言不醉則不歸，蓋於其夜飲之終而歌之也。（段解）

蓼彼蕭斯，零露濃濃。既見君子，鞗革沖沖，和鸞雝雝，萬福攸同。

此但言諸侯車服之飾，如庭燎之稱其鸞旂之美也。（段解）

湛露

天子燕諸侯也。

文四年左傳：「寧武子云：『昔諸侯朝正於王，王宴樂之，於是賦湛露。』」（嚴緝）

湛湛露斯，匪陽不晞。厭厭夜飲，不醉無歸。

湛湛露斯，在彼豐草。厭厭夜飲，在宗載考。

宗室，蓋路寢之屬。（呂記，嚴緝，段解）

湛湛露斯，在彼杞棘。顯允君子，莫不令德。

君子，指諸侯為賓者也。（呂記，嚴緝，段解）

謂其飲多而不亂德。（段解）

其桐其椅，其實離離。豈弟君子，莫不令儀。

詩卷第十

彤弓之什二之三

彤弓

天子賜有功諸侯也。

此天子燕有功諸侯，而賜以弓矢之樂歌也。（嚴緝，段解）

彤弓弨兮，受言藏之。我有嘉賓，中心貺之。鐘鼓既設，一朝饗之。

諸侯受而藏之。（段解）

彤弓弨兮，受言載之。我有嘉賓，中心喜之。鐘鼓既設，一朝右之。

彤弓弨兮，受言櫜之。我有嘉賓，中心好之。鐘鼓既設，一朝醻之。

菁菁者莪

樂育材也。君子能長育人材，則天下喜樂之矣。

先王盛時，家有塾，黨有庠，術有序，國有學，其制見於周官、孟子與夫禮記漢儒之説者，皆不同也，蓋其詳不可得而考矣。至以為教之以孝弟忠信，詩書禮樂，養其良知良能之善，以俟其成德而賴其用焉，則其意未嘗不同也。故孟子曰：「學則三代共之，皆所以明人倫也。」此所謂長育人材者，能如是，則天下喜樂之宜矣。（呂記，段解）

菁菁者莪，在彼中阿。既見君子，樂且有儀。

言其得所如此。（段解）

菁菁者莪，在彼中沚。既見君子，我心則喜。

菁菁者莪，在彼中陵。既見君子，錫我百朋。

汎汎楊舟，載沉載浮。既見君子，我心則休。

載，則也。（嚴緝）

載沉載浮，猶言載清載濁、載馳載驅之類，以比未見君子而心不定也。既見君子，心休休然安定也。（呂記，段解）

六月

宣王北伐也。鹿鳴廢，則和樂缺矣；四牡廢，則君臣缺矣；皇皇者華廢，則忠信缺矣；常棣廢，則兄弟缺矣；伐木廢，則朋友缺矣；天保廢，則福禄缺矣；采薇廢，則征伐缺矣；出車廢，則功力缺矣；杕杜廢，則師衆缺矣；魚麗廢，則法度缺矣；南陔廢，則孝友缺矣；白華廢，則廉耻缺矣；華黍廢，則蓄積缺矣；由庚廢，則陰陽失其道理矣；南有嘉魚廢，則賢者不安，下不得其所矣；崇丘廢，則萬物不遂矣；南山有臺廢，則為國之基隊矣；由儀廢，則萬物失其道理矣；蓼蕭廢，則恩澤乖矣；湛露廢，則萬國離矣；彤弓廢，則諸夏衰矣；菁菁者莪廢，則無禮儀矣；小雅盡廢，則四夷交侵，中國微矣。

成康既没，文武之政，侵尋弛壞。至於夷厲，而小雅盡廢矣。蓋其人亡，其政息，雖鐘鼓管弦之聲未廢，然其實不舉，則無所施之，所謂廢也。宣王中興，内修政事，外攘夷狄，北伐南征，以復文武之境土，故序詩者詳記其所由廢興者如此，以發其端，而小雅之見於經者，於是變矣。（吕記，嚴緝，段解）

六月棲棲，戎車既飭。四牡騤騤，載是常服。玁狁孔熾，我是用急。王于出征，以匡王國。

六月，建未也。司馬法：「冬夏不興師。」（嚴緝）

比物四驪，閑之維則。維此六月，既成我服。我服既成，于三十里。王于出征，以佐天子。

孔，甚也。（呂記，段解）

四牡修廣，其大有顒。薄伐玁狁，以奏膚公。有嚴有翼，共武之服。共武之服，以定王國。

是月之中，即成我服。既成我服，即日遂行，不徐不疾，盡舍而至，又見其應變之速，從事之敏，而不失其常度也。（呂記，段解）

玁狁匪茹，整居焦穫。侵鎬及方，至于涇陽。織文鳥章，白旆央央。元戎十乘，以先啟行。

共，與供同。（呂記，段解）

是以建旐旗，選鋒鋭，進聲其罪而致討焉。直而壯，律而臧，有所不戰，戰必勝矣。（呂記，段解）

戎車既安，如輊如軒。四牡既佶，既佶且閑。薄伐玁狁，至于大原。文武吉甫，萬邦為憲。

輊，車之覆而前也；軒，車之却而後也。（呂記，嚴緝，段解）

大原，地名，亦曰大鹵，今在太原陽曲。（呂記，嚴緝，段解）

吉甫燕喜，既多受祉。來歸自鎬，我行永久。飲御諸友，炰鱉膾鯉。侯誰在矣？張仲孝友。

言其所與燕者之賢，所以賢吉甫而善是燕也。（段解）

采芑

宣王南征也。

薄言采芑，于彼新田，于此菑畝。方叔涖止，其車三千。師干之試，方叔率止。乘其四騏，四騏翼翼。路車有奭，簟茀魚服，鉤膺鞗革。

芑，此即今苦蕒菜，宜馬食，行軍采之，人馬皆可食也。（呂記，段解）

其車三千，孔氏以為兼起鄉遂公邑之兵，王氏謂會諸侯之師。此皆以文害辭、辭害意之過。詩人但極其盛而稱之耳，豈必實有此數哉。（呂記）

其車三千，法當用三十萬衆。蓋兵車一乘，甲士三人，步卒七十二人，又二十五人將重車在後，

凡百人也。（段解）

翼翼，順序貌。（呂記，段解）

薄言采芑，于彼新田，于此中鄉。方叔涖止，其車三千。旂旐央央，方叔率止。約軧錯衡，八鸞瑲瑲。服其名服，朱芾斯皇，有瑲蔥珩。

鈴在鑣曰鸞。馬口兩旁各一，四馬故八也。（呂記，嚴緝，段解）

命服，所受命於天子之服。（呂記，段解）

蔥，如蔥之色。（呂記，段解）

鴥彼飛隼，其飛戾天，亦集爰止。方叔涖止，其車三千。師干之試，方叔率止。鉦人伐鼓，陳師鞠旅。顯允方叔，伐鼓淵淵，振旅闐闐。

蠢爾蠻荆，大邦為讎。方叔元老，克壯其猶。方叔率止，執訊獲醜。戎車嘽嘽，嘽嘽焞焞。如霆如雷，顯允方叔。征伐玁狁，蠻荆來畏。

大邦，猶言中國也。（呂記，嚴緝，段解）

方叔元老，克壯其猶，言方叔雖老，而謀則壯也。（呂記，段解）

嘽嘽，衆盛貌。（嚴緝）

方叔蓋嘗與於北伐之功者，是以蠻荆聞其名而皆來畏服也。（呂記，段解）

車攻

宣王復古也。宣王能内修政事，外攘夷狄，復文武之竟土，修車馬，備器械，復會諸侯於東都，因田獵而選車徒焉。

周之文武，以天保以上治内，以采薇以下治外。而宣王中興，其事亦曰「内修政事，外攘夷狄」而已，無二道也。苟政事之不修，而囂囂然務以外攘夷狄為功，亦見其弊内以事外，而適所以為亂亡之資也。此詩所賦，自修車馬、備器械以下，其修政事，攘夷狄則前乎此矣。東都，洛邑也，周公營之，而成王會諸侯焉。（呂記，嚴緝，段解）

我車既攻，我馬既同。四牡龐龐，駕言徂東。

田車既好，四牡孔阜。東有甫草，駕言行狩。

之子于苗，選徒囂囂。建旐設旄，搏獸于敖。

不敢斥王，故以有司言之。（呂記，段解）

選，數也。囂囂，聲衆盛也。數車徒者，其聲囂囂，則車徒之衆可知。且車徒不譁，而惟數者有聲，又見其靜治也。（呂記，段解）

駕彼四牡，四牡奕奕。赤芾金舄，會同有繹。

奕奕，連絡布散之貌。（呂記，段解）

決拾既佽，弓矢既調。射夫既同，助我舉柴。

繹，陳列聯屬之貌。（呂記，段解）

使諸侯之人助舉之，言獲多也。（呂記，段解）

四黄既駕，兩驂不猗。不失其馳，舍矢如破。

馳，馳驅之法也。（呂記，段解）

蕭蕭馬鳴，悠悠旆旌。徒御不驚，大庖不盈。

徒，步卒也。御，車御也。驚，如漢書「夜軍中驚」之驚。（呂記，嚴緝，段解）

蕭蕭，悠悠，皆閒暇之貌。（呂記，段解）

大庖不盈，言擇取而用之有度，不極欲也。此言畢事而頒禽也。（呂記，段解，嚴緝）

此章言其終事嚴而頒禽均也。（段解）

之子于征，有聞無聲。允矣君子，展也大成。

信矣，其君子也，誠哉，其大成也。此章序其事既畢，而深美之也。（呂記，段解）

吉日

美宣王田也。能慎微接下，無不自盡以奉其上焉。

得禽獸，則為醴酒以御賓客，而不專享，足以見其接下矣；從田之人，悉左右以燕天子，足以見無不自盡以奉其上矣。宣王慎微，接下得人，自盡有大於此者，此特美其田，而序因詩文以發之耳。（段解）

吉日維戊，既伯既禱。田車既好，四牡孔阜。升彼大阜，從其群醜。

以下章推之，是日也，其戊辰歟？（呂記，嚴緝，段解）

蓋曰可以田矣。（呂記，段解）

吉日庚午，既差我馬。獸之所同，麀鹿麌麌。漆沮之從，天子之所。

庚午，亦剛日也。（呂記，嚴緝，段解）

漆沮，二水名，在西都畿内。涇渭之北，所謂洛水。今自監韋流入鄜防，至同州入河也。（段解）

視獸之所聚，麀鹿最多之處而從之，惟漆沮之旁為盛，宜為天子田獵之所也。（段解）

瞻彼中原，其祁孔有。儦儦俟俟，或群或友。悉率左右，以燕天子。

從王者視彼禽獸之多，於是率其同事左右之人，各共其事以樂天子也。（呂記，段解）

既張我弓，既挾我矢，發彼小豝，殪此大兕。以御賓客，且以酌醴。

兕，野牛也，青色，重千斤。御，進也。（呂記，段解，嚴緝）

鴻雁

美宣王也。萬民離散，不安其居，而能勞來還定安集之，至于矜寡，無不得其所焉。

鴻雁于飛，肅肅其羽。之子于征，劬勞于野。爰及矜人，哀此鰥寡。

征，行也。（呂記，段解）

鴻雁于飛，集于中澤。之子于垣，百堵皆作。雖則劬勞，其究安宅。

究，終也。（呂記，段解）

鴻雁于飛，哀鳴嗸嗸。維此哲人，謂我劬勞。維彼愚人，謂我宣驕。

之子以鴻雁哀鳴自比，而作此歌也。知者聞我歌，知其出於劬勞；不知者謂我閒暇而宣驕也。韓詩曰：「勞者歌其事。」魏風亦云：「我歌且謠，不知我者，謂我士也驕。」大抵歌多出於勞苦，而不知者常以為驕也。（段解）

庭燎

美宣王也。因以箴之。

夜如何其？夜未央，庭燎之光。君子至止，鸞聲將將。

夜雖未央，而庭燎光矣。（段解）

夜如何其？夜未艾，庭燎晣晣。君子至止，鸞聲噦噦。

晣晣，小明也。噦噦，近而聞其徐行有節之聲也。（呂記，段解，嚴緝）

夜如何其？夜鄉晨，庭燎有煇。君子至止，言觀其旂。

鄉晨，近曉也。有煇，天明而光散也。（呂記，段解，嚴緝）

沔水

規宣王也。

沔彼流水，朝宗于海。鴥彼飛隼，載飛載止。嗟我兄弟，邦人諸友，莫肯念亂，誰無父母。

沔彼流水，其流湯湯。鴥彼飛隼，載飛載揚。念彼不蹟，載起載行。心之憂矣，不可弭忘。

鴥彼飛隼，率彼中陵。民之訛言，寧莫之懲。我友敬矣，讒言其興。

鶴鳴

誨宣王也。

鶴鳴于九皋，聲聞于野。魚潛在淵，或在于渚。樂彼之園，爰有樹檀，其下維蘀。它山之石，可以為錯。

鶴，鳥名，長頸，竦身，高脚，頂赤，身白，頸尾黑。（段解）

此詩之作，不可知其所由，然必陳善納誨之辭也。蓋鶴鳴於九皋，而聲聞於野，言誠之不可揜也。魚潛在淵，而或在于渚，言理之無定在也。園有樹檀，而其下維蘀，言愛當知其惡也。它山之石，而可以為錯，言憎當知其善也。由是四者引而伸之，觸類而長之，天下之理，其庶幾乎。（段解）

鶴鳴于九皋，聲聞于天。魚在于渚，或潛在淵。樂彼之園，爰有樹檀，其下維穀。它山之石，可以攻玉。

詩卷第十一

祈父之什二之四

祈父

刺宣王也。

祈父，予王之爪牙，胡轉予于恤，靡所止居。

鄭氏曰：「書曰：『若疇圻父。』謂司馬。」案：左傳：「襄十六年，穆叔見中行獻子，賦圻父。」其字用酒誥「若疇圻父」之圻。則知鄭説有據也。（段解）

祈父，予王之爪士，胡轉予于恤，靡所厎止。

祈父，亶不聰，胡轉予于恤，有母之尸饔。

白駒

大夫刺宣王也。

皎皎白駒，食我場苗。縶之維之，以永今朝。所謂伊人，於焉逍遥。

伊人，指賢者也。（吕記，段解）

託以其所乘之駒，食於場苗而縶維之，若後人留客而投其轄於井中也。（段解）

皎皎白駒，食我場藿。縶之維之，以永今夕。所謂伊人，於焉嘉客。

皎皎白駒，賁然來思。爾公爾侯，逸豫無期。慎爾優游，勉爾遁思。

慎，勿過也。勉，毋決也。遁思，猶言去意也。言此乘白駒者，若其肯來，則以爾為公，以爾為侯，而逸樂無期矣。猶言横來大者王，小者侯也，豈可以過於優游，決於遁思而終不我顧哉。蓋愛之切，而不知好爵之不足縻，留之苦，而不恤其志之不得遂也。（段解）

皎皎白駒，在彼空谷。生芻一束，其人如玉。毋金玉爾音，而有遐心。

歎其乘白駒入空谷，生芻以秣之，而其人之德美如玉。蓋邈乎其不可親矣，然猶冀其相聞而無絶也。（吕記，段解）

黄鳥

刺宣王也。

自祈父至我行其野，四詩之序皆不言所刺，而祈父、白駒詩辭明白，故無異説。獨此與下篇詩辭不明，説者不一。今以文意求之，或者民不安居，適異國而不見收恤之詩也歟？（吕記，嚴緝）

黄鳥黄鳥，無集于穀，無啄我粟。此邦之人，不我肯穀。言旋言歸，復我邦族。

民適異國，不得其所，故呼黄鳥而告之曰：爾無集於穀，而啄我之粟，此邦之人不以善道相與，我亦不久於此而將歸矣，無以侵迫為也。（吕記，段解）

黄鳥黄鳥，無集于桑，無啄我粱。此邦之人，不可與明。言旋言歸，復我諸兄。

黄鳥黄鳥，無集于栩，無啄我黍。此邦之人，不可與處。言旋言歸，復我諸兄。

我行其野

刺宣王也。

使民如此，異於還定安集之時也。（嚴緝）

我行其野，蔽芾其樗。昏姻之故，言就爾居。爾不我畜，復我邦家。

我行其野，言采其蓫。昏姻之故，言就爾宿。爾不我畜，言歸思復。

我行其野，言采其葍。不思舊姻，求爾新特。成不以富，亦祇以異。

爾之不思舊姻，而求新匹也。雖實不以彼之富而厭我之貧，亦祇以其新而異故爾。此見詩人責人之忠厚之意。（呂記，段解）

斯干

宣王考室也。

秩秩斯干，幽幽南山。如竹苞矣，如松茂矣。兄及弟矣，式相好矣，無相猶矣。

其下之固，如竹之苞，其上之密，如松之茂。（呂記，段解）

張子曰：「猶，似也。人情大抵施之不報，則輟。故恩不能終，兄弟之間，各盡己之所宜施者，無學其不相報而廢息也。君臣父子朋友之間，亦莫不用此道盡己而已。」愚按：此於義或未必然，然意則善矣。或曰：猶，當作尤。（段解）

蓋頌禱之辭。（呂記）

似續妣祖，築室百堵。西南其户，爰居爰處，爰笑爰語。約之閣閣，椓之橐橐。風雨攸除，鳥鼠攸去，君子攸芋。

除，亦去也。（呂記，嚴緝，段解）

如跂斯翼，如矢斯棘，如鳥斯革，如翬斯飛，君子攸躋。

言其大勢嚴正，如人之竦立，而其恭翼之也；其廉隅整飭，如矢之急而直也；其棟宇峻起，如鳥之警而革也；其簷阿華采，而軒翔如翬之飛而矯其翼也。（段解）

殖殖其庭，有覺其楹。噲噲其正，噦噦其冥，君子攸寧。

覺，高大而直也。（呂記，段解）

正，向明之處也。（段解）

下莞上簟，乃安斯寢。乃寢乃興，乃占我夢。吉夢維何？維熊維羆，維虺維蛇。

大人占之，維熊維羆，男子之祥；維虺維蛇，女子之祥。

先王建官設屬，其於天人相與之際，察之詳而敬之至矣，故曰：王前巫而後史，宗祝瞽侑，皆在左右，王中心無為也，以守至正。（呂記）

乃生男子，載寢之牀，載衣之裳，載弄之璋。其泣喤喤，朱芾斯皇，室家君王。

子之生於是室者，皆將服朱芾，煌煌然有室有家，為君為王矣。（呂記）

乃生女子，載寢之地，載衣之裼，載弄之瓦。無非無儀，唯酒食是議，無父母詒罹。

在易家人六二曰：「無攸遂，在中饋，貞吉。象曰：六二之吉，順以巽也。」而孟子之母亦

曰：「婦人之禮，精五飯，冪酒漿，養舅姑，縫衣裳而已。故有閨門之修，而無境外之志。」此之謂也。（呂記）

無羊

宣王考牧也。

誰謂爾無羊，三百維群。誰謂爾無牛，九十其犉。爾羊來思，其角濈濈。爾牛來思，其耳濕濕。或降于阿，或飲于池，或寢或訛。爾牧來思，何蓑何笠，或負其餱。三十維物，爾牲則具。爾牧來思，以薪以蒸，以雌以雄。爾羊來思，矜矜兢兢，不騫不崩。麾之以肱，畢來既升。

既，盡也。（呂記）

牧人乃夢，衆維魚矣，旐維旟矣。大人占之：衆維魚矣，實維豐年；旐維旟矣，室家溱溱。

占夢之説未詳，豈古者卜筮之家有是説與？（呂記）

節南山

家父刺幽王也。

節彼南山，維石巖巖。赫赫師尹，民具爾瞻。憂心如惔，不敢戲談。國既卒斬，何用不監！

節彼南山，有實其猗。赫赫師尹，不平謂何？天方薦瘥，喪亂弘多。民言無嘉，憯莫懲嗟！

卒，終也。（呂記，嚴緝，段解）

尹氏大師，維周之氐。秉國之均，四方是維。天子是毗，俾民不迷。不弔昊天，不宜空我師。

弔，愍也。（呂記，嚴緝，段解）

言尹氏大師，維周之氐，而秉國之均，則宜有以維持四方，毗輔天子，而使民不迷，乃其職也。（呂記，段解）

不宜久在，曠我大師之官。（嚴緝）

弗躬弗親，庶民弗信。弗問弗仕，勿罔君子。式夷式已，無小人殆。瑣瑣姻亞，則無膴仕。

君子，指王也。（呂記，段解）

言尹氏委政於小人，而以其未嘗事者，罔幽王而欺之，故戒之曰：汝之弗躬弗親，庶民已不信矣。其所弗問弗事，則不可以罔君子也。當平其心，視所任之人，有不當者則已之，無以小人之故，而至於危殆其國也。（呂記，段解）

昊天不傭，降此鞠訩。昊天不惠，降此大戾。君子如屆，俾民心闋。君子如夷，惡怒是違。

昊天不均，而降此窮極之亂，昊天不順，而降此乖戾之變，蓋無所歸咎，而歸之於天也。雖然，所以靖之者，亦在夫人而已。君子用其至，則民之亂心息矣。君子平其心，則民之惡怒遠矣。（呂記，段解）

夫為政不平以召禍亂者，人也。而詩人以為天實為之者，蓋無所歸咎而歸之於天也。抑有以見君臣隱諱之義焉，有以見天人合一之理焉。後皆放此。（呂記，段解）

不弔昊天，亂靡有定。式月斯生，俾民不寧。憂心如酲，誰秉國成？不自為政，卒勞百姓。

駕彼四牡，四牡項領。我瞻四方，蹙蹙靡所騁。

方茂爾惡，相爾矛矣。既夷既懌，如相醻矣。

茂，盛也。（呂記，嚴緝，段解）

言方盛其惡以相加，則視其矛戟如欲戰鬥；及既夷平悅懌，則相與歡然如賓主而相醻酢，不

以為怪也。（吕記，段解）

昊天不平，我王不寧。不懲其心，覆怨其正。

尹氏之不平，若天使之，故曰昊天不平。若是，則我王亦不得寧矣。（吕記，段解）

家父作誦，以究王訩。式訛爾心，以畜萬邦。

家父作為此誦，以窮究王致昏亂之所由，冀其改心易慮，以畜養萬邦也。（吕記，段解）

正月

大夫刺幽王也。

此詩刺幽王昏亂，不能懲察訛言，以謹天變，而小人得志，君子困迫，將至滅亡也。（段解）

正月繁霜，我心憂傷。民之訛言，亦孔之將。念我獨兮，憂心京京。哀我小心，癙憂以痒。

父母生我，胡俾我瘉？不自我先，不自我後。好言自口，莠言自口。憂心愈愈，是以有侮。

憂心惸惸，念我無禄。民之無辜，并其臣僕。哀我人斯，于何從禄？瞻烏爰止，于誰之屋？

并，俱也。古者以罪人為臣僕，亡國所虜，亦以為臣僕。故箕子曰：「商其淪喪，我罔為臣僕。」言不幸遭國之將亡，與此無罪之民，將隨以淪陷而并為臣僕，未知將復從何人而受祿，如烏飛不知其將止於誰之屋也。（呂記，嚴緝，段解）

瞻彼中林，侯薪侯蒸。民今方殆，視天夢夢。既克有定，靡人弗勝。有皇上帝，伊誰云憎？

皇，大也。上帝，天之神也。以其形體謂之天，以其主宰謂之帝。（呂記，段解）

謂山蓋卑，為岡為陵。民之訛言，寧莫之懲。召彼故老，訊之占夢。具曰予聖，誰知烏之雌雄！

方且召彼故老，而問之以不急之事。（呂記，段解）

謂天蓋高，不敢不局。謂地蓋厚，不敢不蹐。維號斯言，有倫有脊。哀今之人，胡為虺蜴！

遭世之亂，天雖高而不敢不局，地雖厚而不敢不蹐。（呂記，段解）哀今之人，胡為肆毒以害人，而使之至此乎。（呂記，段解）

瞻彼阪田，有菀其特。天之扤我，如不我克。彼求我則，如不我得；執我仇仇，亦不我力。

力，猶用力也。（呂記，嚴緝，段解）

求之甚艱，而棄之甚易，言其無常耳。（呂記，段解）

心之憂矣，如或結之。今茲之正，胡然厲矣。燎之方揚，寧或滅之？赫赫宗周，褒姒威之。

赫赫之宗周，而一褒姒足以滅之，蓋傷之也。（呂記，段解）

終其永懷，又窘陰雨。其車既載，乃棄爾輔。載輸爾載，將伯助予。

陰雨則泥濘，而車易以陷也。（呂記，段解）

無棄爾輔，員于爾輻。屢顧爾僕，不輸爾載。終踰絶險，曾是不意！

輔，所以益輻也。（呂記，嚴緝，段解）

魚在于沼，亦匪克樂。潛雖伏矣，亦孔之炤。憂心慘慘，念國之為虐。

彼有旨酒，又有佳殽。洽比其鄰，昏姻孔云。念我獨兮，憂心慇慇。

佌佌彼有屋，蔌蔌方有穀。民今之無禄，夭夭是椓。哿矣富人，哀此惸獨。

椓，害也。（呂記，嚴緝，段解）

十月之交

大夫刺幽王也。

十月之交，朔月辛卯，日有食之，亦孔之醜。彼月而微，此日而微。今此下民，亦孔之哀。

此則繫乎人事之感。蓋臣子背君父，妾婦乘其夫，小人陵君子，夷狄侵中國，所感如是，則陰盛陽微，而日為之食矣。是以聖人於春秋每食必書，而詩人亦以為醜也。（呂記，段解）

晦朔而日月之合，東西同度，南北同道，則月揜日，而日為食之。望而日月之對，同度同道，則月亢日，而月為之食。（嚴緝）

日月告凶，不用其行；四國無政，不用其良。彼月而食，則維其常；此日而食，于何不臧。

不用其行者，月不避日，失其道也。（嚴緝）

陰亢陽而不勝，猶可言也；陰勝陽而揜之，不可言也。（嚴緝）

爗爗震電，不寧不令。百川沸騰，山冢崒崩。高岸為谷，深谷為陵。哀今之人，胡憯莫懲！

寧，安也。令，善也。十月而雷電，山崩水溢，災異之甚。（嚴緝，呂記，段解）

災異之衆如此，是宜恐懼修省，改紀其政，而幽王曾莫之懲也。董子曰：「國家將有失道之敗，而天乃先出災異以譴告之；不知自省，又出怪異以驚懼之；尚不知變，而傷敗乃至。」此見

天心仁愛人君，而欲止其亂也。（呂記，段解）

皇父卿士，番維司徒。家伯為宰，仲允膳夫。聚子内史，蹶維趣馬。楀維師氏，豔妻煽方處。

卿士，六卿之外，更為都官，以總六官之事也。（呂記，段解）

抑此皇父，豈曰不時。胡為我作，不即我謀。徹我牆屋，田卒汙萊。曰予不戕，禮則然矣。

抑，發語辭。（呂記，嚴緝，段解）

作，動也。即，就也。卒，盡也。（呂記，嚴緝，段解）

或曰：廢其田宅，以為池，以為囿也。（呂記，段解）

皇父孔聖，作都于向。擇三有事，亶侯多藏。不憖遺一老，俾守我王。擇有車馬，以居徂向。

向，今孟州河陽縣是也。（嚴緝）

徂，往也。（呂記，段解）

以卿士出封，而其國之故老與其富民無不徙者，其貪恣可知。（段解）

黽勉從事，不敢告勞。無罪無辜，讒口囂囂。下民之孽，匪降自天。噂沓背憎，職競由人。

黽勉從皇父之役，未嘗敢以為勞也。（段解）

且無罪而見讒，皆皇父詩人之怨辭也。（段解）

悠悠我里，亦孔之痗。四方有羨，我獨居憂。民莫不逸，我獨不敢休。天命不徹，我不敢傚我友自逸。

競，力也。（段解）

雨無止

大夫刺幽王也。雨自上下者也，衆多如雨，而非所以為政也。

浩浩昊天，不駿其德。降喪饑饉，斬伐四國。旻天疾威，弗慮弗圖。舍彼有罪，既伏其辜；若此無罪，淪胥以鋪。

周宗既滅，靡所止戾。正大夫離居，莫知我勩。三事大夫，莫肯夙夜。邦君諸侯，莫肯朝夕。庶曰式臧，覆出為惡。

臧，善也。（呂記，段解）

周宗，姬姓之宗也。既滅，言將有易姓之禍，其兆既見矣。（呂記，段解）

如何昊天，辟言不信。如彼行邁，則靡所臻。凡百君子，各敬爾身。胡不相畏，不畏于天。

臻，至也。（呂記，嚴緝，段解）

凡百君子，不可以王惡而自恣也，亦各敬爾身而已。不敬爾身，不相畏也；不相畏，不畏天也。（呂記，段解）

戎成不退，饑成不遂。曾我暬御，憯憯日瘁。凡百君子，莫肯用訊。聽言則答，譖言則退。

凡百君子，莫肯以是告王者，雖王有問而欲聽其言，則亦答之而已，不敢盡言也。一有譖言及己，則皆退而離居，莫肯夙夜朝夕於王矣。其意若曰：王雖不善，而君臣之義豈可以若是恝乎。（呂記，段解）

哀哉不能言，匪舌之出，維躬是瘁。哿矣能言，巧言如流，俾躬處休。

使其身處於安樂之地。（呂記，段解）

言此所以深歎之。（呂記，段解）

維曰于仕，孔棘且殆。云不可使，得罪于天子；亦云可使，怨及朋友。

謂爾遷于王都，曰予未有室家。鼠思泣血，無言不疾。昔爾出居，誰從作爾室？

詩卷第十二

小旻之什二之五

小旻

大夫刺幽王也。

此詩刺王惑於邪謀，不能斷以從善，將致亂也。（呂記，段解）

旻天疾威，敷于下土。謀猶回遹，何日斯沮？謀臧不從，不臧覆用。我視謀猶，亦孔之邛。

猶，謀也。（呂記，段解）

謀臧不從，不臧覆用，故我視其謀猶亦甚病也。（呂記，段解）

潝潝訿訿，亦孔之哀。謀之其臧，則具是違；謀之不臧，則具是依。我視謀猶，伊于胡底！

具，猶俱也。（呂記，段解）

我龜既厭，不我告猶。謀夫孔多，是用不集。發言盈庭，誰敢執其咎？如匪行邁謀，是用不得于道。

哀哉為猶，匪先民是程，匪大猶是經。維邇言是聽，維邇言是争。如彼築室于道謀，是用不潰于成。

先民，古之聖賢也。（呂記，段解）

哀哉今之為謀，不以先民為法，不以大道為常，其所聽而争者，皆淺末之言。以是相持，如將築室而與行道之人謀之，人人得為異論，其能有成哉。古語曰：「作舍道旁，三年不成。」蓋出於此。（呂記，段解）

國雖靡止，或聖或否。民雖靡膴，或哲或謀，或肅或艾。如彼泉流，無淪胥以敗。

聖哲謀肅乂，即洪範五事之德。（嚴緝）

淪，陷也。（呂記，段解）

不敢暴虎，不敢馮河。人知其一，莫知其他。戰戰兢兢，如臨深淵，如履薄冰。

小宛

大夫刺幽王也。

宛彼鳴鳩，翰飛戾天。我心憂傷，念昔先人。明發不寐，有懷二人。

人之齊聖，飲酒温克；彼昏不知，壹醉日富。各敬爾儀，天命不又。

言齊聖之人雖醉，猶温恭自持以勝，所謂不為酒困也。（吕記，段解）

中原有菽，庶民采之。螟蛉有子，蜾蠃負之。教誨爾子，式穀似之。

題彼脊令，載飛載鳴。我日斯邁，而月斯征。夙興夜寐，無忝爾所生。

交交桑扈，率場啄粟。哀我填寡，宜岸宜獄。握粟出卜，自何能穀？

言握粟以見其貧窶之甚。卜之曰：何自而能善乎。（吕記，段解）

温温恭人，如集于木。惴惴小心，如臨于谷。戰戰兢兢，如履薄冰。

小弁

刺幽王也。大子之傅作焉。

幽王娶於申，生大子宜臼。後得褒姒而惑之，信其讒，黜申后，逐宜臼。宜臼之傅知其無罪而

憫之，故述大子之情，而為之作是詩也。（嚴緝）

弁彼鸒斯，歸飛提提。民莫不穀，我獨于罹。何辜于天，我罪伊何？心之憂矣，云如之何！

心之憂矣，云如之何，則其無可奈何而安之之辭也。（呂記，段解）

踧踧周道，鞫為茂草。我心憂傷，惄焉如擣。假寐永歎，維憂用老。心之憂矣，疢如疾首。

精神憒眊，至於假寐之中，不忘永歎，憂之之深，未老而老也。疢如疾首，則又憂之甚矣。（呂記，段解）

維桑與梓，必恭敬止。靡瞻匪父，靡依匪母。不屬于毛，不離于裏。天之生我，我辰安在？

桑梓以遺子孫，給蠶食、具器用者也。（呂記，段解）

毛，體膚之餘氣，末屬也。（呂記，嚴緝，段解）

裏，心腹也。（呂記，嚴緝，段解）

然父母之不我愛，豈我不屬於父母之毛乎，豈我不離於父母之裏乎。（呂記，段解）

無所歸咎，則推之於天，曰：豈我生之辰不善哉，何不祥至是也。（呂記，段解）

菀彼柳斯，鳴蜩嘒嘒。有漼者淵，萑葦淠淠。譬彼舟流，不知所届。心之憂矣，不遑假寐。

菀，茂盛貌。（吕記，段解）

鹿斯之奔，維足伎伎。雉之朝雊，尚求其雌。譬彼壞木，疾用無枝。心之憂矣，寧莫之知。

相彼投兔，尚或先之。行有死人，尚或墐之。君子秉心，維其忍之。心之憂矣，涕既隕之。

幽王信讒，棄逐其子，曾視投兔死人之不如，則其秉心亦忍矣，是以心憂而涕隕也。（吕記，段解）

君子信讒，如或醻之。君子不惠，不舒究之。伐木掎矣，析薪扡矣。舍彼有罪，予之佗矣。

舒，緩也。究，察也。（吕記，段解，嚴緝）

苟舒緩而究察之，則讒者之情得矣。（吕記，段解）

莫高匪山，莫浚匪泉。君子無易由言，耳屬于垣。無逝我梁，無發我笱，我躬不閲，遑恤我後。

山極高矣，而或陟其巔；泉極深矣，而或入其底。故君子不可易於其言，恐耳屬于垣者，有所觀望而生讒譖者也。王於是卒以褒姒爲后，伯服爲太子，故告之曰：毋逝我梁，毋發我笱，我躬不閲，遑恤我後。（呂記，段解）

巧言

刺幽王也。大夫傷于讒，故作是詩也。

悠悠昊天，曰父母且。無罪無辜，亂如此憮。昊天已威，予慎無罪。昊天泰憮，予慎無辜。

此自訴之辭，欲其察己也。（呂記，段解）

亂之初生，僭始既涵。亂之又生，君子信讒。君子如怒，亂庶遄沮。君子如祉，亂庶遄已。

僭始，始不信之端也。（呂記，嚴緝，段解）

祉，猶喜也。（呂記，嚴緝，段解）

君子見讒人之言，若怒而責之，則亂庶幾遄沮矣。見賢者之言，若喜而納之，則亂庶幾遄已矣。今涵容不斷，讒信不分，是以讒者益勝，而君子病也。（呂記，段解）

君子屢盟，亂是用長。君子信盜，亂是用暴。盜言孔甘，亂是用餤。匪其止共，維王之邛。

盟，邦國有疑，則殺牲歃血，告神以相要束也。（呂記，段解）

然此讒人不能供其職事，徒以為王之病而已。（呂記，段解）

奕奕寢廟，君子作之。秩秩大猷，聖人莫之。他人有心，予忖度之。躍躍毚兔，遇犬獲之。

興也。（呂記，段解）

秩秩，序也。（呂記，段解）

此章言讒人之心，我既皆得之，無所隱情，而前後六句，皆反覆興此耳。（呂記，段解）

荏染柔木，君子樹之。往來行言，心焉數之。蛇蛇碩言，出自口矣。巧言如簧，顏之厚矣。

行言，行道之言也。（呂記，段解）

小人之情不可測，安閒而為大言也。（段解）

彼何人斯，居河之麋。無拳無勇，職為亂階。既微且尰，爾勇伊何？為猶將多，爾居徒幾何？

居河之麋，則非高明爽塏之地也。（呂記，段解）

何人斯

蘇公刺暴公也。暴公爲卿士，而譖蘇公焉，故蘇公作是詩而絶之。

彼何人斯，其心孔艱。胡逝我梁，不入我門？伊誰云從，維暴之云。

彼何人斯，不欲斥其人而言也。（呂記，段解）

逝我梁，則必過我門，然而不入者，其必有故矣。既而詰其所從者，則暴公也。夫以從暴而不入我門，則暴公之譖己也明矣。（呂記，段解）

二人從行，誰爲此禍？胡逝我梁，不入唁我？始者不如今，云不我可。

彼何人斯，胡逝我陳？我聞其聲，不見其身。不愧于人，不畏于天。

彼何人斯，其爲飄風。胡不自北，胡不自南，胡逝我梁，祇攪我心。

言往來疾，若飄風然。（呂記）

自北自南，則與我不相值也。今乃逝我之梁，則適所以攪亂我心而已。（呂記，段解）

爾之安行，亦不遑舍。爾之亟行，遑脂爾車。壹者之來，云何其盱？

今脂其車，則非急也，乃託以亟行，而不及見我，則非其情矣。（段解）

盱，望也。字林云：「盱，張目也。」易云：「盱，豫悔。」三都賦云「盱衡而語」是也。何不一來見我，如何而使我望汝之切乎。（呂記，段解）

爾還而入，我心易也。還而不入，否難知也。壹者之來，俾我祇也。

爾之往也，既不入我門矣。其或一來見我，而使我心安乎。（呂記，段解）

伯氏吹壎，仲氏吹篪。及爾如貫，諒不我知。出此三物，以詛爾斯。

諒，誠也。（呂記，嚴緝，段解）言其心相親愛，而聲相應和也。（段解）

為鬼為蜮，則不可得。有靦面目，視人罔極。作此好歌，以極反側。

上篇先刺聽者，此篇專責讒者耳。（段解）

巷伯

刺幽王也。寺人傷於讒，故作是詩也。

萋兮斐兮，成是貝錦。彼譖人者，亦已大甚。

萋、斐，小文之貌。貝，水介蟲也，有文彩，似錦，則文之盛也。言因萋斐之形而文致之以成貝

錦，以比讒人者因人之小過而飾成大罪也。彼為是者，亦已大甚矣。（段解，呂記）

哆兮侈兮，成是南箕。彼譖人者，誰適與謀？

緝緝翩翩，謀欲譖人。慎爾言也，謂爾不信。

捷捷幡幡，謀欲譖言。豈不爾受，既其女遷。

驕人好好，勞人草草。蒼天蒼天，視彼驕人，矜此勞人。

彼譖人者，誰適與謀？取彼譖人，投畀豺虎。豺虎不食，投畀有北。有北不受，投畀有昊。

再言彼譖人者，誰適與謀者，甚嫉之，故重言之也。不食不受，言讒譖之人，物所共惡也。（呂記，段解）

楊園之道，猗于畝丘。寺人孟子，作為此詩。凡百君子，敬而聽之。

谷風

刺幽王也。天下俗薄，朋友道絶焉。

習習谷風，維風及雨。將恐將懼，維予與女。將安將樂，女轉棄予。

習習谷風，維風及頹。將恐將懼，寘予于懷。將安將樂，棄予如遺。

習習谷風，維山崔嵬。無草不死，無木不萎。忘我大德，思我小怨。

習習谷風，維山崔嵬，言其所被者廣，然猶無不死之草，無不萎之木，況於朋友，豈可以忘大德而思小怨乎。（呂記，段解）

蓼莪

刺幽王也。民人勞苦，孝子不得終養爾。

晉王裒以父死非罪，每讀詩至「哀哀父母，生我劬勞」，未嘗不三復流涕，受業者為廢此篇。詩之感人如此。（呂記，嚴緝，段解）

蓼蓼者莪，匪莪伊蒿。哀哀父母，生我劬勞。

蓼蓼者莪，匪莪伊蔚。哀哀父母，生我勞瘁。

缾之罄矣，維罍之恥。鮮民之生，不如死之久矣。無父何怙，無母何恃。出則銜恤，入則靡至。

言缾資於罍，而罍資於缾，猶父母與子相依為命也。故缾之罄矣，乃罍之恥，猶父母不得其所，乃子之責，所以窮獨之民，生不如死也。（段解）

父兮生我，母兮鞠我。拊我畜我，長我育我，顧我復我，出入腹我。我欲報之德，昊天罔極。

畜，亦養也。（呂記，段解，嚴緝）

父母之恩如此，欲報之以德，而父母之恩如天之無窮，不知所以為報也。（呂記，段解）

南山烈烈，飄風發發。民莫不穀，我獨何害。

民莫不善，而我獨何為遭此害也哉。（段解）

南山律律，飄風弗弗。民莫不穀，我獨不卒。

大東

刺亂也。東國困於役而傷於財，譚大夫作是詩以告病焉。

有饛簋飧，有捄棘匕。周道如砥，其直如矢。君子所履，小人所視。睠言顧之，潸焉出涕。

小東大東，杼柚其空。糾糾葛屨，可以履霜。佻佻公子，行彼周行。既往既來，使我心疚。

柚，受經者也。（呂記，嚴緝，段解）

佻，輕薄不耐勞苦之貌。（呂記，嚴緝，段解）

周行，大路也。（呂記，嚴緝，段解）

有冽氿泉，無浸穫薪。契契寤歎，哀我憚人。薪是穫薪，尚可載也，哀我憚人，亦可息也。

奔走往來，不勝其勞，使我心憂而病也。（呂記，段解）

載，載以歸也。（呂記，段解）

東人之子，職勞不來。西人之子，粲粲衣服。舟人之子，熊羆是裘。私人之子，百僚是試。

東人，諸侯之人也。（呂記，嚴緝，段解）

職，專主也。（呂記，嚴緝，段解）

此言賦役不均，群小得志也。（呂記，段解）

或以其酒，不以其漿。鞙鞙佩璲，不以其長。維天有漢，監亦有光。跂彼織女，終日七襄。

織女，星名，在漢旁。（呂記，段解）

東人或饋之以酒，西人曾不以為漿。東人或與之以鞙然之佩，而西人曾不以為長。維天之有漢，則庶乎其有以監我。而織女之七襄，則庶乎其能成文章以報我矣。無所赴愬，而言惟天庶乎其

恤我爾。（呂記，段解）

雖則七襄，不成報章。睆彼牽牛，不以服箱。東有啟明，西有長庚。有捄天畢，載施之行。

易曰：「服牛乘車。」（呂記）

至是則天亦無若我何矣。（呂記，段解）

維南有箕，不可以簸揚。維北有斗，不可以挹酒漿。維南有箕，載翕其舌。維北有斗，西柄之揭。

箕星，夏秋之間見於南方。斗，北斗也。（呂記，段解，嚴緝）

斗西柄，亦秋時也。（呂記，段解）

是天非徒無若我何，乃亦若助西人而見困，甚怨之辭也。（呂記，段解）

四月

大夫刺幽王也。在位貪殘，下國構禍，怨亂并興焉。

四月維夏，六月徂暑。先祖匪人，胡寧忍予！

興也。（呂記，段解）

四月維夏，則六月徂暑矣。先祖豈非人乎，而何寧忍使我遭此禍也。無所歸咎之辭也。（呂記，段解）

秋日淒淒，百卉具腓。亂離瘼矣，爰其適歸。

秋日、冬日，猶云秋時、冬時也。（嚴緝）

爰，家語作奚。（嚴緝）

冬日烈烈，飄風發發。民莫不穀，我獨何害。

穀，善也。（呂記，段解）

民莫不善，而我獨何以遭此害乎。夏則暑，秋則腓，冬則烈，禍亂日進，無時而息也。（呂記，段解）

山有嘉卉，侯栗侯梅。廢為殘賊，莫知其尤。

相彼泉水，載清載濁。我日構禍，曷云能穀。

載，則也。（呂記，嚴緝，段解）

相彼泉水，猶有時而清，有時而濁，而我乃日日構害，則曷云能善乎。（呂記，段解）

滔滔江漢，南國之紀。盡瘁以仕，寧莫我有。

紀，綱紀也，謂經帶包絡之也。（呂記，嚴緝，段解）

有，識有也。（呂記，段解）

今也盡瘁以仕，而王何其不我有哉。（呂記，段解）

匪鶉匪鳶，翰飛戾天。匪鱣匪鮪，潛逃于淵。

山有蕨薇，隰有杞桋。君子作歌，維以告哀。

詩卷第十三

北山之什二之六

北山

大夫刺幽王也。役使不均，己勞於從事，而不得養其父母焉。

陟彼北山，言采其杞。偕偕士子，朝夕從事。王事靡盬，憂我父母。

大夫行役，陟彼北山，采杞而食也。（呂記，段解）

王事靡盬，憂我父母，言以王事而貽親憂也。（呂記，段解）

溥天之下，莫非王土。率土之濱，莫非王臣。大夫不均，我從事獨賢。

言土之廣，臣之衆，而王不均平，使我從事獨勞也。不斥王而曰大夫，詩人之忠厚如此。（呂記，段解）

四牡彭彭，王事傍傍。嘉我未老，鮮我方將。旅力方剛，經營四方。

旅，與膂同。（呂記，段解）

或燕燕居息，或盡瘁事國。或息偃在床，或不已于行。

或不知叫號，或慘慘劬勞。或棲遲偃仰，或王事鞅掌。

或湛樂飲酒，或慘慘畏咎。或出入風議，或靡事不爲。

無將大車

大夫悔將小人也。

無將大車，祇自塵兮。無思百憂，祇自疷兮。

無將大車，維塵冥冥。無思百憂，不出于熲。

冥冥，昏晦也。熲，與耿同，小明也。在憂中耿耿然不能出也。（呂記，段解，嚴緝）

無將大車，維塵雝兮。無思百憂，祇自重兮。

小明

大夫悔仕於亂世也。

明明上天，照臨下土。我征徂西，至于艽野。二月初吉，載離寒暑。心之憂矣，其毒大苦。念彼共人，涕零如雨。豈不懷歸，畏此罪罟。

二月，建卯也。（呂記，嚴緝，段解）

此大夫以二月西征，至於歲莫而未得歸，故呼天而訴之。其毒大苦，謂憂之甚。（呂記，段解）

昔我往矣，日月方除。曷云其還，歲聿云莫。念我獨兮，我事孔庶。心之憂矣，憚我不暇。念彼共人，睠睠懷顧。豈不懷歸，畏此譴怒。

身獨而事衆。（嚴緝）

昔以是時往，至今未知何時可還，而歲已莫矣。蓋身獨而事衆，是以勤勞而不暇也。（呂記）

昔我往矣，日月方奧。曷云其還，政事愈蹙。歲聿云莫，采蕭穫菽。心之憂矣，自詒伊戚。念彼共人，興言出宿。豈不懷歸，畏此反覆。

今未知還期，而政事益以促急，是以至此歲莫采蕭穫菽之時，而不得歸也。（呂記，段解）

不能見幾遠去，而自遣此憂。（段解）

畏此反覆，王政險側，不可知也。（呂記，段解）

嗟爾君子，無恒安處。靖共爾位，正直是與。神之聽之，式穀以女。

以，猶與也。（呂記，嚴緝，段解）

無以安處為恒，言尚有勞時，勿懷安也。（段解）

嗟爾君子，無恒安息。靖共爾位，好是正直。神之聽之，介爾景福。
好是正直，愛此正直之人也。（段解）

鼓鐘

刺幽王也。

鼓鐘將將，淮水湯湯，憂心且傷。淑人君子，懷允不忘。
淮水，出信陽軍桐柏山，至楚州漣水軍入海。（嚴緝，段解）

鼓鐘喈喈，淮水湝湝，憂心且悲。淑人君子，其德不回。
回，邪也。（嚴緝）

鼓鐘伐鼛，淮有三洲，憂心且妯。淑人君子，其德不猶。
不猶，言不若今王之荒亂。（呂記，段解）

鼓鐘欽欽，鼓瑟鼓琴，笙磬同音。以雅以南，以籥不僭。
僭，亂也。（呂記，嚴緝，段解）
琴瑟在堂，笙磬在下。同音，言其和也。以雅以南，以籥不僭，言三者皆不僭也。（呂記，段解）

楚茨

刺幽王也。政煩賦重，田萊多荒，饑饉降喪，民卒流亡，祭祀不饗，故君子思古焉。

楚楚者茨，言抽其棘。自昔何為，我蓺黍稷。我黍與與，我稷翼翼。我倉既盈，我庾維億。以為酒食，以享以祀，以妥以侑，以介景福。

抽，謂其條抽發。（呂記，嚴緝，段解）

郊特牲曰：「詔妥尸。」蓋祭祀筮族人之子為尸，既奠迎之，使處神坐，而拜以安之也。又惧其不敢飽也，使祝進而勸之食，所以侑之也。（段解）

濟濟蹌蹌，絜爾牛羊，以往烝嘗。或剥或亨，或肆或將，祀祭于祊。祀事孔明，先祖是皇，神保是饗。孝孫有慶，報以介福，萬壽無疆。

鄭氏讀肆為剔，謂剔其骨體而升之俎也，亦通。（呂記，段解）

明，猶備也，著也。（呂記，嚴緝，段解）

神保，鬼神之嘉號。楚辭曰：「思靈保兮賢姱（匈于反）。」蓋古語然也。（呂記，段解）

姱，音誇，協韻音尸。（嚴緝）

執爨踖踖，為俎孔碩，或燔或炙。君婦莫莫，為豆孔庶，為賓為客。獻醻交錯，禮儀卒度，笑語卒獲。神保是格，報以介福，萬壽攸酢。

為賓為客，言既以此豆獻尸，又與賓客相獻酬也。（呂記，段解）

獲，得其宜也。（呂記，嚴緝，段解）

我孔熯矣，式禮莫愆。工祝致告，徂賚孝孫。苾芬孝祀，神嗜飲食。卜爾百福，如幾如式。既齊既稷，既匡既敕。永錫爾極，時萬時億。

卜，猶期也。（呂記）

禮儀既備，鐘鼓既戒。孝孫徂位，工祝致告。神具醉止，皇尸載起。鼓鐘送尸，神保聿歸。諸宰君婦，廢徹不遲。諸父兄弟，備言燕私。

鬼神無形，言其醉而歸者，誠敬之至，如見之也。（呂記，段解）

皇尸者，尊稱也。（呂記，嚴緝，段解）

樂具入奏，以綏後禄。爾殽既將，莫怨具慶。既醉既飽，小大稽首。神嗜飲食，使君壽考。孔惠孔時，維其盡之。子子孫孫，勿替引之。

凡廟之制，前廟後寢，祭於廟，而燕於寢。（呂記，段解）

故於此將燕而祭之時之樂，皆入奏於寢也。（嚴緝）

且於祭既受禄矣，故以燕為將受後禄而綏之也。爾殽既進，與燕之人無有怨者，而皆歡慶醉飽，稽首而言曰：向者之祭神，既嗜君之飲食矣，是以使君壽考也。又言君之祭祀甚順甚時，無所不盡，子子孫孫當不廢而引長之也。（呂記，段解）

信南山

刺幽王也。不能修成王之業，疆理天下以奉禹功，故君子思古焉。

信彼南山，維禹甸之。畇畇原隰，曾孫田之。我疆我理，南東其畝。

將言原隰墾闢之事，故推其始。（呂記，段解）

上天同雲，雨雪雰雰。益之以霢霂，既優既渥。既霑既足，生我百穀。

同雲，雲一色也，將雪之候如此。（呂記，嚴緝，段解）

疆埸翼翼，黍稷彧彧。曾孫之穡，以為酒食。畀我尸賓，壽考萬年。

中田有廬，疆埸有瓜。是剥是菹，獻之皇祖。曾孫壽考，受天之祜。

祭以清酒，從以騂牡，享于祖考。執其鸞刀，以啟其毛，取其血膋。

是烝是享，苾苾芬芬。祀事孔明，先祖是皇。報以介福，萬壽無疆。

烝，或曰冬祭名。（呂記，段解）

甫田

刺幽王也。君子傷今而思古焉。

倬彼甫田，歲取十千。我取其陳，食我農人，自古有年。今適南畝，或耘或耔，黍稷薿薿。攸介攸止，烝我髦士。

十千，公田所取之數。（呂記，段解）

陳，舊粟也。（呂記，嚴緝，段解）

薿，茂盛貌。（呂記，段解）

取其陳以食農人，言積之久而有餘，於是存其新，而散其舊，以補不足，助不給也。蓋以自古有年，是以陳陳相因，所積如此。然其用之節，又合宜而有序如此，則無紅腐而不可食之患矣。（呂記，段解）

進我俊士而勞之也。（呂記，段解）

以我齊明，與我犧羊。以社以方，我田既臧。農夫之慶，琴瑟擊鼓。以御田祖，以祈甘雨，以介我稷黍，以穀我士女。

齊，與粢同，曲禮曰：「稷曰明粢。」此言齊明，便文以協韻爾。（呂記，嚴緝，段解）

言奉其齊盛犧牲以祭方社，而曰：我田之所以臧善者，非我之所以致也，乃賴農夫之福而致之耳。（段解）

四時迎五行之氣於郊，以五帝五官配焉。木之帝曰太皞，官曰句芒；火之帝曰炎帝，官曰祝融；土之帝曰黄帝，官曰后土；金之帝曰少皞，官曰蓐收；水之帝曰顓頊，官曰玄冥。（吕記）

曾孫來止，以其婦子，饁彼南畝。田畯至喜，攘其左右，嘗其旨否。禾易長畝，終善且有。曾孫不怒，農夫克敏。

有，猶多也。（吕記，段解）

言其上下相親之甚也。（吕記，段解）

曾孫之稼，如茨如梁。曾孫之庾，如坻如京。乃求千斯倉，乃求萬斯箱。黍稷稻粱，農夫之慶。報以介福，萬壽無疆。

箱，車箱也。如茨，言其密比也。如梁，言其穹然也。（吕記，嚴緝，段解）

大田

刺幽王也。言矜寡不能自存焉。

大田多稼，既種既戒，既備乃事。以我覃耜，俶載南畝，播厥百穀。既庭且碩，曾孫是若。

戒，飭其具也。（呂記，嚴緝，段解）

既方既皁，既堅既好，不稂不莠。去其螟螣，及其蟊賊，無害我田穉。田祖有神，秉畀炎火。

稂、莠，皆害苗之草也。（段解）

螟、螣、蟊、賊，皆害苗之蟲也。（段解）

田祖有神乎，則為我持此四蟲而付之炎火之中，使消亡也。此禱辭也。姚崇遣使捕蝗，引此為證。夜中設火，火邊設坑，且焚且瘞。（呂記，段解）

有渰萋萋，興雨祈祈。雨我公田，遂及我私。彼有不穫穉，此有不斂穧。彼有遺秉，此有滯穗，伊寡婦之利。

萋萋，盛貌。（嚴緝）

冀怙君德，而蒙其福耳。書所謂「一人有慶，兆民賴之」也。（段解）

此見其豐成有餘，而不盡取，又與鰥寡共之。蓋既足為不費之惠，而亦不棄於地也。不然，則粒米狼戾，不殆於輕視天物而慢棄之乎。（呂記，段解）

曾孫來止，以其婦子，饁彼南畝，田畯至喜。來方禋祀，以其騂黑，與其黍稷，以享以祀，以介景福。

瞻彼洛矣

刺幽王也。思古明王能爵命諸侯，賞善罰惡焉。

瞻彼洛矣，維水泱泱。君子至止，福禄如茨。韎韐有奭，以作六師。

君子，指天子也。（嚴緝）

言諸侯至此洛水之上，受寵賜之厚，而又帥天子之六師以討有罪也。（呂記，段解）

瞻彼洛矣，維水泱泱。君子至止，鞞琫有珌。君子萬年，保其家室。

瞻彼洛矣，維水泱泱。君子至止，福禄既同。君子萬年，保其家邦。

同，猶聚也。（呂記，段解）

裳裳者華

刺幽王也。古之仕者世禄，小人在位，則讒諂並進，棄賢者之類，絶功臣之世焉。

此詩四章，皆美賢者之類，功臣之世，德譽文章威儀之盛，似其先人，以見不可廢絶之意。蓋周之先王，於國之子弟，盡其教養之方，故其成就若此。雖更幽厲之衰，而不忘也。（呂記，段解）

裳裳者華，其葉湑兮。我覯之子，我心寫兮。我心寫兮，是以有譽處兮。

夫能使見者悦慕如此，則其有譽處宜矣。（吕記，段解）

裳裳者華，芸其黄矣。我覯之子，維其有章矣。維其有章矣，是以有慶矣。

有文章，斯有福慶矣。（吕記，段解）

裳裳者華，或黄或白。我覯之子，乘其四駱。乘其四駱，六轡沃若。

言其車馬威儀之盛。（吕記，段解）

左之左之，君子宜之。右之右之，君子有之。維其有之，是以似之。

言其先世之君子，才德全備，以左之則無所不宜，以右之則無所不有，是以其子孫肖似之而如此也。（吕記，段解）

詩卷第十四

桑扈之什二之七

桑扈

刺幽王也。君臣上下動無禮文焉。

交交桑扈，有鶯其羽。君子樂胥，受天之祐。

君子，諸侯也。（嚴緝）

交交桑扈，有鶯其領。君子樂胥，萬邦之屏。

之屏之翰，百辟為憲。不戢不難，受福不那。

兕觥其觩，旨酒思柔。彼交匪敖，萬福來求。

觩，角上曲貌。頌作捄，春秋穀梁傳作斛，與此字同。旨，美也。思，語辭也。（呂記，段解，嚴緝）

交際之間，無所傲慢，則無事於求福，而福反求之矣。（呂記，段解）

鴛鴦

刺幽王也。思古明王，交於萬物有道，自奉養有節焉。

鴛鴦于飛，畢之羅之。君子萬年，福禄宜之。

鴛鴦在梁，戢其左翼。君子萬年，宜其遐福。

乘馬在廄，摧之秣之。君子萬年，福禄艾之。

乘馬在廄，秣之摧之。君子萬年，福禄綏之。

頍弁

諸公刺幽王也。暴戾無親，不能宴樂同姓，親睦九族，孤危將亡，故作是詩也。

有頍者弁，實維伊何？爾酒既旨，爾殽既嘉，豈伊異人，兄弟匪他。蔦與女蘿，施于松柏。未見君子，憂心奕奕。既見君子，庶幾説懌。

匪他，非他人也。（呂記，段解）

以比兄弟親戚纏綿依附之意。（段解）

有頍者弁，實維何期？爾酒既旨，爾殽既時，豈伊異人，兄弟具來。蔦與女蘿，施于松上。未見君子，憂心怲怲。既見君子，庶幾有臧。

有頍者弁，實維在首。爾酒既旨，爾殽既阜，豈伊異人，兄弟甥舅。如彼雨雪，先集維霰。死喪無日，無幾相見。樂酒今夕，君子維宴。

言霰集則將雪之候，以比老至則將死之候也。故卒章言死喪無日，無幾相見矣，但當樂飲以盡今夕之歡，篤親親之義也。（段解）

車舝

大夫刺幽王也。褒姒嫉妬，無道並進，讒巧敗國，德澤不加於民，周人思得賢女以配君子，故作是詩也。

間關車之舝兮，思孌季女逝兮。匪饑匪渴，德音來括。雖無好友，式燕且喜。

間關，設舝聲也。（呂記，段解）

匪饑也，匪渴也，望其德音來會，而心如饑渴耳。（呂記，段解）

依彼平林，有集維鷮。辰彼碩女，令德來教。式燕且譽，好爾無射。

以令德來配君子而教誨之，是以式燕且譽，而悦慕之無厭也。（呂記，段解）

雖無旨酒，式飲庶幾。雖無佳殽，式食庶幾。雖無德與女，式歌且舞。

旨、嘉，皆美也。言得賢女以配君子，則其喜如此，雖無旨酒佳殽美德以及賓客，然飲食歌舞有所不能自已。（呂記，段解）

陟彼高岡，析其柞薪。析其柞薪，其葉湑兮。鮮我覯爾，我心寫兮。

高山仰止，景行行止。四牡騑騑，六轡如琴。覯爾新昏，以慰我心。

景行，大道也。（呂記，段解）

青蠅

大夫刺幽王也。

營營青蠅，止于樊。豈弟君子，無信讒言。

營營青蠅，止于棘。讒人罔極，交亂四國。

營營青蠅，止于榛。讒人罔極，構我二人。

己與聽者為二人。（呂記，段解）

賓之初筵

衛武公刺時也。幽王荒廢，媟近小人，飲酒無度，天下化之，君臣上下沈湎淫液。武公既入，而作是詩也。

賓之初筵，左右秩秩。籩豆有楚，殽核維旅。酒既和旨，飲酒孔偕。鍾鼓既設，舉醻逸逸。大侯既抗，弓矢斯張。射夫既同，獻爾發功。發彼有的，以祈爾爵。

舉醻，舉所奠之醻爵也。按儀禮：主人酌賓，曰獻；賓既酢主人，主人又自飲而酌賓，曰醻。賓受之，奠於席前而不舉。至旅，而遂舉所奠之爵，交錯以徧也。（呂記，嚴緝，段解）

射夫既同，比其耦也。（呂記，嚴緝，段解）

爵射不中者，飲豐上之觶也。射者與其耦十發，發矢之時，各心競云：我以此求爵女也。（呂記，段解）

籥舞笙鼓，樂既和奏。烝衎烈祖，以洽百禮。百禮既至，有壬有林。錫爾純嘏，子孫其湛。其湛曰樂，各奏爾能。賓載手仇，室人入又。酌彼康爵，以奏爾時。

錫，神錫之也。（呂記，段解）

嘏，福也。（呂記，段解）

或曰：康，讀曰抗，記曰：「崇坫康圭。」謂坫上之爵也。（呂記，段解）

百禮，禮之備也，言其禮之盛大也。既錫爾福，及爾子孫，皆穫湛樂也。（呂記，段解）

賓之初筵，温温其恭。其未醉止，威儀反反。曰既醉止，威儀幡幡。舍其坐遷，屢舞僊僊。其未醉止，威儀抑抑。曰既醉止，威儀怭怭。是曰既醉，不知其秩。

賓既醉止，載號載呶。亂我籩豆，屢舞僛僛。是曰既醉，不知其郵。側弁之俄，屢舞傞傞。

既醉而出，並受其福。醉而不出，是謂伐德。飲酒孔嘉，維其令儀。

郵，與尤同。（呂記，嚴緝）

飲酒之所以甚美者，以其有令儀爾，今若此，則無復有儀矣。（呂記，段解）

凡此飲酒，或醉或否。既立之監，或佐之史。彼醉不臧，不醉反耻。式勿從謂，無俾大怠。

匪言勿言，匪由勿語。由醉之言，俾出童羖。三爵不識，矧敢多又。

監史司正之屬，燕禮鄉射恐有解倦失禮者，立司正以監之，察儀法也。（呂記）

式，謂告也。（呂記，嚴緝，段解）

安得從而告之，使勿至於大怠乎。告之若曰：所不當言者勿言，所不當從者勿語，醉而妄言，則當罰汝，使出童羖矣，設言必無之物以恐之也。女飲至三爵，已昏然無所識矣，況敢又多飲乎，又丁寧以戒之也。（呂記，段解）

魚藻

刺幽王也。言萬物失其性，王居鎬京，將不能以自樂，故君子思古之武王焉。

魚在在藻，有頒其首。王在在鎬，豈樂飲酒。

興也。（呂記）

魚在在藻，有莘其尾。王在在鎬，飲酒樂豈。

魚在在藻，依于其蒲。王在在鎬，有那其居。

采菽

刺幽王也。侮慢諸侯，諸侯來朝，不能錫命以禮，數徵會之而無信，君子見微而思古焉。

采菽采菽，筐之筥之。君子來朝，何錫予之？雖無予之，路車乘馬。又何予之？玄衮及黼。

黼，如斧形，刺之於裳也。（呂記，嚴緝）

觱沸檻泉，言采其芹。君子來朝，言觀其旂。其旂淠淠，鸞聲嘒嘒。載驂載駟，君子所届。

興也。（呂記）

觱沸檻泉，則采其芹，諸侯來朝，則觀其旂。見其旂，聞其鸞聲，又見其馬，則知君子之至於是也。（呂記）

赤芾在股，邪幅在下。彼交匪紓，天子所予。樂只君子，天子命之。樂只君子，福禄申之。

興也。（呂記）

交，際也。（呂記，嚴緝）

言諸侯見於天子，恭敬齋遬，不敢紓緩也。蓋因其服以起興，曰：赤芾在股，則邪幅在下矣。彼交匪紓，則天子所予矣，是以錫之命，而申之以福禄也。（呂記）

維柞之枝，其葉蓬蓬。樂只君子，殿天子之邦。樂只君子，萬福攸同。平平左右，亦是率從。

左右，諸侯之臣也。（呂記，嚴緝）

又言其左右之臣，亦從之而至此也。（呂記）

汎汎楊舟，紼纚維之。樂只君子，天子葵之。樂只君子，福禄膍之。優哉游哉，亦是戾矣。

於是又歎諸侯優游，而至於此也。（呂記）

興也。（呂記）

角弓

父兄刺幽王也。不親九族，而好讒佞，骨肉相怨，故作是詩也。

騂騂角弓，翩其反矣。兄弟昏姻，無胥遠矣。

角弓，以角飾弓。（呂記）

翩，反貌。（呂記，嚴緝）

爾之遠矣，民胥然矣。爾之教矣，民胥傚矣。

此令兄弟，綽綽有裕。不令兄弟，交相為瘉。

言王化之不善，此善兄弟則綽綽有餘而不變，彼不善之兄弟，則由此而交相病矣。（呂記）

民之無良，相怨一方。受爵不讓，至于己斯亡。

一方，彼一方也。（呂記，嚴緝）

相怨者各據其一方耳。若以責人之心責己，愛己之心愛人，使彼己之間交見而無蔽，則豈有相

怨者哉！（吕記）

老馬反為駒，不顧其後。如食宜饇，如酌孔取。

已多而宜飽矣，其酌之所取，亦已甚矣。（吕記）

毋教猱升木，如塗塗附。君子有徽猷，小人與屬。

雨雪瀌瀌，見晛曰消。莫肯下遺，式居婁驕。

雨雪浮浮，見晛曰流。如蠻如髦，我是用憂。

菀柳

刺幽王也。暴虐無親，而刑罰不中，諸侯皆不欲朝，言王者之不可朝事也。

有菀者柳，不尚息焉。上帝甚蹈，無自暱焉。俾予靖之，後予極焉。

有菀者柳，不尚愒焉。上帝甚蹈，無自瘵焉。俾予靖之，後予邁焉。

有鳥高飛，亦傅于天。彼人之心，于何其臻。曷予靖之，居以凶矜。

詩卷第十五

都人士之什二之八

都人士

周人刺衣服無常也。古者長民，衣服不貳，從容有常，以齊其民，則民德歸壹，傷今不復見古人也。

彼都人士，狐裘黄黄。其容不改，出言有章。行歸于周，萬民所望。

都，王都也。（呂記，嚴緝）

黄黄，狐裘色也。不改，有常也。章，文章也。（呂記，嚴緝）

彼都人士，臺笠緇撮。彼君子女，綢直如髮。我不見兮，我心不説。

緇撮，其制小，僅可撮其髻也。（呂記）

彼都人士，充耳琇實。彼君子女，謂之尹吉。我不見兮，我心苑結。

尹吉，未詳。（呂記）

彼都人士，垂帶而厲。彼君子女，卷髮如蠆。我不見兮，言從之邁。

言從之邁，思之甚也。（呂記）

匪伊垂之，帶則有餘。匪伊卷之，髮則有旟。我不見兮，云何盱矣。

盱，望也。（呂記）

言其自然閑美，不假修飾也。（呂記）

采緑

刺怨曠也。幽王之時，多怨曠者也。

終朝采緑，不盈一匊。予髮曲局，薄言歸沐。

沐，蓋以待君子之歸也。（呂記）

終朝采藍，不盈一襜。五日為期，六日不詹。

詹，與瞻同。五日為期，去時之約也。六日不詹，過期而不見也。（呂記，嚴緝）

之子于狩，言韔其弓。之子于釣，言綸之繩。

望之切，愛之之深也。（呂記）

其釣維何？維魴及鱮。維魴及鱮，薄言觀者。

黍苗

刺幽王也。不能膏潤天下，卿士不能行召伯之職焉。

芃芃黍苗，陰雨膏之。悠悠南行，召伯勞之。

悠悠，遠行之意。（嚴緝）

我任我輦，我車我牛，我行既集，蓋云歸哉。

我徒我御，我師我旅，我行既集，蓋云歸處。

肅肅謝功，召伯營之。烈烈征師，召伯成之。

謝功，謝邑之事也。（呂記，嚴緝）

原隰既平，泉流既清。召伯有成，王心則寧。

隰桑

刺幽王也。小人在位，君子在野，思見君子，盡心以事之。

隰桑有阿，其葉有難。既見君子，其樂如何。

隰桑有阿，則其葉有難矣。既見君子，則其樂如何哉。（呂記）

隰桑有阿，其葉有沃。既見君子，云何不樂。

隰桑有阿，其葉有幽。既見君子，德音孔膠。

心乎愛矣，遐不謂矣。中心藏之，何日忘之。

遐，與何同，表記作瑕。（呂記）

謂，猶告也。（呂記）

白華

周人刺幽后也。幽王取申女以為后，又得褒姒，而黜申后。故下國化之，以妾為妻，以孽代宗，而王弗能治，周人為之作是詩也。

白華菅兮，白茅束兮。之子之遠，俾我獨兮。

英英白雲，露彼菅茅。天步艱難，之子不猶。

滮池北流，浸彼稻田。嘯歌傷懷，念彼碩人。

樵彼桑薪，卬烘于煁。維彼碩人，實勞我心。

鼓鍾于宮，聲聞于外。念子懆懆，視我邁邁。

慅慅，憂貌。（呂記）

鼓鍾於宮，聲聞於外矣。念子慅慅，而反視我邁邁，何哉。（呂記）

有鶖在梁，有鶴在林。維彼碩人，實勞我心。

鴛鴦在梁，戢其左翼。之子無良，二三其德。

有扁斯石，履之卑兮。之子之遠，俾我疧兮。

緜蠻

微臣刺亂也。大臣不用仁心，遺忘微賤，不肯飲食教載之，故作是詩也。

緜蠻黃鳥，止于丘阿。道之云遠，我勞如何。飲之食之，教之誨之。命彼後車，謂之載之。

後車，副車也。（呂記）

緜蠻黃鳥，止于丘隅。豈敢憚行，畏不能趨。飲之食之，教之誨之。命彼後車，謂之載之。

緜蠻黃鳥，止于丘側。豈敢憚行，畏不能極。飲之食之，教之誨之。命彼後車，謂之載之。

瓠葉

大夫刺幽王也。上棄禮而不能行，雖有牲牢饔餼，不肯用也，故思古之人，不以微薄廢禮焉。

幡幡瓠葉，采之亨之。君子有酒，酌言嘗之。

有兔斯首，炮之燔之。君子有酒，酌言獻之。

有兔斯首，燔之炙之。君子有酒，酌言酢之。

有兔斯首，燔之炮之。君子有酒，酌言酬之。

漸漸之石

下國刺幽王也。戎狄叛之，荆舒不至，乃命將率東征，役久病於外，故作是詩也。

漸漸之石，維其高矣。山川悠遠，維其勞矣。武人東征，不皇朝矣。

皇，暇也。（吕記）

漸漸之石，維其卒矣。山川悠遠，曷其没矣。武人東征，不皇出矣。

有豕白蹢，烝涉波矣。月離于畢，俾滂沱矣。武人東征，不皇他矣。

畢，星名。（呂記）

苕之華

大夫閔時也。幽王之時，西戎、東夷交侵中國，師旅並起，因之以饑饉。君子閔周室之將亡，傷己逢之，故作是詩也。

苕之華，芸其黄矣。心之憂矣，維其傷矣。

苕之華，其葉青青。知我如此，不如無生。

牂羊墳首，三星在罶。人可以食，鮮可以飽。

罶中無魚而水静，但見三星之光而已。言既饉之餘，百物彫耗如此，苟且得食足矣，豈可以望其飽哉。（呂記）

何草不黄

下國刺幽王也。四夷交侵，中國背叛，用兵不息，視民如禽獸，君子憂之，故作是詩也。

何草不黄，何日不行，何人不將，經營四方。

何草不玄，何人不矜。哀我征夫，獨為匪民。

言從役過時，而不得歸，失其室家之樂也。哀我征夫，豈獨為非民哉。（呂記）

匪兕匪虎，率彼曠野。哀我征夫，朝夕不暇。

言征夫非兕非虎，何為使之循曠野，而朝夕不得閑暇也。（呂記）

有芃者狐，率彼幽草。有棧之車，行彼周道。

詩卷第十六

大雅三

文王之什三之一

文王

文王受命作周也。

文王之德業固美矣，詩人所以稱述之者，又極形容之妙，是以其辭尤粹。學者於此而盡心焉，則凡其德性之蘊，皆可見矣。（呂記）

文王在上，於昭于天。周雖舊邦，其命維新。有周不顯，帝命不時。文王陟降，在帝左右。

文王在上，尊仰之辭也。於昭于天，歎其德之昭明，上徹於天也。言文王與天同德也。

（呂記）

不顯、不時，猶言豈不顯、豈不時也。蓋古語聲急而然。（呂記）

夫文王在上，而於昭于天，則有周之德，豈不顯乎。周雖舊邦，而其命維新，則上帝之命，豈不時乎。德顯命時，間不容息。蓋以文王德合乎天，一陟一降，常若在上帝之左右，與之同運而無違也。（呂記）

亹亹文王，令聞不已。陳錫哉周，侯文王孫子。文王孫子，本支百世。凡周之士，不顯亦世。

所謂亹亹文王，文王非有所勉也，蓋其純一不已，而人見其亹亹也。其德不已，則令聞亦不已。德盛如是，故上帝敷錫於周。維以文王孫子觀之，則可見矣。蓋其本宗，則百世為天子；支庶，則百世為諸侯，皆天命也。不惟如此而已，而又及其臣子，使凡周之士，亦世世修德而與周匹休焉。不顯亦世，猶曰豈不顯乎，其亦世也。蓋言其傳世永久，而以不顯二字歎之，以足其辭也。（呂記，嚴緝）

世之不顯，厥猶翼翼。思皇多士，生此王國。王國克生，維周之楨。濟濟多士，文王以寧。

文王之國，能生此衆多之士，則可以為國之幹，而文王亦賴以為安矣。（呂記）

周服。穆穆文王，於緝熙敬止。假哉天命，有商孫子。商之孫子，其麗不億。上帝既命，侯于周服。

穆穆，深遠之意。（呂記）

緝熙，繼續光明，亦不已之意。（呂記，嚴緝）

穆穆然文王之德不已，其敬如此。是以大命集焉，以有商孫子觀之，則可見矣。（呂記）

此詩之首言文王之昭於天，而不言其所以昭。次章言其令聞不已，而不言其所以聞。至於四章，然後所以昭明不已者，乃可得而見焉。然亦多詠歎之言，而語其所以為德之實，則不越乎敬之一字而已。然則後章所謂修厥德而儀刑之者，豈可以他求哉。（嚴緝）

侯服于周，天命靡常。殷士膚敏，祼將于京。厥作祼將，常服黼冔。王之藎臣，無念爾祖。

殷士，商孫子之臣屬也。（呂記）

京，周之京師也。（呂記，嚴緝）

無念，猶豈得無念也。猶不顯之義。（呂記）

先代之後，統承先王，修其禮物，作賓於王家。時王不敢變，而亦所以為戒也。於是呼王之藎臣而告之曰：得無念爾祖文王之德乎。蓋以戒王而不敢斥言，猶所謂敢告僕夫云爾。

（吕記，嚴緝）

無念爾祖，聿修厥德。永言配命，自求多福。殷之未喪師，克配上帝。宜鑒于殷，駿命不易。

聿，發語辭也。（吕記，嚴緝）

殷未失天下之時，蓋常配上帝矣。今其子孫乃如此，宜以為監而自省焉，則知天命之難保矣。（吕記）

命之不易，無遏爾躬。宣昭義問，有虞殷自天。上天之載，無聲無臭。儀刑文王，萬邦作孚。

遏，絶也。（吕記，嚴緝）

儀，象也。（吕記，嚴緝）

言天命之不宜保，故告之使無自絶其身。武王數紂之惡曰：自絶於天。（吕記）當布明善問，而度殷之所以興廢，由於天命者如此。（吕記）

子思子曰：「惟天之命，於穆不已。」蓋曰：天之所以為天也，於乎不顯；文王之德之純，蓋曰：文王之所以為文也，純亦不已。夫知天之所以為天，文王之所以為文，則夫與天同德者，可得而言矣。是詩首言文王在上，於昭于天，文王陟降，在帝左右，而終之以此，其旨深矣。（吕記）

大明

文王有明德，故天復命武王也。

此亦周公戒成王之詩。（嚴緝）

明明在下，赫赫在上。天難忱斯，不易維王。天位殷適，使不挾四方。

挾，謂挾而有之。言在下者有明明之德，則在上者有赫赫之命矣。達於上下，去就無常，此天之所以難忱，而為君之所以不易也。（呂記，嚴緝）

摯仲氏任，自彼殷商，來嫁于周，曰嬪于京。乃及王季，維德之行。大任有身，生此文王。

殷商，殷商之諸侯也。自周而言，則諸侯皆商也。（呂記，嚴緝）京，周京也。（呂記，嚴緝）

嬪于京，疊言以釋上句之意，猶曰釐降二女于媯汭，嬪于虞也。（呂記）將言文王之聖，而追本所從來者如此，蓋曰：自其父母而已然矣。（嚴緝）

維此文王，小心翼翼，昭事上帝，聿懷多福。厥德不回，以受方國。

小心翼翼，即前篇之所謂敬也。（嚴緝）

回，邪也。（嚴緝）

天鑒在下，有命既集。文王初載，天作之合。在洽之陽，在渭之涘。文王嘉止，大邦有子。

載，年也。（呂記，嚴緝）

洽水，本在今同州郃陽夏陽縣，今流已絶，故去水而加邑。渭水亦逕此而入河也。（嚴緝）

嘉，昏禮也。天之監照，實在於下，其命既集於周矣，故於文王之初年，而默定其配。（呂記）

大邦，莘國也。子，大姒也。大姒之大，音泰。（嚴緝）

洽陽渭涘，當文王將昏之期，而大邦有子，蓋曰非人之所能為矣。（呂記）

將言武王伐商之事，故此又推其本而言之。（嚴緝）

大邦有子，俔天之妹。文定厥祥，親迎于渭。造舟為梁，不顯其光。

文，禮也。祥，吉也。（呂記，嚴緝）

有命自天，命此文王。于周于京，纘女維莘。長子維行，篤生武王。保右命爾，燮伐大商。

行，嫁也。（呂記）

天既命文王於周之京矣，而克纘大任之女事者，惟此莘國以其長女來嫁於我也。天又篤厚之，

使生武王，保之助之命之，而使之順天命，以伐商也。（呂紀）

殷商之旅，其會如林。矢于牧野，維予侯興。上帝臨女，無貳爾心。

予侯，猶云我后也，商人之稱武王也。（嚴緝）

武王非必有所疑也，設言以見衆心之同，非武王之得已耳。（嚴緝）

牧野洋洋，檀車煌煌。駟騵彭彭，維師尚父，時維鷹揚。涼彼武王，肆伐大商，會朝清明。

洋洋，廣大之貌。（呂記）

師尚父，太公望為太師，而號尚父也。（呂記，嚴緝）

肆，遂也。（呂記，嚴緝）

緜

文王之興，本由大王也。

緜緜瓜瓞，民之初生。自土沮漆，古公亶父。陶復陶穴，未有家室。

瓜之近本初生者常小，至末而後大。（嚴緝）

自，從也。土，地也。言周人始生在此沮漆之地也。（呂記，嚴緝）

古公亶父，來朝走馬。率西水滸，至于岐下。爰及姜女，聿來胥宇。

周原膴膴，堇荼如飴。爰始爰謀，爰契我龜。曰止曰時，築室于茲。

迺慰迺止，迺左迺右，迺疆迺理，迺宣迺畝。自西徂東，周爰執事。

周，徧也，言靡事不為也。（呂記，嚴緝）

乃召司空，乃召司徒，俾立室家。其繩則直，縮版以載，作廟翼翼。

捄之陾陾，度之薨薨，築之登登，削屢馮馮。百堵皆興，鼛鼓弗勝。

迺立皋門，皋門有伉。迺立應門，應門將將。迺立冢土，戎醜攸行。

書：「天子有應門。」春秋書：「魯有雉門。」禮記云：「魯有庫門。」家語云：「衛有庫門。」皆無云諸侯有皋、應者，則皋、應為天子之門明矣。意者大王之時，未有制度，特作二門，其名如此。及周有天下，遂尊以為天子之門，而諸侯不得立也。（呂記，嚴緝）

肆不殄厥愠，亦不隕厥問。柞棫拔矣，行道兑矣，混夷駾矣，唯其喙矣。

肆，猶言遂也，承上起下之辭。（呂記，嚴緝）

大王所愠，謂昆夷也。言大王雖不能殄絶昆夷。（呂記）

混夷畏之而奔突竄伏，維其喙息而已。言德盛而混夷自服也。（呂記）

虞芮質厥成，文王蹶厥生。予曰有疏附，予曰有先後，予曰有奔奏，予曰有禦侮。

棫樸

文王能官人也。

自此以下至假樂，皆不知何人所作，疑多出於周公也。（嚴緝）

芃芃棫樸，薪之槱之。濟濟辟王，左右趣之。

濟濟辟王，左右奉璋。奉璋峨峨，髦士攸宜。

左右奉之，亦有趣向辟王之意。（呂記）

淠彼涇舟，烝徒楫之。周王于邁，六師及之。

六師，六軍也。（呂記）

倬彼雲漢，為章于天。周王壽考，遐不作人。

作人，謂變化鼓舞之也。（呂記，嚴緝）

追琢其章，金玉其相。勉勉我王，綱紀四方。

追之琢之。（嚴緝）

金之玉之。（嚴緝）

受祖也。周之先祖，世修后稷公劉之業，大王王季，申以百福干禄焉。

旱麓

瞻彼旱麓，榛楛濟濟。豈弟君子，干禄豈弟。

興也。（呂記）

君子，指文王也。（嚴緝）

豈弟君子，則其干禄也豈弟矣，猶曰：其争也君子云爾。（呂記）

瑟彼玉瓚，黄流在中。豈弟君子，福禄攸降。

明寶器不薦於褻味而黄流不酌於瓦缶，則如盛德必享於禄壽，而福澤不降於淫人矣。（呂記，嚴緝）

鳶飛戾天，魚躍于淵。豈弟君子，遐不作人。

興也。（呂記）

子思云：「言其上下察也。」借此以形容道體周流，充塞天地，其大無外，其小無内，動静之間，無往不造其極，無有毫髮凝滯倚著之意，其旨深矣。（嚴緝）

清酒既載，騂牡既備，以享以祀，以介景福。

備，全具也。（呂記）

瑟彼柞棫，民所燎矣。豈弟君子，神所勞矣。

莫莫葛藟，施于條枚。豈弟君子，求福不回。

興也。（呂記）

思齊

文王所以聖也。

思齊大任，文王之母。思媚周姜，京室之婦。大姒嗣徽音，則百斯男。

思，語辭也。（呂記，嚴緝）

周姜，大王之妃大姜也。（呂記，嚴緝）

京，周也。（呂記，嚴緝）

百男，舉成數而言其多也。春秋傳曰：「管、蔡、郕、霍，魯、衛、毛、聃，郜、雍、曹、滕，畢、原、豐、郇，文之昭也。」並伯邑考、武王為十八人。然此特其見於書傳者也，亦可以見其多也。（呂記，嚴緝）

言此莊敬之大任，乃文王之母，實能媚於周姜，而稱其為周室之婦。

惠于宗公，神罔時怨，神罔時恫。刑于寡妻，至于兄弟，以御于家邦。

言文王上有聖母，所以成之者遠；內有賢妃，所以助之者深。故能順於先公，而鬼神歆之，無怨恫者。其儀法內施於閨門，而至於兄弟，以御於家邦也。（呂記）

家齊而後國治。（嚴緝）

雝雝在宮，肅肅在廟。不顯亦臨，無射亦保。

不顯，幽隱之處也。（呂記，嚴緝）

雖居幽隱，亦常若有臨之者。雖無厭射，亦常有所守焉。言其純而不已如是。（呂記）

肆戎疾不殄，烈假不瑕。不聞亦式，不諫亦入。

雖事之無所前聞者，而亦無不合於法度。雖無諫諍之者，而亦未嘗不入於善。（呂記）

肆成人有德，小子有造。古之人無斁，譽髦斯士。

冠以上為成人。小子，童子也。（呂記，嚴緝）

凡所以致是者，蓋由文王之德純而不已，無有厭斁。（呂記）

皇矣

美周也。天監代殷莫若周，周世世修德，莫若文王。

皇矣上帝，臨下有赫。監觀四方，求民之莫。維此二國，其政不獲。維彼四國，爰究爰度。上帝耆之，憎其式廓，乃眷西顧，此維與宅。

此謂岐周之地也。天以岐周與大王，爲居宅也。（嚴緝）

作之屏之，其菑其翳。修之平之，其灌其栵。啟之辟之，其檉其椐。攘之剔之，其檿其柘。帝遷明德，串夷載路。天立厥配，受命既固。

作，拔起也。（呂記）

翳，或云：小木蒙密蔽翳者也。（呂記）

檿與柘，皆美材，可爲弓幹，又可蠶也。（呂記）

帝遷明德，謂遷此明德之君於岐周也。（呂記）

天以其德可配天，而立之於此，則其受命堅固而不易矣。（呂記）

帝省其山，柞棫斯拔，松柏斯兑。帝作邦作對，自大伯王季。維此王季，因心則友，則友其兄，則篤其慶。載錫之光，受禄無喪，奄有四方。

兄，謂太伯。（呂記，嚴緝）

王季所以友其兄者，因其心之自然。既受太伯之讓，則益修其德，以厚周家之慶，而與其兄以讓德之光，猶曰彰其知人之明，不爲徒讓耳。其德如是，故能受天禄而不失，至于文武，而奄有四方也。（呂記）

維此王季，帝度其心。貊其德音，其德克明。克明克類，克長克君。王此大邦，克順克比。比于文王，其德靡悔。既受帝祉，施于孫子。

不僭，故人慶其賞；不濫，故人畏其刑。（呂記）

帝度其心，猶言天誘其衷，使能制義也。（呂記）

帝謂文王，無然畔援，無然歆羨，誕先登于岸。密人不恭，敢距大邦，侵阮徂共。王赫斯怒，爰整其旅，以按徂旅，以篤于周祜，以對于天下。

上旅，周師也。下旅，密人也。（呂記，嚴緝）

依其在京，侵自阮疆。陟我高岡，無矢我陵，我陵我阿。無飲我泉，我泉我池。度其鮮原，居岐之陽，在渭之將。萬邦之方，下民之王。

文王在周之京，所整之兵，既按密人，遂從阮疆而出以侵密，所陟之岡，即為我岡。（呂記，嚴緝）

居岐之陽，在渭之將，今在京兆府咸陽縣。（嚴緝）

帝謂文王，予懷明德，不大聲以色，不長夏以革，不識不知，順帝之則。帝謂文王，詢爾仇方，同爾兄弟，以爾鉤援，與爾臨衝，以伐崇墉。

懷，眷念也。（嚴緝）

不長夏以革，未詳其義。或曰：長，尊尚也。革，兵也。不尊尚強大兵革，而人自服也。（呂記）

此皆文王之明德，上帝之所懷也。（呂記）

仇方，仇國也。兄弟，與國也。（嚴緝）

按史記：崇侯虎譖西伯於紂，紂囚西伯於羑里。紂赦西伯，賜之弓矢鈇鉞，得專征伐。曰：譖西伯者，崇侯虎也。西伯歸，三年，伐崇侯虎，而作豐邑。（呂記，嚴緝）

崇，國名，在今京兆府鄠縣。鄠，音户。（嚴緝）

臨衝閑閑，崇墉言言，執訊連連，攸馘安安。是類是禡，是致是附，四方以無侮。臨衝茀茀，崇墉仡仡，是伐是肆，是絶是忽，四方以無拂。

拂，戾也。（呂記）

臨衝閑閑，崇墉言言，執訊連連，攸馘安安，皆城下之戰也。（呂記）

言文王緩攻徐戰，告祀群神，以致附來者，而威德被於四方也。（呂記）

春秋傳曰：「文王伐崇，三旬不降。退修教而復伐之，因壘而降。」夫始攻之緩戰之徐也，非力不足也，非示之弱也，將以致附而全之也。及其終不下而肆之也，則天誅不可以留，而罪人不可以不得故也。此所謂文王之師也。（呂記，嚴緝）

靈臺

民始附也。文王受命，而民樂其有靈德，以及鳥獸昆蟲焉。

經始靈臺，經之營之。庶民攻之，不日成之。

靈，言其如神靈之所為也。（呂記）

不日，不終日也。（呂記）

經始勿亟，庶民子來。王在靈囿，麀鹿攸伏。

經始勿亟，文王恐煩民，令勿亟作也。庶民子來，如子趨父事，不召而自來也。（呂記）

麀鹿濯濯，白鳥翯翯。王在靈沼，於牣魚躍。

翯翯，潔白貌。（嚴緝）

虡業維樅，賁鼓維鏞。於論鼓鍾，於樂辟廱。

樅，崇牙之樅。樅，峻峙貌也。（呂記）

王制論學曰：「天子曰辟廱，諸侯曰泮宮。」說者以為，辟廱，大射行禮之處也，水旋丘如璧，以節觀者。泮宮，諸侯鄉射之宮也，其水半之，蓋東西門以南通水，北無也。故振鷺之詩曰：「振鷺于飛，于彼西廱。」說者以廱為澤，蓋即旋丘之水，而其學即所謂澤宮也。蓋古人之學，與今不同，孟子所謂「序者射也」，則學蓋有以射為主者矣。蘇氏引莊周言「文王有辟廱之樂」，遂以辟廱亦為樂名，而曰：「古人以樂教胄子，則未知學以樂而得名歟？樂以學而得名歟？」則是又以為習樂之所也。張子亦曰：「辟廱，古無此名，其制蓋始於此。及周有天下，遂以名天子之學，而諸侯不得立焉。」記所謂「魯人將有事於上帝，必先有事於泮宮」者，蓋射以擇士云爾。（呂記）

於論鼓鍾，於樂辟廱。鼉鼓逢逢，矇瞍奏公。

下武

繼文也。武王有聖德，復受天命，能昭先人之功焉。

下武維周，世有哲王。三后在天，王配于京。

在天，既殁而其神在天也。（呂記，嚴緝）

王配于京，世德作求。永言配命，成王之孚。

成王之孚，下土之式。永言孝思，孝思維則。

武王既成王業，天下咸法則之，亦法其孝思而已。蓋求其世德而成王之孚，孝思之至，孰大於是。（呂記）

媚茲一人，應侯順德。永言孝思，昭哉嗣服。

昭茲來許，繩其祖武。於萬斯年，受天之祜。

受天之祜，四方來賀。於萬斯年，不遐有佐。

賀，朝賀也。周末秦強，天子致胙，諸侯皆賀。（呂記，嚴緝）

文王有聲

繼伐也。武王能廣文王之聲，卒其伐功也。

文王有聲，遹駿有聲。遹求厥寧，遹觀厥成。文王烝哉。

文王受命，有此武功。既伐于崇，作邑于豐。文王烝哉。

酆，即崇國之地，在京兆鄠縣杜陵西南。鄠，音户。（嚴緝）

築城伊淢，作豐伊匹。匪棘其欲，遹追來孝。王后烝哉。

文王作豐邑之城，因舊淢爲限而築之。（呂記）

非欲亟成己之所欲也，述追先人之志，而來致其孝耳。王后，亦指文王也。（呂記）

王公伊濯，維豐之垣。四方攸同，王后維翰。王后烝哉。

四方於是來歸，而以文王爲楨幹也。（呂記）

豐水東注，維禹之績。四方攸同，皇王維辟。皇王烝哉。

皇王，有天下之號，指武王也。（呂記，嚴緝）

鎬京辟廱，自西自東，自南自北，無思不服。皇王烝哉。

無思不服，心服也。孟子曰：「天下不心服而王者，未之有也。」（呂記）

考卜維王，宅是鎬京。維龜正之，武王成之。武王烝哉。

豐水有芑，武王豈不仕。詒厥孫謀，以燕翼子。武王烝哉。

武王豈無所事乎，詒厥孫謀，以燕翼子，則武王之事也。（呂記）

詩卷第十七

生民之什三之二

生民

尊祖也。后稷生於姜嫄，文武之功起於后稷，故推以配天焉。

此詩未詳所用，豈郊祀之後，亦有受釐頒胙之禮也歟？（段解）

厥初生民，時維姜嫄。生民如何？克禋克祀，以弗無子。履帝武敏歆，攸介攸止，載震載夙，載生載育，時維后稷。

民，人也，謂周人也。（吕記，段解）

克禋克祀，蓋祭天於郊，而以先禖配也。（段解）

以敏字繫於履帝武之下，則歆字加於攸介攸止全句之上，皆不成文也。（吕記，段解）

毛氏謂后稷為帝嚳之子，與史記等書合。鄭謂帝嚳之孫之子，則據緯書運曆序言高辛傳十世

四百年爲説。（段解）

推本其始生之祥，明其受命於天，固有以異於常人也。然巨蹟之説，先儒或頗疑之，而張子曰：「天地之始，固未嘗先有人也。則人固有化而生者矣，蓋天地之氣生之也。」蘇氏亦曰：「凡物之異於常物者，其取天地之氣弘多，故其生或異。麒麟之生異於犬羊，蛟龍之生異於魚鱉，物固有然者矣。神人之生而有以異於人，何足怪哉。學者以耳目之陋，而不信萬物之變。聖人則不然，河圖洛書，契之生見於詩、易，不以爲怪。」其説蓋廣如此。（段解）

毛公説姜嫄出祀郊禖，履帝嚳之迹而行，將事齊敏。鄭氏説姜嫄見大人迹，而履其拇。二家之説不同，古今諸儒多是毛而非鄭。然按史記亦云：「姜嫄見大人迹，心忻然欲踐之。踐之而身動如孕。」則亦非鄭之臆説矣。（呂記，嚴緝）

誕彌厥月，先生如達。不坼不副，無菑無害。以赫厥靈，上帝不寧，不康禋祀，居然生子。

此篇多誕字，皆訓爲大，後有不甚通者，疑但發語辭耳。（呂記，段解）

先生，首生也。（呂記，嚴緝）

居然，猶徒然也。（呂記，段解）

上帝豈不寧、不康我之禋祀乎，而使我無人道，而徒然生是子也。（呂記，段解）

誕寘之隘巷，牛羊腓字之。誕寘之平林，會伐平林。誕寘之寒冰，鳥覆翼之。鳥乃去矣，后稷呱矣。

會，值也。（呂記，嚴緝，段解）

無人道而生子，或者以為不祥，故棄之。（呂記，段解）

泣，則不死也。（嚴緝）

有此異也，故收而養之。（段解）

實覃實訏，厥聲載路。誕實匍匐，克岐克嶷，以就口食。蓺之荏菽。荏菽旆旆，禾役穟穟，麻麥幪幪，瓜瓞唪唪。

口食，自能食也，蓋六七歲時也。（呂記，嚴緝）

旆旆，揚起也。（嚴緝）

滿路，言其聲之大。（段解）

誕后稷之穡，有相之道。茀厥豐草，種之黃茂。實方實苞，實種實褎，實發實秀，實堅實好，實穎實栗。即有邰家室。

苞，甲而未坼也。實方實苞，此漬其種也。種，布種也。褎，漸長也。（呂記）

后稷之穡如此，堯以其有成功於民，封於邰，使即其母家而居之，以主姜嫄之祀，故周人亦世祀

姜嫄焉。（呂記，段解）

誕降嘉種，維秬維秠，維穈維芑。恆之秬秠，是穫是畝。恆之穈芑，是任是負。以歸肇祀。

降，言教民稼穡，是降於民也。書云「稷降播種」是也。（嚴緝）

秬、秠言穫、畝，穈、芑言任、負，互文耳。（呂記，段解）

誕我祀如何？或舂或揄，或簸或蹂。釋之叟叟，烝之浮浮。載謀載惟，取蕭祭脂，取羝以軷。載燔載烈，以興嗣歲。

我祀，承上章而言后稷之祀也。（嚴緝，段解）

取蕭祭脂，宗廟之祭。（嚴緝）

或蹂禾取穀以繼之。（呂記，段解）

謀、惟，戒祭祀之事也。於是或取蕭以祭脂，或取羝以犯軷，或燔之，或烈之，四者皆祭祀之事。（呂記，段解）

卬盛于豆，于豆于登。其香始升，上帝居歆。胡臭亶時，后稷肇始。庶無罪悔，以迄于今。

臭，香也。（呂記，段解）

其香始升，而上帝已安饗之，言應之疾也。（呂記）

此何但芳臭之薦，信得其時哉。蓋自后稷之肇祀，則庶無罪悔，以得至於今。（段解）

此章言尊祖配天之祭。（嚴緝）

行葦

忠厚也。周家忠厚，仁及草木，故能内睦九族，外尊事黄耇，養老乞言，以成其福禄焉。

序以詩有「勿踐行葦」，而曰「仁及草木」；有「以祈黄耇」，而曰「尊事黄耇」。養老乞言，則誤也。（呂記，段解）

敦彼行葦，牛羊勿踐履。方苞方體，維葉泥泥。戚戚兄弟，莫遠具爾。

興也。（呂記，段解）

敦，勾萌之時。（段解）

勿，戒止之辭也。（呂記，段解，嚴緝）

泥泥，柔澤貌。（呂記，段解）

莫，猶勿也。（呂記，嚴緝，段解）

此方其開宴設席之初，而慇懃篤厚之意藹然，已見於言語之外矣。（段解）

或肆之筵，或授之几。肆筵設席，授几有緝御。

或獻或酢，洗爵奠斝。醓醢以薦，或燔或炙。嘉殽脾臄，或歌或咢。

敦弓既堅，四鍭既鈞。舍矢既均，序賓以賢。

既燕，而射以為樂也。（呂記，段解）

敦弓既句，既挾四鍭。四鍭如樹，序賓以不侮。

如樹，言其貫革而堅正也。（呂記）

不侮，不以中病不中者也。射以中多為雋，以不侮為德。（呂記，嚴緝，段解）

不侮，敬也。令弟子辭，所謂無憮、無傲、無偝立、無踰言者也。（段解）

曾孫維主，酒醴維醹。酌以大斗，以祈黃耇。

此詩作於成王之時，則蓋謂成王也。而說者於他詩所謂曾孫，皆以為成王，則誤矣。（呂記，段解）

祈黃耇，頌禱之辭。按古器物款識多此語，如云「用蘄萬壽」、「用蘄眉壽，永命多福」、「用蘄眉壽，萬年無疆」，皆此類也。（呂記，段解）

黃耇台背，以引以翼。壽考維祺，以介景福。

既醉

大平也。醉酒飽德，人有士君子之行焉。

序亦與詩不協，疑此詩乃族人相宴答行葦之詩，若小雅之天保云耳。族人親親，故所以視王皆室家子孫之事。（段解）

既醉以酒，既飽以德。君子萬年，介爾景福。

德，王之德也。（呂記，嚴緝，段解）

爾，亦指王也。（呂記，段解）

既醉以酒，爾殽既將。君子萬年，介爾昭明。

將，亦奉持而進之意。（呂記，嚴緝，段解）

昭明有融，高朗令終。令終有俶，公尸嘉告。

融，明之盛也。春秋傳曰：「明而未融。」（呂記，嚴緝）

朗，虚明也。（呂記，嚴緝，段解）

令終，善終也。古器物銘云：「令終令命。」（呂記，嚴緝）

高朗而又令終，所謂攸好德、考終命也。（呂記，段解）

欲善其終者，必善其始。今固未終也，而既有其始矣，於是公尸又嘉告之。（呂記，段解）

其告維何？籩豆静嘉。朋友攸攝，攝以威儀。

朋友，指助祭者。（呂記，嚴緝，段解）

威儀孔時，君子有孝子。孝子不匱，永錫爾類。

孝子，主人之嗣子也。儀禮：「祭祀之終，有嗣舉奠。」（呂記，段解）

其類維何？室家之壼。君子萬年，永錫祚胤。

祚，福也。胤，子孫也。錫之以善，孰大於此。（呂記，段解）

其胤維何？天被爾禄。君子萬年，景命有僕。

言將使爾有子孫者，先當使爾被天禄，而為天命之所附屬。下章乃言子孫之事。（段解，呂記）

其僕維何？釐爾女士。釐爾女士，從以孫子。

鳧鷖

守成也。大平之君子，能持盈守成，神祇祖考安樂之也。

鳧鷖在涇，公尸來燕來寧。爾酒既清，爾殽既馨。公尸燕飲，福禄來成。

興也。（呂記，段解）

鳧鷖在沙，公尸來燕來宜。爾酒既多，爾殽既嘉。公尸燕飲，福禄來為。

鳧鷖在渚，公尸來燕來處。爾酒既湑，爾殽伊脯。公尸燕飲，福禄來下。

鳧鷖在潨，公尸來燕來宗。既燕于宗，福禄攸降。公尸燕飲，福禄來崇。

鳧鷖在亹，公尸來止熏熏。旨酒欣欣，燔炙芬芳。公尸燕飲，無有後艱。

假樂

嘉成王也。

假樂君子，顯顯令德。宜民宜人，受禄于天。保右命之，自天申之。

假，中庸、春秋傳皆作嘉。（段解）

天之於成王，反覆眷顧之不厭，既保之右之命之，而又申重之也。（呂記，段解）

干禄百福，子孫千億。穆穆皇皇，宜君宜王。不愆不忘，率由舊章。

威儀抑抑，德音秩秩。無怨無惡，率由群匹。受福無疆，四方之綱。

群匹，群臣也。（呂記，段解）

之綱之紀，燕及朋友。百辟卿士，媚于天子。不解於位，民之攸塈。

燕，安也。言人君能綱紀四方，而臣下賴之以安。（嚴緝）

百辟卿士，媚而愛之，維欲其不解於位，而為民所安息也。（呂記，段解）

公劉

召康公戒成王也。成王將涖政，戒以民事，美公劉之厚于民，而獻是詩也。

篤公劉，匪居匪康。迺埸迺疆，迺積迺倉。迺裹餱糧，于橐于囊。思輯用光，弓矢斯張，干戈戚揚，爰方啟行。

積，露積也。（呂記，嚴緝，段解）

方，猶始也。（呂記，嚴緝，段解）

言厚哉公劉之於民也，其在西戎，不敢寧居，以治其田疇，實其倉廩，既富且强，迺裹其餱糧，思以輯和其人民，而光顯其國家，於是以其弓矢斧鉞之備，爰始啟行，而遷國於豳焉。（呂記，段解）

篤公劉，于胥斯原。既庶既繁，既順迺宣，而無永歎。陟則在巘，復降在原。何以舟之？維玉及瑶，鞞琫容刀。

順，猶安也。宣，居之徧也。維玉及瑶，鞞琫容刀，言公劉帶此佩而上下山原，而相邑居之所

也。（呂記，段解）

容刀，容飾之刀也。或曰：容刀如言容受，謂鞞琫之中容此刀也。（段解）

容刀，其中容刀也。（嚴緝）

此章言至豳而相土也。（呂記，段解）

篤公劉，逝彼百泉，瞻彼溥原。迺陟南岡，乃覯于京。京師之野，于時處處，于時廬旅，于時言言，于時語語。

京師，高丘而衆居之也。董氏：「所謂京師者起於此。其後世因以所都爲京師。曰『嬪于京』，『依其在京』，則岐周之京也。『王配于京』，則鎬京也。春秋所書京師，則洛邑也。皆仍其本號而稱之，猶晉之云新絳、故絳也。」愚按：洛邑亦謂之洛師，正京師之意也。於是言其所言，於是語其所語，無不於斯焉。（呂記）

篤公劉，于京斯依。蹌蹌濟濟，俾筵俾几。既登乃依，乃造其曹。執豕于牢。酌之用匏。食之飲之，君之宗之。

登，登筵。依，依几。（段解）

飲食其群臣，而群君之宗之也。（段解）

宗，主也。嫡子孫主祭祀，而族人尊之以爲主焉。（段解）

篤公劉，既溥既長，既景迺岡。相其陰陽，觀其流泉，其軍三單。度其隰原，徹田為糧。度其夕陽，豳居允荒。

溥，廣也。言其芟夷墾闢土地既廣而且長也。景，考日景以正四方也。岡，登高以望也。相，視也。陰陽，向背寒暖之宜也。流泉，水泉灌溉之利也。（段解）

徹，通也。一井之田九百畝，八家皆私百畝，同養公田，耕則通力而作，收則計畝而分也。周之徹法自此始，其後周公蓋因而修之耳。（段解）

民至此始受田有常産矣。（呂記，段解）

篤公劉，于豳斯館，涉渭為亂，取厲取鍛。止基迺理，爰衆爰有。夾其皇澗，遡其過澗。止旅迺密，芮鞫之即。

館，客舍也。（嚴緝）

此章總叙其所始終也。亂，舟之截流横渡者，涉渭取材而為之，以往來取厲取鍛也。厲，砥石也。鍛，鐵也。此言其始來居時，以此成民居及宫室也。既止基於此矣，乃疆理其田野，則日益繁庶富足。其居有夾澗者，有遡澗者。其止居之衆，日以益密，乃復即芮鞫而居之，豳地日以廣矣。（呂記）

泂酌

召康公戒成王也。言皇天親有德，饗有道也。

泂酌彼行潦，挹彼注兹，可以餴饎。豈弟君子，民之父母。

餴，蒸米一熟，而以水沃之，乃再蒸也。（呂記，段解）

遠酌彼行潦，挹之於彼，而注之於此，尚可以餴饎。豈弟君子，豈不為民之父母乎。民歸之如父母，則皇天親之饗之矣。（呂記，段解）

泂酌彼行潦，挹彼注兹，可以濯罍。豈弟君子，民之攸歸。

泂酌彼行潦，挹彼注兹，可以濯溉。豈弟君子，民之攸塈。

卷阿

召康公戒成王也。言求賢用吉士也。

有卷者阿，飄風自南。豈弟君子，來游來歌，以矢其音。

豈弟君子，指王也。矢，陳也。疑召公從成王遊於卷阿之上，而賦其事，因遂歌以為戒也。（呂記，段解）

伴奂爾游矣，優游爾休矣。豈弟君子，俾爾彌爾性，似先公酋矣。

伴奂、優游，閑暇之意。爾，皆指王也。（呂記，段解）

自此至第四章，皆極言壽考福禄之盛，以廣王心而歆動之。五章以後，乃告以所以致此之由也。（段解）

爾土宇昄章，亦孔之厚矣。豈弟君子，俾爾彌爾性，百神爾主矣。

或曰：昄，當作版。版章，猶版圖也。（段解）

百神爾主矣，為天地山川鬼神之主也。（呂記）

爾受命長矣，茀禄爾康矣。豈弟君子，俾爾彌爾性，純嘏爾常矣。

有馮有翼，有孝有德，以引以翼。豈弟君子，四方為則。

孝，謂能事親者。德，謂得於己者。引，導其前也。翼，相其左右也。（段解）

顒顒卬卬，如圭如璋，令聞令望。豈弟君子，四方為綱。

如圭如璋，純潔也。令聞，善譽也。令望，威儀可觀法也。（段解）

鳳皇于飛，翽翽其羽，亦集爰止。藹藹王多吉士，維君子使，媚于天子。

鳳皇于飛，則翽翽其羽，而集於所止矣。藹藹王多吉士，則維王之所使，而皆媚於天子矣。媚，媚愛也，非邪媚之謂也。（呂記，段解）

既曰君子，又曰天子，猶曰「王于出征，以佐天子」云爾。（段解）

鳳皇于飛，翽翽其羽，亦傅于天。藹藹王多吉人，維君子命，媚于庶人。

鳳皇鳴矣，于彼高岡。梧桐生矣，于彼朝陽。菶菶萋萋，雝雝喈喈。

興下章之事也。（呂記，段解）

朝陽，明顯之處也。（呂記）

君子之車，既庶且多。君子之馬，既閑且馳。矢詩不多，維以遂歌。

承上章之興也。菶菶萋萋，則雝雝喈喈矣。君子之車馬衆多，則亦足以待賢者矣。（呂記）

遂歌，蓋繼王之聲而遂歌，猶書所謂「賡載歌」也。（段解）

民勞

召穆公刺厲王也。

召穆公，康公之後，名虎。（呂記）

厲王，名胡，成王七世孫。（嚴緝）

民亦勞止，汔可小康。惠此中國，以綏四方。無縱詭隨，以謹無良。式遏寇虐，憯不畏明。柔遠能邇，以定我王。

賦也。（段解）

詭隨，不顧是非而妄隨人也。（呂記，段解）

謹，斂束之意。（段解）

能，順習也。（呂記，段解）

民亦勞止，汔可小休。惠此中國，以為民逑。無縱詭隨，以謹惛怓。式遏寇虐，無俾民憂。無棄爾勞，以為王休。

民亦勞止，汔可小息。惠此京師，以綏四國。無縱詭隨，以謹罔極。式遏寇虐，無俾作慝。敬慎威儀，以近有德。

民亦勞止，汔可小愒。惠此中國，俾民憂泄。無縱詭隨，以謹醜厲。式遏寇虐，無俾正敗。戎雖小子，而式弘大。

民亦勞止，汔可小安。惠此中國，國無有殘。無縱詭隨，以謹繾綣。式遏寇虐，無俾正反。王欲玉女，是用大諫。

正反，反於正也。（段解）

板

凡伯刺厲王也。

此詩切責其寮友用事之人，而義歸於刺王也。（段解）

上帝板板，下民卒癉。出話不然，為猶不遠。靡聖管管，不實於亶。猶之未遠，是用大諫。

世亂乃人所為，而曰上帝板板者，無所歸咎之辭耳。（段解）

不然，不合理也。（嚴緝）

其心以為不復有聖人，恣己妄行，無所依據，又不實之於誠信。（呂記，段解）

天使下民皆病，則反其常道矣。天降禍如此，可不慎哉。吾出話以誥之，厲王不以為然，而且肆於民上，其所謀皆不遠，惟耽樂於目前，不知禍之將至也。人苟知聖人之法度，則必戰戰兢兢，不敢苟作。其心既無聖人矣，則矯誣詐僞，何所不至哉。惟其謀猷如此不遠，我是用大諫也。（呂記）

天之方難，無然憲憲。天之方蹶，無然泄泄。辭之輯矣，民之洽矣。辭之懌矣，民之莫矣。

我雖異事，及爾同寮。我即爾謀，聽我囂囂。我言維服，勿以為笑。先民有言，詢于芻蕘。

天之方虐，無然謔謔。老夫灌灌，小子蹻蹻。匪我言耄，爾用憂謔。多將熇熇，不可救藥。

天之方懠，無為夸毗。威儀卒迷，善人載尸。民之方殿屎，則莫我敢葵。喪亂蔑資，曾莫惠我師。

夸，大也。毗，附也。小人之於人，不以大言夸之，則以諛言毗之。（嚴緝）

莫我敢葵，莫敢揆度其所以然。（段解）

天之牖民，如壎如篪，如璋如圭，如取如携。携無曰益，牖民孔易。民之多辟，無自立辟。

牖，開明也。猶言天啟其心也。（段解）

壎唱而篪和，璋判而圭合，取求相得而無所費，皆言其易然也。（段解）

辟，邪僻也。（段解）

言天之開民，其易如此，以明上之化下，其易如此也。（段解）

民既多邪僻矣，豈可又自立邪僻以導之耶。（段解）

价人維藩，大師維垣，大邦維屏，大宗維翰。懷德維寧，宗子維城。無俾城壞，無獨斯畏。

大邦，强國也。屏，樹也，所以為蔽也。（段解）

懷德維寧，則德是五者之助。不然，則乖離而城壞，城壞則藩垣屏翰皆壞而獨居，獨居而所可畏者至矣。（呂記，段解）

敬天之怒，無敢戲豫。敬天之渝，無敢馳驅。昊天曰明，及爾出王。昊天曰旦，及爾游衍。

王，往通，言出而有所往也。（段解）

衍，寬縱之意。（段解）

言天之聰明，無所不及，不可以不敬也。板板也，難也，蹶也，虐也，懠也，其怒而變也甚矣，而王之君臣不知敬也，亦知其有日監在兹者乎。（呂記，段解）

詩卷第十八

蕩之什三之三

蕩

召穆公傷周室大壞也。厲王無道，天下蕩蕩，無綱紀文章，故作是詩也。

蕩蕩上帝，下民之辟。疾威上帝，其命多辟。天生烝民，其命匪諶。靡不有初，鮮克有終。

疾威，猶暴虐也。（嚴緝）

諶，信也。天生衆民，其命有不可信者，其降命之初無不善者，而人少能以善道自終。是以致此大亂。蓋始為無所歸咎之辭，而卒自解之如此。（呂記，段解，嚴緝）

文王曰咨，咨女殷商，曾是彊禦，曾是掊克，曾是在位，曾是在服。天降滔德，女興是力。

靡究。

文王曰咨，咨女殷商，而秉義類，彊禦多懟。流言以對，寇攘式内。侯作侯祝，靡届

而，亦女也。義類，猶善道也。懟，怨也。（吕記，嚴緝，段解）

作，讀為詛。詛祝，怨謗也。（段解）

文王曰咨，咨女殷商，女炰烋于中國，斂怨以為德。不明爾德，時無背無側。爾德不明，以無陪無卿。

斂怨以為德，多為可怨之事而力行之也。（吕記，段解）

文王曰咨，咨女殷商，天不湎爾以酒，不義從式。既愆爾止，靡明靡晦。式號式呼，俾晝作夜。

天不使爾沉湎於酒，而惟不義之從也。式，用也，法也。（吕記，段解，嚴緝）

文王曰咨，咨女殷商，如蜩如螗，如沸如羹。小大近喪，人尚由乎行。内奰于中國，覃及鬼方。

文王曰咨，咨女殷商，匪上帝不時，殷不用舊。雖無老成人，尚有典刑。曾是莫聽，大命以傾。

不時，不善之時也。（嚴緝）

非上帝為此不善之時，但以殷不用舊，致此禍爾。老成人，舊臣。典刑，舊法也。（呂記，段解）

文王曰咨，咨女殷商，人亦有言，顛沛之揭。枝葉未有害，本實先撥。殷鑒不遠，在夏后之世。

抑

衛武公刺厲王，亦以自警也。

楚語：「左史倚相曰：『昔衛武公年數九十有五矣，猶箴儆於國曰：「自卿以下，至於師長士，苟在朝者，無謂我老耄而舍我，必恭恪於朝夕以交戒我。」在輿有旅賁之規，位寧有官師之典，倚几有誦訓之諫，居寢有暬御之箴，臨事有瞽史之導，宴居有師工之誦。史不失書，矇不失誦，以訓御之。」於是作懿戒以自儆。及其没也，謂之睿聖武公。』」然以年考之，武公即位於宣王之三十六年，不逮事厲王明甚。此云刺厲王者，蓋傷厲王之事，因自警省，而作此詩，使人誦之以自戒云爾。詩之所謂爾汝小子者，從誦者而指武公也。左史所云箴諫之辭，或即誦此詩耳。（段解）

抑抑威儀，維德之隅。人亦有言，靡哲不愚。庶人之愚，亦職維疾。哲人之愚，亦維斯戾。無競維人，四方其訓之。有覺德行，四國順之。訏謨定命，遠猶辰告。敬慎威儀，維民之則。

訏謨，大謀，謂不為一身之謀，而有天下之慮也。定，審定不改易也。命，號令也。遠圖，謂不為一時之計，而為長久之規也。（嚴緝）

告，戒也。辰告，謂以時播告也。（段解）

其在于今，興迷亂于政。顛覆厥德，荒湛于酒。女雖湛樂從，弗念厥紹。罔敷求先王，克共明刑。

紹，謂所繼之緒。（段解）

敷求先王，廣求先王所行之道也。（段解）

肆皇天弗尚，如彼泉流，無淪胥以亡。夙興夜寐，洒掃廷內，維民之章。修爾車馬，弓矢戎兵。用戒戎作，用逷蠻方。

弗尚，厭棄之也。天所不尚，則淪胥以亡，如泉流之易矣。言無者，戒之欲其不至是也。（呂記，段解）

戒，備戎兵。作，起。逷，遠也。（段解）

内自廷除之近，外及蠻方之遠，細而寢興洒掃之常，大而車馬戎兵之變，慮無不周，備無不飭也。（段解）

質爾人民，謹爾侯度，用戒不虞。慎爾出話，敬爾威儀，無不柔嘉。白圭之玷，尚可磨也。斯言之玷，不可為也。

不虞，不億度而至之禍也。（嚴緝，段解）

話，言也。（吕記，段解）

玉玷尚可磨，言語一失，莫能救之，其戒深切矣。（吕記，段解）

無易由言，無曰苟矣。莫捫朕舌，言不可逝矣。無言不讎，無德不報。惠于朋友，庶民小子。子孫繩繩，萬民靡不承。

易，輕易。（段解）

讎，答也。（吕記，嚴緝，段解）

承，奉也。（段解）

言語由己，易出而難反，常當執守，不可放去也。（段解）

若爾能惠於朋友，庶民小子，則子孫繩繩，而萬民靡不承而奉之矣。皆謹言之效也。（段解）

視爾友君子，輯柔爾顔，不遐有愆。相在爾室，尚不媿于屋漏，無曰不顯，莫予云覯。

神之格思，不可度思，矧可射思。

愆，過。尚，庶幾也。（段解）

相，視也。（嚴緝）

度，測。（段解）

言視爾友於君子之時，和樂爾之顔色，其戒懼之意常若自省曰：豈不至於有過乎。此言其修於顯也。然視爾獨居於室中之時，亦當庶幾不愧於屋漏，然後可爾，無曰：此非顯之處，而莫予見也。當知鬼神之妙，無物不體，其至於是，有不可得而測者，不顯亦臨，猶懼有失，況可厭射而不敬乎。此言不但修之於外，又當戒謹乎其所不睹，恐懼乎其所不聞，而謹其獨也，是則修之至也。（段解，吕記）

辟爾爲德，俾臧俾嘉。淑慎爾止，不愆于儀。不僭不賊，鮮不爲則。投我以桃，報之以李。彼童而角，實虹小子。

荏染柔木，言緡之絲。温温恭人，維德之基。其維哲人，告之話言，順德之行。其維愚人，覆謂我僭，民各有心。

荏染，柔貌。（段解）

基，本也。（段解）

於乎小子，未知臧否。匪手携之，言示之事。匪面命之，言提其耳。借曰未知，亦既抱子。民之靡盈，誰夙知而莫成？

人若不自盈滿，能受教戒，則豈有早知而反晚成者乎。（呂記，段解）

昊天孔昭，我生靡樂。視爾夢夢，我心慘慘。誨爾諄諄，聽我藐藐。匪用為教，覆用為虐。借曰未知，亦聿既耄。

夢夢，不明，亂意也。（段解）

諄諄，詳熟也。（段解）

於乎小子，告爾舊止。聽用我謀，庶無大悔。天方艱難，曰喪厥國。取譬不遠，昊天不忒。回遹其德，俾民大棘。

庶，幸。悔，恨。（段解）

遹，僻。（段解）

我之取譬，夫豈遠哉，觀天道禍福之不差，則知之矣。（段解）

桑柔

芮伯刺厲王也。

菀彼桑柔，其下侯旬。捋采其劉，瘼此下民。不殄心憂，倉兄填兮。倬彼昊天，寧不我矜？

倉兄，與愴怳同，悲憫之意。（段解）

填，病也。（段解）

四牡騤騤，旟旐有翩。亂生不夷，靡國不泯。民靡有黎，具禍以燼。於乎有哀，國步斯頻。

步，猶運也。頻，急蹙。（段解）

國步蔑資，天不我將。靡所止疑，云徂何往？君子實維，秉心無競。誰生厲階，至今為梗。

蔑，滅。（段解）

資與咨同，嗟嘆聲。（段解）

疑，讀如儀禮「疑立」之疑，定也。此本毛音。（段解）

疑，音屹，魚乞反。（嚴緝）

徂，亦往也。云徂耳，而果何所往也。（呂記，段解）

憂心慇慇，念我土宇。我生不辰，逢天僤怒。自西徂東，靡所定處。多我覯痻，孔棘我圉。

土，鄉。宇，居。（段解）

覯，見。（段解）

棘，急。（段解）

為謀為毖，亂況斯削。告爾憂恤，誨爾序爵。誰能執熱，逝不以濯。其何能淑，載胥及溺。

序爵，辨別賢否之道也。（呂記，段解）

如彼遡風，亦孔之僾。民有肅心，荓云不逮。好是稼穡，力民代食。稼穡維寶，代食維好。

天降喪亂，滅我立王。降此蟊賊，稼穡卒痒。哀恫中國，具贅卒荒。靡有旅力，以念穹蒼。

滅我立王，滅我所立之王。（呂記）

贅，言危也。春秋傳曰：「君若贅旒然。」與此贅同。（呂記，嚴緝，段解）

旅，與膂同。（呂記，段解）

言天降喪亂，固以滅我所立之王矣；又降此蟊賊，則我之稼穡又病矣。哀此中國皆危盡荒，

是以圍困之極，無力以念天禍也。（段解，呂記）

卒狂。

維此惠君，民人所瞻。秉心宣猶，考慎其相。維彼不順，自獨俾臧。自有肺腸，俾民

相，輔也。（段解）

狂，惑也。（呂記，段解）

順者，順於義理也。夫心之所同然者，理也，義也。合乎此，則天下莫不以為善，而豈一己獨見之私哉。（段解）

自獨俾臧，自以為善也。自有肺腸，自有意見也。（呂記，段解）

瞻彼中林，甡甡其鹿。朋友已譖，不胥以穀。人亦有言，進退維谷。

興也。甡甡，衆多并行之貌。譖，不信。（段解）

維此聖人，瞻言百里。維彼愚人，覆狂以喜。匪言不能，胡斯畏忌？

賦也。下同。（段解）

我非不能言也，如此畏忌何，言王暴虐，人不敢諫也。（呂記，段解）

維此良人，弗求弗迪。維彼忍心，是顧是復。民之貪亂，寧為荼毒。

忍，残忍。顧，念。復，重。（段解）

荼，苦菜。味苦，氣辛，能殺物，故謂之荼毒也。（段解）

大風有隧，有空大谷。維此良人，作為式穀。維彼不順，征以中垢。

穀，善也。（段解）

中，隱暗。垢，污穢也。（段解）

以興下文。君子小人所行，亦各有道。（段解）

大風有隧，貪人敗類。聽言則對，誦言如醉。匪用其良，覆俾我悖。

悖，眊也。（段解）

由王不用善人，而反使我悖眊也。厲王説榮夷公，芮良夫曰：「王室其將卑乎？」夫榮公好專利，而不備大難。夫利，百物之所生也，天地之所載也，而或專之，其害多矣。此詩所謂貪人，其榮公也歟？芮伯之憂，非一日矣。（段解，嚴緝）

嗟爾朋友，予豈不知而作？如彼飛蟲，時亦弋獲。既之陰女，反予來赫。

朋友，寮友也。（嚴緝）

時亦一獲，言彼之所言，亦必有中也。（吕記）

赫，威怒之貌。（段解）

我以此言告女，是往陰覆於女，女反來加赫然之怒於己也。（段解）

民之罔極，職涼善背。為民不利，如云不克。民之回遹，職競用力。

民之罔極，民之貪亂，而不知所止。（嚴緝）

職，專也。（呂記）

善背，工為反覆。（嚴緝，段解）

回遹，邪僻也。民之所以貪亂不知止者，由此善背之人為民所不利之事，如恐不勝而力為之也。民之所以邪僻者，由此輩競用力而然也。反覆其言，所以深惡之也。（段解，呂記）

民之未戾，職盜為寇。涼曰不可，覆背善詈。雖曰匪予，既作爾歌。

雖汝能自文飾，言此亂非我所致，然我已作爾歌矣。言已得其情，其事已著明，不可掩覆也。（呂記，段解）

雲漢

仍叔美宣王也。宣王承厲王之烈，内有撥亂之志，遇烖而懼，側身修行，欲銷去之。天下喜於王化復行，百姓見憂，故作是詩也。

烈，暴虐也。（呂記，段解）

百姓見憂，恤於王也。（段解）

倬彼雲漢，昭回于天。王曰於乎，何辜今之人，天降喪亂，饑饉薦臻。靡神不舉，靡愛斯牲，圭璧既卒，寧莫我聽？

夜晴則天河明。（呂記）

昭回于天，言其光隨天而轉也。薦，讀曰荐，重也。（段解）

圭璧，禮神之玉也。（段解）

靡神不舉，所謂國有凶荒，則索鬼神而祭之也。（段解）

旱既大甚，藴隆蟲蟲。不殄禋祀，自郊徂宫。上下奠瘞，靡神不宗。后稷不克，上帝不臨。耗斁下土，寧丁我躬？

藴，蓄。隆，盛。（段解）

殄，絶。郊，祀天地。宫，宗廟也。（段解）

克，勝也。言稷欲救此旱災，而不能勝也。臨，享也。（段解）

稷，以親言；帝，以尊言。（段解）

旱既大甚，則不可推。兢兢業業，如霆如雷。周餘黎民，靡有孑遺。昊天上帝，則不我遺。胡不相畏，先祖于摧。

如霆如雷，言畏之甚也。（段解）

遺，餘也。摧，滅也。（段解）

孑然，盡貌。言大亂之後，周之餘民，僅有遺者。而上天又降旱災，使孑然而無復有遺。（呂記，段解）

旱既大甚，則不可沮。赫赫炎炎，云我無所。大命近止，靡瞻靡顧。群公先正，則不我助。父母先祖，胡寧忍予？

無所，無所容也。大命近止，死將至也。瞻，仰。顧，望也。（段解）

於群公先正，但言其不見助。至父母先祖，則以恩望之矣，所謂垂涕泣而道之也。（段解）

旱既大甚，滌滌山川。旱魃為虐，如惔如焚。我心憚暑，憂心如熏。群公先正，則不我聞。昊天上帝，寧俾我遯？

憚，勞也，畏也。（段解）

遯，逃也。（段解）

天以己無德而下旱災，何若使我遯去而雨此下民乎。（段解）

旱既大甚，黽勉畏去。胡寧瘨我以旱，憯不知其故。祈年孔夙，方社不莫。昊天上帝，則不我虞。敬恭明神，宜無悔怒。

黽勉畏去，出無所至也。（段解）

憯，曾也。（段解）

旱既大甚，散無友紀。鞫哉庶正，疚哉冢宰。趣馬師氏，膳夫左右，靡人不周，無不能止。瞻卬昊天，云如何里。

友紀，猶言綱紀。（段解）

冢宰，又衆長之長也。趣馬，掌馬之官。師氏，掌以兵守王門者。膳夫，掌食之官也。周，救也。（段解）

里，與漢書季布傳「無俚」之俚同，當為無聊賴之義。（呂記，段解）

瞻卬昊天，有嘒其星。大夫君子，昭假無贏。大命近止，無棄爾成。何求為我，以戾庶正。瞻卬昊天，曷惠其寧？

嘒，明貌。（段解）

大夫君子所以竭其精誠，而助王昭假于天者，已無餘矣。雖今死亡將近，然不可以棄其前功，當益求其所以昭假于上者而修之。若此者，非求為我之一身爾，乃所以定衆正也。瞻卬昊天，果何時而惠我以安寧乎。（呂記，段解）

崧高

尹吉甫美宣王也。天下復平，能建國親諸侯，褒賞申伯焉。

申，國名。（嚴緝）

申伯出封於謝，尹吉甫送其行之詩也。（段解）

崧高維嶽，駿極于天。維嶽降神，生甫及申。維申及甫，維周之翰。四國于蕃，四方于宣。

甫，甫侯也，即穆王時作呂刑者。或曰：此是宣王時人，而作呂刑者之子孫也。申，申伯也。皆姜姓之國也。（段解）

嶽山高大，而降其神靈和氣，以生甫侯、申伯，實能為周家楨幹屏蔽，而宣其德澤於天下也。蓋申伯之先，神農之後，為唐虞四嶽，總領方嶽諸侯，而奉嶽神之祭，能修其職，嶽神享之。故此詩推本申伯之所以生，以為嶽降神而為之也。（段解）

亹亹申伯，王纘之事。于邑于謝，南國是式。王命召伯，定申伯之宅。登是南邦，世執其功。

邑，國都之處也。（段解）

謝，在今鄧州南陽縣，是在洛邑之南也。作邑於謝，蓋申伯本國近謝。（段解）

召伯，穆公虎也。（段解）

世執其功，言使申伯後世常守其功也。（段解）

王命申伯，式是南邦。因是謝人，以作爾庸。王命召伯，徹申伯土田。王命傅御，遷其私人。

傅御，申伯家臣之長。私人，家臣。漢明帝送侯印與東王蒼諸子，而以手詔賜其國中傅。蓋古制如此。（段解）

申伯之功，召伯是營。有俶其城，寢廟既成。既成藐藐，王錫申伯。四牡蹻蹻，鉤膺濯濯。

王遣申伯，路車乘馬。我圖爾居，莫如南土。錫爾介圭，以作爾寶。往近王舅，南土是保。

申伯信邁，王餞于郿。申伯還南，謝于誠歸。王命召伯，徹申伯土疆。以峙其粻，式遄其行。

郿，在鎬京之西，岐周之東。（呂記）

郿，在今鳳翔府郿縣。（段解）

峙，積也。（段解）

申伯番番，既入于謝。徒御嘽嘽，周邦咸喜，戎有良翰。不顯申伯，王之元舅，文武是憲。

嘽嘽者，衆盛也。（呂記，嚴緝，段解）

元，長。憲，法也。（段解）

申伯之德，柔惠且直。揉此萬邦，聞于四國。吉甫作誦，其詩孔碩，其風肆好，以贈申伯。

揉，治也。（段解）

烝民

尹吉甫美宣王也。任賢使能，周室中興焉。

仲山甫奉使築城於齊，尹吉甫送其行，而作是詩也。（段解）

天生烝民，有物有則。民之秉彝，好是懿德。天監有周，昭假于下。保茲天子，生仲山甫。

秉，執也。昭，明也。保，祐也。（段解）

昭假于下，言周能以明德感格于天而在下也。（呂記）

是乃民所執之常性，故其情無不好此美德者。而況天之監視有周，能以昭明之德感格于下，故保祐之而為之生此賢佐，曰仲山甫焉。則所以鍾其秀氣而全其英德者，又非特如凡民而已也。（段解）

仲山甫之德，柔嘉維則。令儀令色，小心翼翼。古訓是式，威儀是力。天子是若，明命使賦。

王命仲山甫，式是百辟。纘戎祖考，王躬是保。出納王命，王之喉舌。賦政于外，四方爰發。

出，承而布之也；納，行而復之也。喉舌，所以出言也。（呂記，段解，嚴緝）

王躬是保，謂保其身體者也。然則仲山甫蓋以冢宰兼太保，而太保亦其世官也歟？（段解）

肅肅王命，仲山甫將之。邦國若否，仲山甫明之。既明且哲，以保其身。夙夜匪解，以事一人。

肅肅，嚴也。（段解）

明，謂明於理。哲，謂察於事。保身，蓋順理以守身，非趨利避害而偷以全軀之謂也。（段解，嚴緝）

解，怠也。一人，天子也。（段解）

人亦有言，柔則茹之，剛則吐之。維仲山甫，柔亦不茹，剛亦不吐。不侮矜寡，不畏彊禦。

人亦有言，世俗之言也。茹，納也。（段解）

不茹柔，故不侮矜寡；不吐剛，故不畏彊禦。以此觀之，則仲山甫之柔嘉，非軟美之謂，而其保身未嘗枉道以狥人可知矣。（段解）

人亦有言，德輶如毛，民鮮克舉之。我儀圖之，維仲山甫舉之，愛莫助之。袞職有闕，維仲山甫補之。

儀，度也。我於是而謀度其能，舉之者惟仲山甫而已。（呂記，段解）

言人皆言德甚輕而易舉，然人莫能舉也。我於是謀度其能舉之者，則維仲山甫而已。然以我之不能舉也，故雖愛之，而不能有以助之。（段解）

為德在己舉之，則是人雖愛之，而曷由助之乎。（段解）

其德如是，故能補袞職之闕。孟子曰：「惟大人為能格君心之非。」仲山甫有焉。（呂記）

仲山甫出祖，四牡業業，征夫捷捷，每懷靡及。四牡彭彭，八鸞鏘鏘。王命仲山甫，城彼東方。

業業，健貌。捷捷，疾貌。（段解）

四牡騤騤，八鸞喈喈。仲山甫徂齊，式遄其歸。吉甫作誦，穆如清風。仲山甫永懷，以慰其心。

式遄其歸，不欲其久於外也。穆，深長也。永懷，既行而有所懷思也。（吕記）

韓奕

尹吉甫美宣王也。能錫命諸侯。

奕奕梁山，維禹甸之，有倬其道。韓侯受命，王親命之。纘戎祖考，無廢朕命。夙夜匪解，虔共爾位，朕命不易。榦不庭方，以佐戎辟。

梁山，韓之鎮也。韓，國名。侯爵受命，蓋即位除喪，以士服入見天子，而聽命也。纘，繼也。（段解）

虔，敬也。易，改也。朕命不易，猶所謂朕言不再也。榦，正也。不庭方，不來庭之方也。（段解）

韓侯初立，來朝始受王命而歸，詩人作此詩以送之。（段解）

此又戒之以修其職業之辭。（段解）

四牡奕奕，孔修且張。韓侯入覲，以其介圭，入覲于王。王錫韓侯，淑旂綏章，簟茀錯衡，玄袞赤舄，鉤膺鏤鍚，鞹鞃淺幭，鞗革金厄。

覲禮執圭贄，所以合瑞也。（呂記，段解）

介圭，封介也，執之以為贄，以合瑞於王也。（段解）

韓侯出祖，出宿于屠。顯父餞之，清酒百壺。其殽維何？炰鱉鮮魚。其蔌維何？維筍及蒲。其贈維何？乘馬路車。籩豆有且，侯氏燕胥。

胥，辭也。（呂記）

韓侯取妻，汾王之甥，蹶父之子。韓侯迎止，于蹶之里。百兩彭彭，八鸞鏘鏘，不顯其光。諸娣從之，祁祁如雲。韓侯顧之，爛其盈門。

如雲，衆而美也。言韓侯既覲而還，遂以迎親也。（段解，呂記）

蹶父孔武，靡國不到。為韓姞相攸，莫如韓樂。孔樂韓土，川澤訏訏，魴鱮甫甫，麀鹿噳噳，有熊有羆，有貓有虎。慶既令居，韓姞燕譽。

韓姞，蹶父之子，韓侯妻也。（段解）

相攸，擇可嫁之所也。（段解）

慶，喜。令，善。喜其有此善居也。（呂記，段解）

燕，安；譽，樂也。（段解）

溥彼韓城，燕師所完。以先祖受命，因時百蠻。王錫韓侯，其追其貊。奄受北國，因以其伯。實墉實壑，實畝實籍。獻其貔皮，赤豹黄羆。

董氏曰：「燕，召公之國也。」疑韓初封時，王命以其衆為築此城也。（吕記）

燕，召公之國也。韓初封時，召公為司空，王命以其衆為築此城，如召伯營謝、山甫城齊、春秋諸侯城邢、城楚丘、城緣陵、城杞之類皆合。諸侯為之霸，令尚如此，則周之盛時命燕城韓，固常政也。（嚴緝，段解）

江漢

尹吉甫美宣王也。能興衰撥亂，命召公平淮夷。

江漢浮浮，武夫滔滔。匪安匪遊，淮夷來求。既出我車，既設我旟。匪安匪舒，淮夷來鋪。

浮浮，水盛貌。滔滔，順流貌。淮夷，夷之在淮上者也。（段解）

鋪，陳師以伐之也。（吕記，段解，嚴緝）

江漢湯湯，武夫洸洸。經營四方，告成于王。四方既平，王國庶定。時靡有争，王心載寧。

此章言既伐而成功也。（段解）

江漢之滸，王命召虎，式辟四方，徹我疆土。匪疚匪棘，王國來極。于疆于理，至于南海。

極，中之表也。居中而為四方所取正也。（段解）

此下四章，皆述王册命召穆公與公復於王之辭，首尾大抵類今人所藏古器物銘識。蓋古人文字之常體也。再言江漢之滸者，繫上事起下事也。（吕記，段解）

但使其來取正于王國而已。（段解）

王命召虎，來旬來宣。文武受命，召公維翰。無曰予小子，召公是似。肇敏戎公，用錫爾祉。

自江漢之滸言之，故曰來。言王命召虎來此江漢之滸，徧治其事以布王命。（吕記，段解）

翰，幹。予小子，王自稱也。（段解）

但自以為似女召公之事耳。（段解）

公，功也。我是以嘉女之功，而錫女以福。（段解）

釐爾圭瓚，秬鬯一卣。告于文人，錫山土田。于周受命，自召祖命。虎拜稽首，天子萬年。

古者爵人，必於祖廟，示不敢專也。又使往受命於岐周，從其祖康公受命於文王之所，以寵異之。（段解）

先祖之有文德者，謂文王也。又告於文人而錫之。（嚴緝）

虎拜稽首，對揚王休。作召公考，天子萬壽。明明天子，令聞不已。矢其文德，洽此四國。

作召公考，當闕之以俟智者。（呂記）

言穆公既受賜，遂答稱天子之美命，作康公之廟器，而勒王册命之辭，以考其成，且祝天子以萬壽也。古器物銘云：「郲拜稽首，敢對揚天子休命，用作朕王考。龔伯尊敦，郲其眉壽，萬年無疆。」語正相類。但彼自祝其壽，而此祝君壽耳。（段解）

既又美其君之令聞而進之以不已，勸其君以文德，而不欲其極意於武功。古人愛君之心，於此可見矣。（段解）

明明天子，令聞不已。矢其文德，洽此四國。此召虎所以稱願其君之辭，言武功之不可恃，亦所以戒之也。（呂記，段解）

常武

召穆公美宣王也。有常德以立武事，因以為戒然。

詩中無常武字，召穆公特名其篇。蓋有二義：有常德以立武，則可；以武為常，則不可。此所以有美而有戒也。（呂記，嚴緝，段解）

赫赫明明，王命卿士，南仲大祖。大師皇父，整我六師，以修我戎。既敬既戒，惠此南國。

卿士，即皇甫之官也。（段解）

大祖，始祖也。大師，皇父之兼官也。（段解）

戎，兵器也。（段解）

王謂尹氏，命程伯休父，左右陳行，戒我師旅。率彼淮浦，省此徐土。不留不處，三事就緒。

鄭氏曰：「三農之事，皆就其業。」三農，上中下農夫也。（呂記，嚴緝，段解）

徐土，徐州之土，淮北之夷也。下章所謂徐方、徐國，亦即此爾。上章既命皇父，而此章又命程伯休父者，蓋王親命太師，以三公出將，而謂内史命司馬以六卿副之耳。（呂記，段解）

赫赫業業，有嚴天子。王舒保作，匪紹匪遊。徐方繹騷，震驚徐方。如雷如霆，徐方震驚。

嚴，威也。（段解）

王舒保作，言王師舒徐而安行也。（段解）

繹，連絡也。（呂記，嚴緝，段解）

騷，擾動也。（嚴緝）

王奮厥武，如震如怒。進厥虎臣，闞如虓虎。鋪敦淮濆，仍執醜虜。截彼淮浦，王師之所。

進，鼓而進之也。（呂記，嚴緝，段解）

闞，奮怒之貌。虓，虎之自怒也。鋪，布其師旅也。敦，厚，集其陳也。（段解）

仍，就也。老子曰：「攘臂而仍之。」截彼淮浦，王師之所，截然不可犯之貌。（呂記，段解）

王旅嘽嘽，如飛如翰，如江如漢。如山之苞，如川之流。緜緜翼翼，不測不克，濯征徐國。

嘽嘽，衆盛貌。（嚴緝）

翰，羽也。（段解）

不測，不可知也。不克，不可勝也。（呂記）

王猶允塞，徐方既來。徐方既同，天子之功。四方既平，徐方來庭。徐方不回，王曰還歸。

塞，充塞也。（呂記，嚴緝，段解）

還歸，班師而歸也。（段解）

於是王命班師矣。言王道甚大，而遠方懷之，非獨兵威然也。所謂「有常德以立武事，因以為戒」者此也。（呂記，段解）

瞻卬

凡伯刺幽王大壞也。

瞻卬昊天，則不我惠。孔填不寧，降此大厲。邦靡有定，士民其瘵。蟊賊蟊疾，靡有夷屆。罪罟不收，靡有夷瘳。

厲，亂也。（呂記，段解）

人有土田，女反有之。人有民人，女覆奪之。此宜無罪，女反收之。彼宜有罪，女覆說之。

哲夫成城，哲婦傾城。懿厥哲婦，為梟為鴟。婦有長舌，維厲之階。亂匪降自天，生自婦人。匪教匪誨，時維婦寺。

傾，覆也。（呂記，段解）

鞫人忮忒，譖始竟背。豈曰不極，伊胡為慝？如賈三倍，君子是識。婦無公事，休其蠶織。

賈，居貨者也。三倍，獲利之多也。（段解）

天何以刺？何神不富？舍爾介狄，維予胥忌。不弔不祥，威儀不類。人之云亡，邦國殄瘁。

今王遇烖而不弔，不慎其威儀，又無善人以輔之，則國之殄瘁宜矣。（呂記，段解）

天之降罔，維其優矣。人之云亡，心之憂矣。天之降罔，維其幾矣。人之云亡，心之悲矣。

觱沸檻泉，維其深矣。心之憂矣，寧自今矣？不自我先，不自我後，藐藐昊天，無不克鞏。無忝皇祖，式救爾後。

藐藐，高遠貌。鞏，固也。言天雖高遠，然仁愛人君，無不鞏固其命。（呂記，嚴緝）

召旻

凡伯刺幽王大壞也。「旻」，閔也，閔天下無如召公之臣也。

此刺幽王任用小人，以致饑饉侵削之詩也。（段解）

因其首章稱旻天，卒章稱召公，故謂之「召旻」，以別「小旻」而已。序云：「旻，閔也，閔天下無如召公之臣。」蓋以衍説矣。（嚴緝）

旻天疾威，天篤降喪。瘨我饑饉，民卒流亡，我居圉卒荒。

居，國中也。（呂記）

天降罪罟，蟊賊内訌。昏椓靡共，潰潰回遹，實靖夷我邦。

昏椓，昏亂椓喪之人也。（呂記、段解）

靡共，無肯共敬於職事。（段解）

靖，治。夷，平也。此言蟊賊昏椓者，皆潰亂邪僻之人，而王乃使之治平我邦，所以致亂也。（段解）

皋皋訿訿，曾不知其玷。兢兢業業，孔填不寧，我位孔貶。

皋皋，頑慢之意。玷，闕也。填，病也。（段解）

小人在位，自不知其缺也。（呂記）

言小人在位，所為如此，而王不知其闕，至於戒謹恐懼，甚病而不寧者，其位乃更貶黜。其顛倒錯亂之甚如此。（段解）

如彼歲旱，草不潰茂。如彼棲苴，我相此邦，無不潰止。

相，視。水中浮草，棲於木上者，言枯槁無潤澤也。（段解）

維昔之富，不如時；維今之疚，不如茲。彼疏斯粺，胡不自替，職兄斯引。

時，是也。（段解）

昔之富，未嘗若今之疚也；今之疚，未有若此之甚也。（呂記，段解）

疏，糲也。粺，則精矣。（段解）

曷不自替，以避君子乎，而使我心專為此故，至於愴怳引長，而不能自已也。（段解）

池之竭矣，不云自頻？泉之竭矣？不云自中？溥斯害矣，職兄斯弘。不烖我躬？

弘，大也。言禍亂有所從起，而今不云然也。此其為害亦已廣矣，是使我心專為此故，至於愴怳日益弘大，而早夜憂之曰：是豈不烖及我躬也乎。（段解）

小人猶復專益大之，是豈不烖及我躬乎。（呂記）

昔先生受命，有如召公。日辟國百里，今也日蹙國百里。於乎哀哉，維今之人，不尚有舊？

今，謂幽王之時。蹙國，蓋犬戎内侵，諸侯外叛也。又歎息哀痛而言：今世雖亂，豈不猶有舊德之人可用哉。言有之而不用耳。（段解）

詩卷第十九

頌四

周頌清廟之什四之一

周頌三十一篇，多周公所定。周頌多不協韻，未詳其論。（嚴緝）

清廟

祀文王也。周公既成洛邑，朝諸侯，率以祀文王焉。

王在新邑，祭烝歲，文王騂牛一，武王騂牛一，實周公攝政之七年，而此其升歌之辭也。（嚴緝）

書大傳曰：「周公升歌清廟。苟在廟中，嘗見文王者，愀然如復見文王焉。」（呂記）

於穆清廟，肅雝顯相。濟濟多士，秉文之德。對越在天，駿奔走在廟。不顯不承，無射於人斯。

穆，又有深遠之意。（呂記）

駿，大而疾也。（呂記）

洋洋乎，如在其上，如在其左右，是對越其在天者。（呂記）

承，謂見尊奉也。斯，語辭也。（呂記，嚴緝）

維天之命

太平告文王也。

維天之命，於穆不已。於乎不顯，文王之德之純。假以溢我，我其收之。駿惠我文王，曾孫篤之。

溢，盈而被於物也。收，受也。言文王之德大而被及於我，我既受之矣。（呂記，嚴緝）

曾孫篤之，後王又當篤厚之而不忘也。（呂記）

維清

奏象舞也。

祭統曰：「下而管象。」豈所謂南籥者歟？（呂記）

維清緝熙，文王之典。肇禋，迄用有成，維周之禎。

清，清明也。（嚴緝）

此清明而緝熙者，文王之典也。（呂記）

烈文

成王即政，諸侯助祭也。

烈文辟公，錫茲祉福。惠我無疆，子孫保之。無封靡于爾邦，維王其崇之。念茲戎功，繼序其皇之。無競維人，四方其訓之。不顯維德，百辟其刑之。於乎前王不忘。

諸侯賜此福祉。（嚴緝）

封，專利以自封殖。靡，侈也。（嚴緝）

崇，尊尚也。（呂記）

皇，大也。（呂記，嚴緝）

天作

祀先王先公也。

天作高山，大王荒之。彼作矣，文王康之。彼徂矣，岐有夷之行，子孫保之。

昊天有成命

郊祀天地也。

昊天有成命，二后受之。成王不敢康，夙夜基命宥密。於緝熙，單厥心，肆其靖之。

宥，宏深也。密，静密也。天將祚周以天下，既有成命矣，文武受之，將成其王業，不敢康寧，夙夜積德，以為受命之基者，至深遠矣，又續而廣之，盡其心以定天命也。（呂記）

我將

祀文王於明堂也。

程子曰：「萬物本乎天，人本乎祖，故冬至祭天，而祖配之，以冬至氣之始也。萬物成形於帝，而人成形於父，故季秋享帝，而以父配之，以季秋物成之時也。」（呂記）

我將我享，維羊維牛，維天其右之。儀式刑文王之典，日靖四方。伊嘏文王，既右饗之。我其夙夜，畏天之威，于時保之。

夙夜畏天之威，然後天命可以長保矣。（呂記）

時邁

巡守告祭柴望也。

國語云：「金奏肆夏、樊遏、渠，天子以饗元侯也。」即春官鍾師九夏之三也。呂叔玉云：「肆夏，時邁也。樊遏，執競也。渠，思文也。」（嚴緝）

時邁其邦，昊天其子之，實右序有周。薄言震之，莫不震疊。懷柔百神，及河喬嶽。允王維后，明昭有周，式序在位。載戢干戈，載櫜弓矢。我求懿德，肆于時夏，允王保之。

天其子我乎哉，蓋不敢必也。（嚴緝）

則又曰：明昭乎有周也，其巡守則以慶讓黜陟之典，式序諸侯之在位者。斂其甲兵而收藏之，與為休息。又益求懿德之行而修之，使廣被乎中國，則信乎能保天下矣。（呂記）

執競

祀武王也。

執競武王，無競維烈。不顯成康，上帝是皇。自彼成康，奄有四方，斤斤其明。鍾鼓喤喤，磬筦將將，降福穰穰。降福簡簡，威儀反反。既醉既飽，福禄來反。

武王持其自强不息之心，故其功烈之盛，天下莫得而競，此其所以成大功而安之。（呂記）

思文

后稷配天也。

思文后稷，克配彼天。立我烝民，莫匪爾極。貽我來牟，帝命率育。無此疆爾界，陳常于時夏。

思，語辭也。文，文德也。（嚴緝）

克配彼天，言其播種之功可以配天也。（呂記）

后稷貽我民以來牟之種。（呂記）

陳其君臣父子之常道。（嚴緝）

周頌臣工之什四之二

臣工

諸侯助祭，遣于廟也。

嗟嗟臣工，敬爾在公。王釐爾成，來咨來茹。嗟嗟保介，維莫之春，亦又何求，如何新畬？於皇來牟，將受厥明。明昭上帝，迄用康年。命我衆人，庤乃錢鎛，奄觀銍艾。

臣工，諸侯之羣臣百工也。（嚴緝）

在公，凡公家之事也。（呂記）

保介者，蓋保其君而戒之也。鄭氏據月令「天子親載耒耜，措之於參保介之御間。」以為車右衣甲持兵，故曰保介。按呂氏春秋亦有此文，高誘注云：「保介，副也。」鄭氏之説迂晦，不若高誘之明白。暮春，在夏正為建辰之月，在周正為建寅之月。然先儒謂商周雖改正朔，特以是月為歲首，至於朝聘烝享，猶用夏正。祭用仲月，則春祠，宜在建卯之月，祭畢遣之，時春已向暮，農事不可緩也。（呂記，嚴緝）

保介，見月令、呂覽，其説不同，然皆為耤田而言。（嚴緝）

既又問之曰：今既暮春矣，爾之田事如何哉。（呂記，嚴緝）來牟，當夏而熟，且將受上帝之明賜也。（嚴緝，呂記）艾、刈同，穫也。（呂記）

噫嘻

春夏祈穀于上帝也。

噫嘻成王，既昭假爾。率時農夫，播厥百穀。駿發爾私，終三十里。亦服爾耕，十千維耦。

既昭假爾，昭格上帝。（嚴緝）

言我之成其王業，既昭假于爾上帝矣。我今率是農夫，播其百穀，曰：爾其大發爾之私田，終三十里。而民亦皆服其耕事，萬人畢出，而並耕也。二人並耕為耦。（呂記）本以二人並耕為耦，今乃萬人畢出而耕也。（嚴緝）

振鷺

二王之後來助祭也。

振鷺于飛，于彼西雝。我客戾止，亦有斯容。在彼無惡，在此無斁。庶幾夙夜，以永終譽。

先儒多謂辟廱在西郊，故曰西廱。（呂記，嚴緝）

在彼，知天命無常，惟德是興，其心服也；在我，不以彼墜其命，而有厭於彼。崇德象賢，統承先王，厚之至也。（呂記）

陳氏云：「在彼，不以我革其命，而有惡於我，知天命無常，惟德是與，其心服也；在我，不以彼墜其命，而有厭於彼。崇德象賢，統承先王，忠厚之至也。」（嚴緝）

豐年

秋冬報也。

豐年多黍多稌，亦有高廩。萬億及秭。為酒為醴，烝畀祖妣。以洽百禮，降福孔皆。

亦，助語辭也。（呂記）

洽，猶備也。（呂記）

有瞽

始作樂而合乎祖也。

通言先祖也。（呂記）

有瞽有瞽，在周之庭。設業設虡，崇牙樹羽。應田縣鼓，鞉磬柷圉。既備乃奏，簫管備舉。喤喤厥聲，肅雝和鳴，先祖是聽。我客戾止，永觀厥成。

磬，石磬也。（呂記，嚴緝）

柷，所以起樂也。圉，所以止樂也。（呂記）

我客戾止，夔述舜樂，亦曰「虞賓在位」，蓋以此為盛耳。（呂記）

觀，視也。成，成功也。（呂記）

成，樂闋也，如「簫韶九成」之成。（嚴緝）

潛

季冬薦魚，春獻鮪也。

猗與漆沮，潛有多魚。有鱣有鮪，鰷鱨鰋鯉。以享以祀，以介景福。

雝

禘大祖也。

祭法：「周人禘嚳。」又曰：「天子七廟，三昭三穆，與太祖之廟而七。」周之太祖，即后稷也。禘嚳於其廟，以后稷配，所謂「禘其祖之自出，以其祖配之」是也。（呂記，嚴緝）

有來雝雝，至止肅肅。相維辟公，天子穆穆。於薦廣牡，相予肆祀。假哉皇考，綏予孝子。宣哲維人，文武維后。燕及皇天，克昌厥後。綏我眉壽，介以繁祉。既右烈考，亦右文母。

於，歎辭也。（呂記）

其來也和，其至也敬，其助祭者公侯，其主祭者天子也。言諸侯助祭，薦大牡以相予之祀也。（呂記）

肆，陳也。宣，通也。哲，知也。（嚴緝）

燕及皇天，安人以及於天。（嚴緝）

載見

諸侯始見乎武王廟也。

載見辟王，曰求厥章。龍旂陽陽，和鈴央央。鞗革有鶬，休有烈光。率見昭考，以孝以享，以介眉壽。永言保之，思皇多祜。烈文辟公，綏以多福，俾緝熙于純嘏。

載，發語辭也。（呂記）

鶬，按商頌「鶬鶬」，鄭云：「聲和也。」（呂記）

休，美也。（呂記）

廟制，太祖居中，左昭右穆。周廟文王當穆，武王當昭。故康誥稱「穆考文王」，而比詩及訪落皆謂武王爲昭考也。（呂記，嚴緝）

諸侯始來見王，稟受法度，其車服之盛如此。而率之以祭武王之廟，受此眉壽之福，以多福綏諸侯，使之緝熙於純嘏，蓋均福於諸侯之辭。（呂記）

有客

微子來見祖廟也。

有客有客，亦白其馬。有萋有且，敦琢其旅。有客宿宿，有客信信。言授之縶，以縶其馬。薄言追之，左右綏之。既有淫威，降福孔夷。

追之，恐其已去也。（呂記）

武

奏大武也。

春秋傳以此為大武之首章也。（嚴緝）

於皇武王，無競維烈。允文文王，克開厥後。嗣武受之，勝殷遏劉，耆定爾功。

文王既開之矣，武王嗣而受之，勝殷止殺，以致定其大功也。（呂記）

周頌閔予小子之什四之三

閔予小子

嗣王朝於廟也。

成王免武王之喪，而朝於廟。玩其辭，知其哀未忘也。（呂記）

閔予小子，遭家不造，嬛嬛在疚。於乎皇考，永世克孝。念茲皇祖，陟降庭止。維予小子，夙夜敬止。於乎皇王，繼序思不忘。

陟降庭止，言文王一陟一降，直而無私也。（呂記）

今我夙夜敬止者，思繼此而不忘也。（呂記）

訪落

嗣王謀於廟也。

訪予落止，率時昭考。於乎悠哉，朕未有艾。將予就之，繼猶判涣。維予小子，未堪家多難。紹庭上下，陟降厥家。休矣皇考，以保明其身。

訪，問也。（嚴緝）

家，猶言國也。（呂記，嚴緝）

保，安也。明，顯也。（嚴緝）

敬之

群臣進戒嗣王也。

敬之敬之，天維顯思，命不易哉。無曰高高在上，陟降厥士，日監在兹。維予小子，不聰敬止。日就月將，學有緝熙于光明。佛時仔肩，示我顯德行。

思，語辭也。（吕記，嚴緝）

將，進也。（吕記，嚴緝）

群臣進戒於王曰：敬之哉，敬之哉，天道甚明，其命不易保也。無謂其高而不吾察，王之一陟一降於其事，天無日不臨監於此者，王不可不敬也。（吕記）

我不聰而未能敬，然願學焉，庶幾日有所就，月有所進。（吕記）

小毖

嗣王求助也。

予其懲，而毖後患。莫予荓蜂，自求辛螫。肇允彼桃蟲，拚飛維鳥。未堪家多難，予又集于蓼。

蓼，辛苦之物也。（吕記，嚴緝）

既而悟其姦，故曰：予其懲於此，而慎後患，蜂不可使而使之，則是自求辛螫矣。（吕記）

載芟

春籍田而祈社稷也。

載芟載柞，其耕澤澤。千耦其耘，徂隰徂畛。侯主侯伯，侯亞侯旅，侯彊侯以。有嗿其饁，思媚其婦。有依其士，有略其耜。俶載南畝，播厥百穀。實函斯活，驛驛其達，有厭其傑。厭厭其苗，緜緜其麃。載穫濟濟，有實其積，萬億及秭。為酒為醴，烝畀祖妣，以洽百禮。有飶其香，邦家之光。有椒其馨，胡考之寧。匪且有且，匪今斯今，振古如茲。

或曰：畛，田畔也。畛之外則隰也。（呂記）

以，傭力之人，隨主人所左右。（呂記）

濟濟，人衆也。（嚴緝）

積，露積也。（呂記）

以燕饗賓客，則邦家之所以光也。以養耆老，則胡考之所安也。（呂記）

振古如茲，猶言自古有年也。（嚴緝）

良耜

秋報社稷也。

畟畟良耜，俶載南畝，播厥百穀，實函斯活。或來瞻女，載筐及筥。其饟伊黍，其笠伊糾。其鎛斯趙，以薅荼蓼。荼蓼朽止，黍稷茂止。穫之挃挃，積之栗栗。其崇如墉，其比如櫛。以開百室，百室盈止，婦子寧止。殺時犉牡，有捄其角。以似以續，續古之人。

先儒説荼，但云苦菜，莫詳其為何物。案此詩，則蓼屬也，但水陸之别耳。味苦，氣辛，能殺物。今人用以藥溪取魚，故又曰荼毒。今南方人猶謂之辣荼，亦一驗也。（呂記）

櫛，理髮器，言密也。（嚴緝）

絲衣

繹賓尸也。高子曰：「靈星之尸也。」

絲衣其紑，載弁俅俅。自堂徂基，自羊徂牛，鼐鼎及鼒，兕觥其觩。旨酒思柔，不吳不敖，胡考之休。

思，語辭。柔，和也。（呂記，嚴緝）

酌

告成大武也。言能酌先祖之道，以養天下也。

内則曰：「十三舞勺，」即此詩也。然此詩與賚、般皆不用詩中字名篇，疑皆樂章之名爾。（呂記）

桓、賚二篇，皆大武篇中之一章。（嚴緝）

酌及賚、般皆不用詩中字名篇，疑取樂節之名，如曰武宿夜云耳。（嚴緝）

於鑠王師，遵養時晦。時純熙矣，是用大介。我龍受之，蹻蹻王之造。載用有嗣，實維爾公允師。

鑠，盛也。（呂記，嚴緝）

言武王之初，有於鑠之師而不用。（呂記，嚴緝）

桓

講武類禡也。桓，武志也。

案左氏傳：「楚莊王曰：『武王克商，作頌曰：「載戢干戈，載櫜弓矢。我求懿德，肆于時夏，允王保之。」又作武，其卒章曰：「耆定爾功。」其三曰：「敷時繹思，我徂維求定。」其六曰：「綏萬邦，屢豐年。」』」然則桓、賚兩篇，皆大武樂中一章也，與此序不同。（呂記）

綏萬邦，婁豐年。天命匪解。桓桓武王，保有厥士。于以四方，克定厥家。於昭于天，皇以間之。

左傳以此為大武之六章。（嚴緝）

賚

大封于廟也。賚，予也，言所以錫予善人也。

左傳以此為大武之三章。（嚴緝）

文王既勤止，我應受之。敷時繹思，我徂維求定。時周之命，於繹思。

敷，布也。時，是也。繹，尋繹也。（呂記）

繹，習也。（嚴緝）

布此以賚有功，皆文王之功德在人而可尋繹者，所以求天下之安定而已。（呂記）

此周之命也，又歎使諸臣受封賞者，繹思文王之德，以戒之也。（呂記）

般

巡守而祀四嶽河海也。

鄭氏曰：「般，樂也。」蘇氏曰：「遊，般也。」今考詩中無此意，當闕之。孔氏以「般，樂也」為序文，曰：「定本『般樂』為鄭注。」未知孰是。（呂記）

於皇是周，陟其高山。嶞山喬嶽，允猶翕河。敷天之下，裒時之對，時周之命。

詩卷第二十

魯頌四之四

魯，今襲慶、東平府、沂、密、海等州，即其地也。夫子云：「魯之郊祀，非禮也，周公其衰矣。」而程子亦云：「成王之賜，伯禽之受，皆非也。」蓋不與其僭也。然則删詩之際，何取乎此而著於篇乎？曰：著之所以見其僭也。春秋書「郊禘，大雩雉門兩觀」，猶是意也，削之，則没其實矣。抑魯於天子禮樂有得用之文，而是頌之作又嘗請命於天子而為之。其辭特以贊美當時之事，其體猶列國之風，非若商周天子之頌用於祭祀以詠歌先祖之功烈也。聖人於此以為其文若可以無嫌者，故其文予之，而實則不予也。況夫子魯人，亦安得而削之哉！或曰：魯之無風，何也？先儒以為時王褒周之後，比於先代，故巡守不陳其詩，而其篇第不列於太師之職，是以宋魯無風，其或然歟？或謂夫子有所諱而削之，則當時列國大夫賦詩相屬，及吴季子觀周樂於魯，皆無曰魯風者，其説不通矣。（嚴緝）

駉

頌僖公也。僖公能遵伯禽之法，儉以足用，寬以愛民，務農重穀，牧于坰野，魯人尊之。于是季孫行父請命於周，而史克作是頌。

請命之事，不見於春秋，豈行父使人請之歟？（嚴緝）

駉駉牡馬，在坰之野。薄言駉者，有驈有皇，有驪有黄，以車彭彭。思無疆，思馬斯臧。

思無疆，言其思之深廣無窮也。（呂記）

駉駉牡馬，在坰之野。薄言駉者，有騅有駓，有騂有騏，以車伾伾。思無期，思馬斯才。

才，材力也。（嚴緝）

駉駉牡馬，在坰之野。薄言駉者，有驒有駱，有駵有雒，以車繹繹。思無斁，思馬斯作。

繹繹，不絶貌。（呂記）

駉駉牡馬，在坰之野。薄言駉者，有駰有騢，有驔有魚，以車祛祛。思無邪，思馬斯徂。

「詩三百，一言以蔽之，曰：思無邪。」蓋取諸此。（嚴緝）

有駜

頌僖公君臣之有道也。

有駜有駜，駜彼乘黄。夙夜在公，在公明明。振振鷺，鷺於下。鼓咽咽，醉言舞。于胥樂兮。

興也。（吕記）

鷺，鷺羽之翿舞者所持也。下，如飛而下也。（吕記）

咽咽，鼓聲之深長也。（嚴緝）

有駜有駜，駜彼乘牡。夙夜在公，在公飲酒。振振鷺，鷺于飛。鼓咽咽，醉言歸，于胥樂兮。

有駜有駜，駜彼乘駽。夙夜在公，在公載燕。自今以始，歲其有。君子有穀，詒孫子。于胥樂兮。

頌禱之辭也。（吕記）

泮水

頌僖公能修泮宫也。

思樂泮水，薄采其芹。魯侯戾止，言觀其旂。其旂茷茷，鸞聲噦噦。無小無大，從公于邁。

說文謂：「泮者，諸侯鄉射之宮也。西南為水，東北為牆。」康成以為東西門，說文以為東西牆，其說不同。（呂記）

思樂泮水，薄采其藻。魯侯戾止，其馬蹻蹻。其馬蹻蹻，其音昭昭。載色載笑，匪怒伊教。

噦，和也。（嚴緝）

思樂泮水，薄采其茆。魯侯戾止，在泮飲酒。既飲旨酒，永錫難老。順彼長道，屈此群醜。

此章以下，皆頌禱之辭也。（呂記）

穆穆魯侯，敬明其德。敬慎威儀，維民之則。允文允武，昭假烈祖。靡有不孝，自求伊祜。

假，感格也。（呂記，嚴緝）

祖，周公、魯公也。靡有不孝，信僖公之孝也，無所不至也。（呂記）

明明魯侯，克明其德。既作泮宮，淮夷攸服。矯矯虎臣，在泮獻馘。淑問如皋陶，在泮獻囚。

或謂僖公未嘗有淮夷之功，而疑此詩之妄。蓋未嘗深考此詩，乃頌禱之辭，冀其有是功耳。下章倣此。（呂記）

濟濟多士，克廣德心。桓桓于征，狄彼東南。烝烝皇皇，不吳不揚。不告于訩，在泮獻功。

烝烝皇皇，成也。不吳不揚，肅也。（呂記）

角弓其觩，束矢其搜。戎車孔博，徒御無斁。既克淮夷，孔淑不逆。式固爾猶，淮夷卒獲。

博，廣大也。（呂記，嚴緝）

翩彼飛鴞，集于泮林。食我桑黮，懷我好音。憬彼淮夷，來獻其琛，元龜象齒，大賂南金。

閟宮

頌僖公能復周公之宇也。

閟宮有侐，實實枚枚。赫赫姜嫄，其德不回。上帝是依，無災無害。彌月不遲，是生后稷，降之百福。黍稷重穋，稙稺菽麥。奄有下國，俾民稼穡。有稷有黍，有稻有秬。奄有下土，纘禹之緒。

閟宮者，魯之群廟也。閟，深閉也。（呂記，嚴緝）

后稷生而享有百福，播種五穀，猶天所降也。奄有下國，堯封之邰也。（呂記，嚴緝）

后稷之孫，實維大王。居岐之陽，實始翦商。至于文武，纘大王之緒，致天之届，于牧之野。無貳無虞，上帝臨女。敦商之旅，克咸厥功。

無貳無虞，上帝臨女，猶大明云「上帝臨女，無貳爾心」也。（呂記）

敦治而勝之也。咸厥功，輔佐之臣咸有功，而周公亦與焉。故下章言封伯禽之事。（呂記）

王曰叔父，建爾元子，俾侯于魯。大啓爾宇，為周室輔。乃命魯公，俾侯于東。錫之山川，土田附庸。周公之孫，莊公之子，龍旂承祀，六轡耳耳。春秋匪解，享祀不忒。皇皇后帝，皇祖后稷，享以騂犧，是饗是宜。降福既多，周公皇祖，亦其福女。秋而載嘗，夏而楅衡，白牡騂剛。犧尊將將，毛炰胾羹，籩豆大房。萬舞洋洋，孝孫有慶。俾爾熾而昌，俾爾壽而臧。保彼東方，魯邦是常。不虧不崩，不震不騰。三壽作朋，如岡如陵。

犧尊，畫牛於尊腹也。或曰：尊作牛形，鑿其背以受酒。（嚴緝）

震、騰，驚動也，皆不安之意。（呂記，嚴緝）

三壽，未詳。或曰：願公壽與岡陵等為三也。（呂記）

此言僖公致敬郊廟，而神降之福，人稱願之如是也。（呂記）

公車千乘，朱英緑縢，二矛重弓。公徒三萬，貝胄朱綅，烝徒增增。戎狄是膺，荆舒是懲。則莫我敢承，俾爾昌而熾，俾爾壽而富。黄髮台背，壽胥與試。俾爾昌而大，俾爾耆而艾。萬有千歲，眉壽無有害。

英，矛飾也。縢，繩也。（呂記）

泰山巖巖，魯邦所詹。奄有龜蒙，遂荒大東。至於海邦，淮夷來同。莫不率從，魯侯之功。

詹，與瞻同。（呂記）

願其有功如此。（呂記）

保有鳧繹，遂荒徐宅。至于海邦，淮夷蠻貊。及彼南夷，莫不率從。莫敢不諾，魯侯是若。

徐宅，謂徐國也。（呂記）

天錫公純嘏，眉壽保魯。居常與許，復周公之宇。魯侯燕喜，令妻壽母。宜大夫庶士，邦國是有。既多受祉，黄髮兒齒。

常、許，皆魯之故地，見侵於諸侯而未復者，故魯人以是願僖公也。（嚴緝）

令妻，令善之妻也。壽母，壽考之母也。僖公娶於齊，曰聲姜，母曰成風。（呂記）

徂來之松，新甫之柏，是斷是度，是尋是尺。松桷有舄，路寢孔碩，新廟奕奕。奚斯所作，孔曼且碩，萬民是若。

新廟，僖公所修之廟。（呂記，嚴緝）

萬民是若，順萬民之望也。（呂記）

商頌四之五

太史公云：「宋襄修仁行義，欲為盟主，其大夫正考父美之，故追道契湯高宗之所以興，作商頌。」蓋本韓詩之説，諸儒多惑之者。今考此頌皆天子之事，非宋所有，且其辭古奥，亦不類周世之文，而國語閔馬父之言亦與今序合，韓詩、太史公之説謬矣。張子云：「商頌之辭粹。」（嚴緝）

那

祀成湯也。微子至于戴公，其間禮樂廢壞，有正考甫者，得商頌十二篇於周之大師，以那為首。

猗與那與，置我鞉鼓。奏鼓簡簡，衎我烈祖。湯孫奏假，綏我思成。鞉鼓淵淵，嘒嘒管聲。既和且平，依我磬聲。於赫湯孫，穆穆厥聲。庸鼓有斁，萬舞有奕。我有嘉客，亦不夷懌？自古在昔，先民有作。温恭朝夕，執事有恪。顧予烝嘗，湯孫之將。

置，讀如置器之置。（呂記）

置，陳也。商人尚聲，臭味未成，滌蕩其聲，樂三闋然後迎牲，即此是也。（嚴緝）

假，感格也。（嚴緝）

奏假，奏樂以感格于祖考也。（呂記）

思成，未詳。或曰：思，辭也，安我以成也。或曰：安我所思，無不成也。按：此句與下篇「綏我眉壽」之語相似，莫知何者為是。（呂記）

嘒嘒，清亮也。（嚴緝）

玉磬，堂上升歌之樂也。張子云：「玉磬，聲之最和平者，可以養心也。」其聲一定，始終如一，無隆殺也。蓋鞉鼓管籥作於堂下，其聲依堂上玉磬之聲。（嚴緝）

庸、鏞通。（呂記）

自古在昔，先民有作，温恭朝夕，執事有恪，言恭敬之道，古人所行，不可忘也。閔馬父曰：「先聖王之傳恭猶不敢專，稱曰『自古』。古曰『在昔』，昔曰『先民。』」（呂記）

烈祖

祀中宗也。

嗟嗟烈祖，有秩斯祜。申錫無疆，及爾斯所。既載清酤，賚我思成。亦有和羹，既戒既平。鬷假無言，時靡有爭。綏我眉壽，黄耇無疆。約軧錯衡，八鸞鶬鶬。以假以享，我受命溥將。自天降康，豐年穰穰。來假來饗，降福無疆。顧予烝嘗，湯孫之將。

斯所，猶言此處也。（嚴緝）

戒，夙戒也。平，平和也。（呂記，嚴緝）

言我受命廣大，而天降以豐年黍稷之多，使得以祭也。（呂記，嚴緝）

玄鳥

祀高宗也。

天命玄鳥，降而生商，宅殷土芒芒。古帝命武湯，正域彼四方。方命厥后，奄有九有。商之先後，受命不殆，在武丁孫子。武丁孫子，武王靡不勝。龍旂十乘，大糦是承。邦畿千里，維民所止，肇域彼四海。四海來假，來告祁祁。景員維河，殷受命咸宜，百禄是何。

方命后後，四方諸侯無不受命也。（嚴緝）

商世諸侯多矣，而止十乘者，疑諸侯當朝者歲以服數為節，又使分助四方之祭故與？（呂記）

言王畿之內，民之所止，不過千里，而其封域，則極乎四海之廣也。（嚴緝）。

景員維河之義未詳。（呂記）

河，商所都，如盤庚「民不肯涉河以遷」，即此河也。景員維河，則以諸侯輻輳而至於河也。（嚴緝）

咸宜，無不宜也。何、荷通。（呂記）

長發

大禘也。

濬哲維商，長發其祥。洪水芒芒，禹敷下土方。外大國是疆，幅隕既長。有娀方將，帝立子生商。

有娀氏始大，故帝立其女之子而造商室也。（呂記）

玄王桓撥，受小國是達，受大國是達。率履不越，遂視既發。相土烈烈，海外有截。

或曰：以玄鳥降而生，故曰玄王。（呂記）

達，通達也。受小國大國無所不達，言其無所不宜也。

言契能率不越，遂視其民，則既發以應之矣。（吕記）

其後湯以七十里起，豈相土之後，嘗中衰歟？（吕記）

帝命不違，至于湯齊。湯降不遲，聖敬日躋。昭假遲遲，上帝是祗，帝命式于九圍。

降，猶生也。（吕記）

湯生也，應期而降，適當其時，其聖敬又日躋升，以至昭假于天。遲遲，久也，言其純一不已也。（吕記）

受小球大球，為下國綴旒，何天之休。不競不絿，不剛不柔。敷政優優，百禄是遒。

受小共大共，為下國駿厖，何天之龍。敷奏其勇，不震不動，不戁不竦，百禄是總。

駿厖之義未詳。（吕記）

武王載旆，有虔秉鉞。如火烈烈，則莫我敢曷。苞有三蘖，莫遂莫達，九原有截。韋顧既伐，昆吾夏桀。

蘖，旁生萌蘖也。言一本生三蘖也。本則夏桀，蘖則韋也，顧也，昆吾也，皆桀之黨也。湯既受命征不義，桀與三蘖皆不能遂其惡，而天下截然歸商矣。韋顧既伐，而昆吾夏桀次之，此紀當時用師之序也。（吕記，嚴緝）

昔在中葉，有震且業。允也天子，降予卿士。實維阿衡，實左右商王。

承上文而言「昔在」，則前此矣。豈謂湯之前世中衰時與？允也天子，則湯也。降，猶「維嶽降神」之降，言天賜之也。卿士，則伊尹也。言至於湯，得伊尹而有天下也。（呂記）

殷武

祀高宗也。

撻彼殷武，奮伐荆楚。罙入其阻，裒荆之旅。有截其所，湯孫之緒。

殷武，殷王之武也。湯孫，謂高宗也。（嚴緝）

湯孫之緒業，皆高宗之功。（呂記）

維女荆楚，居國南鄉。昔有成湯，自彼氐羌，莫敢不來享，莫敢不來王，曰商是常。

此商之常禮也。（嚴緝）

天命多辟，設都于禹之績。歲事來辟，勿予禍適，稼穡匪解。

天命降監，下民有嚴。不僭不濫，不敢怠遑。命于下國，封建厥福。

天視自我民視，天聽自我民聽，天命之降監，皆在下民，則下民有嚴矣。惟不僭不濫，不敢怠遑，則天命之於下國，而封建厥福。此高宗所以受命中興也。（呂記）

商邑翼翼，四方之極。赫赫厥聲，濯濯厥靈。壽考且寧，以保我後生。

赫赫厥聲，濯濯厥靈，言高宗中興之盛如此。壽考且寧云者，蓋高宗之享國五十有九年。我後生，謂後嗣子孫也。（呂記）

陟彼景山，松柏丸丸。是斷是遷，方斲是虔。松桷有梴，旅楹有閑，寢成孔安。

春秋傳云：「商湯有景亳之命。」而此言「陟彼景山」，蓋商所都之山名。衛詩亦言「景山」，乃商舊都也。（呂記）

寢，廟中之寢也。（呂記）

虔，亦斷截。（呂記）

安，所以安高宗之神也。此蓋廟成始祔而祭之之詩也。（呂記）

語録抄存

目録

師友問答

劉剛中

晦翁居，先生侍。晦翁語先生曰：「子來從吾遊也，誰使之？」先生避席前跽曰：「曾王父河南開封府君使之也。府君官開封府尹，南渡，力阻講和不得，每恨不能雪耻報仇，歸隱墨田雪峰山下。易簀，屬後人曰：『閩自楊龜山倡道東南，進而益上，超群儒而集大成，其在朱韋齋公子沈郎乎！爾輩可往就學。』」先生為誦府君述懷詩曰：「撫心有恨辜君國，學道無成愧子孫。」晦翁嗟歎不已。

李方子、黄直卿與先生侍。晦翁左顧右盼，已而徐徐語先生曰：「爾輩用功夫，不要把合底事看得驚惶，只當做日用飲食，人生本應如此，元初離不得。有事勿正，略著一形象，生一計較，不急遽即惰慢，忘助兩病徵一時俱到矣。」

問：「程伊川粹然大儒，何故使蘇東坡竟疑其奸？」朱子答曰：「伊川繩趨矩步，子瞻脱岸破崖。氣盛心粗，知德者鮮矣，夫子所以致歎夫由也。」

問：「東坡何如人？」朱子曰：「天情放逸，全不從心體上打點，氣象上理會，喜怒哀樂發之以嬉笑怒罵，要不至悍然無忌，其大體段尚自好耳。『放飯流歠而問無齒決』，吾於東坡，宜若無罪焉。」

問：「張子西銘與墨子『兼愛』，何以異？」朱子曰：「異以理一分殊。一者，一本；殊者，萬殊。脈絡流通，真從乾坤父母源頭上聯貫出來，其後支分派别，井井有條，隱然子思『盡其性』、『盡人性』、『盡物性』，孟子『親親而仁民，仁民而愛物』微旨，非如夷之『愛無差等』。且理一，體也；分殊，用也。墨子兼愛，只在用上施行。如後之釋氏人我平等，親疏平等，一味慈悲。彼不知分之殊，又烏知理之一哉！」

問：「黄魯直如何人？」朱子曰：「孝友行，瓌瑋文，篤謹人也。觀其贊周茂叔『光風霽月』，非殺有學問，不能見此四字；非殺有功夫，亦不能説出此四字。」

剛中問先生曰：「義利之辨，為吾儒第一關頭，學者講求有素，所見非不分明，及處事却又模糊，何也？」先生曰：「祇緣見不分明耳。若分明，如薰蕕觸鼻即聞，旨否入口即覺。」曰：「然則嚮所見為義者非義，見為利者非利乎？」曰：「此又何嘗不是。只見其大略，曰此是義，此是利，究竟幾微分際，尚未甚黑白。」剛中曰：「幾微分際何在？」先生曰：「在公私間。以公心出之，利亦是義；以私心出之，義亦是利。」剛中曰：「若是公私在心，義利在事，心不應事，事不應心，奈何？」先生曰：「大學戒自欺，求自慊，知之真，行之力，不待處分其事，一動念，早自義利判然。至若舍利取義，已屬事後應迹。」剛中心喜，稱快而退。

問：「為學功夫，須是有起端處。人心之五常，猶天運之五行，迭相為明，循環無端，初學復性，從那一端下手？」先生曰：「始條理者，智之事也。人而智，則見理明，恁地欲為仁，便認真有箇仁；欲為義，便認真有箇義；欲為禮，便認真有箇禮；欲為信，便認真有箇信。因物索照，審端用力，知得去向，自不迷於所往。易文言曰：『體仁足以長人，利物足以和義，嘉會足以合禮，貞固足以幹事。』仁義禮信而不及智者，智居乎其先也。」

問：「大學一書，包孕聖功王道，何以云初學入德之門？」先生曰：「凡人居處，有門必先有路，識得路，方到得門，到得門，方升得堂，入得室。大學綱領條目是門也，本末先後是路也，格、致、誠、正、修、齊、治、平是堂也，明、新、至善是室也。初學便學論語，望洋向若，無有涯涘，何如循途歷級，從容馴至？扶進高深，若不得其門而入，將倀倀乎其何之！」

問：「人不學，不知道。學在讀書上見，道在行事上見，必讀書然後可行事與？」先生曰：「固也。然學即學其道，非作兩截。無論讀書，無論行事，恁地皆是道，恁地皆是學。果於經史典籍，潛心玩索，日用云為，細意體察，自能窮天下之理，致吾心之知。豈談空說玄之謂道，鉤深索隱之謂學哉！」

問：「大學八功夫必先致知，致知在格物，敢請物恁底格？」先生曰：「此說程伊川言之甚善。所謂格物者，窮經應事，尚論古人之屬，無非用力之地。若捨此平易顯明之功，而必搜索於無形無迹之境，當前物理，反不能靡所遺矣。」

問：「伊川涵養，須是主敬，進學則在致知，主敬、致知殆非兩截事與？」先生曰：「主敬則心静，致知則理明，心静理明，知以涵養而益深沈。然敬，非終日危坐，游心淡泊，必有事焉。神不外馳，而說心研慮，時時有新得也。」

剛中每見善人，縱極愛敬，不過當面則然；見不善人，雖其人久不在，猶作十日惡。自知性情之偏，不知何以克治，使嫉惡之嚴，移而之好善之篤。先生曰：「人心本自有善，故投之以善則順；人心本自無惡，故投之以惡則逆。順受易忘，逆受難制，其勢然也。要惟是爾學問功夫未到，率其本然，未免過於忿激。若能以冲和者養成氣質，漸漸消融結習，自然寬厚平夷，好善惡惡，各適如其分量而止，而偏私悉化，德器亦自此深醇。」

問：「周子主静，程子主敬，二說各愿聞其大概。」先生曰：「屏思慮，絶紛擾，静也。正衣冠，尊瞻視，敬也。致静以虚，致敬以實，然此中皆有誠實功夫，豈摸形捉影而得。周子静則禮先樂後，程子敬則自然和樂。和樂禮樂，非爾所及，但時時收斂，將身心攝入静敬中，正心誠意，久之自有進步處。」

剛中出，思尊聞行知。奈一日之間，聞而知之者分數多，尊而行之者分數少。因想「子路有聞，未之能行，唯恐有聞」，直是學不得底。先生曰：「天下事理，有為吾所合知合行者，『聞斯行諸』可也。如此事知其當如此行，值事不我屬，如何拏定要行？若遇行事時，苦於窒礙，則又不可無知妄作，或商以師友，或證以古今，又何嘗不是尊所聞，行所知？」

「敢告先生，某向年於衆情酬酢之地，口雖不言，私下一一對勘，常覺得自家儘有好處，別人儘有不好處。今雖漸減，亦時或微微有此意思。」先生厲聲曰：「是慝也，是最不好，如何反說自家儘有好處！」剛中憮然為間，曰：「先生何以教之？」先生曰：「攻其惡，無攻人之惡，非『修慝』歟！」

問：「讀其書，想見其為人。不敏讀書時，亦嘗掩卷沈吟思慕，愛悦其人，時時髣髴欲得見古人情狀，究不我與，何也？」先生莞爾而笑曰：「所謂想見者，想見其為人，非想見其人也。我不在古人地位，亦不能到古人地位，要其所以為人處，皆可師法。從容久坐，如對古人，須從古人行事上著意。彈琴見文王，十日得進，實實地有神相契合，奈何虛空摹擬，將千年已朽之骨，作栴檀佛像觀邪！」

問：「太極，極字不訓中，當作何解？」先生曰：「原極之所以得名，蓋取諸樞極、根極之義。今天樞、天根號北極，義可通也。太極者，陰陽之樞紐，萬物之根柢也。蓋極也，而太矣。」

問：「程子言仁曰心。譬如穀種，生之性便是仁，陽氣發處乃情也？」先生曰：「豈惟穀種，凡果實核内，其中心皆曰仁。」

問：「醫家謂手足痺痿曰不仁，其形象不與穀種、果實反對？」先生曰：「仁是性之生發流通者，穀種、果核能生發也，手足痺痿不流通也。」

問：「聖人垂訓教人，務須委備詳盡。先生獨不喜人繁瑣，豈謂語言文字太多，必至纏繞支離？」先生曰：「辭達而已矣。即不纏繞支離，苟不達，累千萬句奚為？程夫子亦謂立言宜蘊藉含蓄，毋使知德者厭，無德者惑。」

劉剛中問黄直卿曰：「先生學有淵源，群弟子皆知之矣，比以古昔聖賢，未識到得何人地位？」直卿曰：「自洙泗以還，博文約禮兩極其至者，先生一人而已。」「然則先生之學，其踵孔顔乎？」直卿曰：「然。」

剛中退見李方子，問曰：「先生作綱目，愈於涑水通鑒，殆法春秋以立綱，法傳文以著目歟？」方子曰：「宏綱細目實本大學三綱領八條目，所以規制盡善，前此未有也。」（宋元學案卷六十九滄洲諸儒學案。王梓材按云：「學案原本所録師友問答二十三條，今移為附録者二條，又移入伊川學案一條，移入横渠學案一條，移入范吕諸儒一條，移入晦翁學案二條，移入蜀學略一條。」）

師訓拾遺

陳文蔚

余正叔論志士仁人，無求生以害仁，有殺身以成仁，殺身者只是要成這個仁。先生曰：「若說要成這個仁，却不是，只是行所當行而已。」

余正叔問：「子路問成人，孔子對以臧武仲之智，公綽之不欲，卞莊子之勇，冉求之藝。只此四者，如何便做得成人？」先生曰：「備此四者，文之以禮樂，豈不是成人？」

忠恕是學者事，故子思言忠恕違道不遠，曾子借學者以形容聖人，若論聖人，只可謂之誠與仁。

（陳克齋集卷三）

嶽麓問答

黎舜臣

紫陽先生帥長沙時，僕辱知遇甚厚，綴職嶽麓。未幾，象山陸先生道過長沙，先生以禮請書院講書，以啟迪諸生。於是徜徉累日，因得侍教且款。一日，先生步至書房，偶置玉髓經在案，先生取而閱之，因告曰：「近世地理之學，惟此書為得其正。然猶大醇而小疵，是知吾道之傳不雜者鮮矣。」僕因問先生曰：「亦常留意於地理乎？」先生曰：「通天地人曰儒。地理之學雖一藝，然上以盡送終之孝，下以為啟後之謀，其為事亦重矣。親之生身體髮膚，皆當寶愛，况親之没也？奉親之體厝諸地，固乃付之庸師俗巫，使父母體魄不得其安，則孝安在哉！故古聖垂訓，卜其宅兆而安厝之。卜之而求安，聖人之意深遠如此，而為人子者，目不閱地理之書，心不念父母之體，苟然窀穸，則與委而棄諸溝壑何以異？故為人子者，醫藥地理之書不可不知也，然不必泥鬼怪巇險之說。」曰：「然則先生所謂小疵者何在？」曰：「五星之論正也，穿落傳變，術家之説，然論龍法者當凖乎此，第生克吉凶，難於細論。勾藤反戟，不待智者知其凶，若玄之又玄，恐流弊至於没身而不葬其親。但山必來，水必回，土必厚，砂必繞，草木必暢茂，人煙必翕集，神殺必藏没，是為山水交會大融，結成就之所；若土薄而瘠，水散而急，草木枯瘁，人煙稀少，神殺不藏，如是即是凶地，何泥之有？第張子微亦是一家之説，泥則有弊，如破五姓，闢天星宗廟，皆合正理。」問：「二十八宿配名之説何如？」先生曰：「子微之説正。」又問：「郭景純所謂『朱雀源於生氣，派於已盛，朝於大旺，澤於將衰，流於囚謝』，世以為即宗廟來生旺、去死絶之説，而張子微乃所不取。」曰：「郭景純之説是也，張子微之説亦是也。郭氏之論水，來去之常理，子微拆而辯之，尤有意味，宗廟之説非矣。」又問：「玉髓經拆水之法如何？」先生曰：「以陰陽比和不比和論之，若有此理，但若拘三合，恐執泥山家五行之説。」「玉髓與衆迥别，恐難信用。」先生曰：「今世山家五行，誠為誤人。子微之説本正，但劉氏注釋以五星樂旺宫定之，雖年月家間有用此，但子微初意未必如是。郭氏以寅卯木、巳午火、申酉金、亥子水，辰寄寅卯、未寄巳午、戌寄申酉、丑寄亥子，此確然之論。以十干配之，則甲乙為木、丙丁為火、庚辛為金、壬癸為水，是為八干。但前此人不論四柱，而子微以巽隸火，以乾隸金，而艮、坤則以屬土，而界西北東南之分，其説亦當。蓋諸家以土居中央，故二十四向皆無土。今以二土界之，亦如五行相配，不可缺一。由是而觀，劉之注誠未得子微之深趣也。」先生因論劉注，謂：「如經中云：『月自西生東岸白，雲從上起下方陰』，此一聯凡數出，字雖異而意則一，蓋言天地融會處，四山衆水有情，正穴既立，朝應及左右亦可作穴。如月生於西，而白乃在東方，不知者以白處為月，則非矣；雲起於上，而陰乃在下方，不知者以陰處為雲，則非矣。猶言穴在於西面，有情之應在東，不知者求穴於有情之處，則非矣。其顯然可見，而劉注乃不出此。又云：『葫蘆八個通神術，木杓三枝測妙真』，蓋葫蘆形有八等，有云是樂葫蘆者，主出人賣藥；有云在水口為下水葫蘆者，主人溺水死，即此可以類推。木杓三枝，言杓有三等，或主孕婦不利，或主富貴，皆可觸類而通之也。棺材六路，車乘三輪，蓋有上水棺、下水棺、停棺、改棺、積買棺，各有吉凶；後御輪、姬輪、輜車輪，各有貴賤。笠子五形，如方山岸幘、乞丐笠、鐃鈸形、僧子笠、車蓋之類皆是也。旂兒四個，如門旗、令旗、將軍旗、賊旗之類，總曰旂也。下文如十様槍刀，數般針筆，劉氏能釋其文，如此乃獨闕疑，何也？吾嘗以為劉注此經，本以明玉髓，如今反以病玉髓者多矣。」又問：「龍頭必向雲中見，何也？」先生曰：「陶公賦云：『真龍所住，去而復留，盤旋屈曲，穴占雲頭，萬雲拱挹，富貴千秋。』釋者以為如雲頭之四顧，是不必謂高出雲中也，取其在卷雲之中矣。」又問：「此經龍與穴名處何如？」曰：「此經大率因形以立名，因名而寓理，雖只是術家之説話，多有妙處。如梧桐枝、楊柳枝，只觀其名，未問其妙；及觀後卷，『梧桐葉上生偏子，楊柳枝頭出正心』，却見精微之奥，確乎其不可易，非深於地理者，不能也。」又問：「此經推胎息說，與諸家異，如何？」先生曰：「明於理者，不必泥子微之說為優矣。然術家各宗其一，吾黨論地理，惟當理中求之，此等不足致辯。」又問：「五星更立異名，曰秀、曰禄、曰文、曰武、曰福，可乎？」先生曰：「此名無害是理。五星者，定名也；福、禄、文、武、秀，志其變也。不過自立名號，記其吉凶之應，非如諸家怪異之說。」又問：「貴賤背面，巧穴拙穴，大小之說，如何？」先生曰：「以理而論，一言可判；以術而論，萬語莫窮。吾之所論者，理也；子微之所論者，術也。以理而論，此經大醇而小疵；以術而論，近世無出此言之右者。論精粗兼該，洪纖畢具，自成一家之學，求之於此是矣。」僕又問：「玉髓經之說，既得聞命矣，敢問赤霆經果出於子房否？」「此固難辯真僞，然上、中二卷非子房不能道，下卷本有三式，今只有其一，然文理俚近，恐後人依放而托之，或元有此卷而失其真本，後人從而為之辭耳。上卷專論地理，後來狐首經、郭書，恐皆出於此。此書論水，不過『無來無去』四字，後人演而伸之曰：『悠悠洋洋，顧我欲留，其來無源，其去無流。』即此意也。此書論山，不過『崋崒岐嶷』，後人別而名之曰『天孤天角』，即此是也。中卷則皆遁甲之說，葬家及尅擇而用之，至末後談兵機所遁處，其說未竟，恐有闕義。下卷任術也，術雖是而不全，决非出於一人之手，學者不可不辨。」因問：「子午針法如何？」先生曰：「子微之論甚正，但今人承襲，不能改矣。針指子午，理不容易，故古人以針定之，方知向首去着，若又從而爲之説，則聖人創製之文，遂廢而不足憑據。故智者從其正，愚者惑於俗，此確然不易之論。」

予嘗酷愛玉髓經，而疑劉注未盡其奥。晚得黎公舜臣（問？）答於其孫黄州倅車之家，公蓋舉於寓録中耳，乃取而附諸經之卷尾，庶有補於將來。時慶元元禩仲春月望日，長沙張槢謹跋。

（嘉靖刊本玉髓真經後卷卷十八）

周僩記語録

陶安國問「降衷」與「受中」字義同異，先生曰：「左氏云『始終』，衷皆舉之，又云『衷甲以見』，看此衷字義，本是衷甲以見之義，為其在衷而當中也。然中字大概因無過不及而立名，如六藝折衷於夫子，蓋是折兩頭而取其中之義。後人以衷為善，却説得未親切。」又曰：「此蓋指大本之中也，此處中庸説得甚明，他日考之自見。自天而言，則謂之降衷；自人受此中而言，則謂之性，猷及道也。道者，性之發用處；能安其道者，惟后也。」（書傳輯録纂注卷三湯誥）

問：「休徵、咎徵，諸家多以義推説。時舉竊以為此猶易中取象相似，但可以仿佛看，而不可以十分親切求也。庶徵雖有五者，大抵不出陰陽二端：雨、寒，陰也；暘、燠、風，陽也。肅、謀，深而屬静，陰類也，故時雨、時寒應之；乂、哲、聖，發見而屬動，陽類也，故時暘、時燠、時風應之。狂反於肅，急失於謀，故恒雨、恒寒應之；僭則不乂，豫則不哲，蒙則不聖，故恒暘、恒燠、恒風應之。未知如此看得否？」答曰：「大概如此。然舊以雨屬木，暘屬金，燠屬火，寒屬水；而或者又以雨屬水，暘屬火，燠屬木，寒屬金，其説孰是，可試思之。」

「可久」，則賢人之德；「可大」，則賢人之業。而今功夫易得間斷，便是不能久；見道理偏滯不展開，便是不能大。須是兩頭功夫齊着同，乃得也。（朱文公易説卷九繫辭上）

黃有開記語録

又云：「看來詩序當時只是個山東學究等人做，不是老師宿儒之言，故所言都無一是當處。如行葦之序，皆是詩人之言，而不知詩人之意：『周家忠厚，仁及草木，故能内睦九族，外尊事黃耇，養老乞言，以成其福禄焉。』他見詩中言『敦彼行葦，羊牛勿踐履』，則謂之『仁及草木』。見『戚戚兄弟，莫遠具爾』，則謂之『故能内睦九族』。見有『以祈黃耇』之語，便謂之『養老乞言』。不知而今做人到這處，將如何做，於理决不順。」（詩傳遺説卷二）

又云：「周比二字，於易中所言，又以比字為美，如『九五，顯比，王用三驅，失前禽』之義，皆美也。」（朱文公易説卷三比卦）

黄顯子記語録

五、四為奇，各是一個四也；九、八為耦，各是兩個四也。因一二三四便見六七八九在裏面，老陽占了第一位，便含個九，少陰占了第二位，便含個八。少陽、老陰亦如此數，不過十。惟此一義，先儒未曾發，先儒但只説得他中間進退也。

沈存中欲以節氣定晦朔，不知交節之時在亥，此日當如何分？太元紀日而不紀月，無弦望晦朔。

蔡元定問：「先生言帝終始萬物，文王言艮終始萬物，是差了一位，是文王自寅起，先生自子起。」曰：「也不是自子，是漸漸生來。」（以上二條，朱文公易説卷二兩儀）

因言「大明終始」，有終而後有始，有貞而後有元，請問：「『雲行雨施，品物流行』，言元亨矣，此未言利貞，却提起終始為説，何也？」曰：「此終始説元亨之所來。自『大哉乾元』至『品物流行』，説天之元亨；自『大明終始』至『六龍御天』，説人之元亨；自『乾道變化』至『乃利貞』，説天之利貞；自『首出庶物』至『萬國咸寧』，説人之利貞。」（朱文公

易説卷七象上傳）

「蔡丈説，江德功説易象如譬喻，詩之比興同。熹謂不然，往復數書辨此。『潛龍勿用』，陽在下也，陽謂九，下謂潛。『陰疑於陽必戰』，謂其嫌於無陽也，故稱龍焉。易象説得如此分明。又易二體，初四、二五等爻相應，二五中正不中正，此是易中分明説了。惟互體之説，易中不言，今諸儒必附會爲之説。」方曰：「『頤中有物，曰噬嗑』，此豈非互體之驗？」曰：「頤中有一物在内，非謂互體，且別無例。」蔡又謂：「人舉二四同功，三五同功。」先生曰：「如此舉證又疏。」又引某卦自泰來，某卦自某來，先生曰：「此王輔嗣謂之。」蔡曰：「王輔嗣説象，某却不是。」

天惟健，故不息，不可把不息做健。使天有一頃之息，則地必陷入，必跌死。惟其不息，故局得地在中間。（以上二條，朱文公易説卷八象上傳）

次夜，味道問：「天下萬事，不離陰陽。」答曰：「泛觀天地，近觀人情，物理皆然。如一剛一柔，通書説剛善剛惡，柔善柔惡，便是剛柔各生一剛一柔而爲四也。」又曰：「只是一陰一陽上又生一陰一陽，一陽上亦有一陰一陽。自此凡三四，加之即成六十四卦，萬事備足。如乾道成男，坤道成女，且道男子身上豈不具陰陽？若不是陰陽者，便不成此身也。」

凡物各有四：處之如吉凶者，得失之象；悔吝者，憂虞之象；變化者，進退之象；剛柔者，晝夜之象。吉凶，善惡之著；悔吝，善惡之微；剛柔為之著；變化為之微。凡皆如此則成四。（以上二條，朱文公易説卷九繫辭上）

仰觀天，俯察地，只有一個陰陽。聖人看這般許多般物事，都不出陰陽兩字，便做河圖洛書也。只是陰陽，粗説時只是奇耦。

「『一陰一陽之謂道』，道謂太極；『繼之者善』，是太極之流行。」曰：「太極何嘗不流行，運動不已，見其動便謂始於静，見其静又謂始於動，故謂如循環之無端，詳推此義於天地間。」又問：「『一陰一陽』，是渾然全體之太極；『成之者性』，是分裂無限底太極。」曰：「然。乾道變化，各正性命。」又記前夜語太極，云：「『繼之者善』，天地如大洪爐，善如金在熔，寫出在模範中，各鑄成物事出來。」

顯子問：「惟是此性之理本於五行，所以問答中語中間元有界限甚分明。」曰：「然。」又問：「理氣先後。」曰：「理在先。」又曰：「才有理，便有氣，二者更不可分先後。一陰一陽流行，賦予在人，既有形質，便與之性，故曰『成之者性』，其初未成形質，只謂之善，不可名之以性也。」顯子問：「『繼之者』繼，則是此理之流行未賦予在萬物。」曰：「如兩個輪，只管流動不已，萬化皆從此出來。某嘗喻之如兩片磨，中間一個磨心，只管推轉不已，穀米四散殺出來，所以為『繼之者善』。」問：「一陰一陽，太極安在？」曰：「一陰一陽，便是太極在陰陽之中，觀『繼之者善』乃可見。所以易之書上本陰陽太極，推之一事一物之微，吉凶悔吝，此理無不在。此個意思，盡可玩索。」（以上三條，朱文公易說卷十繫辭上）

「禮卑」，是從貼底謹細處做去，所以能廣。（朱文公易說卷十一繫辭上）

「吉凶者，貞勝者也。」這兩個物事常相勝，一個吉，便有一個凶在後面。天地間一陰一陽如環無端，便是相勝道理。（朱文公易說卷十三繫辭下）

程德夫說：「徐彥章說先生易只說得個占。」「其說不然。說象牽合坤為牛，遍求於諸卦，必要尋個牛，或以一體取，或以一爻取。如坤牛不可見，便於離一畫是牛。頤之龜，又虎視更說不得。」因曰：「易，象也，須是有此理。但恁底零零碎碎去牽合附合得來，不濟事，須是見他一個大原，許多名物件數皆貫通在裏面方是。以離為雉，又著了討許多來。」程又謂：「渠謂占只是火珠林一法。」曰：「只自火珠林始。」因舉洪範稽疑，舜亦□占，又左傳□，其來已久矣。（朱文公易說卷十七說卦）

「其人天且劓」，天當作而。（朱文公易說卷十八序卦）

潔靜精微，足不犯手。

初三日夜，問學易，曰：「恁底說也得，然聖人自說易之無窮不成，只是聖人用了他人無用處。今日易道以何為易？只是吉凶消長天理人事是也。」

又問七十從心，學易無大過，曰：「聖人自言易之難盡，若此看，却是低小了聖人。」

（以上四條，朱文公易説卷十九作易）

易道神，便如心性情。

問胡安定易，曰：「分曉正當，伊川亦多取之。」（以上二條，朱文公易説卷十九濂洛諸説）

初九夜侍坐，復舉易説云：「天下之理，只是一陰一陽，剛柔仁義皆從此出。聖人始畫為一奇一耦，自一奇一耦錯綜為八，為六十四，為三百八十四爻，天下萬具盡於此。蓋該備於一陰一陽，而無所遺也。所謂剛柔仁義皆從此出，聖人命之以辭，而吉凶悔吝利不利皆自此而來。」遂舉乾坤二卦爻云：「大概陽爻多吉，而陰爻多凶，又看他所處之地位。六經中因此事則説此理，惟易則未有此事而先有此理，聖人預言之以告人。蓋天下萬事不離於陰陽，而陰陽之理該備天下萬物之變態。聖人仰觀俯察於陰陽之理而有以見之，遂為之説以曉諭天下來世。然事雖未形，而實然之理已昭著。世間事不出是許多，吾雖先見而預為之説，而未知未然之理固難以家至而户曉，故假設為卦爻之象，寓於卜筮之法。聖人又於其卦爻之下而繫之以辭，所以示人以吉凶悔吝之理；吉凶悔吝之理即陰陽之道，而又示人以利正之教。如占得乾，此卦固是吉，辭曰『元亨』，元亨，大亨也。卦固是大亨，然下即云『利正』，是雖大亨，正即利，而不正即不利也。使天下因是事而占，因占而得其吉，而至理之權輿，聖人之至教，寓於其間矣。如得乾之卦，五爻不變，而初爻變，示人以勿用之理也。得坤之卦，而初爻變，是告人以『履霜』之漸也。大概正為吉，而不正為不吉；正為利，而不正為不利，其要在使人守正而已。」又云：「易無思也，他該盡許多道理，何嘗有思有為。寂然不動，感而遂通，才感便通。」因舉論占處。（朱文公易說卷二十一卜筮）

問貞悔之說，曰：「本卦是貞，某卦是悔，後十卦又自有貞悔。貞便是一個靜之本體，悔是動用之意。」（朱文公易說卷二十二揲蓍之法）

精舍朋友雜記

因說叶韻，毛詩「下民有嚴」，字音昂見。又中庸「奏格無言」，奏音族見，族平聲，音所騣反，毛詩作豵字。（詩傳遺說卷六）

問：「伏羲畫八卦，見一陰一陽有各生一陰一陽之象，不識何以見之？」先生曰：「今凡物皆有一陰一陽。且如人之一身有氣有血，便是一陰一陽，凡物皆然。又如晝夜，晝屬陽，午以後為陰；夜屬陰，子以後為陽。此類可見。此即一陰一陽有各生一陰一陽之象也。」（朱文公易說卷二兩儀）

「忠信，所以進德也。修辭立其誠，所以居業也。知至至之，可與幾也。知終終之，可與存義也。」先生曰：「忠信者，能實其善之謂。其欲善也，如好好色；其惡惡也，如惡惡臭。人能如此，則其德不期進而進矣。知之所至，力必至之，故曰『知至』；知之不待已知，而必知其將至，故曰『可與幾』也。」（朱文公易說卷十六文言）

呂煇記語録

問温公河圖洛書之説，答云：「温公以河圖洛書為怪妄，未是。若説果無此，夫子何以説『河不出圖』？尚書云云，此理蓋有之。温公又以繫辭為非聖人之書，亦緣圖書之説故也。」（朱文公易説卷一河圖洛書）

先生説易「吉無咎」云：「吉是遂其意，無咎是上不至於吉，下不至於凶，平平恰好子又合道理處。」

先生説：「『飛龍在天，利見大人』，是占得飛龍卦，便利見大德之人。」（以上二條，朱文公易説卷三乾）

問「西南得朋，東北喪朋」，答云：「占得坤卦，則從西南方則得其朋，從東北方則失其朋。西南陰方，東北陽方，坤卦比乾卦減半。」

問坤之「六二之動，直而方」，先生云：「方是一定不變之意。坤受天之氣而生物，故其直止是一定。」（以上二條，朱文公易説卷三坤）

先生説「輿説輻，夫妻反目」，因云：「被它畜止不得進，必與有爭。自家必要進時如何？須是能正室時方得。」（朱文公易説卷三小畜）

先生曰：「否之九五，若無那大人，也休那否不得。大率自泰入否易，自否入泰難。」（朱文公易説卷三否）

或問：「大過、小過，大過是陽過乎陰，小過是陰過乎陽。程先生以為：『立非常之大事，興不世之大功，成絶俗之大德，是聖人制事以天下之正理，非有過於理也。如聖賢道德大過於人，堯舜之揖遜，湯武之征伐，皆由斯道也。道無不中，無不常，世人所不常見，故謂之大過於常也。』（程先生：「所謂大過者，常事之大者耳，非有過於理也。」）『小過是小過於中者，如行過乎恭，喪過乎哀，用過乎儉，蓋矯之小過而後能及於中也。』」先生曰：「程先生説此，此為事之大過，即是事之平常，便如説權即經之意，都是多説了。蓋大過是事之大過，小過是事之小過。大過便如堯舜之揖讓，湯武之征伐，獨立不懼，遁世無悶，這都常人做不得底事，惟聖人大賢以上便做得，故謂之大過，是大過人底事。小過便如行過乎恭，喪過乎哀，用過乎儉，事之小過得些子底，常人皆能之。若當大過時做大過底事，當小過時做小過底事，當過而過理也，如此則豈可謂事之過不是事之過，只是事之平常也？大過之事，聖人極是不得已處。且如堯舜之有朱均，豈不欲多立賢輔以立其子？然理到這裏做不得，

只得放、伐而後已。皆是事之不得已處，只着如此做，故雖過乎事，而不過乎理也。」（朱文公易説卷四大過）

「各正性命」，言其稟賦之初。「保合大和」，言於既得之後。天地萬物蓋莫不然，不可作兩節説也。

「保合大和」，即是保合此生理也。「天地絪緼」，乃天地保合此生物之理，造化不息；及其萬物化生之後，則萬物各自保合其生理，不保合則無物矣。

「山下有險，蒙之地也。」先生云：「山下已是窮極險處，又遇險，前後不得，故於此蒙昧也云云。蒙之意也，此是心下鶻突。」（以上三條，朱文公易説卷七彖上傳）

「小過，小者過而享也。」不知小者是指甚物事。行過恭，用過儉，皆是宜下之意。

先生曰：「熹嘗作易象説，大率以簡治繁，不以繁御簡。」（朱文公易説卷七彖下傳）

先生曰：「人看易，若是靠定象去看，便滋味長；若只恁地懸空看，也没甚意思。」

「小畜：『密雲不雨，上往也。』」先生云：「以陰畜陽，三陽上往，而陽畜不住，所以不雨。如甑蒸飯，漏氣則不成水，無水淚下也。至於『上九，既雨既處』，蓋一陰在上，而畜住陽也。」

問：「『后以裁成天地之道，輔相天地之宜，以左右民。』若論聖人裁成輔相之功，當無時而不然，何獨於泰卦言之？」先生曰：「天地交泰，萬物各遂其理，聖人自此方能致用。若天地閉塞，萬物不生時，聖人亦無所施其巧。」（以上四條，朱文公易説卷八象上傳）

或問：「大壯卦云：『雷在天上，大壯。君子以非禮弗履。』伊川以為『自勝者為強，非君子之大壯，不可能也』。又引中庸四説『強哉矯』，以為證其義，是如此否？」先生曰：「固是。雷在天上，是甚生威嚴。人之克己能如雷在天上，則威嚴果決以去其惡，而必為於善。若半上落下，則不濟事，何以為君子。須是如雷在天，方能去非禮。」

「君子所過者化」，伊川本處解略。易傳「大人虎變」却説得詳。荀子亦有「仁人過化存神」之語，此必古語。如「克己復禮」，亦是古語，左傳中亦引「克己復禮，仁也」。如「崇德修慝辨惑」，亦是古語，蓋是兩次人問了。（以上二條，朱文公易説卷八象下傳）

問「剛柔相磨，八卦相盪」，答云：「磨是兩個相磨，盪是漸漸盪。磨是兩個磨做四個，四個磨做八個；盪是八個相盪做十六個，十六個相盪做三十二個，三十二個相盪做六十四個，比磨便闊了。」

問：「『乾以易知』，為是他恁底健，所以得易而萬物生，他都不費氣力。然而他恁地健，又不是要恁地，蓋是實理自然合如此。在人則順理而行，便自容易，更不須安排人物，

便自是順從他。」曰：「是如此。但順理而行，便是個底事。所謂易便只是健，健便自是易。」（以上二條，朱文公易説卷九繫辭上）

先生云：「『其利斷金』，是斷做兩斷去。」（朱文公易説卷十一繫辭上）

「夫乾，天下之至健也，德行恆易，以知險。夫坤，天下之至順也，德行恆簡，以知阻。」某前日之説差了。他雖至健，知得險了，却不下去。坤是知得阻了，更不上去。以人事言之，若健了，一向進去，做甚收殺！

問「夫乾，天下之至健也，德行恆易，以知險。夫坤，天下之至順也，德行恆簡，以知阻。」先生云：「乾剛，則看甚麼物都刺將過去。坤則有阻處，便不能進，故只是順。如上壁相似，上不得自是住了。」（以上二條，朱文公易説卷十四繫辭下）

孔子於文言只説「利者，義之和」，是掉了那利，只是義之和為利，蓋是不去利上求利，只義之和處便是利。

「『體仁』，本義云『以仁為體』者，猶言自家一個身體，元來都是仁。」又云：「本義説『以仁為體』，似不甚分明，然也只得恁地説。」（以上二條，朱文公易説卷十五文言）

問：「易説『庸言之信，庸行之謹』，如此已自好，又曰『閑邪存其誠』，何也？」先生曰：「此是『無斁亦保』。」

「忠信所以進德」，忠信是實，其心之所發也。「修辭立其誠」，「其」字當細玩。忠信所以進德，修辭立其誠所以居業，誠即指忠信也。

問：「『知至至之』，『知終終之』，恐是大略立個期限如此。」曰：「這個只是個終始。」（以上三條，朱文公易説卷十六文言）

問「八卦相錯」，先生答云：「乾坤自是個不動底物事，動是陰陽。如一陰對一陽，一陽對一陰，六十四卦圓轉皆如此相錯。」（朱文公易説卷十七説卦傳）

先生曰：「看易，須是看他未畫卦爻以前是怎生模樣，却就這裏看他許多卦爻象數，非是杜撰，都是合如此。未畫以前，便是寂然不動，喜怒哀樂未發之中，只是個至虛至静而已。忽然在這至虛至静中有個象，方説出許多象數吉凶道理，所以禮曰：『潔静精微，易教也。』蓋易之為書，是懸空做出來底。謂如書，便真個有這政事謀謨，方做出書來；詩，便真個有這人情風俗，方做出詩來。易却無這已往底事，只是懸空做底。未有爻畫之先，在易則渾然一理，在人則湛然一心；既有爻畫，方見得這爻是如何，這爻又是如何。然而皆是就這至虛至静中，做出許多象數道理出來，此其所以靈。若是似而今説得來恁地拖泥合水，便都没理會處了。」（朱文公易説卷十八作易）

先生因蘇丈問要看易，謂之曰：「易難看，而今道要教公依先儒解看，則非某之本心；道要教公依某底看，則又也不敢説。如某説底，也只説得三四分，有七八分理會不得。所以説易難看。聖人所謂『詩書執禮，皆雅言也』，今既看詩了，且看書或看禮。禮頭緒多，亦難看。某思得一説：欲看禮，且看温公書儀，蓋他是推古禮為之，其中雖有得失，然於今日便可得用，如冠、昏、喪、祭之類，皆可行。若能先看此，則古禮少間亦自易理會。記曰：『不學操縵，不能按弦。不學博依，不能安詩。不學雜服，不能安禮。』此之謂也。」（朱文公易説卷十八讀易）

呂德明記語録

問：「『詩可以觀』，集注云『考見得失』，是自己得失否？」曰：「是考見事蹟之得失，因以警自己之得失。」又問：「『可以怨』，集注云『怨而不怒』，是如何？」曰：「詩人怨詞，委曲柔順，不恁地疾怒。」（詩傳遺説卷一）

問「聲成文，謂之音」，曰：「『歌永言，聲依永』，便是聲；『律和聲』，便是成文，謂之音。」（詩傳遺説卷二）

先生説「思無邪」：「集注云：『有因一事而言者，如關雎言樂而不淫，哀而不傷，葛覃言孝敬勤儉，卷耳言正静純一，皆是就一事上見思無邪。』夫子取出這一句來斷三百篇詩，唯此一句可以盡蓋三百篇之義。程子説『思無邪，誠也』，諸公皆不曾子細看。且如人或言之無邪，未見他誠在；行之無邪，亦未見得他誠在。唯出於心之所思者無邪，方始見得他真個是誠。」（詩傳遺説卷三）

問：「周南、召南，程子曰：『周南、召南如乾、坤。』詩傳注云：『乾統坤，坤承乾。』德明之意，恐是必先有周南之化，然後有召南之德。」曰：「然。但程子只説如乾坤，未知其意是與不是，如此乃熹之意。如此説，蓋化是自上而化下，德是自下而承上。」（詩傳遺説卷四）

「南有樛木」，便有「葛藟纍之」。「樂只君子」，便有那「福履綏之」。「公侯好逑」，注云：「好逑是善匹。」是言其才德相合處。「公侯腹心」，注云：「同心同德。」是言其才德與己無異了。（以上二條，詩傳遺説卷五）

石鼓有説成王時，又有説宣王時。然其辭有似車攻、甫田詩辭，恐是宣王時未可知。

問：「『蹶厥生』是如何？」曰：「是作他跳起來。當時虞芮質成，時一日之間來歸者四十餘國，其忽然涌盛如此，故文王作地跳起，此亦是詩人説他。」又問：「東萊説是文王自動其中，意其何以生得虞芮之感如此，遂歸功於四臣。」先生曰：「雖説得巧，只是經意不如此。熹不曾如此巧説。若要把做文王自説，須説曰：『予有疏附先後之臣。』方得跳起之説，雖小著文王，亦不奈何，是詩人恁地説着了。」

「文王蹶厥生」一節。看那緜一詩，自古公亶父積累至文王，「肆不殄厥愠，亦不殞其問」，時其勢已盛。至虞芮質成，來歸者四十餘國，其勢又盛。故詩人言文王興起之勢如此。所以興起者，予曰：文王有此四臣以輔助。但上平説，看來無甚滋味，却不是穿鑿。

（以上三條，詩傳遺説卷五）

「對越在天」，便是顯處；「駿奔走在廟」，便是承處。（詩傳遺説卷六）

蔡念成記語録

徐昭然問：「先生去詩序，似使學者難曉。」曰：「正為有序，則反糊塗。蓋小序後人揣料，有不是處多。如今之杜詩之類，本是雪，却題作月詩，後人不知，亦强要把做月詩解了，故大害事。」

「爰契我龜」，乃刀刻龜也。古人符契，亦是以刀刻木而合之，今之蠻洞猶有此俗。有警急調發，便知日期、去處遠近，亦契之意也。（以上二條，詩傳遺説卷五）

先生説：「『吉凶之道，貞勝者也。』言吉凶常相勝。如陰勝陽、陽勝陰之類，更相為勝。」（朱文公易説卷十二繫辭下）

過庭所聞

朱在

集注於正文之下，止解說字訓文義與聖經正意，如諸家之說有切當明白者，即引用而不没其名。如學而首章，先尹氏而後程子，亦只是順正文解下來，非有高下去取也。章末用圈，而列諸家之說者，或文外之意，而於正文有所發明，不容略去；或通論一章之意，反覆其說，切要而不可不知也。（文獻通考卷一百八十四）

周標記語録

問：「『易則易知』，先生作『樂易』看，今聞先生之論，又却作『容易』説，是如何？」曰：「未曾到樂易處。」僩曰：「容易如何便易知？」曰：「不須得理會得易知，且理會得『易』字了不得如破竹。」又曰：「這便是無言可解説，只是易。」又曰：「怕不健，若健，則自易。易自是易知。這如龍興而雲從，虎嘯而風生相似。」又曰：「這如鴻毛之遇順風，巨魚之縱大海，却不費力氣。」又曰：「簡便順理而行，却有商量。」（朱文公易説卷九繫辭上）

閭丘次孟　鍾唐傑　魯可幾
李德之　周介　饒幹　記語録
黎季成　鄭仲履　周伯壽

太極者，不離陰陽而為言，亦不雜陰陽而為言。（語録類要卷一）

或曰：「顏子多是静處下功夫。」文公曰：「若如此説，當不遷怒、不貳過時節，此心須别有安頓處。看公此意，只道是不應事接物，方存得此心，不知聖人教人多是於動處説。如云：『出門如見大賓，使民如承大祭。』又如告顏子『克己復禮為仁』，正是於視聽言動處理會。公意思只是要静，將心頓在黑卒卒地，此却是佛家之説。人固有初學未有執守，應事紛雜，暫於静處少息，只是略如此。然作個人事，至須著應，如何事至，且説道：待自家去静處，當怒則怒，當喜則喜，更無定時。只當於此警省，如何是合理，如何是不合理；如何要將心頓在閑處得？」

性是天生成許多道理（下缺）心有善惡，性無不善，若論氣質之性，亦有不善。

某因將孟子反覆熟讀，每一段三五十過，方看得出。後看程子，却說：「夜氣之所存者，良知良能也。」與臆見合。以此知觀書不可苟，熟讀深思，道理自見。這「存」字，是個保養護衛底意思。（語録類要卷二）

佛經説昆侖山頂有阿耨大池，水流四面，去東南流入中國者，為黄河，其三方流者，為弱水、黑水之類。（語録類要卷六）

坐間或云：「鄉間有李三者，死而為厲。鄉曲凡有祭祀佛事，必設此人一分。或設黄籙大醮，不曾設他一分齋食，盡為所污。後因為人放炮仗，所依之樹，自是遂絶。」曰：「是他枉死，氣未散，被爆仗驚散了。設醮請天地山川之神，却被小鬼污却，以此見得設醮無此理也。」

康節之學似老子，只是自要尋個寬闊快活處，人皆害他不得。張子房亦是如此，方衆人紛拏擾擾時，他自在背處。（語録類要卷八）

文公母夫人忌日，着滲墨布衫，其中亦然。學者問：「今日服飾何謂？」曰：「公豈不聞禮君子有終身之喪。」（語録類要卷十）

張以道問：「向在黄巖，見顔魯公的派孫因事到官，持魯公告敕五七通來，皆魯公親書，以黄紙為之，此義如何？」曰：「魯公以能書名，當因自取書之，只用印文，亦不足疑。

本朝蔡君謨封贈其祖告敕，亦自書之，蓋其以字名，人亦樂令其自寫也。」（語録類要卷十一）

文公因問諸生庚甲，既而曰：「歲月易得，後生不覺老了。」（語録類要卷十二）

聖賢千言萬語，只是要行得須得。

問：「格物是為學始入道處，當如何着力？」文公曰：「遇事接物之間，須一一去理會始得，不成是精底去理會，粗底又放過了，大底去理會，小底又不問了，如此終始有欠缺。但隨事隨物，皆一一去窮理，自然分明。」（語録類要卷十四）

楊與立記語録

致知誠意，此是大學一篇樞紐，乃生死路頭，人之所以與禽獸異處。若過得這關了，其他事皆可為也。

太極生陰陽，理生氣也。陰陽既生，則太極在其中，理復在氣之内也。

先生曰：「有天地之性，有氣質之性。天地之性，則太極本然之妙，萬殊之一本者也；氣質之性，則二氣交運而生，一本而萬殊者也。」

王季海當國時，好出人罪，以積陰德。熹謂雖堯舜之仁，亦只是罪疑惟輕而已，豈有不疑而強欲輕之乎？

聖人與衆人做處，便是五峰所謂「天理人欲同行而異情」。聖人亦未嘗無人心，其好惡皆與人同；各當其則，是所謂道心也。

此個道理，問也問不盡，説也説不盡，頭緒盡多，須是自去看，看來看去，自然一日深似一日，一日分曉似一日，一日易簡似一日，只是要熟。

讀書須周匝遍滿，熹舊有四句云：「寧詳毋略，寧下毋高，寧拙毋巧，寧近毋遠。」

大疑則有大進。

讀書，始讀未知有疑，其次則漸漸有疑，中則節節是疑；過了這一番後，疑漸漸減，以至融會貫通，都無可疑，方始是學。（朱子語略）

朱子遺集

目録

卷一　賦　詩

卷二　奏劄　書

卷三　書

卷四　雜著

卷五　序　跋　記

卷六　銘　箴　贊　祭文　碑　墓誌　傳

卷一 賦 詩

梅花賦 慶元元年

楚襄王遊乎雲夢之野，觀梅之始花者，愛之，徘徊而不能捨焉。驂乘宋玉進曰：「美則美矣，臣恨其生寂寞之濱而榮此歲寒之時也。大王誠有意好之，則何若移之渚宫之囿而終觀其實哉？」宋玉之意，蓋以屈原之放微悟王，而王不能用，於是退而獻賦曰：

夫何嘉卉而信奇兮，厲歲寒而方華。潔清姱而不淫兮，專精皎其無瑕。既笑蘭蕙易誅兮，復異乎松柏之不華。屏山谷以自娱兮，命冰雪而為家。謂后皇賦予命兮，生南國而不遷。雖瘴癘非所託兮，尚幽獨之可願。歲序徂以崢嶸兮，物皆捨故而就新。披宿莽而横出兮，廓獨立而增妍。玄霧滃而四起兮，川谷沍而冰堅。澹容與而不銜兮，象姑射而無鄰。夕同雲之繽紛兮，林莽雜其葳蕤。曾予質之無加兮，專皎潔而未衰。方酷烈而闇闇兮，信横發而不可摧。紛旖旎亦何好兮，静窈窕而自持。徂清夜之湛湛兮，玉繩耿而未低。方娉婷而自喜兮，友明月以為儀。欻浮雲之來蔽兮，四顧莽而無人。悵寂寞其淒涼兮，泣回風之無辭。立何久乎山阿兮，步何躊躇於水濱？忽舉目而有見兮，怳顧盼之足疑。謂彼漢廣之人兮，羌何為乎人間？既奇服之眩耀兮，又綽約而可觀。欲一聽白雲之歌兮，歎揚音之不可聞。將結軫乎瑶池兮，懼佳期之非真。願借陽春之白日兮，及芳菲之未虧。與遲暮而零落兮，曷若充夫佩幃？渚宫焈未有此兮，紛草棘之縱横。椒蘭後乎霜雪兮，亦何有乎芳馨。俟桃李於載陽兮，倉庚寂而未鳴。私顧影而自憐兮，淡愁思之不可更。君性好而弗取兮，亦吾命其何傷。

辭曰：后皇貞樹，艷以姱兮。潔誠諒清，有嘉實兮。江南之人，羌無以異兮。煢獨處廓，豈不可召兮？層臺累榭，静而可樂兮。王孫兮歸來，無使哀江南兮！（新安文獻志卷四十八。）

按：篁墩文集卷三十六題文公梅花賦後云：「文公舊有前、後、續、别四集行世，而後集亡矣。此賦見事文類聚中，固後集之一也。」朱文公文集後潘潢跋云：「淳祐以來，區區掇拾，已非復公季子在初類次本，而王會之、祝伯和、虞伯生家藏與陸、王帖、梅花賦諸篇，往往尚逸弗録。」朱玉朱子文集大全類編補遺、朱培朱子大全集補遺卷一、朱啟昆朱子大全集補遺卷二均輯録此賦，而無前序。

春日過上竺 紹興十八年

竺國古招提，飛甍碧瓦齊。林深忘日午，山迥覺天低。琪樹殊方色，珍禽别樣啼。沙門有文暢，啜茗漫留題。（釋廣賓杭州上天竺講寺志卷十四詩文紀述品，武林梵志卷五，天竺山志卷七，光緒西湖志卷十三。古今圖書集成方輿彙編山川典卷二百九十録此詩，題作天竺，乃非。）

訪昂山支公故址 紹興中

支公肯與世相違，故結高堂在翠微。青菜漫隨流水去，黄彪時逐暮雲歸。喬林掛月猿來嘯，幽草生風鳥自飛。八萬妙門能測度，個中獨留祖師機。（同治廣信府志卷一之二。）

按：廣信府志云：「昂山……晉支遁居此山，朱子訪其遺迹，題曰『昂山勝境』。」

題爛柯山 紹興中

局上閑爭戰，人間任是非。空教采樵客，柯爛不知歸。（古今圖書集成方輿彙編山川典卷一百二十九，光緒衢州府志卷三。）

贈内弟程允夫 紹興二十年

外家人物有吾子，我乃平生見未嘗。文字只今多可喜，江湖他日莫相忘。故家歸來雲樹長，向來辛苦夢家鄉。行藏正爾未堅决，又見春風登俊良。我憶當年諸老翁，經綸事業久參同。只今零落三星曉，未厭棲遲一畝宫。（新安文獻志卷五十六，程洵尊德性齋集補遺。）

按：新安文獻志稱此三詩「見紫陽遺文」，明戴銑朱子實紀卷十一有劉定之紫陽書院遺文序：「張逵復搜集遺文，得金仁本抄録唐長孺家藏文公所作與他所述有關於書院者，悉滙為帙，題曰紫陽遺文。」

德興縣葉元愷家偶題 紹興二十年

葱湯麥飯兩相宜，葱暖丹田麥療饑。莫道儒家滋味薄，隔鄰猶有未炊時。（朱培朱子大全集補遺卷一，朱啟昆朱子大全集補遺卷一，宋詩紀事卷四十八。）

按：朱玉朱子文集大全類編補遺録此詩，題作過德興縣葉元愷家偶題，「麥療饑」作「飯療饑」，「滋味」作「風味」。朱培云詩輯自葉氏家乘，考葉元愷乃與朱熹為同年，紹興十八年同年小録：「第五甲第五十八人葉元凱，字舜卿，小名壽春，小字彭老。甲辰十一月十九日生。外氏陳重慶下，第小六。兄弟三人。一舉。娶程氏。曾祖良，故，不仕。祖成，故，不仕。父潤，故，不仕。本貫饒州德興縣銀山鄉奉寧里。叔安為户。」朱熹於紹興二十年歸婺源展墓，嘗順道經德興訪親友，朱文公文集卷十有題霜傑集為證。此詩即其時朱熹在德興作，蓋其時朱熹與葉元愷中舉後皆待次在家，故以貧困相詠。此詩又有以為是朱熹訪婿蔡沈所作（見堅瓠集），或又謂訪弟子陳淳所作（見地方志），皆非。

題鳳山庵 紹興二十二年

心外無法，滿目青山。通玄峰頂，不是人間。（嘉靖安溪縣志卷七。）

按：安溪縣志卷四：「朱文公祠，舊為書院。昔朱子為同安簿時，嘗按事安溪，有題詠在通玄峰鳳山庵間。正德十六年，知縣龔穎即以鳳山庵改為書院，塑像奉祠。」考五燈會元卷十天台德韶國師：「天台山德韶國師……後於通玄峰澡浴次，忽省前話，遂具威儀……師有偈曰：『通玄峰頂，不是人間。心外無法，滿目青山。』法眼聞曰：『即此一偈，可起吾宗。』」朱熹此詠，乃顛倒變化德韶偈而成。

夜歎 紹興中

……煉形羽化真寓言，世間哪得有神仙？要須力穡乃豐年，晝形十載甑空懸。君不見，黄鶴樓前金色鮮，何如歸責白石員？……（洺水集卷九書犁春謝耕道所藏朱晦庵夜歎長篇後。）

按：台州外書卷十四古蹟二有「朱晦翁夜歎長篇手迹」，即指此詩。又朱文公文集卷八十一跋南上人詩云：「南上人以此卷求余舊詩，夜坐為寫此及遠游、秋夜等篇。」秋夜即此夜歎詩。

次牧馬侯廟 紹興二十五年

此日觀風海上馳，殷勤父老遠相隨。野饒稻黍輸王賦，地接扶桑擁地基。雲樹葱蘢神女室，崗巒連抱聖侯祠。黄昏更上豐山望，四際天光蘸碧漪。（明洪受滄海紀遺詞翰之紀卷九。）

按：牧馬侯廟在金門，滄海紀遺引解智孚濟廟志云：「朱文公簿邑時，有次牧馬侯廟詩。」「太武之陽，有鉅區曰馬坪，有山曰豐蓮……其左麓為牧馬祠，即今孚濟廟，歷古所建，以祀勒封『福佑聖侯』者。侯姓陳，名淵，唐時人。」朱熹於紹興二十五年奉府檄在同安境内各地徵集地方名賢碑碣事傳，其禪正書序云：「熹被府檄，訪境内先賢碑碣事傳，悉上之府。」金門在同安境内，陳淵為境内先賢，朱熹往金門訪牧馬侯廟當在其時。

岱山巖訪陳世德光同年紹興中

一錢一劍出新州，五柳凭誰添酒籌？岱壑何嫌松共老，碧波偏向桂招游。不為身後百年計，自是人間第一流。我欲門前張雀網，先將車轍到山頭。（乾隆永春縣志卷十四。）

按：永春縣志卷二山川云：「岱山，石勢峻拔，中有巖曰鐵峰，巖下有珠樹閣，右有西居堂，即陳光讀書處。朱子訪光至此，有詩。」並録陳光和朱晦翁作詩：「去年渭北望卿頻，今日深山屐齒新。珠樹香沾千澗雨，蓮峰翠滴四時春。漁郎有意休相問，樵子無心可與親。石榻盤旋忘歲月，瓶罍羞罄故人貧。」紹興十八年同年小録第五甲第五十三人為陳光。

題蘧庵畫卷紹興中

石谷儉公居西峰石佛院，破壁為牖，盡得西南諸峰。蘧庵以「亂峰」名之，為賦四章。

因依古佛居，結屋寒林杪。當户碧峰稠，雲煙自昏曉。

巖中老釋子，白髮對青山。不作看山想，秋雲時往還。

群峰相接連，斷處秋雲起。雲起山更深，咫尺愁千里。流雲繞空山，絶壁上蒼翠。應有采芝人，相期煙雨外。（陳利用編、林希元增訂朱子大同集。）

按：朱文公文集卷二有題九日山石佛院亂峰軒二首及題可老所藏徐明叔畫卷二首，即此四章，然無前序，詩題大異。似蘧庵即可老其人。

過飛泉嶺 紹興二十七年

梯雲石磴羊腸繞，轉壑飛泉碧玉斜。一路風煙春淡泊，數聲鷄犬野人家。（道光廣東通志卷一百零六，南嶽志卷七，光緒湖南通志卷三百八十五。）

按：廣東通志卷三百二十七列傳「朱熹」條下引郝志云：「（熹）嘗游揭陽飛泉嶺，寓鄭進士家覽勝亭，書『落漢鳴泉』四大字揭諸亭。」潮州志叢談志云：「鄭國翰，登紹興十八年戊辰進士。原名鄭翰，學者稱澹軒先生。國翰與文公同榜，其賜第亦在第五甲。文公游揭陽嶺，常主其家，名益藉甚。」紹興十八年同年小録第五甲第五十一人為鄭國翰。南嶽志卷七録此詩，題作桐木山村舍詩，「一路」作「一段」，「飛泉」作「飛流」。桐木山在湖北辰州，或以此詩為朱熹紹熙五年知潭州時作，且在辰州有詩碑出土。湖南通志卷二百八十五引辰州府志瀘溪雜識云：「明崇禎初，浦市民間瓷土地祠掘地得碑，有桐木山村舍詩一首，為考亭朱文公所題。」按辰州屬湖北路，朱熹紹熙五年任湖南路安撫使，未嘗入湖北辰州，故以此詩在辰州作為非。

芹溪九曲詩 隆興中

一曲移舟采澗芹，市聲只隔一江雲。沙頭喚渡人歸晚，回首廬峰月一輪。
二曲溪邊萬木林，水環竹石四時清。漁火櫂入斜陽裏，隔岸時聞一兩聲。
三曲舟行龍尾灘，推蓬把酒見南山。回頭點檢仙踪跡，萬頃白雲時自閑。
四曲煙雲鎖小樓，寺臨喬木古溪頭。僧歸林下柴門静，麋鹿啣花自在游。
五曲峰巒列翠屏，白雲深處隱仙亭。子期一去無消息，唯有喬松萬古青。
六曲溪環處士家，鼓樓樓下樹槎牙。龍去潭空名不朽，惟見平汀湧白沙。
七曲靈池近水濱，聚龜石上耀金鱗。林凹路入桃源近，時有魚郎來問津。
八曲硯峰倚碧虛，泉流瀑布世間無。凭誰染就丹青筆，寫出芹溪九曲圖？
九曲悠悠景最幽，巉巖峽石束寒流。源深自是舟難到，更有龍池在上頭。

（嘉靖建寧

府志卷三，朱培朱子大全集補遺卷一，朱啟昆朱子大全集補遺卷一，朱子文集大全類編補遺。）

按：朱培朱子大全集補遺稱此詩録自芹溪丘氏譜。建寧府志卷十八：「丘義，字道濟，一字仁卿，號子野。建陽人，隱居不仕。穎敏嗜學，淹洽子史，而尤邃於易。與朱熹相友善，常往來問答。有易説傳於世。所著詩熹嘗為之序，為題其堂曰『芹溪小隱』，又著復齋銘並芹溪九曲等詩貽之。」

豐城榮光書院 隆興二年

一道榮光帶碧山，天風吹雨度雲關。樹浮空翠迷村塢，泉落飛虹瀉石灣。赤嶺豹棲朝氣隱，劍潭龍起夜光寒。咿唔何處經年韻，多在湖東喬木間。（雍正江西通志卷一百五十四，南昌郡乘卷五十二。）

按：「榮光」似應作「滎光」，滎光書院即龍光書院。江西通志卷二十一：「龍光書院，在豐城滎塘劍池廟左。宋紹興間邑人陳自俛建，四方來學者三百餘人，悉廩之。朱子曾過書院，留居一月。」滎塘劍池云云與詩中滎光劍潭相合。

無題 乾道二年

風恬日暖蕩春光，戲蝶遊蜂亂入房。數株門柳依衣桁，一片山花落筆牀。乾道二年春日，晦翁書。（壬寅消夏記朱文公行書軸。）

按：壬寅消夏記云：「朱文公行書軸，紙本，高三尺三寸，寬一尺六寸五分。五行，行書。曾經内府收藏，有『乾隆御覽之寶』、『震宫之章』、『嘉慶御覽之寶』、『石渠寶笈御書房鑒藏寶』五璽。」

訪盛温如至盛家洲 乾道三年

昔年聞説盛家洲，今日從容過此游。萬頃波光含宇宙，數椽茆屋老春秋。（鉛山石巖朱氏家譜題咏。）

盛家洲 乾道三年

湖上闌干百尺臺，臺邊水殿倚雲開。洪橋人隔荷花語，玉碗水盤進雪來。（萬曆新修南昌府志卷三十，南昌郡乘卷五十三。）

重過南塘弔徐逸平先生 乾道三年

不到南塘久，重來二十年。山如龜背厚，地與馬鞍連。徐子舊書址，毛公新墓田。青松似相識，無語重淒然。（同治江山縣志卷四。）

按：徐存字誠叟，號逸平，受業龜山楊時（一說為蕭顗弟子）。朱文公文集卷八十一跋徐誠叟贈楊伯起詩云：「熹年十八九歲時，得拜徐公先生於清湖之上，便蒙告以克己歸仁、知言養氣之說，時蓋未達其言，久而後知不易之論也。」紹興十八年朱熹十九歲，中進士第，朱熹乃於及第歸途造訪逸平。由紹興十八年下推二十年，為乾道三年，是年朱熹恰有往潭州訪張栻事，該詩或即其途中所作。

竹園書院乾道三年

書屋深何許？荆山舊有名。抱璞無人哭，猶聞吾伊聲。（同治安福縣志卷十八。）

南嶽唱酬詩五首乾道三年

渡興樂江望祝融次擇之韻

江頭曉渡野雲遮，悵望山岐映暮霞。人值風波幾千里，濟川舟楫我儂誇。

嶽後步月

清光冰魄浩無邊，桂影扶疏吐玉娟。人在峰頭遥指望，舉杯對影夜無眠。

自上封下福巖道旁訪李鄴侯書堂山路榛合不可往矣

山道榛蕪大道荒，令人瞻望鄴侯堂。懷賢空自悲今昔，淚滴西風恨夕陽。

題南臺

步入招提境，雲間有古臺。管弦山鳥弄，瓊玖雪花開。方外人稀到，山頭勢更巍。登臨思不盡，何日再重來？

將下山有作

芒鞋踏破萬重山，五日淹留在此間。行客歸來山下望，却疑身自九天還。（南嶽唱酬集。）

按：乾道三年朱熹、張栻、林擇之三人南嶽唱酬，共得詩一百四十九首。今朱文公文集卷五所收唱酬詩僅四十八首，顯有亡佚。今本南嶽唱酬集一書收編三家唱酬之詩，多有僞作竄入，其不見於朱文公文集而實非僞作者即此五首。

送汪大猷歸里 乾道七年

濯濯才華耀禁林，翩然忽起故園心。九天得請恩方重，一舸東歸春未深。照眼湖山非昨夢，及時詩酒合同襟。不應便作真狂客，講殿行思聽履音。（雍正浙江通志卷四十三。）

按：新安文獻志卷五十三有汪大猷通山縣寄朱元晦：「碧澗環山麓，高低滿百家。途窮疏騎氣，縣古聽蜂衙。書倩雲中雁，歌煩水底蛙。陽河不擇地，隨分得春花。」是朱熹早與汪大猷相識。攻媿集卷八十八汪大猷行狀云：「（乾道）七年正月，除敷文閣待制、提舉江州太平興國宫，侍從館閣諸公賦詩留題，以餞行色，今石刻存焉。」浙江通志於朱熹此詩下又并引趙汝愚送汪大猷歸鄞詩：「尚書無官貴，持經侍帷幄。青冥欲無際，白首非故約。連檣動南浦，父老望巖壑。下車入里門，執手問歡樂。十年幾風雨，寒鷄叫屋角。勤勞畢吾分，帝賚出寵渥。我適奉香火，禁直連六閣。遂令宣室思，從今問晦朔。」「我適奉香火」，指閤門張説擢簽書樞密院，趙汝愚請祠而歸，事在乾道七年三月，正與汪大猷歸里同時。疑朱熹此詩與趙汝愚等侍從館臣賦詩皆入當時石刻，故得一併流傳。

贈傅道士 乾道九年

到處逢人説傅顛，相看知是幾生前。直攜北斗傾天漢，去作龍宫第二仙。（歷世真仙體道通鑑續編卷三。）

按：歷世真仙體道通鑑續編卷三傅得一傳云：「師諱得一，字寧道，又字齊賢，清江新淦人也。……孝宗乾道九年癸巳，晦庵朱文公為扁『雲庵』二大字，及贈一絶句……其後范石湖大參（成大）、張公樞使（悦）諸賢，題贈不可勝紀。淳熙元年甲午，史越王（浩）帥閩，一日，師遂呼徒弟葉永壽曰：『我欲福州見丞相。』次早遂行……後之君子欲考其詳，則有史越王之墓誌在云。」今史浩鄮峰真隱漫録無傅得一墓誌，然卷三十五有洪都道士傅得一求贊淳熙改元四月吉日三山郡齋書，可見兩人交往之迹。三山即福州，是傅得一淳熙元年嘗來福州，與傳所述相合。歷世真仙體道通鑑中傳得一傳乃本史浩傅得一墓誌寫成，疑此詩原在傅得一墓誌中。

汪端齋聽雨軒 淳熙三年

試問池堂春草夢，何如風雨對床詩？三薰三沐事斯語，難弟難兄此一時。為母靜彈琴幾曲，遺懷同舉酒千巵。蘇公感寓多游宦，豈不臨風尚爾思。（弘治衢州府志卷十三，雍正浙江通志卷四十八。）

按：衢州府志原云：「聽雨軒，在開化縣北。汪觀國，字廷元，於所居作逍遥堂，翼之以軒，扁曰『聽雨』。與其弟端齋燕息以終老。復遣其子浤從游東萊之門。時晦庵自建安來過，張南軒、陸象山、吕祖儉各賦聽雨軒詩以美之。」古今圖書集成方輿彙編職方典卷一千零十六録此詩，題作題包山書院聽雨堂，乃非，蓋南宋時汪宅尚未名包山書院。朱熹自建安來過開化時在淳熙三年，見朱文公文集卷三十三答吕伯恭書四十五等。浙江通志卷四十八另録有吕祖儉次韻聽雨軒詩：「弟兄真樂有誰知，頗憶蘇公聽雨詩。小院深沉人静後，虚檐蕭瑟夜分時。對床魂夢歸燈火，浮世身名付酒卮。書册一窗生計足，怡然戲彩慰親思。」

題程燁程燧兄弟雙桂書院　淳熙三年

尹家構屋積玉堆，兩種天香手自栽。清影一簾秋澹蕩，任渠艷冶鬥春開。（朱培朱子大全集補遺卷一，朱啟昆朱子大全集補遺卷一，朱子文集大全類編補遺，雍正江西通志卷二十二，同治德興縣志卷四。）

按：朱培云此詩出自朱氏家譜。江西通志卷二十二云：「饒州雙桂書院，在德興縣游奕塢，相傳朱子贈程燁、程燧兄弟詩。」「蒙齋書院，朱子門人程端蒙講學所，舊在德興縣游奕塢。」似程燁兄弟與程端蒙（正思）為同宗姻戚。

仙霞嶺

道出夷山鄉思生，霞峰重叠面前迎。嶺頭雲散丹梯聳，步到天衢眼更明。（同治江山縣志卷一，光緒衢州府志卷三。）

淳熙戊戌七月廿九日早發潭溪西登雲谷取道芹溪友人丘子野留宿因題芹溪小隱以貽之作此以紀其事

淳熙五年

我來屏山下，奔走倦僮僕。亭亭日已中，冠巾濕如沐。訪我芹溪翁，解裝留憩宿。茗椀瀹甘寒，温泉試新浴。抖擻神氣清，散步擷筇竹。蘆峰在瞻望，隱隱見雲谷。頓覺塵慮空，豁然洗心目。君居硯山西，高隱志不俗。窗几列琴書，庭皋富花木。往來數相過，主賓情意熟。開尊酌香醪，謦欬話衷曲。從容出妙句，滿幅粲珠玉。邀約登赫曦，襟期伴幽獨。兹遊得良朋，道義推前夙。扁字為留題，深愧毛錐禿。（新安文獻志卷五十一。）

按：朱文公文集卷六有詩云：「淳熙戊戌七月廿九日與子晦、純叟、伯休同發屏山，西登雲谷，越夕乃至；而季通、德功亦自山北來會，賦詩紀事……」正與此詩所述相同，「越夕乃至」者，即留宿於芹溪丘子野處故。

南塘詩

南塘舊是尚書宅，今作僧居水石清。半夜月明禪定後，松風猶帶管弦聲。（同治餘干縣志卷十八。）

贈劉虛谷 淳熙中

細讀還丹一百篇，先生信筆亦多言。元機謾向經書覓，至理端於目睫存。二馬果能為我馭，五芽應自長家園。明朝駕鶴登山去，此話更從誰與論？（歷世真仙體道通鑑卷五十一，毛德琦廬山志卷十一，吴宗慈廬山志卷十。）

按：毛、吴廬山志「明朝駕鶴登山去」作「明朝酒醒下山去」，似非。歷世真仙體道通鑑劉烈傳稱「道士劉烈，號虛谷子……晦庵朱文公與談易，論還丹之旨，唱詩……有還丹百篇、雜著詩文、周易解義及歷代君臣括要圖，并行於世。」按朱子語類卷六十七有云：「向在南康見四家易，如劉居士變卦……如周三教及劉虛谷，皆亂道。」是朱熹確識劉虛谷。

華蓋石 淳熙七年

醉扶藜杖少盤桓，四遠煙蘿手自捫。此石至今無處問，只因來自太微垣。（正德南康府志卷十。）

昭德源 淳熙中

幽景人跡少，惟有此源長。水接天池緑，花分繡谷香。僧閑多老大，寺古半荒涼。却怪尋山客，何由到上方？（正德南康府志卷十，同治德化縣志卷四十九，廬山紀事卷八，毛德琦廬山志卷九，吴宗慈廬山志卷十。）

廬山雙劍峰二首 淳熙中

山神呵護寶雲遮，儼若騰空兩莫耶。光彩飛名震千古，望中肝膽落奸邪。

雙劍峰高削玉成，芒寒色淬曉霜清。腦脂壓眼人高卧，誰斬天驕致太平？（正德南康府志卷十，同治德化縣志卷七。）

鶴鳴峰 淳熙中

不見山頭夜鶴鳴，空遺山下瀑布聲。野人惆悵空無寐，一曲瑶琴分外清。（正德南康府志卷十，毛德琦廬山志卷五，吴宗慈廬山志卷十。）

獅子峰 淳熙中

石骨苔衣雖賦形，蹲空獨呈忒猙獰。威尊百獸終何用？寧解當年吼一聲。（正德南康府志卷十，吴宗慈廬山志卷十。）

北雙劍峰 淳熙八年

雙劍名峰也逼真，品題拍拍滿懷春。鉛刀自别干將利，折檻應須表直臣。（嘉靖九江府志卷二。）

隆岡書院四景詩 淳熙八年

卜築隆岡遠市朝，個中風景總堪描。溪雲帶雨來茅屋，澗水浮花出石橋。緑遍莎汀牛腹飽，青歸麥隴鳥聲嬌。東鄰西舍渾相似，半是魚人半是樵。

簾卷薰風半掩扉，五侯車馬往來稀。緑楊門巷鶯鶯語，青草池塘燕燕飛。掃石圍棋銷白晝，解衣沽酒醉斜暉。山園莫道多寥落，梅子初黄杏子肥。

水繞荒村竹繞墻，儼然風景是柴桑。車纅白雪絲盈軸，銍刈黄雲稻滿場。幾樹斜暉楓葉赤，一籬疏雨菊花黄。東鄰晝鼓西鄰笛，共慶豐年樂有常。

土築低墻草結庵，尋常愛客伴清談。地爐有火湯初沸，布被無寒夢亦酣。風卷翠松鳴晚笛，雪飄疏竹響春蠶。閉門不管榮枯事，坐傍梅花讀二南。（雍正江西通志卷一百五十四，南昌府志卷十七。）

按：江西通志卷七云：「象尾岡，在（南昌）府城南四十里，形如象尾，相近有澹岡及隆岡。宋淳熙間進士劉邦本建隆岡書院，其裔孫藏有朱子所題四景詩。」蘇州胥門壽寧弄朱家院姚宅壁嵌有朱熹手書石刻詩一首，即此四景詩之秋詩，後題「晦庵熹」。此石刻詩今藏蘇州市博物館。

題景范廬 淳熙九年

非棄清明樂隱居，特因景范面鴛湖。觀瀾興罷春風軟，濯足歌殘夜月孤。照貌不須臨玉鏡，洗心常得近冰壺。幾回魚躍鳶飛際，識破中庸率性圖。（光緒嘉興府志卷十五。）

按：嘉興府志云：「景范廬，在報忠坊金明寺後。宋淳熙戊戌狀元姚穎築圃范蠡湖側，讀書妝臺之下，顔其廬曰『景范』。」袁燮絜齋集卷十五有姚穎行狀，葉適水心文集卷十三有姚穎墓誌銘。

題任氏壁 淳熙九年

舟兮，子猷剡溪也；屐兮，謝安東山也。不舟不屐，其水濂乎！水濂其人乎，人其水濂乎！任公成道，遊於斯，詠於斯，朝而往，暮而歸，其樂豈有涯哉！

水濂幽谷我來游，拂面飛泉最醒眸。一片水濂遮洞口，何人卷得上簾鈎？（萬曆新昌縣志卷三。）

按：新昌縣志卷九名宦志云：「（朱熹）紹興（按：應為淳熙）中提舉浙東常平茶鹽公事，往來新昌……與石宗昭、石嶅為師友，講明性理之學……又嘗游南明山，建濯纓亭，游水濂洞，留題任氏壁。」朱熹詩下并録有石嶅和詩：「洞門千尺掛飛流，碎玉聯珠冷噴湫。萬古無人能手卷，紫蘿為帶月為鈎。」

游水濂訪平叔宿清虛庵 淳熙九年

幽齋共坐論工夫，借問先生識此無？悟得此中真妙訣，人間始信有仙壺。（新昌查

林梁氏宗譜卷一之一）

題清虚庵來月軒 淳熙九年

夜吟惟覺月來遲，正憶先生獨坐時。離緒幾多無着處，不堪清氣入詩脾。（萬曆新昌縣志卷十三，又新昌查林梁氏宗譜卷一之一。）

按：萬曆新昌縣志云：「來月軒，在桃源觀西清虚庵。宋乾道中，朱文公游水濂，還訪梁平叔，同宿於此。」梁平叔名准。乾道中朱熹無往新昌之事，唯淳熙九年朱熹於浙東提舉任上，為賑災嘗往還新昌。民國新昌縣志卷十六：「朱子提舉浙東常平茶鹽公事……嘗游南明山及水濂洞諸勝，留題任氏壁，為梁氏（平叔）書大學呂氏書、東坡竹石卷，至今寶藏弗失。」

游會稽東山 淳熙九年

江路經由數十回，無因到此為潮催。嘗聆文靖曾游後，欲問薔薇幾度開？今日掣身推案去，暫時秉燭入山來。高僧不問誰家客，獨計雲軒自把懷。（古今圖書集成方輿彙編山川典卷一百一十三。）

夜宿洪亭長家 淳熙九年

才到秋來氣便高，雁聲天地總寥寥。客懷今夜不成寐，風細月明江自潮。（嘉靖太平府志卷一，萬曆黄巖縣志卷七，朱培朱子大全集補遺卷一，朱子文集大全類編補遺。）

對菊 淳熙九年

解印歸來歎寂寥，黄花難覓舊根苗。祇緣三徑荒凉後，移向洪門不姓陶。（嘉靖太平府志卷一，萬曆黄巖縣志卷七，朱培朱子大全集補遺卷一，朱子文集大全類編補遺。）

按：上二詩，朱培朱子大全集補遺合題作治常豐閘宿閘頭洪鋪長家詠詩二首（朱啟昆朱子大全集補遺同），朱子文集大全類編補遺合題作宿閘頭洪鋪長家，俱云出自台寓録。台寓録乃輯録朱熹在台州之行事與詩文，今佚。黄巖縣志卷七：「洪亭長家遺墨，宋朱文公為常平使者，與蔡武博鎬、林府判鼐經營蛟龍閘，夜宿洪亭長家，題詩云……又對菊詩云……遺墨至今存之。」太平府志卷八亦云：「文公遺墨，朱文公為常平使者，與蔡博士鎬、林府判鼐經營六閘，夜宿洪亭長家，有題壁二詩……至國朝洪宣間，遺墨猶在，後為有力者取去。」朱熹巡訪黄巖奏言浚河建閘，詳見朱文公文集卷十八奏巡歷至台州奉行事件狀。太平府志卷二云：「永豐閘、黄望閘、周洋閘，俱元祐間羅提刑適始建為閘，淳熙九年朱文公修。遷浦閘、金清閘，俱淳熙間朱文公建。鮑步閘、長浦閘、蛟龍閘、陡門閘，俱淳熙間朱文公建。」朱培朱子大全集補遺「才到秋來」作「才到重陽」，疑非。朱熹七月二十三日到台州，至八月十八日即離台州。「據解印歸來」一句，則後詩作在九月底棄官歸家後，與前詩非在同時。

唐門山將軍巖　淳熙九年

將軍巖上插雙筆，將軍巖下泉泌泌。域中狀元次第出……　（萬曆黄巖縣志卷一。）

按：黄巖縣志引明袁令應祺雙塔記云：「（唐門）山之西有將軍巖，巖下有泉清洌，歲大旱不涸。宋朱元晦先生提舉浙東也，每行部閲歷巖邑諸勝，於此山尤注意焉。蓋謂『山之椒插雙筆，則域中及第者出』，此晦庵先生語也。見郡人林九思所著永寧樵話中，可考而鏡云。」

馬融故宅 淳熙九年

疊錦溪邊馬融宅，坐看春雨落斜暉。石渠流出桃花片，知是當年宰輔家。（光緒上虞縣志卷十六。）

按：疊錦溪在上虞縣，光緒上虞縣志卷十六：「疊錦溪，在縣北三十里，馬融故宅之西。」

四時讀書樂 淳熙九年

春景

山光照檻水繞廊，舞雩歸詠春風香。好鳥枝頭亦朋友，落花水面皆文章。蹉跎莫遣韶光老，人生唯有讀書好。讀書之樂樂何如？緑滿窗前草木舒。

夏景

修竹壓檐桑四圍，小齋幽寂明朱曦。晝長吟罷蟬鳴樹，夜深燼落螢入幃。北窗高卧羲皇侶，只因素念讀書趣。讀書之樂樂無窮，瑤琴一曲來薰風。

秋景

庭前昨夜葉有聲，扁豆花開蟋蟀鳴。不覺秋意滿林薄，蕭然萬籟亦知情。床頭賴有短檠在，對此讀書功更倍。讀書之樂樂陶陶，朝弄明月霜天高。

冬景

水盡木落千巖枯，自然吾亦見真吾。坐對遺篇燈晃壁，高歌夜半雪壓廬。香茶地爐恭鼎烹，活水清心足稱于。讀書之樂何處尋？數點梅花天地心。（廣西朱氏族譜。）

按：民國廬山志卷五山川勝跡録云：「朱熹四時樂詩碑，淳熙壬寅，周嗣修之。」即此詩。道光惠安縣續志卷十一載朱熹弟子張巽子文作和晦庵先生四時讀書樂：「蒼痕草色映簾櫳，無限春風無限香。鶯轉林中催好友，花開水上自成章。鬢華易逝天易老，始知世上讀書好。讀書之樂樂誰知？莫歎吾心臘未除。　草舍三間竹四圍，一輪海角吐初羲。停午蟬鳴來馬帳，薄暮螢火燦董帷。夢成一枕頻驚破，仿佛讀書神相告。讀書之樂樂無窮，空中樓閣拂涼風。　風來水殿度秋聲，玉露瀼匕萬籟鳴。天飄蟬桂香滿落，壺貯明月色同清。幸有紙窗并淨几，乘興讀書讀不已。讀書之樂樂融陶，喜見鵬程九萬高。松柏雖寒自不枯，耿介孤騫惟一吾。任他霜雪侵山骨，定有風雲會蘧廬。三冬且潛龍蟄首，正好讀書忘見肘。讀書之樂樂可尋，孔顔真處是天心。」

右軍宅 淳熙九年

因山盛起浮屠舍，遺像仍留内史祠。筆冢近應為塔冢，墨池今已化蓮池。書樓觀在人隨遠，蘭渚亭存世幾移。數紙黄庭誰不重？退之猶笑博鵝時。（嘉慶山陰縣志卷二十八。）

按：此詩一作趙抃作。

訪竹溪先生 淳熙九年

路逢個老翁，自負柴一束。烏巾插在腰，背手牽黄犢。借問何處居？指點破茅屋。午鷄啼短墻，麥飯方炊熟。（民國台州府志卷一百三十八。）

按：台州府志云：「徐竹溪先生大受，未仕，開講舍授徒於東横山，時朱文公行部至台，因訪先生，遇之，口占一詩云……先生答云：『曲徑沿山去，煙村四五家。兩行金綫柳，一樹紫荆花。

壁上琴三尺，堂中書五車。當門一叢竹，便是老夫家。』遂留信宿，定至交焉。」陳耆卿赤城志卷三十四特科：「淳熙十一年，徐大受，天台人，字季可，終監行在草料場。號竹溪先生。有文集、經解藏於家。事見朱文公所遺帖及丁可所為行狀。」陳耆卿為葉適弟子，猶及見朱熹遺竹溪手帖及竹溪行狀，疑此詩及所述兩人交游之況原載於手帖及行狀中。

謁二徐先生 淳熙九年

道學傳千古，東甌說二徐。門清一壺水，家富五車書。但喜青氈在，何憂白屋居？我懷人已遠，揮淚表丘虛。（林表民天台續集別集卷四。）

按：宋史卷二百一十八徐中行傳云：「徐中行，台州臨海人……子三人，庭筠其季也……鄉人崇敬之，以其父子俱隱遁，稱之曰二徐先生。淳熙間，常平使者朱熹行部，拜墓下，題詩有『道學傳千古，東甌說二徐』之句，且大書以表之曰『有宋高士二徐先生之墓』。」

追和徐氏山居韻 淳熙九年

山岫孤雲意自閑，不妨王事似連環。解鞍盤礴忘歸去，碧澗修筠似故山。（仙都志卷下，縉雲縣志卷八。）

按：四庫本仙都志詩題「追和」下有「李士舉」三字。據縉雲縣志卷六云：「朱熹爲台州提舉（按：應爲浙東提舉），以彈劾忤旨，嘗寄居仙都徐凝故宅。」知「徐氏」即徐凝。

題東嶼書院 淳熙九年

書房在東嶼，編簡亂抽尋。曙色千山曉，寒燈午夜深。江湖勤會面，坐卧獨觀心。秋浦瓜期近，何當寄此吟？（嘉靖太平府志卷八，戚鶴泉台州外書卷十三。）

按：太平府志引此詩末并有注云：「時子植將赴池州青陽縣令。」丁子植名木，台州外書卷十三：「東嶼書院，亦丁少雲建。其子進士木與朱文公友善，赴青陽縣任，文公爲題詩。」

詠南巖 淳熙九年

南巖兜率境，形勝自天成。崖雨楹前下，山雲殿後生。泉堪清病目，井可濯塵纓。五級峰頭立，何須步玉京？（同治上饒縣志卷五。）

按：南巖在上饒之南、鵝湖之北。韓淲澗泉集卷二有訪南巖一滴泉：「憶昨淳熙秋，諸老所閑燕：晦庵持節歸，行李自畿甸；來訪吾翁廬，翁出成飲餞；因約徐衡仲，西風過游衍；辛帥倏然至，載酒具殽膳。四人語笑處，識者知歎羨。摩挲題字在，苔蘚忽侵遍。壬寅到庚申，（按：當作戊申。）風景過如箭……」朱熹淳熙九年九月十二日去任歸過信上，時稼軒家居，帶湖新宅落成，乃與韓元吉無咎、徐安國衡仲有四老共游南巖盛舉。澗泉詩所云「摩挲題字在」，即指此留題巖穴之詩。

詠一滴泉　淳熙九年

遥望南巖百尺崗，青山迭迭樹蒼蒼。題詩壁上雲生石，入定巖前石作房。一竅有靈通地脈，半空無雨滴天漿。鵝湖此去無多路，肯借山間結草堂？（同治廣信府志卷二之一。）

按：廣信府志引明江偉朱文公祠記云：「南巖去郡治絶溪而南十四許，公蓋嘗至焉。景泰癸酉四明姚侯堂得寺僧口識公五言詩一律，又得公詠一滴泉詩一聯於郡學訓導李學僮，姚守謹而傳之。二詩舊書於法堂之壁，壁圮，詩逸不存。非姚侯之好事，則墜地久矣。」所謂「五言詩一律」即詠南巖，而「詠一滴泉詩」即此詩。

廓然亭 淳熙十年

遲留訪隱古祠旁，眼底樛松老更蒼。山得吾儕應改觀，坐無惡客自生凉。（朱培朱子大全集補遺卷一，朱啟昆朱子大全集補遺卷一，朱子文集大全類編補遺。）

按：朱培云此詩輯自一統志。廓然亭在泉州九日山，朱熹淳熙十年十月往泉州吊傅安道喪，與休齋陳知柔共游九日山等。據朱文公文集卷八寄題九日山廓然亭等，知陳知柔結茅於廓然亭旁，「訪隱」、「吾儕」云云，應指陳知柔。

游靈石詩 淳熙十年

百尺樓臺九疊山，個中風景脱塵寰。危亭勢枕蒼霞古，靈石香沾碧蘚斑。佳景每因勞企仰，勝游未及費躋攀。何當酬却詩書債，遂我浮生半日閑？（乾隆福州府志卷六。）

題南湖書堂　淳熙十年

倡學功高澤且宏，慶流奕葉盛雲礽。三賢文獻儼然在，雲案薪傳夜夜燈。（陳瞻岵歷代名人對莆田南山廣化寺的題詠，張琴莆田廣化寺志。）

按：「三賢」者，興化府志卷十五：「湖山書堂（即南湖書堂），在莆田縣南五里，梁陳間邑儒鄭露讀書之所也……露有弟曰莊，曰淑，同讀書於此，莆人稱『南湖三先生』。」

寄石斗文先生　淳熙十三年

幾年不見石公子，白髮應添兩鬢秋。天地無私身世老，江湖有夢客懷愁。每懷閩蘭人多詐，可嘆吾儕德未修。十室邑如忠信在，故知好學不如丘。（嘉靖寧州志卷十八，萬曆新昌縣志卷九。）

按：新昌縣志云：「（朱熹）紹興（應作淳熙）中提舉浙東常平茶公事，往來新昌……既而退居武夷，有詩寄石斗文，斗文亦有詩答之。」寧州志於此詩下録有石斗文和晦庵朱先生詩：「病枕經年卧沃州，滿庭楓葉又吟秋。書來如見故人面，讀了還添塵世愁。憂國至今成白髮，窮經空自愧前修。武夷休作相思夢，我已甘心老此丘。」石斗文字天民，孫應時燭湖集卷十有石斗文行狀，稱其「及交廣漢張先生栻、東萊先生祖謙、臨川二陸先生九齡、九淵，晚交新安朱先生熹。公年皆其長，而方惓惓師慕。」據朱熹答石天民書云：「拜違忽五六年。聞到官金華，嘗因便一再附書……乃承寄聲，有專人存問之意……」此所云「寄聲」即指寄詩，可見朱熹此詩作在淳熙十三年。參見後答石天民書所考。

挽崔嘉彥

關陝遺耆老，天資得勇多。雙瞳光射日，寸舌辨傾河。居俯三江近，鄰從五老過。廬空人不見，猿鶴奈愁何！林下相從舊，回頭一十年。君論金鼎訣，我賦白雲篇。泉石無閑意，丹砂結世緣。康山空葬骨，已作洞中仙。（永樂大典卷二千七百四十一。）

按：永樂大典引江州圖經志云：「崔嘉彥，字子虛，成紀人，修神農老子之術。東下吴越，以耕戰之策干時宰趙雄（按：應作趙鼎），雄（鼎）奇之，未及用而去國。嘉彥亦西歸，過廬山，得故西原庵址，築室居焉。……朱文公嘗訪之，傾蓋道説平生，熹為賦詩：『無處堪投跡，空山寄一椽。

懸門窺絶壑，繚徑上層巔。檻闊吞江浪，檐空響谷泉。丹經閑日讀，不為學神仙。」（按：此詩見朱文公文集卷七，題作次張彦輔西原之作）。先是張棟（彦輔）寄詩曰：『厭踏千山折，欣逢屋數椽。衣冠存古制，松雪對華巔。自漉甕中酒，仍烹澗底泉。桃源疑此是，不必問神仙。』熹故和之，又記其庵。熹見卧龍庵與西原鄰，嘉彦實經紀之。熹秩滿去，嘉彦不復至城市，年八十三卒，熹寄詩挽之。」

題福山

迢迢百里外，望望皆閩山。皎日中天揭，浮雲也自閑。（正德新城縣志卷十二，正德建昌府志卷二。）

按：新城縣志卷十三云：「福山禪寺，在縣南四十里二十四都界内，一名雙林寺。唐廣明元年僧紹隆棲隱於此。宋大中祥符中賜今額。元延祐間重建。國朝洪武二十四年奉例歸併白石等六院，為叢林。有朱文公祠在焉。」

黄杞生日祝壽詩 紹熙元年

須信九秩饒好景，還遲十日作重陽。……（嘉靖龍溪縣志卷八。）

按：龍溪縣志云：「老儒黄杞九月十九日生日，朱熹祝壽詩……」此當是紹熙元年朱熹在漳州任上所作。

崇真觀 紹熙五年

蹬道千尋風滿林，洞門無鎖下秋陰。紫臺鳳去天關遠，丹井龍歸地軸深。野老尋真渾有意，道人謝客亦何心。一樽底處酬佳節？俯仰山林慨古今。（隆慶臨江府志卷十三，閣皂山志卷下。）

按：崇真觀在閣皂山，閣皂山志云：「崇真宫有竹軒曰蒼玉軒者，淳熙中羽士陳亢禮之所作也。為之賦詩者三百餘人，如周平原必大、謝艮齋諤、楊誠齋萬里、洪野處邁、朱晦庵熹、羅樞密點、徐待制誼、何月湖異，皆一時名流鉅公。」

何君飛仙 紹熙五年

大地何人鑿小空，倏然一榻卧相容。巨靈擘破三千丈，西竺飛來第二峰。出洞風來疑有虎，藏舟夜半忽乘龍。怪來索我題詩句，稽首何君六石供。（隆慶臨江府志卷三，雍正江西通志卷九。）

按：何君洞在玉笥山九仙臺，江西通志卷九：「玉笥山，在峽江縣東南四十里，道書第十七洞天，曰『大秀法樂之天』。郁木坑為第八福地。舊名群玉山……朱子飛仙石詩：『巨靈擘破三千丈，西竺飛來第二峰。』」

曇山題詩 紹熙五年

頹然見此山，一一皆天作。信手銘巖墻，所愿君勿鑿。（定鄉小識卷八，萬曆錢塘縣志，兩浙金石志卷十。）

按：此詩刻在曇山棋枰石南側石壁。定鄉小識卷八云：「右詩在曇山棋枰石側，磨崖甚低，字跡猶彷佛可讀。此公初游雲山時作，故有頹然忽見之意。」又卷十五：「宋朱文公題雲山詩，右廿字，正書二行，每行十字，左行，文公初游雲山所題也。君者，指山主鄭次山。」

挽王德修 紹熙五年

不到湖潭二十年，湖潭依舊故山川。聊將杯酒奠青草，風雨瀟瀟憶昔賢。（同治上饒縣志卷十九。）

按：王德修為尹焞門人。上饒縣志云：「王時敏，字德修……嘗從呂東萊游，與朱子友善。教授鄉里，培植後進，維持斯文，有大儒風。著師説、語孟中庸大學説，并雜文若干卷。卒，葬本都湖潭。朱子為作墓誌，哭以詩……」

和歐陽慶嗣 慶元元年

江山風月依然在，何日重來再盍簪？……（嘉靖建寧府志卷十八，雍正崇安縣志卷七。）

按：崇安縣志云：「歐陽光祖，字慶嗣，節和里人。從劉子翬、朱熹學，熹亦遣三子師事焉。

登乾道壬辰進士，為江西轉運。趙汝愚、張栻薦於朝。方欲召用，適汝愚去位，事不可為，因不出，歸隱松坡之上。貽熹詩云：『白髮鋟鋟吾老矣，名場從此欲投簪。』熹和云云。」

小均四景詩

曉起坐書齋，落花堆滿徑。只是此文章，揮毫有餘興。
古木被高陰，晝坐不知暑。會得古人心，開襟静無語。
蟋蟀鳴床頭，夜眠不成寐。起閲案前書，西風拂庭桂。
瑞雪飛瓊瑶，梅花静相倚。獨佔三春魁，深涵太極理。（福建泰寧縣文化館藏石刻，嘉靖邵武府志古蹟，泰寧縣志。）

按：朱熹小均四景詩石刻，用黑色頁岩四塊鐫刻，朱熹手跡，行書陰刻，每板兩行直書，每行十字，一板二十字。原置泰寧城内孔廟，後移至文化館保存。泰寧縣志云：「朱文公讀書處，在小均坳，朱子隱此讀書，有題壁詩，詩板存小均農家。清乾隆年間，邑諸生丁師儒見而購之，新其塾以珍藏。」

無題　慶元五年

白鶴高飛不逐群，嵇康琴酒鮑照文。此身未有棲歸處，天下人間一片雲。（臺灣朱熹傳記資料第九册朱子學特輯，手跡影件。）

絶句三首　慶元五年

才多不肯浪容身，老大詩章轉更新。遷得天台山下縣，一家渾作學仙人。

五度溪頭躑躅红，高陽寺裏講時鐘。春山處處行應好，一月看花到幾峰？

水北原南草色新，雪消風暖不生塵。城中車馬應無數，解出閑人有幾人？（沈彩春雨樓書畫録。）

按：三絶句後題「慶元己未臘月既望，晦翁朱熹書。」沈彩（字虹屏）春雨樓書畫録録此三詩，云：「宋朱熹三絶句卷，行書，極蒼勁。此紙原與元人書合裝成卷。主人嫌不類，將拆出重裝，不果，而為錢仁培購去。」

竹

瀟瀟凌霜雪，濃翠異三湘。疏影月移壁，寒聲風滿堂。（全芳備祖後集卷十六。）

詠紅白蓮

紅白蓮花共一塘，兩般顔色一般香。宮娥梳洗爭先後，半是濃妝半淡妝。（錦繡萬花谷後集卷三十七。）

按：楊萬里有紅白蓮詩云：「紅白蓮花開共塘，兩般顔色一般香。恰如漢殿三千女，半是濃妝半淡妝。」與此詩相類。

桂湖摩崖詩

磊落一雲窩，潺湲奔不止。泉且潔而温，滔滔皆如是。

按：此詩在福州北峰宦溪鄉桂湖溪邊岩石上，落款「朱熹訓」，似是後人將朱熹詩刻於石。

無題

鳶飛魚躍，海濶天空。松竹拱極，造物成春。山光凝翠，賜我好吟。樓臺清静，生涯長年。（閩學源流，有影件。）

按：此詩遺墨發現於福建泉州，後題「朱熹書」。

詠白蓮

淤泥不染如來性，浄社如陪多士禪……　（錦繡萬花谷後集卷三十七。）

無題

車馬往來文接武，天生富貴帝王家。　（壯陶閣書畫録卷四。）

按：壯陶閣書畫録卷四宋米元章朱晦翁詩札合卷云：「又藏朱子行書立軸絹本，高幾盈丈，七絶一首，友人借閲未還，僅記末二句為：『車馬往來文接武，天生富貴帝王家。』」

卷二　奏劄　書

上殿劄子　淳熙八年

伏覩去歲指揮，許人户以會子入納官物，及今年正月内，令諸州軍起發上供諸色窠名錢許用三分會子。比見浙中州縣交納税物全不交會子，只收一色見錢，却將見錢於所在兑置會子，以分數解發。其所得贏餘，皆不入官，唯以資給私費而已。夫公家既不用會子，民間何緣流通？欲乞州縣入納官物，許民户抄卜，分明聲説官會若干。如官司不受，許民户經户部、御史臺越訴。（古今合璧事類備要外集卷六十六。）

按：此劄古今合璧事類備要外集題作朱文公淳熙殿劄。同卷「上供三分」條下云：「淳熙臣僚上言，乞令諸州軍起發上供諸色窠名錢許用三分會子。州縣不依指揮，許民户經部、臺越訴，重行責罰。」即指朱熹此劄。朱熹淳熙八年冬以浙東提舉入奏事，凡七劄，其中三、四、五劄專言浙東荒政，疑此劄即此三劄中之小貼子。

與彦修少府書 紹興中

熹頓首彦修少府足下：别來三易裘葛，時想光霽，倍我遐思。黔中名勝之地，若雲山紫苑，峰勢泉聲，猶為耳目所聞覩，足稱高懷矣。然猿啼月落，應動故鄉之情乎！熹邇來隱跡杜門，釋塵棼於講誦之餘，行簡易於禮法之外，長安日近，高卧維艱，政學荒蕪，無足為門下道者。子潛被命涪城，知必由故人之地，敬馳數行上問，並附新茶二盝，以貢左右，少見遠懷。不盡區區，熹再拜上問彦修少府足下。熹，仲春六日。（三希堂法帖第十七册，故宫歷代法書全集十四宋册五。）

與開善道謙禪師書 紹興中

向蒙妙喜開示，應是從前記持文字，心識計較，不得置絲毫許在胸中，但以狗子話時時提撕。願受一語，警所不逮。（歷朝釋氏資鑑卷十一，佛法金湯編卷十五。）

按：歸元直指集卷下載朱熹此書，作「狗子佛性話頭，未有悟入，願授一言，警所不逮。」居士分燈録卷下云：「熹嘗致書道謙曰：『向蒙妙喜開示，從前記持文字，心識計較，不得置絲毫許在胸中，但以狗子話時時提撕。願投一語，警所不逮。』謙答曰：『某二十年不能到無疑之地，然忽知非勇猛直前，便是一刀兩段，把這一念提撕狗子話頭，不要商量，不要穿鑿，不要去知見，不要强承當。』熹於言下有省。」釋曉瑩雲臥紀談卷下：「謙後歸建陽，結茅於仙洲山，聞其風者，閲而歸之。如曾侍郎天游、吕舍人居仁、劉寶學彦修、朱提刑元晦，以書牘問道，時至山中。有答元晦，其略曰：『十二時中，有事時，隨事應變；無事時，便向這一念子上提撕「狗子還有佛性也無，趙州云無」。將這話頭只管提撕，不要思量，不要穿鑿，不要生知見，不要强承當。如合眼跳黄河，莫問跳得過跳不過，盡十二分氣力打一跳。若真箇跳得這一跳，便百了千當也；若跳未過，但管跳，莫論得失，莫顧危亡，勇猛向前，更休擬議。若遲疑動念，便没交涉也。』……」

與程允夫 紹興二十年

熹頓首：昨還里中，煩踏雪出山，以遂一見之歡，為意甚勤。且賦詩以屬之，雖知不足以當盛意，至於意格超邁，程度精當，雖諸老先生猶撫手降歎，況某尚未足以盡窺一二，其敢有妄議乎？想從者甚衆。即日新正，所履多佳。某日前發縣中，崎嶇道路者六日，乃抵城府，勞藺可知。旦夕亦須西去，餘不足言。獨念相去之遠，不得時時執手一笑為樂耳。更有少事，欲與吾弟言之，前日忽忽，不暇及此。某聞先師屏翁及諸大人先生皆言：作詩須從陶柳門庭中來，乃佳耳。蓋不如是，不足以發蕭散沖淡之趣，不免於塵埃局促，無由到古人佳處也。如選詩及韋蘇州詩，亦不可以不熟讀。近世詩人，如陳簡齋，絶佳，吴興有本可致也。張巨山愈沖澹，但世不甚喜耳，後旬當寄一讀。胸中所欲言者無他，大要亦不過如此。更須熟觀語、孟等書，以探其本。區區所禱，如此而已。初八日三鼓作此，不宣。某頓首上允夫賢弟。（新安文獻志卷六十九。）

按：程洵（允夫）尊德性齋集卷三董府君墓表下有注引朱熹一帖云：「意格超邁，程度精當，雖諸老先生猶撫手降歎，况熹尚未足以盡窺其一二，其敢有妄議乎？……」應即此帖。據雙溪王炎序，尊德性齋集乃由程洵婿黄昭遠輯訂，集中注應出自黄昭遠手，其所引此帖當得自程家，可信不僞。洪嘉植朱子年譜紹興二十年下録有與程允夫帖一，亦此書之節本而稍有異，兹録於下：「聞之諸先生皆云：作詩須從陶柳門庭中來，乃佳。不如是，無以發蕭散沖澹之趣，不免於局促塵埃，無由到古人佳處也。如選詩及韋蘇州詩，亦不可不熟觀。然更須讀語、孟，以深其本。」

與程允夫 紹興二十年

三百篇，性情之本；離騷，辭賦之宗。學詩而不本之於此，是亦淺矣。然學者所急，亦不在此。學者之要務，反求諸己而已。反求諸己別無要妙，語、孟二書精之熟之，求見聖賢所以用意處，佩服而力持之，可也。（洪嘉植朱子年譜紹興二十年下。）

答汪次山書 紹興二十年

別楮誨喻，良荷不鄙。已托德和弟布曲折矣，千萬！千萬！周禮文字此所無有，令郎今幾何年矣，他經何所不治，而必為此，何哉？大凡治經之法，且先熟讀正經，次則參考注疏。至於禮樂制度名數，注疏得之尤多，不知令郎曾如此下工夫否？若資質大段警悟，亦須著下三年工夫於此，自然精熟貫穿，何待他求？彼學成而名顯者，豈必皆有異書乎！今人欲速，每事必求一捷徑，不肯安心循序，下實工夫，為此所誤，一事不成者多矣，不可不自悟也。愚陋無所知，於此嘗究心焉，頗見利病如此，取以布聞，稱塞厚意。他不能有益於左右，徒以爲愧爾。（新安文獻志卷九，弘治徽州府志卷十一。）

答許平仲 紹興中

仁人之心，未嘗忘天下之憂，固如此也。漳、泉、汀三州經界未行，許公條究甚悉，監司郡守未有舉行者。（朱子大同集卷三。）

按：閩書有許平仲傳，云：「許衎，字平子，同安人。慷慨喜言事。隆興二年，以太學生伏闕上書，士論韙之。乾道八年上舍登第。嘗進本論二十篇，言四民利害及上供銀攬户之弊。朱子與書，謂其『仁人之心，未嘗忘天下之憂。』修究汀、漳、泉經界甚悉。通判建寧府未赴，卒。」

與汪應辰 隆興元年

延平先生之故，則已詳知之。雖悼□門之變，而甚幸其終事無可悔者。感大君子與之周，死生終始之際乃如此，至於涕隕而不知所言也……延平先生秋别於建溪之上，乃兹來還，遂隔生死。所欲質正者，無所與論。何當侍坐傾倒，以求誨約？非復有望於他人也。

（玉山縣志卷九汪文定公家傳。）

按：玉山縣志謂汪文定公家傳出自文定家乘。家傳云：「（汪應辰）除知福州，以紹興三十二年十月到任。公好賢樂善，既入閩，始得朱元晦文。時文公奉嶽祠家居，公一見如故相識，徧歷薦於朝。隆興元年，公除敷文閣待制，舉文公自代。……文公時被召，每咨公以出處，公亟問亟饋焉。……公又得延平李愿中先生之言行於朱文公，他日因文公屈致之。既至忽疾，頃之已不救矣。公使參議王伯序、觀察謝仿主治喪事，躬視喪具禮，意無不周備。朱文公與公書曰……公因為延平先生作墓誌，蓋□□（按：應為文公）所力請也。」

與汪應辰 乾道元年

停賣僧田，煩擾頓息，為利不貲。追還揀兵官，亦甚快輿論。諸若此類，論之不為侵官，而其利甚薄。熹願閣下不倦以終之，此亦論思獻納之助也。魏元履下第後，書來云：「掞之歸，遇閩人之就上庠試者，蓋以千計，人人劇談善政。問其所以然者，云侍郎以忠恕之心，行簡易之政。」（玉山縣志卷九汪文定公家傳。）

按：汪文定公家傳云：「寺觀之田，計口之餘，歸之於官，事鑽刺，雖凶年必取盈焉。公既請於朝，朝有所施舍矣，既而版曹又欲責之。方看追，會檢許厘土揭價，上下騷然，謂責之必先失其租，安知一年之所售，未足以敵一年之租乎？御營使欲差官於諸路募軍者，公奏已之。朱文公與公書曰……」

與汪應辰 乾道元年

近日陳應求侍郎來守建寧，一再相見，談當世之事，慨然憂憤。蓋亦以為今日非閤下，殆不能濟東方之事。上天眷顧宗社，救敗扶衰之期，非大賢孰能任之！（玉山縣志卷九汪文定公家傳。）

與柯國材

辨孟不知何處得？仁廟時有一孫抃，仕至樞密副使、參知政事，不知便是此人否？據温公記聞説，此人敦厚，無他才，以進士高第，累官至兩府。今讀此書氣象似是，兼紙亦是百十年前物。所論雖無甚奇，孟子意亦正不如此，似亦可以見其淳質之風。不審左右以為如何？前輩不可得而見，見遺物要可寶，豈必其賢哉？（朱子大同集。）

按：此篇朱子大同集題作批柯國材辨孟。

與祝直清書 乾道二年

熹頓首直清賢表解元：昨還里中，屢獲請見，撫存教誨，恩愛甚厚。别來切記，尊候萬福。熹侍旁幸遣，不足煩遠念。屏跡閉門讀書，有可樂者，恨莫與之同爾。近視太叔翁發至論孟訓釋，看得程氏之理透徹，涵泳其間，多有好處，頗合鄙意。内疑惑未敢據所見，俟榮旋討論，且留之。恨此中前輩寥寥，幸得古田林擇之邀至家館，教塾、埜二人，其見明切。近得湖南張魏公子欽夫者一二文字，觀所見正當，儘有發明，欲往见，相與講釋所疑。而千有餘年，道學不明，士人陋於耳聞目見，無以知道入德，其識趣往往如此。然世衰道微，邪説肆行而莫之禁，士夫心術安得而不日趨於壞？大抵為學是自己分上事，孟子謂「歸而求之有餘師」是也。附去二程先生語録，詳備可觀，但患人之不讀。亦須積累涵泳，由之而熟，脱然自有知處。人能勉勵學古人著工夫，把做一件事，深思力行，不患不到聖賢之域。兩年來集得孟子説稿成，或有益於初學，後當録一本去。未由相見，千萬保愛。老母道意，閣中郎姪一一佳勝。奉狀，不宣。（新安文獻志卷九。）

居德興。按：程尚寬新安名族志：「祝氏，婺源中山，在邑南五十里。其先曰約，仕唐銀青光祿大夫，居德興。至諱承俊者，遷歙之望京門，號『半州祝氏』。宋忠州司户曰吉者，因伯父、朱子外大父確言徙州治事，舉家獲罪，始遷中山。傳二世曰直清，舉茂才，知無錫……」知祝直清為祝確弟之孫，故朱熹以賢表相稱。

問張敬夫 乾道二年

和靖曰：「脱使窮其根源，謹其辭説，苟不踐行，等為虚語。」石子重云：「愚以為人之所以不能踐行者，以其從口耳中得來，未嘗窮其根源，無着落故耳。縱謹其辭，説終有疏謬。若誠窮其根源，則其所得非淺，自然欲罷不能，豈有不踐行者哉！」范伯崇云：「知之行之，此二者，學者終始之事，闕一不可。然非知之艱，行之惟艱也。知而不行，豈特今日之患，雖聖門之徒，未免此病。如曾點舞雩之對，其所見非不高明，而言之非不善也，使其能踐履，實有諸己而發揮之，則豈讓於顏、雍哉！惟其於踐履處未能純熟，此所以為狂者也。又況世之人徒務知之，而不以行為事，雖終身汲汲，猶夫人也，矧知之而未必得其真歟？和靖之言，豈苟云乎哉！」

和靖之言，固有所謂，然諸君子説，意皆未究也。孔子觀上世之化曰：「大哉知乎！」雖堯舜之民比屋可封，亦能使之由之而已。知者，凡聖之分也，豈可易云乎哉！傅説之告高宗，高宗蓋知之者，恭默思道，夢帝賚予良弼，非知之者有此乎？此舊學於甘盤之所得也。故君奭篇稱在武丁時，則有若甘盤而未及乎！傅説蓋發高宗之知者甘盤也，知之非艱，行之惟艱。説之意亦曰：雖已知之，此非艱也，貴於身親實履之，此為知之者言也。若高宗未克知之，而告之曰：知之非艱，則説為失言矣。自孟子而下，大學不明，只為無知之者耳。若曰行，則學者事父兄事上，何莫不行也，惟其行而不著，習而不察耳。知之而行，則譬如皎日當空，脚踏實地，步步相應；未知而行者，如暗中摸索，雖或中，而不中者亦多矣。曾點非若今之人自謂有見，而直不踐履者也，正以見得開擴，便謂聖人境界不下顔、曾請事戰兢之功耳。顔、曾請事戰兢之功，蓋無須臾不敬者也。若如今人之不踐履，直是未嘗真知耳，使其真知，若知水火之不可蹈，其肯蹈乎！

叔京云：「經正則庶民興，蓋風化之行，在上之人舉而措之而已。庶民興，則人人知反其本，而見善明；見善明，則邪慝不能惑也。既人之不惑，則其道自然銷鑠而至於無也。」歐陽永叔云：「使王政明而禮義充，雖有佛，無所施與吾民也。」亦此意也。

經乃天下之常經，所謂堯舜之道也。經正，則庶民曉然趨於正道，邪説不能入矣。但反經之妙，乃在我之事，不可只如此説過也。只如自唐以來名士如韓、歐輩攻異端者，非不多，而卒不能屈之者，以諸子猶未能進夫反經之學也。如後周、李唐及世宗，蓋亦嘗變其説，旋失即興，復而愈盛者，以在上者未知反經之政故也。（南軒先生文集卷三十。）

按：朱熹此問，乃爲與張栻討論修改補訂孟子集解。是書博采衆家之説，其作法乃多與友人何鎬、石𡼖、范念德等往返討論，集衆人之説入書。張栻此答書引何、石、范等人之説即因此故，其所引實即孟子集解未定稿文。朱文公文集卷四十答何叔京書四云：「孟子集解重蒙頒示……欽夫、伯崇前次往還諸説，皆欲用此例附之。」即包括此一篇問張敬夫文。

與劉晦伯書　乾道五年

十二月十日某頓首：霜寒，遠惟侍奉吉慶。武夷鄭知觀來，説賜田紐租事，欲求一言於徐丞。渠自去面懇，幸與詳度言之，亦須不礙官府事體乃佳耳。提宫丈不敢拜書。韜仲已有新除未耶？向煩料理買山事，近又嘗托季通言之，不知竟如何。更覓一信，若十千可就則納錢去也。因鄭君行，草草附此。歲晚珍重，以迓新祉，不宣。某再拜晦伯知郡賢契友。（道園學古録卷十一。）

答張欽夫 乾道八年

按遺書：「或問：『中之道，莫與喜怒哀樂未發謂之中同否？』先生曰：『喜怒哀樂之未發，是言在中之義，只是一個中字用處不同。』」又曰：「中之所以狀性之體段。」又曰：「中之為義，自過不及而立名。」又曰：「不偏之謂中，道無不中，故以中形道。」又曰：「與叔謂『不倚之謂中』，甚善，而語由未瑩。或問：『何故未瑩？』曰：『無倚着處。』」熹按：此言中之道，與在中之義不同，不知如何分別？既狀性曰「狀性」，又曰「形道」，同異如何？所謂自過不及而得名之中，所謂不偏之中，所謂無倚着處之中，與所謂中之道，在中之義，復何異同，皆未能曉然無疑，敢請其說。

明道先生說「推己及物之謂恕」，乃違道不遠之事；而一貫之忠恕，自與違道不遠異。蓋一以貫之，則自然及物，無待乎推矣。伊川先生經解於「一以貫之」處，却云「推己之謂恕」，似與明道不同，而於「乾道變化，各正性命」之說，似亦相戾，不知何謂？解中又引孟子「盡其心者知其性也」一句，豈以盡心釋盡己之義耶？如此，則文意未足，且與尋常所謂盡心之意亦自不合。一本下文更有兩句云：「知性則知天矣，知天則道一以貫也。」

若果有此兩句，則似不以盡心釋盡己，卻是以知天説一貫。然知天，亦方足真知得一貫之理與聖人一貫之實，又似更有淺深也。反覆推尋，未得其説，幸思之，復以見教。

曾子告孟敬子語，只明道、和靖説得渾全，文意亦順，其他説皆可疑。向來牽合，強爲一説，固未是；後來又以經解之説，指下句爲工用處，亦未然也。不審尊意以爲如何？

（宋槧晦庵先生文集後集卷三。）

按：今朱文公文集卷三十一答張敬夫書六，即此書之前一半，而缺此後一半。此書六前半論及「類聚孔孟言仁處」，乃指張敬夫所作洙泗言仁録一書，作於乾道八年。南軒先生文集卷二十與朱元晦書五，即答此書。

問呂伯恭　乾道八年

子在川上，范内翰記程子之言，指此逝者爲道體，龜山以不逝者爲道體，同異如何？

龜山之論，疑未完粹。維天之命，於穆不已，貞也，所謂道體也。若曰知逝者如斯，則知有不逝者異乎此，是猶曰不已者如斯，則知有貞者異乎此，其可乎？

修道之謂教，自明誠謂之教，兩「教」字同否？其説如何？明道、伊川説修道自不同，呂、楊、游氏皆附明道説，古注亦然。但下文不相屬，又與明誠處不相貫，不知如何？

修道之謂教，設教者也；自明誠謂之教，由教以成者也。「教」字本同，但所以言之異耳。天下皆不失其性，則教不必設，道不必修；惟自誠明者不能人人而然，故為此修道設教，然後人始得由此教故自明而至於誠也。使道之不修，設教有所偏，則由教者亦必有所差，安能自明而至於誠乎？二程諸家修道之説，或主乎設教，或主乎為此而設教（如言「已失其本性，故修而求復之」，此言為此而設教），其歸趣則一而已。

「中和」之「中」，與「中庸」之「中」，有同異否？遺書十八卷所謂「中之道」，與「在中」之義何別？

「中和」之「中」以人言（喜怒哀樂之未發就人上説），「中庸」之「中」以理言也（統論中之道）。遺書所論「在中」之義，蓋當喜怒哀樂之未發，此時則在中也。

參前倚衡指何物為言？

誠之形，行之著也。

艮背之指，在學者當如何用？

艮背之義，在學者用之，莫若止其所。有所止，則外物之交乎前不能止之。故夫子釋彖之辭不曰「艮其背」，而曰「艮其止」，其意可見。

仁字之義如何？周子以愛言之，程子以公言之，謝子以覺言之，三者孰近？程子言：「仁，性也；愛，情也。」豈可專以愛為仁？又曰：「仁，人心也。」前輩以為言仁之功無如此者，其説安在？且程子以為性，孟子以為心，其不同者何邪？

指其用，則曰愛；指其理，則曰公；指其端，則曰覺。學者由此皆可以知仁，若直以愛、以覺為仁，則不識仁之體，此所以非之。孟子曰：「仁，人心也。」此則仁之體也。程子以為性，非與孟子不同，蓋對情而言。情之所發，不可言心（如遺書所謂「自性之有動者謂之情」，不曰「自心之有動者謂之情」）。程子之言非指仁之體，特言仁屬乎性爾。（有未是處，望一一指教）（東萊呂太史別集卷十六。）

問張敬夫 淳熙二年

近有人疑但能存心，自無不敬，而程子言敬乃以動容貌、整思慮為言，却從外面做起，不由中出，不若直言存其心之為約也。

某詳程子教人居敬，必以動容貌、整思慮為先，蓋動容貌、整思慮，則其心一，所以敬也。今但欲存心，而以此為外，既不如此用工，則心亦烏得而存其所存者？不過强制其思慮，非敬之理矣。此其未知内外之本一故也。今有人容貌不莊，而曰吾心則存，不知其所謂莊者是果何所存乎？推此可見矣！

為佛學者，言「人當常存此心，令日用之間，眼前常見光爍爍地」，此與吾學所謂「操則存」者有異同否？

某詳佛學所謂與吾之云「存」字雖同，其所為存者，固有公私之異矣。吾學操則者，收其放而已。收其放，則公理存，故於所當思而未嘗不思也，於所當為而未嘗不為也，莫非心之所存故也。佛學之所謂存心者，則欲其無所為而已矣，故於所當有而不知有也，於所當思而不之思也。獨憑籍其無所為者以為宗，日用間將做作用（其云「令日用之間，眼前常見光爍爍地」，是弄此為用也），目前一切以為幻妄，物則盡廢，自利自私，此其不知無故也。

論語「何有於我哉」文義。（述爾，子罕）

吕與叔謂「我之道，舍是復何所有」，某舊只解作勉學者之義。後來詳與叔此説，文義為順，亦正合程子「聖人之教，常俯而就之」之意，如曰「吾有知乎哉？無知也」之類也。至子罕篇所云，尤引而示之近門人，果能於此求聖人，於此學聖人，則夫高深者將可馴至矣。（南軒先生文集卷三十答朱元晦。）

按：朱文公文集卷三十一答張敬夫書十四，即爲對張栻此答書之覆書，乃作在淳熙二年。是年朱熹論語集注初稿草具，朱熹此問蓋爲作論語集注。

與陸子静 淳熙二年

某未聞道學之懿，兹幸獲奉餘論。所恨怱怱别去，彼此之懷皆若有未既者。然警切之誨，佩服不敢忘也。還家無便，寫此少見拳拳。（陸象山先生年譜。）

與吕子約 淳熙三年

諸況已具恭兄書中，腐儒之效如此，豈敢復有傳道授業之意？但欲杜門念咎，以畢餘生也。……一請往來，動逾兩月也。（金華黄先生文集卷二十二。）

按：金華黄先生文集跋乾淳四賢墨跡四首之一朱文公與大愚帖云：「淳熙丙申，公用執政薦除秘書郎，而羣小間之，尋降御批曰：『引虚名之士，恐壞朝廷。』公亦辭不拜，且有與東萊書。時公新作草堂於雲谷，以待來學，故帖中云：『諸況已具……』公以六月辭除命，七月不允，再辭，十月乃奉祠崇道，故帖中云：『一請往來，動逾兩月也。』大愚任四明倉曹在壬寅冬，距公之得祠首尾七年，帖中稱之曰『監倉』者，必作於其需次之時也。」此書所言「恭兄書」，即朱文公文集卷三十三答呂伯恭書四十九。

與某人帖 淳熙三年

十年前，率爾記張魏公行狀，當時只是據渠家文字做成，後見他書所記不同，嘗以為恨。（池北偶談卷九。）

按：池北偶談云：「何彦澄家，家藏朱晦翁墨跡一帖，云……」朱子語類卷一百三十亦云：「問：『趙忠簡行狀，他家子弟欲屬筆於先生。先生不許，莫不以為疑，不知先生之意安在？』曰：『這般文字利害，若有不實，朝廷或來取索，則為不便。如某向來張魏公行狀，亦只憑欽夫寫來事實做將去。後見光堯實録，其中煞有不相應處，故於這般文字不敢輕易下筆。』」張魏公行狀乃朱熹乾道三年在長沙寫成，故此帖當作在淳熙三年。

與金希傅二書

書一　淳熙六年

希傅實吾鄉古博君子，不當在弟子列。至於論辨義理，窮極精微，吾甚重之。……

書二　慶元元年

君子事君當官，必以其道，希傅盍自勉……（休寧縣志。）

按：休寧縣志云：「金朋説，字希傅，汪溪人。父良能。……既冠，良能復命受業於其友朱晦翁。淳熙丁未中南省試，賜王容榜進士出身。初授臨安府學教授，丁内艱。服除，除淮東宣撫使制幹。遷鄱陽知縣。時丞相趙汝愚去位，韓侂胄當國……朋説應薦，上狀言：『幼習詩經，長從師朱熹，講孔孟及程氏遺書，向無為偽。』浩然歎曰：『是尚可腼顔禄位乎！』遂解職歸。先是從晦翁問學信州時，晦翁嘗稱：『希傅實吾鄉古君子……』及知鄱陽，晦翁又遺書言：『君子事君當官……』慶元己未卒，年五十有三。」古今圖書集成明倫彙編氏族典卷三百六十一録金朋説汪溪金氏族譜序云：「……後過信州，游秘書朱元晦先生之門，間嘗質之，先生歎曰：『吾家譜亦殘缺，自九世祖茶院以下，漸失其墳墓，今不敢必信其地，亦傳其舊而已。』……」朱熹赴南康軍任過信州在淳熙六年。

答劉子澄書一 淳熙六年

熹頓首再拜：荆林、豫章人還，兩辱手示，深以得聞動静為喜。又念别日之易久，為之悵然。不審豫留幾日，今已歸廬陵未耶？秋氣已清，復有餘暑，起居定為何如？熹粗如昔，但兩縣易置之後，訟牒頓稀，減往時略半矣。臨安人竟未歸，亦杳無消息，不知何故也。示以所聞見警，甚感念。但此數輩若不能少懲治之，即無以為政，鰥寡貧弱永無休息之期。三教日間，以次決遣，當奉來教，與之更始耳。行紀甚佳，但人説天池光怪，有飛空往來，或入檐楹，或出自房闥者，與所記不類，豈偶有所遺，抑所見適止此耶？此為陳寶之屬，無足深怪。世人胸次昏瞶隘狹，自以為疑耳。此記流傳，亦足以少祛其惑也。四君書意，拳拳於此，甚幸，甚幸！各以鄙意報之，不知能中其意否？或下語未當，幸為説破，勿令誤人也。陳君克己來見，云在建昌邂逅，亦不易得。又有趙希漢書記，自武昌丁憂來此寄居，亦知趨尚，但悔不留老兄作主耳。先集荷留念，悲感亡已兩日。楊漕在此，汩汩度日。附此托商伯轉致，未暇如及，惟以時進德自愛。不宣。八月九日，熹頓首再拜，子澄寺簿兄。

東園小堂近水者，欲以「愛蓮」榜之，仍刻濂溪舊説，並繫數語其後，尚未下手也。直節堂牌已刻，跋語並易傳後題識，並上呈。有未安者，訂之幸甚。熹又拜。煩於會要中檢白鹿洞事録示。熹。（鳳墅殘帖釋文卷三。）

答劉子澄書二 淳熙六年

熹在此匆匆鮮況。建昌竟失民和，吏困不良，民亦頑狡。今方來訢旱，不免亦與料理。然歸興益穠，比遣冬書，并申省自劾矣。若得早以微罪行，幸；其不然，亦當繼請祠禄，或乞充白鹿洞主矣。白鹿山水極佳，見議建五七間小屋於其處，亦已申省部，乞行下，庶幾久遠不至廢壞。若開斷未去，不知子澄更能一來視之否？臨汀楊子直在此，相聚甚樂，更得賢者臨之，幸也。公度若歸，能與俱來，甚佳。許、陳諸君能攜以來，尤所願耳。伯恭屢得書，却不及抱子事，且得如此，亦是一事定疊，吾人亦且放心也。國書丐歸，甚悠悠，此正所謂作禮數者，得渠且在彼亦善，蓋亦粗足破白也。近有雜詩文數篇，偶此吕龍泉便，未暇録呈。卧龍聞伯恭許為作記，未知如何？子澄所作，稱道過當，不敢用也。白鹿亦并屬伯恭矣。叔度書云伯恭稍安，又弄書册，招學徒，殊非病者所宜，今痛箴之，此意甚善。然病中若不作此，又太冷静，過生活不得也。所欲言者無限，匆匆不能書致。所委文字，稍暇當為之。但逐日公私衮衮，苦無好意思耳。熹再拜。（鳳墅殘帖釋文卷三。）

與時宰二劄

劄一 淳熙六年

熹前者便中累奉鈞翰之賜，去月末間拜啟，略叙謝誠，竊計已遂登徹。繼此未遑嗣問，下情但切瞻仰。熹前所具禀減税、請祠二事，伏想已蒙鈞念矣。但延頸計日，以俟賜可之報，而杳然未有聞。衰疾之軀日益疲憊，舊症之外，加以洞泄不時，兼旬未止，兩目昏澀，殆不復見物。如作此字，但以意摸索寫成，其大小濃淡，略不能知。又以鄙性狹劣，不能自覺，簿書期會之間，又不敢全然曠弛，日夕應接吏民，省閲文案。若更旬日不得脱去，即精神氣血内外枯耗，不復可更支吾矣。至於郡計空乏，有失料理，猶未暇以為憂也。今有劄目申懇，乞賜憐念。二公之門，不敢數致私書，亦已各具禀劄，託劉堯夫國正宛轉關白矣。

論道之餘，賜以一言，俾得早從所欲，實不能無忘於門下。東望拜手，不勝祈扣之切，伏乞鈞照。右謹具呈。宣教郎、權發遣南康軍事、兼管内勸農事朱熹劄子。（六藝之一録卷二百九十五，式古堂書畫彙考書考卷十四，過雲樓書畫記卷一，穰梨館書畫過眼録卷二。）

按：劄云「減税、請祠二事」，乞減星子税錢在淳熙六年六月，請祠在六月末。劄稱請祠在「去月末間」，據朱文公文集卷二十六與曹晉叔書一亦云：「前月末已上祠請，度更半月，必有報……直卿已歸……子澄近到此，相聚甚樂。」黄榦直卿淳熙六年五月端陽尚在南康，旋在六月六日因兄喪歸去，見卷八十四記游南康廬山及卷三十四答吕伯恭書十九、二十七。又據卷七立秋日同子澄寺簿一詩，知劉清之子澄七月來南康。由此可確知「去月末」指淳熙六年六月，朱熹此劄必上在是年七月。按宋史宰輔表，其時宰相為趙雄，應即朱熹此劄所上之人；樞密使王淮、參知政事錢良臣，即朱熹此劄所云「二公之門」。

劄二　淳熙九年

熹昨日道間已具稟劄。到婺，偶有豪民不從教者，不免具奏申省。聞其人姦猾有素，伏想丞相於里社間久已悉其為人，特賜敷奏，重作行遣，千萬幸甚。熹即今走三衢，前路别得具稟次。右謹具呈。正月十六日，宣教郎、直秘閣、提舉兩浙東路常平茶鹽公事、借緋朱熹劄子。（六藝之一録卷三百九十五，式古堂書畫彙考書考卷十四，過雲樓書畫記卷一，穰梨館書畫過眼録卷二。）

按：此劄作於淳熙九年朱熹巡歷到婺州之時，乃與宰相王淮，蓋王淮為婺州金華人，而朱熹所告之婺州豪民不從教者，為金華豪户朱熙積，故劄云「丞相於里社間久已悉其為人」。據朱文公文集卷十六奏巡歷合奏聞陳乞事件狀及奏上户朱熙積不伏賑米狀，朱熹於正月十三日入婺州界，十四日到金華，據此劄則十六日入衢州，正與奏狀所言「公然抵拒，首尾三日」相合。

與陸子静 淳熙七年

包顯道尚持初説，深所未喻。……（陸九淵集卷六。）

按：此劄見陸九淵集卷六與包顯道書二所引，該書云：「得曹立之書云：『晦庵報渠云：「包顯道猶有讀書親師友是充塞仁義之説。」注云：「乃楊丞在南豐親聞其語。」』故晦庵與某書，亦云……某答書云：『此公平時好立虚論，須相聚時稍減其性。近卻不曾通書，不知今如何也。』……」朱熹答曹立之書見朱文公文集卷五十一。

答楊元範 淳熙中

……字書音韻是經中一事，先儒多不留意。然不知如此等處不理會，却枉費了無限亂説牽補，而卒不得其本意，亦甚害事也。但恨蚤衰，無力整頓得耳。（程正敏剡溪野語。）

按：楊大法元範爲南康軍學教授，朱熹於淳熙六年任南康軍守，始與楊元範相識，以後多有通信往来。此書約作於淳熙七、八年中。

與傅安道書 淳熙七年

熹先人遺文，江西遂將刊行，而未有序引冠篇首。先友盡矣，不孤之惠，誠有望於門下，敢以爲請。（韋齋集傅自得序。）

按：傅自得韋齋集序作於淳熙七年四月。

與郭冲晦四書 淳熙七年

書一

某竊以中夏劇暑，共惟冲晦處士老丈燕居静勝，神相尊候，動止萬福。某遠籍餘蔭，未由瞻晤，敢幾以時為道自重。前膺三聘，用慰輿論，區區不勝至望。

書二

仰服大名，得所論著而讀之，有年於此矣。某跧伏閩嶺，悤悤半生，無從望見德容，聽受誨藥，引領函丈，徒切拳拳。比者寅緣附致悃款，乃蒙謙眷，先枉教函，三復以還，感慰既深，又重自愧其不敏也。附便致謝，言不逮意，幸察。

書三

竊惟執事家傳正學，有德有言，遁世離群，聖主不得而致，清風素節愈久愈高。今經帷諫列尚多缺員，衆謂當得高世之士以格君心，庶有變通於將來，非執事者，孰任其責邪！

加璧之徵，計在辰夕。某樂在臭味，尤深欣矚之至。

書四

僭易再拜上問，德門尊少，各惟佳福。是邦有委，幸示其目。（宋槧晦庵先生文集前集卷六。）

按：晦庵先生文集原有與郭沖晦五書，按時間先後編排，僅其第四書為今朱文公文集卷三十七所有。據該第四書有云「今犬馬之年五十有一矣」，知此第一書所謂「中夏」者，乃指淳熙七年五月。第二書「有年於此」，指在南康任已一年。末書「是邦有委」，乃指南軒張栻卒後，另有人接湖北路任，蓋沖晦郭雍隱居於峽州長楊山谷間，故有是語。

與劉子澄書 淳熙七年

如今是大承氣證，渠卻下四君子湯，雖不為害，恐無益於病爾。（鶴林玉露甲編卷二。）

按：鶴林玉露云：「周益公（必大）參大政，朱文公與劉子澄（清之）書云……益公初在後省，龍大淵、曾覿除閤門，格其制不下，奉祠而去，十年不用，天下高之。後入直翰林，覿以使事還，除節鉞，人謂公必不草制，而公竟草之……宜其不敢用大承氣湯也。」周必大淳熙七年五月戊辰除參知政事。朱文公文集卷三十四答吕伯恭書三十五有類似之説：「新參（按：指周必大）近通問否？大承氣證却下四君子湯，如何得相當？」

與楊德仲貢士柬 淳熙八年

熹頓首再拜：別教已久，政切傾向，伏拜翰墨之貺。恭審冬令稍肅，侍奉萬福。丈人宣義不知自雪竇還已得幾日？昆仲學士泊眷集一一均納殊祉。糯抄納，方是旬日間，糯米已叮嚀胥輩不得刻具矣。不及狀子，即令當面開銷，今謹封納。紙末之喻，政所願聞。但潡廳不曾催湖田米，恐只是丞廳或縣中自追耳。他有戒警，一一不外為望。偶冗，作謝殊不端好，切希照亮。敬仲司理更不及狀。何時入城，慰此渴想。不宣。（雍正慈溪縣志卷十五。）

按：慈溪縣志於此柬前云：「（德仲）名篆，慈湖先生仲兄，嘗與舉送。作圖記過，自號『訟齋』。先生稱其『文雅灑然，深得復卦之旨』。」陸九淵集卷二十八楊承奉墓碣云：「公諱庭顯，字時發……子男六：籌、篆、簡、權卿、篪、籍。篆嘗與舉送……」柬中「丈人宣義」者，即楊庭顯。朱熹於淳熙八年任浙東提舉賑荒，楊簡爲紹興府司理，朱熹嘗薦之。朱文公文集卷四十九答滕德粹書十一：「四明多賢士……熹所識者楊敬仲簡、吕子約（監米倉），所聞者沈國正焕、袁和叔燮，到彼皆可從游也。」慈溪縣志此柬下録有趙汝愚與楊簡奉議書可參。

與黄直卿 淳熙八年

看書一過，頗有省發，因得讀書訣云：斂身正坐，緩視微吟。虚心玩味，切己省察。（勉齋先生黄文肅公文集卷十五答余瞻之書二。）

按：答余瞻之云：「比收先生書，又爲會稽行。」乃指朱熹赴浙東提舉任，知此書作於淳熙八年十月。

與黄直卿 淳熙九年

賑濟無效，匄歸甚力，不知果遂否，恐欲知之。浙間二麥亦不全好，重以疾疫，目下日色可畏，一日之熱比尋常三五日，近郊之田已龜坼，瀕海者已絶望矣。不知他處何如？若大率皆然，則甚可慮也。（勉齋先生黄文肅公文集卷十五答余瞻之書一。）

按：答余瞻之云：「比收先生四月十三日書，為況甚適。」知此書作於淳熙九年四月十三日。

致某人劄子 淳熙九年

熹昨蒙賜書，感慰之劇。偶有小職事，當至餘姚，歸塗專得請見。人還，撥冗布禀，草草，餘容面既。右謹具呈提舉中大契丈台座。六月日，宣教郎、直秘閣、提舉兩浙東路常平茶鹽公事朱熹劄子。（故宫書畫録卷二，六藝之一録卷三百九十五，式古堂書畫彙考書考卷十四，故宫歷代法書全集十三宋册四。）

與季觀國 淳熙九年

省刑緩賦，以回天意，非體國愛民之切，不及此也……（攻媿集卷一百知嵊縣季君墓誌銘。）

與徐逸書 淳熙中

可放筆力稍低，使人見之，無假手之議也。……（稗史。）

按：仇遠稗史云：「徐逸，號抱獨子。少與朱文公為友，公嘗托作謝恩表，書云……」此書又以為致徐大受者，台州府志卷一百零四：「徐大受，字季可，號竹溪，天台人。早歲工詩，劉知過以詩名，一見奇之，曰：『自此當卧君百尺樓上矣！』朱子行部聞其賢，特造廬訪大受……嘗托以撰述，且云：『願少低筆力，使讀者不疑為假手。』家甚貧，一夕朱子至，無以款，裂箕為薪，出葱湯麥飯，相對甚歡。嘗與朱子書，自言：『淡於世味，薄於宦情，年十二三即有意求道。研窮於六經，泛濫於釋老幾二十年，未正有道，竊不自安。齋形服形，晝思夜索，十餘年間，始於吾門脱然信之，因得高視闊步於坦途，旋而視履，則向之所步，皆旁蹊曲徑，荒蕪榛莽，不可著足之地也。』」陳耆卿赤城志所云「事見朱文公所遺帖」，或即此書。

與陸放翁三帖 淳熙九年

書一

力疾南去……

書二

以罪戾遠行，迤邐南歸……

書三

再辭，未有處分。……昨發會稽，遂不詣違。……杜門讀書，畢此數年為上策，自餘真可付一大笑。（鮑翁家藏集卷五十五跋朱文公三帖，二林居集卷八朱子與陸放翁手帖跋。）

與某人帖 淳熙九年

熹頓首拜覆：竊聞卜築鍾山，以便養親，去囂塵而就清曠，使前日之所暫游而寄賞者，今遂得以為耳目朝夕之玩，竊計雅懷亦非獨為避衰計也，甚善，甚感。所恨未獲一登新堂，少快心目耳。蒙喻鄙文，此深所不忘者。但向來不度，妄欲編輯一二文字，至今未就，見此整頓，秋冬間恐可録浄。向後稍間，當得具稿求教也。所編乃通鑑綱目，十年前草創，今復再修，義例方定，詳略可觀。亦恨未得拜呈，須異時携歸，請數日之間，庶可就得失耳。未由承晤，伏紙馳情。熹頓首上覆。（珊瑚網名書題跋卷七，六藝之一録卷三百九十五，式古堂書畫彙考書考卷十四。）

按：該帖所寄之人，據帖云「竊聞卜築鍾山」，當指婺源李繒參仲，「須異時携歸」者，乃指欲再歸婺源相見。李繒號鍾山（此為婺源鍾山），朱文公文集卷八十三跋李參仲行狀云：「鍾山先生李公參仲……紹興庚午歲，予年二十餘，始得一歸故鄉……於是乃獲識公……中年復歸，而再見公，然後從游益親。」程洵尊德性齋集卷三有鍾山先生行狀，稱其「厭科舉之習，卜築雲山間，為隱居計，名其山曰鍾山，牓其室曰中林。」朱文公文集卷七十九有淳熙八年作徽州婺源縣學三先生祠記，只稱「邑之處士李君繒」，卷九十有作於淳熙八年八月韓溪翁程君墓表，亦只稱「君學徒李君繒」，而新安文獻志卷十一有李繒婺源義役記，末署「淳熙九年十一月一日鍾山園翁李繒」，是李繒卜築鍾山在淳熙九年。此書即作在其時。

與段元衡帖 淳熙九年

見示佳句，正使江西諸先達在，不過如此。……（淳熙稿卷十九。）

按：淳熙稿卷十九有段元衡出示與晦翁九日登紫霄峰詩及手帖及賈十八兄詩讀之得三絶句，其二首云：「紫霄峰上登高節，想見笑談賓主間。我亦於今有遺恨，不隨巾屨上南山。（晦翁比自浙東歸，過玉山留數日）文章定價如金玉，入手可知高與低。今代師儒晦庵老，許君先達并江西。（晦翁與元衡帖，見示佳句……）」是帖作於淳熙九年朱熹自浙東提舉任歸時。

與陳應求書 淳熙九年

除書朝下，章劾夕聞……（後村大全集卷一百零一朱文公與陳丞相書。）

按：此致陳俊卿丞相書，「除書」指朝廷除朱熹為江東提刑，「章劾」指吏部尚書鄭丙上書攻道學，事在淳熙九年。

與陸子静 淳熙十年

比約諸葛誠之在齋中相聚，極有益。浙中士人，賢者皆歸席下，比來所得為多，幸甚。（陸象山年譜。）

與陸子静 淳熙十年

歸來臂痛，病中絶學捐書，却覺得身心收管，似有少進處。向來泛濫，真是不濟事。恨未得款曲承教，盡布此懷也。（陸象山年譜。）

與陸子静 淳熙十一年

敕局時與諸公相見，亦有可告語者否？於律令中極有不合道理、不近人情處，隨事改正，得一二亦佳。中薦程可久於法令甚精，可以入局中，然此猶是第二義。不知輪對班在何時？果得一見明主，就緊要處下得數句為佳。其餘屑屑不足言也。謙仲甚不易得，今日尚有此公，差強人意。元善爽快，極難得，更加磨琢沉浸之功乃佳。機仲既得同官，乃其幸會，當能得日夕親炙也。浙東諸朋友想時通問，亦有過來相聚者否？立之墓表今作一通，顯道甚不以為然，不知尊意以為如何？（陸象山年譜。）

答詹體仁書 淳熙十二年

熹竊以春雨復寒，伏惟知府經略殿撰侍郎丈閫制威嚴，神物擁護，台候動止萬福。熹區區托庇，幸粗推遣。但祠禄已滿，再請未報。前次延之諸人報云勢或可得，未知竟何如。熹居閑本有食不足之患，而意外之費復爾百出不可支。吾親舊有躬耕淮南者，鄉人多往從。

亦欲妄意為此，然尚未有買田雇夫之資，方此借貸。萬一就緒，二三年間或可免此煎迫耳。衰病作輟亦復不常，此旬月間方粗無所惱，絕不敢用力觀書。但時閱舊編，間有新益。如大學「格物」一條，比方通暢無疑。前次猶不免是强説，故雖屢改更，終不穩當。旦夕别寫求教。前本告商省閲，有紕漏處痛加辨詰，復以示下為幸也。桂人蔣令過門相訪，云嘗疏論廣西鹽法，見其副封，甚有本末。渠歸必請見，因附以此。忽遽不暇詳悉。未有侍教之日，臨風惘然。切乞以時為國自重，有以慰善類之望，千萬至禱。（萬曆遂安縣志卷四，康熙遂安縣志卷十，乾隆嚴州府志卷二十四。）

答某人書　淳熙十二年

熹再拜上白：提丈賜書，亦云欲過定海，恐已到，幸為致問訊意。尊堂恭人伏唯尊候萬福，眷集均休。恭叔尚未到，只文叔到，已兩日矣。誠之在此相聚也。熹再拜上白。（李日華六研齋筆記三筆卷一。）

按：宋文憲公文集卷四十六題朱文公手帖亦引此帖，「誠之在此相聚也」作「見約誠之在此相聚也」。此書不知與何人，以書中言及潘恭叔、潘文叔及「尊堂」、「提丈」考之，則此書應是致潘端叔。按潘時有三子：潘友文文叔、潘友恭恭叔、潘友端端叔，皆問學朱熹。「提丈」為潘時，而「尊堂」則為潘時夫人（参見朱文公文集卷九十二潘氏婦墓誌銘）。此書稱潘時「提丈」，應是其任荆湖南路提點刑獄公事（参見朱文公文集卷九十四潘時墓誌銘）。按淳熙十二年六月二十四日湖南提刑潘時除知廣州（見宋會要輯稿职官六二之二六），其自金華北上入都奏事，自經過定海，故此書云「亦云欲過定海」，故可知此書作於淳熙十二年秋間。

與某人帖

淳熙中

熹僭易拜問，德門慶霖，恭惟均求多祉。諸郎學士侍學有休，兒輩謹時起居之問。無以伴書，茶兩盝時浼。小盝頗佳，大者乃食茶耳。閩中有委，幸不外。熹再拜上問。（停雲館帖卷七，大玉烟堂帖卷二十。）

按：是帖不知與誰，觀其中云「閩中有委」、「諸郎學士侍學有休」，應是一來閩任官者，疑即王師愈齊賢。王師愈於淳熙十四年來閩任轉運判官，與朱熹契誼尤密。王柏（王師愈孫）魯齋集卷十一跋朱子帖第八卷云：「寶祐丁巳夏六月，得此卷十有一帖於昌父弟……皆大父在福建漕臺之時……」是帖或即在此卷中。師愈子多為朱熹弟子，朱熹王師愈神道碑云：「子男四人：長瀚，從事郎，新武當軍節度推官；次漢，迪功郎，新臨安府仁和縣尉；次洽，未仕；次潭，迪功郎，新紹興府會稽縣主簿。」即此帖所云「諸郎学士」。

與岳霖書 淳熙十四年

薛虔州弼直老以甲子正月道由建昌，謂戒曰：「弼之免於禍，天也。往者丁巳歲被旨從鵬入覲，與鵬遇於九江之舟中。鵬詫曰：『某此行將陳大計。』弼請問，鵬曰：『近諜報，敵人以丙午元子入京闕。為朝廷計，莫若正資宗之名，則敵謀沮矣。』弼不敢應。抵建康，與弼同日對，鵬第一，弼次之。鵬下殿，面如死灰。弼造膝，上曰：『鵬適奏，乞正資宗之名。朕諭以卿雖忠，然握重兵於外，此事非卿所當預也。』弼曰：『臣雖在其幕中，然初不預聞。昨到九江，但見鵬習小楷，凡密奏，皆鵬自書耳。』上曰：『鵬意似不悅，卿自以意開喻之。』弼受旨而退。」此故殿院張公定夫戒所記。所謂資宗者，上時以宗子讀書資善堂也。又得薛公行狀，亦記此事，偶尋未見。恐永嘉士人家必有本，可尋訪。但不知忠穆公此奏今尚有傳本否耳。熹上覆。（寶真齋法書贊卷二十七。）

與子在書 淳熙中

過青田，不可不見陳叔向……（古今圖書集成理學彙編學行典卷一百七十。）

按：葉適水心文集卷十七有陳叔向墓誌銘云：「(叔向)疑吕伯恭誦書徒多，朱元晦修方不療。時吕公已下世矣。朱公雖論未合，然重其調直無隱，士有比君所者，必使往從之，曰：『可以寡過也。』」朱熹淳熙十年十月南下赴泉州弔傳自得喪，嘗與陳葵叔向一見，是為初識。朱文公文集卷三十五答劉子澄書九云：「熹一出三月……到泉南宗司，教官有陳葵者，處州人，頗佳。其學似陸子静，而温和簡直過之，但亦傷不讀書講學，不免有杜撰處，又自信甚篤，不可回也。」朱熹季子在娶吕祖謙女，其挈婦由金華歸五夫必經青田，而陳葵亦從南外睦宗院教官任歸家青田。

與某人書

講明正學，其道必本乎人倫，明乎物理。其教自小學灑掃應對以往，修其孝悌忠信，周旋禮樂。其所以誘掖激勵，漸磨成就之道，皆有節序。其要在于擇善修身，至於化成天下，自鄉人而可至於聖人之道。（游宦紀聞卷八。）

按：游宦紀聞云：「世南從三山故家，見朱文公一帖。」

與王齊賢帖 淳熙十四年

易書欲早賜鐫誨，及今改定為大幸。伯禮所詢數條，且以鄙意報之，亦乞有以訂其失。沙隨古易章句之詳博，未知尊意以為如何？（魯齋集卷九朱子帖第七卷。）

按：魯齋集云：「先大父（王齊賢）與朱子契誼之密，無如漕閩之時……見於諸帖，固可考也。……中一帖，先生嘗以易書求證於大父。」王齊賢任福建轉運判官在淳熙十四年，淳熙十三年朱熹成易學啟蒙，所云「以易書求證」者，即此書也。朱文公文集卷五十四有答王伯禮一書，乃逐條答覆易學之問，應即此書所云「伯禮所詢數條，且以鄙意報之」。

答石天民書 淳熙十四年

三月廿一日，熹頓首再拜上啟天民編修尊兄座下：拜違忽五六年。聞到官金華，嘗因便一再附書，久不得報，意已游沉，後見友書，乃承寄聲，有專人存問之意，而官事不閑，竟未暇及。雖感德之勤，然終不若一行之書為足以慰此心也。正初偶有莆陽之役，歸來乃知果蒙踐言，領所惠教，副以文籍衣資，感愧之心，未足以言諭也。使來及還，不得即布謝悃，又悚息夕惕，想辱情照。比日伏想已遂解秩，不審金華或已歸會稽新昌也。弟恐聲實久乎，不容遽遂香火之願，别當有照除耳。春夏之交，寒暄未定，伏想忠厚有相，台候萬福。熹歸來數年，初臂痛，繼而移於兩足，而昔痛處乃更變於麻木。去歲麻木方幸間作，而秋間蔬食傷胃，不能飲食，艾火丹符雜進，至今乃得少安。今春一出，初亦無事，歸途忽得奇疾，六腑不通者累日，絞刺疼痛不可支，吾又感時氣發熱，足疾發動，踵痛不可履地，衆疾交攻，氣血凋耗，氣息奄奄不絶者，僅如毫釐耳。兩三日來，方漸能吃粥飯，然亦殊不可也。承諭叔度、子約相從之樂，恨不能從容其間，日聞切磋之益，以自警勵也。因官而家，古人有之，不足為嫌，恐終非久遠之計，剡中山水自有不惡也。趙書記恨未相識，頃得其書，議論亦可觀，但覺自許太過，為説太汗漫耳。同父才雄一世，勇追千古，但疾之者既不復取其長，而愛之者又不能救其短，此區區不能無遺恨於伯恭，而所以愛同父者，獨有異於衆人之愛同父也。不審老丈以為何如？病甚，不能作渠書，因風幸達此意。簡重自愛，極諭荷箴誨，閑人豈敢與聞政事？但生長窮鄉，從少至老，坐視其民，宛若失職，不能有以救之，會有賁緣可以發；發又不能容，一向禁止，失言之咎，衹自憨耳。崇禮諸人書信，皆以頷胡狀。銘文敢不在念？但生前不能恭議，恐如揭白圖形，摸為精神不出耳。在家多事，不容下筆，今春携行狀，欲於道間成之，三五程後，沿路紛擾，乃更甚於在家時。今又疾病如此，恐又須兩三月少康之後，方得措辭，但病熱如在前，所事固有難料者耳。因叔謹往見子約，附以此書，雖以視履尚未能救，所懷臨風太息而已。未由承晤，切冀以時為道自愛，别以除用為吾黨之望，千萬幸甚！熹衰病不能作字，作字即頭疼，不免口授兒子，令其代書簡，非禮，切幸尊察。熹再拜覆書。（暨陽石氏宗譜卷一。）

按：此書稱「正初偶有莆陽之役」，朱熹淳熙十四年正月南下莆田弔陳俊卿，二月歸。知此書作於淳熙十四年。朱熹歸途確嘗大病，朱文公文集别集卷三答劉子澄書三云：「某還自莆中，道間大病，幾不能支。卧家月餘，幸未即死。然神氣衰憊，比之春中又什四五矣。」淳熙九年朱熹在浙東巡歷新昌與石天民有一見，至是已六年，故此書中云「拜違忽五六年」。

與某人帖 淳熙十四年

熹竊以季夏極暑，恭惟知郡朝議丈旌麾在行，神物護相，台候起居萬福。熹講聞德望，為日蓋久，而僻處窮壤，無從瞻見顏色，此懷鄉往，日以拳拳。兹承不鄙，枉書喻以惠顧蓬筆之初心，所以慰籍許與之意良厚。自顧衰陋，實無所能，其將何以稱此？愧荷悚惕，不容於心。深欲一趨道左，求見下風，且謝盛意之厚，而方此病暑，又屬天寒人饑，里中亦隨分有應酬之擾，以故未克如願。引領清塵，徒切馳企。竊承台體亦少違和，計旋即勿藥矣。開府有日，施設之方必已素定。下問之及，豈所敢當？然仰窺雅志，惟恐不盡於義理而務合於中和，是則必無違人自用之失、剛柔寬猛之偏矣。益以無倦，千里蒙福，可勝言哉！使還，略布萬一。暑行，切乞益厚保綏，前迓褒寵，幸甚，幸甚！右謹具呈。六月日，新安朱熹劄子。

（石渠寶笈續編第五十七寧壽宫藏宋賢遺翰。）

按：此帖向不知與何人，以帖稱「知郡朝議丈」考之，似為潘時德鄜。朱文公文集卷九十四潘時墓誌銘云：「上聞公究心獄事，詔特轉朝議大夫進直徽猷閣、知潭州，安撫湖南，明年召還。……」此帖稱「知郡朝議丈」，蓋即指其以朝議大夫知潭州。潘氏由金華赴任，南下經信州轉臨川、臨江、宜春而達潭州，可於途中擬與朱熹一見，即此帖所云「枉書喻以惠顧蓬筆之初心」，「深欲一趨道左，求見下風」。潘赴潭在淳熙十四年，陳傅良止齋集有重修嶽麓書院記叙潘時重修嶽麓書院事，云：「某官桂陽，於長沙為屬，時公（潘時）至鎮數月。」按陳傅良淳熙十四年六月免奏事，冬赴桂陽軍，據「時公至鎮數月」推算，則潘時赴潭州應在五、六月，與此帖所述時令亦相合。

又朱熹與潘時晚而相交，書疏不斷，而向無緣見面相識，朱熹潘時墓誌銘：「熹從公游雖不久，然相知為最深，友恭等又來學。」潘氏婦墓誌銘：「予昔從友恭尊君湖南公游，見其施於官者治，友恭兄弟皆來學。」祭潘左司文：「熹不敏，辱知最深，書疏相尋問遺勸勉，勤懇之至。」此亦與帖中所云「講聞德望，為日蓋久，而僻處窮壤，無從瞻見顏色」相合。

與志南上人二帖 淳熙十五年

書一

五月十三日熹悚息啟上：久不聞動静，使至，特辱惠書，獲審比日住山安穩為慰。天台之勝，夙所願游。往歲僅一過山下，而以方有公事，不能登覽，每以為恨。今又聞故人掛錫其間，想見行住坐卧不離泉聲山色之中，尤以不得往同此樂為念也。新詩筆勢超精，又非往時所見之比，但稱説之過，不敢當也。二刻亦佳作也，但攙行奪市，恐不免去故步耳。寒山子彼中有好本否？如未有，能為讎校刊刻，令字畫稍大，便於觀覽，亦佳也。寄惠黄精、筍乾、紫菜多品，尤荷厚意。偶得安樂茶，分上廿瓶，并雜碑刻及唐詩三册謾附回，便幸視至。相望千里，無由會面，臨書馳情，千萬自愛，不宣。熹悚息啟上國清南公禪師方丈。熹再啟。

書二

清泉各安佳，兒輩附問。黄婿歸三山已久，時得書也。出師表未暇寫，俟寫得轉寄去未晚也。寒山詩刻成，幸早見寄，有便只附至臨安趙節推廳，托其尋便，必無不達。渠黄巖人也。熹再啟。（島田翰刻宋大字本寒山詩集，三隱集，寒山寺志卷三。）

按：朱文公文集别集卷五載此二帖，亦云「見寒山子詩集後」，但俱非完篇，故仍輯録於此。書舶庸談卷三記董康於日本圖書寮見一宋槧，云：「序後有四言贊語；次朱晦庵與志老四葉……末為『淳熙十六年歲次己酉孟春十有九日，住山禹穴沙門志南跋國清禪寺三隱集記』。」朱熹此二帖應作在淳熙十五年。

與黄仁卿書 淳熙十五年

累承諭及女子歸期，即已隨事經葺，以趁此月中澣之期。忽得直卿書，欲且緩行，殊不可曉。不免且令兒輩送此女及二甥，定三十日就道，約直卿來建、劍間接去。（勉齋先生黄文肅公文集附黄榦年譜。）

卷三　書

與陸子静 淳熙十六年

荆門之命，少慰人意。今日之計，惟僻且遠，猶或可以行志，想不以是為厭。三年有半之間，消長之勢又未可以預料，流行坎止，亦非人力所能為也。聞象山墾闢架鑿之功蓋有緒，來學者亦益甚，恨不得一至其間，觀奇覽勝。某春首之書詞氣粗率，既發即知悔之，然已不及矣。（陸象山年譜。）

復學者書 淳熙十六年

南渡以來，八字着脚理會着實工夫者，惟某與陸子静二人而已。某實敬其為人，老兄未可以輕議之也。（陸象山年譜。）

與學者書

陸子静專以尊德性誨人，故游其門者多踐履之士，然於道問學處欠了。某教人豈不是道問學處多了些子？故游某之門者踐履多不及之。（陸九淵集卷三十四語録上。）

與程絢書　淳熙十六年

敬惟先德，博聞至行，追配古人，釋經訂史，開悟後學，當世之務又所通該，非獨章句之儒而已。曾不得一試，而奄棄盛世，此有志之士所為悼歎咨嗟而不能已者。然著書滿家，足以傳世，是亦足以不朽。（宋史卷四百三十七程迥傳。）

按：宋史程迥傳云：「（迥）卒官。朝奉郎朱熹以書告迥子絢曰：……」程迥卒於淳熙十六年秋間。

與馬會叔六書

書一　淳熙十六年

時論一變，朝士多不自安。所幸已在山中，誤恩又得丐免，似可少安。然事不可料，正恐亦難自保。（柳待制文集卷十八跋朱文公與馬會叔尚書二帖。）

書二　淳熙十六年

舉子倉今歲不免自為受輸……此間歲支三四百石，而倉息只及其半。若得檢照舊例支除本錢，乘此冬收糴數百石，更三兩年，當無闕乏之患也。（柳待制文集卷十八跋朱文公與馬會叔尚書二帖。）

按：柳待制文集原云：「前一帖，正免南康、辭江東轉運副使歸武夷山居時所遣。後一帖，必除知漳州上任後所遣。蓋時尚書公為福建安撫知福州，漳其屬郡，公至漳，知其事敝，欲稍為疏理，故有是請耳。……子澄……前帖言其始病，而後帖遂悼其死……」此説乃誤。首帖言「誤恩又得丐免」，指淳熙十六年八月除江東轉運副使，辭。兩帖言及劉子澄病及卒，據朱文公文集别集卷四與向伯元書四：「子澄去秋以書來告别，方此憂念，繼得公度書，乃知遣書之後不六七日，遂至大故。」此書言及「某頃叨除用，出於意外，懇辭幸免，然猶復忝郡……免章再上，諒必得之也。」顯指淳熙十六年十一月改知漳州，再辭，作此書時已在紹熙元年歲初，故可確知劉子澄卒於淳熙十六年秋。（按：宋史本傳稱「光宗即位，起知袁州，而清之疾作」。麟原文集卷九静春先生傳亦云：「寧宗（應作光宗）嗣位，越月，即起知袁州，而病已革矣。」光宗即位在淳熙十六年二月，此亦足證劉子澄卒於淳熙十六年。

書三 淳熙十六年

所請亦幸開允，更被褒詔……（金華黄先生文集卷二十一跋晦庵先生帖。）

書四 淳熙十六年

不知除授所由……（金華黄先生文集卷二十一跋晦庵先生帖。）

書五 淳熙十六年

婺相邪説奸心，陰自憑結，廟社之靈，實糾擊之。（金華黄先生文集卷二十一跋晦庵先生帖。）

按：金華黄先生文集云：「右文公先生與侍郎馬公十一帖。（淳熙十五年）六月，先生入對。……有旨仍赴江西，竟辭避不赴。帖中雖謂馬公交代，而實未嘗交承也。先生既用磨勘轉官，除職予祠，尋召入主管西太一宫兼崇政殿説書，未及上，俄俾以秘閣修撰，奉外祠。前兩帖結銜稱『朝奉郎主管嵩山崇福宫』者，方辭修撰而未允也。逮得旨依所乞，仍舊職，且降詔褒諭。次兩帖乃以直寶文閣入銜……又其次兩帖止稱階官貼職者，時已有旨起先生將漕江東，即帖中云『不知除授所由』者，先生方控辭，故祠官使職悉不以繫銜也。婺相蓋指魯公（王淮）……此六帖皆在十六年夏秋之間。最後兩帖，一稱『權發遣漳州事』，在紹熙元年春；一稱『秘閣修撰主管鴻慶宫』，在其二年秋。餘三帖則問眷請委之副楮也。」

書六　紹熙元年

榮被召還之命……（宋文憲公文集卷四十六題朱文公與馬鶴山諸帖。）

按：宋文憲公文集云：「朱文公元晦出守於漳……公（馬大同）時召入為太常大卿兼檢正，實紹熙元年之八月也。」宋濂所見帖當均在黄溍所見十一帖中。

與黃仁卿書 紹熙元年

病中得直卿携女子輅孫歸來，甚慰。（勉齋先生黄文肅公文集附黄榦年譜。）

與黃仁卿書 紹熙二年

直卿告歸，并挈女子一房歸侍。（勉齋先生黄文肅公文集附黄榦年譜。）

答王子合言仁諸説 紹熙二年

一

來教云：「天地之心不可測識，惟於一陽來復，乃見其生生不窮之意，所以為仁也。」熹謂若果如此説，則是一陽來復已前，别有一截天地之心，漠然無生物之意；直到一陽之復，見其生生不窮，然後謂之仁也。如此，則體用乖離，首尾衡決，成何道理？王弼之説便是如此，所以見辟於程子也。須知元亨利貞便是天地之心，而元為之長，故曰：「大哉乾元，萬物資始。」便是有此乾元，然後萬物資之以始，非因萬物資始，然後得元之名也。

二

「仁者心之用，心者仁之體。」此語大有病，程子已嘗辟之矣。其下文乃有穀種之説，正是發明辟此之意。今引穀種為言，而其立論乃如此，非惟不解程子所辟之意，切恐并穀種之意而不明也。

三

熹所謂「仁者，天地生物之心，而人物之所得以為心」，此言雖出於一時之臆見，然竊自謂正發明得天人無間斷處稍似精密，若看得破，則見仁字與心字渾然一體之中，自有分別，毫厘有辨之際，却不破碎，恐非如來教所疑也。

四

性情一物，其所以分，只為未發已發之不同耳。若不以未發已發分之，則何者為性，何者為情耶？仁無不統，故惻隱無不通，此正是體用不相離之妙。若仁無不統，而惻隱有不通，則體大用小，體圓用扁矣。觀謝子為程子折難，直得面赤汗下，是乃所謂羞惡之心者，而程子指之曰「只此便是惻隱之心」，則可見矣。孟子此章之首，但言不忍之心，因引孺子入井之事以驗之，而其後即云「由是觀之，無惻隱羞惡辭讓是非之心，則非人也」，亦可見矣。

五

知覺言仁，程子已明言其非（见二十卷）。蓋以知覺言仁，只説得仁之用，而猶有所未盡；不若愛字，却説得仁之用處平正周偏也。（宋槧晦庵先生文集後集卷十一。）

按：朱文公文集卷五十七答陳安卿書三詳載陳淳（安卿）與王遇（子合，一字子正）討論元亨利貞、天地之心、心之體用等，正與此文諸説所論相同。陳淳之初見朱熹在紹熙元年，而其往見王遇相聚論學則在紹熙二年，朱熹答陳安卿書四有云：「知在王丞處甚善，且得朝夕講學，有商量也。昨所寄諸説，久已批報，但無便可寄，今并附還。」所謂「昨所寄諸説」，即指答陳安卿書三中陳淳之説及此王子合言仁諸説。

答王子合問詩諸説 紹熙二年

一

公羊分陜之説可疑。蓋陜東地廣，陜西只是關中雍州之地耳，恐不應分得如此不均。周公在外，而其詩為王者之風；召公在内，而其詩為諸侯之風，似皆有礙。陳少南以其有礙，遂創為分岐東西之説，不惟穿鑿無據，而召公所分之地愈見促狹，蓋僅得今隴西、天水數郡之地耳。恐亦無此理。二南篇義，但當以程子之説為正。

二

邶、鄘、衛之詩，未詳其説。然非詩之本義，不足深究，歐公此論得之。

三

「罪人斯得」，前書已具報矣，不知看得如何？此等處，須着個極廣大無物我底心胸看方得，若有一毫私吝自愛惜避嫌疑之心，即與聖人做處天地懸隔矣。萬一成王終不悟，周公更待罪幾年，不知如何收殺？胡氏家録有一段論此，極有意思，深思之如何？

四

「倬彼雲漢」，則「為章於天」矣。「周王壽考」，則「何不作人」乎？（遐之為言，何也）此等語言自有個血脈流通處，但涵泳久之，自然見得條暢浹洽，不必多引外來道理言語，却壅滯却詩人活底意思也。周王既是壽考，豈不作成人材，此事已自分明，更著個「倬彼雲漢，為章於天」，喚起來便愈見活潑潑地。此六義所謂興也。興乃興起之義，凡言興者，皆當以此例觀之，易以言不盡意，而立象以盡意，蓋亦如此。（宋槧晦庵先生文集後集卷十一。）

按：此亦即朱熹答陳安卿書四「昨所寄諸説，久已批報」之一。

答鄭子上書 紹熙二年

……此間難得人講論，每深懷想。……近日朋友少看得如此，深惠鄙懷。……斯道不絕如綫，唯冀勉厲，以副所望。（陳宓復齋先生龍圖陳公文集卷二十一持齋先生鄭公墓誌銘。）

按：該墓誌銘云：「先生諱可學，字子上。……朱先生之守臨漳也，虚子弟之師席，俾先生西鄉而坐。既而歸富沙也，則又虚席以書招之，且致諸子孫慕向不忘之意，至再至三，又不已，為其所往復之書，有曰……」朱熹歸建陽在紹熙二年四月，此書約作在是年秋間。

與陸子静 紹熙三年

去歲辱惠書慰問，尋即附狀致謝。其後聞千騎西去，相望益遠，無從致問。近辛幼安經由，及得湖南朋友書，乃知政教并流，士民化服，甚慰。某憂苦之餘，疾病益侵，形神俱瘁，非復昔時。歸來建陽，失於計度，作一小屋，期年不成，勞苦百端，欲罷不可。李大來此，備見本末，必能具言也。渠欲為從戎之計，因走門下。撥冗附此，未暇他及。政遠，切祈為道自重，以幸學者。彼中頗有好學者否？峽州郭丈著書頗多，悉見之否？其論易數頗詳，不知尊意以為如何也。近著幸示一二，有委併及。（陸象山年譜。）

按：是書作於紹熙三年四月十九日。

與程允夫書 紹熙三年

叔重録廣叔墓表來，細讀之益有味，近年絶少得此文矣。（尊德性齋集卷三董府君墓表。）

按：程洵為董銖叔重祖父董陵廣叔作墓表，朱文公文集卷五十一答董叔重書十云：「允夫所作令祖墓表尤佳，近歲難得此文也。」即指此董府君墓表。朱熹此答董叔重書言及為董銖父董琦順之作墓誌銘事，此墓銘載朱文公文集卷九十三，作於紹熙三年，可知朱熹此與程允夫書亦作在該年。

與潘文叔明府書 紹熙四年

辛幼安過此，極談佳政……端叔嫂後來已安樂未也？（柳待制文集卷十八跋家中所藏文公帖。）

按：柳待制文集原云：「考之文公集中及門之士字文叔者五人，帖既不著氏名，亦莫之能定矣。……集中五人，獨潘文叔有兄弟曰端叔、恭叔，此或潘文叔未可知也。帖中亦及斯遠、叔謹……」據朱文公文集卷八十九旌忠愍節廟碑云：「始侯（王自中）既屬役於玉山令芮立言、永豐令潘友文。」此廟碑作於紹熙四年五月，知其時潘文叔任永豐令。又福建安撫使辛棄疾於紹熙三年末召赴行在，曾經建陽與朱熹一晤，稼軒詞集有水調歌頭題云：「壬子三山被召。」又西江月題云：「正月四日和建安陳安行舍人，時被召。」知辛朱相見在紹熙四年正月。陳亮龍川集卷十六有信州永豐縣社壇記云：「吾友潘友文文叔始作永豐也……稼軒辛幼安以為文叔愛其民如古循吏，而諸公猶詰其驗，幼安以為『役法之弊，民不肯入役，至破家而不顧，永豐之民往往乞及今令在時就役，是孰使之然哉？』」

貽朝士書 紹熙四年

林和叔初不識之，但聞其入臺，無一事不中的，去國一節，風誼凜然，當於古人中求之。（攻媿集卷九十八林大中神道碑，南宋書卷四十一，金華先民傳卷三，金華徵獻略卷八。）

按：宋史卷三百九十三林大中傳云：「初，占星者謂朱熹曰：『某星示變，正人當之，其在林和叔耶？』至是，熹貽書朝士曰：『聞林和叔入臺，無一事不中的，去國一節，風義凜然，當於古人中求之。』給事中尤袤、中書舍人樓鑰上疏……」據樓鑰林大中神道碑，林大中去國在紹熙四年，「朝士」者，疑即樓鑰自謂。

與朝士大夫書 紹熙四年

世間猶大，自有人在，鼠子輩未可跳梁也。（陳亮集卷十九與林和叔侍郎。）

按：陳亮與林和叔侍郎云：「朱元晦，人中之龍也，屢書與朝士大夫歎服高誼不容已，亦深歎二屬能相上下其論為不易得，且曰……其降歎如此，舉天下無不在下風矣。」此與林和叔侍郎作於紹熙四年秋，「朝士大夫」者，疑亦樓鑰。

致教授學士 紹熙五年

正月卅日，熹頓首再拜教授學士契兄：稍不奉問，向往良深。比日春和，恭惟講畫多餘，尊履萬福。熹衰晚多難，去臘忽有季婦之戚，悲不可堪。長沙新命，力不能堪，懇免未俞，比已再上，計必得之也。得黄婿書，聞學中規繩整治，深慰鄙懷。若更有以開導勸勉之，使知窮理修身之學，庶不枉費鈐鍵也。向者經由，坐間陳才卿覿者登第而歸，近方相訪，云頃承語及吴察制夫婦葬事，慨然興念，欲有以助其役，此義事也。今欲便於區處，專人奉扣，不審盛意如何？幸即報之也。因其便行，草草布此。薄冗，不暇他及。正遠，唯冀以時自愛，前需異擢。上狀不宣。熹頓首再拜。（石渠寶笈三編養心殿藏，故宫歷代法書全集十二宋册三，故宫書畫録卷三，西清札記卷一。）

按：朱文公文集別集卷一答劉德修書四亦云：「近日復有季婦之戚，長沙除目，未之敢承。」「長沙新命」指紹熙五年除知潭州、荆湖南路安撫使。所與「教授學士」未明言何人，按「黄婿」指黄榦，家居福州閩縣，常往返於福州州學，故帖中云「學中規繩整治」，當指福州州學，而「教授學士」則為福州州學教授常濬孫。朱文公文集卷八十福州州學經史閣記云：「紹熙四年，今教授臨邛常君濬孫始至……又為之飭厨饌，葺齋館，以寧其居，然後謹其出入之防，嚴其課試之法，朝夕其間，訓誘不倦，於是學者競勸……又為之益置書史，合舊為若干卷，度故御書閣之後，更為重屋以藏之，而以書來請記其事。」此即帖中所云「學中規繩整治」。朱文公文集續集卷一答黄直卿十三云：「彼中（按：指福州州學）且如來喻，亦善。世道如此……常教（濬孫）整頓學校，亦甚不易。」與此帖所謂「得黄婿書」云云相合。蓋常濬孫整頓州學，多招致朱熹弟子如黄榦、林用中等（均福建長樂人），朱文公文集卷六十二有答常鄭卿（按：常濬孫字鄭卿）云：「聞學中諸事漸有條理，尤以為喜……須多得好朋友在其間表率勸導……今得林擇之（用中）復來，則可因之以招致其餘矣。」

與汪會之書 紹熙五年

八月七日熹頓首啟：比兩承書，冗未即報。比日秋深，凉燠未定，緬惟宣布之餘，起處佳福。熹到官三月，疾病半之。重以國家喪紀慶霈相尋而至，憂喜交并，匆匆度日，殊無休暇。茲又忽叨收召，衰病如此，豈堪世用。然聞得是親批出，不知誰以誤聽也。在官禮不敢詞，已一面起發，亦已伸之祠禄，前路未報，即思歸建陽俟命。昨日解印出城，且脱目前疲冗，而後日之慮無涯，無由面言。但恨垂老入此鬧籃，未知作何合殺耳。本路事合理會者極多，頗已略見頭緒，而未及下手。至如長沙一郡，事之合經理者尤多，皆竊有志而未及究也。來諭曲折，雖有已施行者，但今既去，誰復禀承？如寨官之屬，若且在此，便當為申明省并，而補其要害不可闕處之兵乃為久遠之計。未知今日與後來之人能復任此職否耳。學官之事可駭，惜不早聞，當與一按。只如李守之無狀，亦可惡也。劉法建人，舊亦識之，乃能有守，亦可嘉也。李必達者，知其不然，前日奉諉，乃以遠困之耳。得不追證，甚喜。已復再送郴州，令不得憑其虚詞，輒有追擾。州郡若喻此意，且羈留之，亦一事也。初聽其詞固無根，而察其夫婦之色，亦無悲戚之意，尋觀獄詞，決知其妄也。賢表才力有餘，語意明決，治一小郡，固無足為，諸司亦已略相知。但恨熹便去此，不得俟政成而預薦者之列耳。目痛殊甚，草草附此奉報，不能盡所懷。惟冀以時自愛，前迓休渥。閤中宜人及諸郎各安佳，二子及長婦、諸女、諸孫一一拜問起居。朱桂州至此，欲遣人候之，未及而去，因書幸為道意。有永福令吕大信者，居仁舍人之親姪，謹愿有守，幸其督之也。熹再拜啟會之知郡朝議賢表。（石渠寶笈三編延春閣藏，故宫歷代法書全集十宋册四。）

按：絜齋集卷十八有侍御史贈議大夫汪公墓誌銘，所銘者汪義和，字謙之，即此汪會之（蓋一名二字）。張之翰西巖集卷十八題汪景良所藏朱文公帖云：「曩歲過考亭，訪文公遺墨於諸孫……頃會越帥汪恕齋孫景良，出此巨軸，皆與景良高祖提刑、曾祖侍御往復之書。」此與汪會之書應即汪景良所藏巨軸之一。

與汪會之書 紹熙五年

八月十五日熹頓首上啟：大桂驛中草草奉問，想已達矣。行次宜春，乃承專介惠書，獲聞比日秋暑，政成有相，起處多福，為慰。熹衰晚亡堪，辛苦三月，已不勝郡事，告歸未獲，而忽叨此，雖荷朝廷記憶之深，然疏闊腐儒，亦何補於時論之萬分哉？已上免牘，前至臨川，恭聽處分，即自彼東還建陽耳。辰傜復爾，應是小小雠殺，不知今復如何。昨來所以不免再喚蒲來矢輩赴司羈縻之，政以争競有端，不可不預防之。新帥素不快此事，不知其來復以為何如耳。得其平心待之，不至紛更，亦幸事也。人還，草草附報，不它及。閤中宜人、諸郎、娘一一佳勝，兒女輩附問。益遠，惟善自愛，以須召用為祝，不宣。熹再拜上啟會之知郡朝議賢表。（石渠寶笈續編第五十七壽寧宫藏宋賢遺翰。）

按：此亦汪景良所藏巨軸之一。

與趙子直 紹熙五年

分界限，立紀綱，防微杜漸，謹不可忽。（慶元黨禁，洪嘉植朱熹年譜，宋忠定趙周王别録卷一。）

按：洪嘉植朱熹年譜云：「韓侂冑益得志。時丞相（趙汝愚）方收召四方之士，聚於本朝……先生（朱熹）既屢言於上，又數以手書遣生徒密白丞相云云。丞相方謂其易制，所倚以腹心謀事之人，又皆持禄苟安，無復遠慮。」朱文公文集卷二十九有答黄仁卿云：「趙公（汝愚）相見，有何語？當時大事不得不用此輩，事定之後，便須與分界限，立紀綱……去冬亦嘗告之，而不以為然，乃謂韓是好人，不愛官職……」所謂「去冬亦嘗告之」，即此書。

與趙子直 紹熙五年

侂胄怨望殊甚，宜以厚賞其勞，處以大藩，出之於外，勿使預政，以防後患。（齊東野語卷三紹熙内禪。）

按：四朝聞見録丁集慶元黨云：「時忠定（趙汝愚）方議召知名之士，海内引領，以觀新政，而事已多出於韓氏。文公既言於上，又數以手書遺其徒白忠定，欲『處韓以節鉞，賜第於北關之外，以謝其勞，漸以禮疏之』。忠定不能用。」鶴林玉露甲編卷三慶元侍講則作：「且以書白趙丞相，云：『當以厚賞酬其勞，勿使干預朝政。』侂胄於是謀逐公。」

與滕承務二書 慶元元年

書一

六月五日熹頓首：奉告，審聞□況，為慰。訊後庚暑，侍履當益佳。廟額聞已得之，足見朝廷表勸忠義之意。記文久已奉諾，豈敢食言，然以病冗因循，遂成稽緩。今又大病累月幾死，近日方有向安意。若以先正之靈，未即瞑目，少寬數月，當為草定，恭父歸日，必可寄呈矣。匆匆布復，餘惟自愛。令祖母太夫人康寧，眷集一一佳慶。不宣。熹再拜滕君承務。

（三希堂法帖第十七册，故宫歷代法書全集十三宋册四，藴真堂石刻卷三。）

按：恭、滕原缺，據朱熹義靈廟碑及辛丑消夏記卷一再與滕承務書補。

書二

八月廿二日熹頓首：昨者人還，附字計必達矣。即日秋凉，遠懷侍奉吉慶。廟記近方草定，已寫本寄周守及葉致政矣，幸試取一觀。其他曲折，已與恭父詳言之，幸并與諸丈熟議之也。匆匆附此，不能它及。餘惟以時自愛。令祖母太夫人壽履康安，眷集一一佳慶。不宣。熹再拜滕君承務。（辛丑消夏記卷一。）

按：恭原作慕，據朱熹義靈廟碑改。「滕君承務」即滕仲宜，亦見義靈廟碑。

與程允夫 慶元元年

欲令老僧升座普説，使聽者通身汗出，快哉，快哉……（誠齋集卷六十八答朱晦庵書。）

按：「老僧」指楊萬里，乃朱熹欲萬里出山入朝，感悟寧宗。楊萬里答朱晦庵書云：「令親程糾（允夫）袖出契丈六月二十一日手書，讀之，若督過其一不力疾一出山者，乃悟夢中事。程糾又出契丈與渠書，有『欲令老僧……』之語。」朱文公文集別集卷一答向伯元書四云：「楊丈（萬里）書已領，不知其已趨召否？今日之事，凡曾在趙子直處吃一呷湯水者，都開口不得。只有此老尚可極言，以冀主之一悟。不知其有意否，已作書力勸之。」所謂「作書力勸之」，即六月二十一日手書。

與程允夫 慶元元年

今日方見吾弟行止分明。……滕珙兄弟謂與吾弟為中表，因其有志，宜善誘之。鄉里少知此學，得從學者衆，漸以成風，亦非細事。（汪幼鳳程知録洵本傳。）

按：道命録云：「婺源程洵允夫，晦庵先生内弟，就學於晦庵。再調廬陵録參，與新使君不協。臺章有『吉州知録程洵亦是僞學之流』等語，洵與晦庵書曰：『某濫得美名，恐為師門之辱。』晦庵答曰：『今日方見吾弟行止分明。』然黨籍中不見其名。」黨籍未入程洵之名，蓋黨籍列在慶元三年，而程洵慶元二年九月八日已卒，見程曈程克庵傳。

與程允夫 慶元元年

七月六日熹頓首：前一日再附問，想無不達。使至承書，喜聞比日所履佳勝，小一嫂、千一哥以次俱安。老拙衰病，幸未即死，但脾胃終是怯弱，飲食小失節，便覺不快。兼作脾泄撓人，目疾則尤害事，更看文字不得也。吾弟雖亦有此疾，然來書尚能作小字，則亦未及此之什一也。千一哥且喜向安，若更要藥，可見報，當附去。吕集卷帙甚多，曾道夫寄來者，尚未得看，續當寄去。不知子澄家上下百卷者是何本也？子約想時相見。曾無疑書已到未？如未到，别寫去也。葉尉便中復附此，草草。餘惟自愛之祝。不宣。熹頓首允夫糾掾賢弟。（石渠寶笈續編第十七養心殿藏，宋朱熹書翰文稿。）

與吕子約 慶元元年

熹以官則高於子約，以上之顧遇恩禮則深於子約，然坐視群小之為，不能一言以報效，乃令子約獨舒憤懣，觸群小而蹈禍機，其愧歎深矣。（宋史卷四百五十五吕祖儉傳，金華縣志卷八，金華先民傳卷二，金華徵獻略卷二。）

按：金華縣志卷八云：「吕祖儉……慶元元年，除太府丞，忤侂胄，安置韶州，改送吉州，量移高安……朱熹與書曰云云。祖儉報書曰：『在行朝聞時事，如在水火中，不可一朝居。使居鄉閭，理亂不知，又何以多言為哉！』」

與汪時法書 慶元元年

七月十六日熹頓首啟：去冬遠承訪及，得以少款，為慰為感。別後不能一奉問，但聞裂裳裹足，遠送遷客，為數千里之行，意氣偉然，不勝歎服。未及致意，忽辱手示，獲聞比日動履殊勝，尤以為喜。子約此行，無愧人臣之義，而學者得粗知廉耻。如熹等輩，有愧於彼多矣。聞廬陵寓舍有園亭江山之勝，又得賢者俱行，相與講貫，亦足以忘其遷謫之懷也。便中寓此，病倦草略，餘惟自愛。不宣。（敬鄉録卷七。）

按：朱文公文集別集卷四有此書，但非完篇，故仍輯録於此。吴禮部集卷十七跋汪元思固窮集及所録朱吕二先生詩帖云：「大愚吕忠公謫廬陵，獨善汪公裂裳裹足送之。……葉君審言家藏元思固窮集（元思，獨善之孫），因録朱吕所與獨善詩帖、約叟高安行程歷中哭大愚詩，并何、王諸公稱贊之語，萃為一帙。」可見朱熹此帖乃吴師道録自汪元思固窮集，而實出汪氏家藏真跡。

與楊通老 慶元二年

死生禍福，久矣置之度外，不煩遠慮……（慶元黨禁。）

按：慶元黨禁云：「先是熹乞追還職名及改正過待制恩數，繼又乞致仕，朝廷不許。臺諫洶洶，争欲以熹為奇貨。門人楊楫（通老）聞鄉曲射利者，多撰造事跡以投合言者，亟以書告熹。熹報曰云云。」洪嘉植朱熹年譜載是書作：「死生禍福，久已置之度外，不煩過慮久之。」而以為致楊道夫，蓋不以楊通老為朱熹門人，乃非。黄榦記楊恭老敦義堂云：「吾與通老從游於夫子之門二十年矣。」可證楊楫實為朱熹弟子。

與某人帖 慶元三年

……生涯，未得究竟，竊恐遂為千載之憾耳。往來傳聞神觀精明，筋力強健，登山臨水，飲酒賦詩，皆不減於其舊，不勝歎羨。計於譙、姚諸君必有不待目擊而道存者，亦可分減布施，起此溝中之盲乎？因鄰家陳君之行，勒此問訊。氣痞目昏，不能久伏案多作字，臨風不勝依依。唯冀以時益加毖護，以永壽祺，千萬至懇。右謹具呈。十月廿日，朝奉大夫朱熹劄子。溝中之盲。（壯陶閣帖。）

與某人書 慶元三年

十一月七日熹頓首：前日符舜功行，嘗附書，不審已達否？□至辱書，欣審比日冬寒，所履佳勝。尊丈書信已領，今有報章并藥物，却煩附去。所喻書目，極荷留意。其大者皆有之，但一二碎小者，或所未見。今具别紙，幸為與史君求之，宛轉附來，幸甚。前書所煩借人送孫醫，不知如何？渠若不在彼，即不須啟口，此已自使人往建昌問之矣。若在臨川，即不免別作陳史君去也。衰病寒來愈甚，氣滿胸腹，不可屈伸。數日又加痰嗽，尤覺費力。便還，口占布此，餘凡恃愛。（下缺十餘字）想且家居。時論反覆，未有定止，奈何，奈何！惠及黄雀，良感至意。窮居索然，無以為報，幸勿訝也。不宣。熹頓首。（壯陶閣書畫録卷四。）

按：此劄與何人不明，以劄中言及建昌、臨川及符舜功為建昌人等，顯與一江西士人，則應為誠齋楊萬里長子楊長孺伯子，「尊丈」者，即楊萬里也。誠齋集卷三十六退休集有寄朱元晦長句以牛尾狸黄雀冬貓筍伴書：「大武尾裔名季狸，目如點漆膚凝脂。江夏無雙字子羽，九月授衣先着絮。何如苗國孤竹君，排霜傲雪高拂雲。子孫總角遁歸根，金相玉質芝蘭芬。三士脂韋與風節，借箸酒池俱勝絶。先生胸次有皂白，一醉不須向人説。」詩所言贈，即朱熹此帖所云「惠及黄雀，良感至意」者，蓋贈朱熹黄雀，唯見誠齋此詩。又帖中言借書事，乃因慶元三年朱熹纂修禮書，頗感書缺，曾於是年遣其婿黄榦特携書往廬陵見楊誠齋父子，托楊長孺借書，詳見朱文公文集卷五十四答應仁仲書四及誠齋集卷一百零四答朱侍講。

與陳景思 慶元三年

其然其然！韓丈於我本無怨惡，我於韓丈亦何嫌猜乎！（水心文集卷十八陳思誠墓誌銘。)

按:陳思誠墓誌銘云:「朱公之在建安,接牘續簡無曠時……攻僞既日峻,士重足不自保,浮薄者以時論相恐喝,思誠每爲所親正説不忌。與朱公書,具言其無他,公答曰云云。所親見之,意大折。道學不遂廢,思誠力爲多。」

與黄直卿 慶元三年

五夫不可居,不如只此相聚。爲謀一屋不就,别討屋基了,相去又十數步。若作小屋三間,儘可居也。(勉齋先生黄文肅公文集附黄榦年譜。)

按:朱文公文集續集答黄直卿書八十五云:「見謀於屋後園中作精舍……作此之後,并爲直卿作小屋,亦不難矣。」與此劄意同。

與楊庭秀二書 慶元四年

書一

苦於所居窮僻，無書可借，無人可問，疑義無與析。……（誠齋集卷一百零五答朱侍講書二。）

按：楊萬里答朱侍講原云：「契丈再歸五夫，遂無車馬喧。此某之所賀，而來教乃謂……信矣，逃虚耐静之難如此哉！」

書二

蒙以示易傳之秘……（誠齋集卷六十七答袁機仲寄易解書。）

按：答袁機仲寄易解書自稱誠齋易傳乃「自戊申發功，至己未畢務。……嘗出家人一卦於元晦矣，元晦一無所可否也，但云『蒙示易傳之秘』六字焉」。誠齋集卷一百零五答朱侍講書二云：「下問論著，脱稿者幾千萬言，曩者稚騃不曉事，作此狡獪。」即指誠齋易傳。

與度周卿 慶元四年

十月十六日熹頓首：去歲□何幸辱遠訪，得遂少款爲慰慰。次客舍□别怱怱，期年又兩三閲月矣。不審何日得遂舊隱，官期尚幾何時？比來爲況何如？讀書探道，亦頗有新功否邪？歲月易得，家理難明，但於日用之間，隨時隨處提撕此心，勿令放逸，而於其中隨事視理，講求思索，沈潛反覆，庶於聖賢之教漸有默相契處，則自然易得。天道性命，真不外乎此身，而吾之所謂學者，舍是無有别用力處矣。相望數千里，奚由再會一日？因書信筆，不覺縷縷，切勿爲外人道也。此書附建昌包生去，渠云自曾相識，且欲求一致公書，不知果有□否？刻舟求劍，似亦可笑，然亦可試爲物色也。所欲言者，非書可盡，燈下目昏，萬萬不宣。熹再拜周卿教授學士賢友。

□溪大字後事處曾訪同得否？去歲回建陽後方得□此。所惠書并書稿、策問、所需□□，又何敢復告邪？熹。（八瓊室金石補正卷一百十二。）

按：朱文公文集卷六十有答度周卿一書，僅自「比來爲況如何」至「切勿爲外人道也」，遠非完篇，故仍輯録於此。

與徐允叔 慶元四年

高安之政，義風凜然。……（宋史卷三百九十五徐應龍傳。）

按：徐應龍傳云：「（徐應龍）知瑞州高安縣，呂祖儉言事忤韓侂胄，謫死高安。應龍為之經紀其喪，且為文誄之。有勸之避禍者，應龍曰：『呂君吾所敬，雖緣此獲譴，亦所願也。』朱熹貽書應龍曰……」呂祖儉卒於慶元四年六、七月間，宋史本傳及畢沅續資治通鑑均以呂卒於慶元二年，乃誤。

與廬陵後生 慶元四年

便中承書，知比日侍奉安佳。吾子讀書，比復如何？只是專一勤苦，無不成就。第一更切檢束操守，不可放逸。親近師友，莫與不勝己者往來，熏染習熟，壞了人也。景陽想已赴省，季章當只在家，凡百必能盡心苦口，切須承稟，不可有違。諺云：「成人不自在，自在不成人。」此言雖淺，然實切至之論，千萬勉之。大學說漫納，試讀之，不曉處可問季章也。

未即相見，千萬為門户自愛。（鶴林玉露卷九，朱培朱子大全集補遺卷七。）

按：此帖不知與何人，朱培據羅大經云「此簡蓋與其親戚卑行也」，題作與親戚，乃非。以此簡為盧陵士友所藏，劉季章為吉州盧陵人，而帖云「季章當只在家，凡百必能盡心苦口，切須承禀，不可有違」。欲其「不曉處可問季章」，則此帖所與之人必是盧陵一後生小輩。考朱熹文集中，為朱熹所賞識獎掖，并令其師事劉季章之盧陵後生，唯有一王峴晉輔，此帖應是與王峴。朱文公文集卷八十四有跋王行臣行實云：「慶元紀號之初，余友吕子約謫居盧陵……以書來稱王君之子峴，為方有意於學，謂余當有以告語之者。峴亦以書來贄甚勤。余讀之，信子約之言不誣也。」蓋其時劉季章因省闈不利歸居盧陵，許景陽亦由崇安移家盧陵。朱熹於盧陵士子中獨重劉季章，故盧陵後生秀特如王峴者，乃托劉季章開發誘掖。朱文公文集卷五十三答劉季章書七：「曾再到晉輔處否？後生知所趨向，亦不易得。且勉與成就之，令靠里著實做工夫為佳。」書十一：「晉輔亦開敏有志趣，不易得。但涉學尚淺，志氣輕率，須痛與切磨為佳耳。」又卷二十九答劉季章：「知在晉輔處甚善，可更勉其收拾身心，向裏用力，不須向外，枉費心神。」卷六十二答王晉輔書四：「更願反躬自省……而取凡聖賢之言若大學、若論孟、若中庸者，朝夕讀之，精思力行……」皆與帖所云相合。此帖所云「大學説」，乃指大學章句，朱熹慶元四年修定刻板後嘗寄劉季章、王峴，朱文公文集卷五十三答劉季章書十一：「晉輔……須痛與切磨為佳耳……大學近修改一兩處，旦夕須就板，改定斷手，即奉寄也。」書十八：「大學定本修换未畢，俟得之，即寄去。王晉輔好且勸它莫管他人是非長短得失，且理會教自家道理分明，是為急務。」卷六十二答王晉輔書三：「大學已領……只看其間有大同小異處，子細咨問季章。」是帖即作在其時。

答劉德修書一

二月十一日，熹頓首再拜上記，德修宫使直閣左史舍人老兄：頃因閬中人還，拜狀，不知已達未也？不聞動静又許久，鄉往德義，未嘗去心。比已春和，恭惟燕居超勝，台候萬福。熹自去冬得氣痛足弱之疾，涉春以來，益以筋攣，不能轉動，懸車年及，不敢自草奏；又嬾作群公書，祇從州府申乞騰上，乃無人肯為作保官者。近方得黄仲本投名入社，亦未知州郡意如何？萬一未遂，即不免徑自申省矣。機穽冥茫，不容顧避，姑亦聽之而已。去歲數月之間，朋舊凋落，類足關於時運氣脈之盛衰，下至布衣之士，亦不能免，令人愴恨，無復生意。然此豈人力之所能為也哉！偶劉主簿還蜀，附此草草。邈無會面之期，唯冀以時自愛，為吾道倚重，千萬至懇。不宣。熹頓首再拜上記。（中國書法全集第四十卷，臺北故宫博物院藏。水東日記卷三十二晦庵真蹟。）

按：是劄致劉光祖德修，作於慶元五年。朱文公文集別集卷一有是劄，然不全。

答劉德修書二

熹僭易拜問台眷，中外各惟佳慶。賢郎學士昆仲侍學有休，此間有委，勿外。熹再拜上問。（中國書法全集第四十卷，臺北故宫博物院藏）

按：是劄與前劄合為一卷，應為致同一人。

與侄六十郎帖 慶元五年

書呈朱六十秀才，叔朝奉大夫致仕熹實封。

八月廿日書報六十郎賢侄：叔重人來，得書，知比日為況安佳，足以為慰。又聞有析居之擾，想見諸事不易。此既納禄，又有嫁遣之累，窘不可言。想吾侄既無館地，亦是此模樣。無可奈何，只得忍耐耳。墓木摧倒，此合與小七郎及四九侄、五四侄諸人商議打併。若本位那得修莊固善，然亦須吾侄同八十侄與衆人説過，此不及一一作書也。叔重人還，附此草草，餘惟自愛。房下諸孫一一安樂，埜必自有書。諸兒女婦孫一一附問。叔熹白。

（六藝之一録卷三百九十五，式古堂書畫彙考書考卷十四。）

按：朱熹婺源茶院朱氏世譜蘆村府君三房發公支圖有茶院十世孫六十公朱堉，云：「堉公，字和父，行六十，熹公四子。生一子：小五。」即此六十秀才。

與胡伯量 慶元五年

所訂禮編，恨未之見。此間所編喪禮一門，福州尚未送來。將來若得賢者持彼成書，復來參訂，庶幾詳審不至差互。但恐相去之遠，難遂此期耳。（朱子語類卷八十四。）

按：朱子語類胡泳録云：「泳居喪時，嘗編次喪禮，自始死以至終喪，各立門目。嘗以門目呈先生。臨歸，教以編禮亦不可中輟……後蒙賜書云……『福州』謂黄直卿也。」胡泳慶元四年來謁朱熹，當年即歸，是帖作在慶元五年。

與黄仁卿書 慶元六年

直卿到此，葺治園屋方粗成次第，而彼中諸生復來迎致。此間殊恨失助，然又不可爽彼之約。今便登舟，極令人作惡也。（勉齋先生黄文肅公文集附黄榦年譜。）

與廖子晦 慶元六年

大學又修得一番，簡易平實，次第可以絶筆……（吕子抄釋卷一。）

按：吕子抄釋云：「先生捐館前一月，以書遺廖子晦曰……」吕柟抄釋原出楊與立朱子語略。

與黄商伯 慶元六年

伯量依舊在門館否？禮書近得黄直卿與長樂一朋友在此，方得下手整頓。但疾病昏倦時多，又為人事書尺妨廢，不能得就緒。直卿又許了鄉人館，未知如何。若不能留，尤覺失助。甚恨鄉時不曾留得伯量相與協力。若渠今年不作書會，則煩為道意，得其一來，為數月留，千萬幸也。（朱子語類卷八十四。）

按：朱子語類胡泳録云：「慶元庚申二月既望，先生有書與黄寺丞商伯書……作書時去易簀只二十有二日。」

與輔漢卿 慶元中

得趙昌父書，以「致政大夫」見呼，此甚真實，而又雅馴。可為報同社諸人，今後請依此例也。（游宦紀聞卷八。）

與趙訥齋論綱目八書 慶元中

書一 慶元五年

綱目看得如何？得為整頓，續成一書，亦佳事也。

書二 慶元五年

綱目能為整頓否?得留念幸甚。

書三 慶元五年

通鑑綱目以眼疾不能細看,但觀數處,已頗詳盡。東平王蒼罷歸藩連下文幸鄴事,元本漏,已依所示者補之矣。此書無他法,但其綱欲謹嚴而無脱落,目欲詳備而不煩冗耳。

書四 慶元五年

綱目想閑中整頓得儘可觀,恨相去遠,不得相聚討論也。

書五 慶元五年

通鑑綱目次第如何?有便幸逐旋寄來。

書六 慶元五年

所補綱目，幸早示及。他卷不知提要曾為一一看過否？若閑中能為整頓得一番，亦幸事也。巡幸還宫，當如所諭。但其間有事者，自當隨事筆削，不可拘一例耳。後漢單于繼立不書，本以匈奴已衰，不足詳載，如封王侯、拜三公、行赦宥之類耳。更告詳之，却於例中略見其意也。

書七 慶元六年

閑中了得綱目，亦是一事，不知已至甚處？自古治日少，亂日多，史書不好看，損人神氣。但又要知，不奈何耳。某今此大病幾死，幸而復蘇。未病時補得稽古録三四卷，今亦未敢接續整理。更欲續大事記熙寧以後，亦覺難措手也。此恐他日并累賢者，用功亦不多也。

書八 慶元六年

所補綱目今附還，亦竟未及細看，不知此書更合如何整頓。恐須更以本書目録及稽古録、皇極經世、編年通載等書參定其綱，先令大事都無遺漏，然後逐事考究首尾，以修其目。其有一時講論治道之言，無綱可附者，唯唐太宗紀中最多。雖以事類强而附之，然終未安。不知亦可去其太甚否，而於崩葬處作一總叙，略依次序該載，如何？某衰朽殊甚，次第只了得禮書，已無餘力。此事全賴幾道為結裹了却，亦是一事也。又如稽古録中書亂亡事時或不著其用事人姓名，無以示懲而作戒。此亦一大眼目，不可不明著其人與其交黨之尤用力者，使其遺臭無窮，為萬世之明鑒也。（資治通鑑綱目卷首，宋元學案補遺卷六十九。）

按：是論修通鑑綱目八書，大致作於慶元五年至六年間。蓋綱目草稿本由朱熹與蔡元定諸人共成，晚年整理修定亦自非蔡元定莫屬；然蔡氏於慶元三年編管道州而去，次年即卒，故朱熹乃以綱目修定屬之訥齋趙師淵幾道。按第八書云「次第只了得禮書」，朱熹始修禮書（後定名儀禮經傳通解）在慶元二年，至六年卒前已大致完成，故蔡沈夢奠記云：「作黄直卿榦書，令收禮書底本，補葺成之。」又第七書云「某今此大病幾死，幸而復蘇」，朱熹慶元五年冬間嘗一病甚重，即朱文公文集卷六十四答鞏仲至書十七云「長至前後因感冒伏枕，幾不能起」。至六年初始平復，三月遂病復發而卒。又是八書反覆言「補得稽古録三四卷」，「更以稽古録參定其綱」，是此次修定綱目有取於稽古録甚多，所謂「未病時」，即指慶元五年冬間生病前修補綱目。蔡沈夢奠記云：「三月初三日戊午，先生在樓下改書傳兩章，又貼修稽古録一段。」可見至卒前朱熹猶修定綱目不輟，與此第八書相合。

與彭鳳儀

陳公甫出處自有深意，閣下列薦於朝，實好賢之篤也。然吏起而任事，得無加魏桓之言乎？志有不行，得無作閔仲叔恨乎？天下之寳，當爲天下惜之，正不必强之出也。（明蕭士珂歷代名賢手劄卷四。）

與某人劄

熹頓首再拜上覆：熹所居深僻，黜陟不聞。近者吕□□來，乃聞已遂奉祠之請，寓居清曠，起處裕如，慰懌不可名喻。伏□長才遠略，效於已試，□□□之食，高明□□□一從吾所好焉可也。時寢□事，當路之君子以進退人物、圖起事功爲職業，豈得恝然無意乎？熹之所深感者，非敢私門下也。追□□來，將在朝夕，願强食自愛，拱而竢之耳。熹頓首再拜上覆。（徐邦達古書畫過眼要録。）

答或人

心之虚靈，無有限量。如六合之外，思之則至。前乎千百世之已往，後乎千萬世之未來，皆在目前。……人之至靈，千萬里之遠，千百世之上，一纔發念，便到那裏。神妙如此，却不去養他，自旦至暮，只管輾轉於利欲之中，都不知覺。（游宦紀聞卷九。）

與任伯起二帖

書一

循理而行，自然中節……

書二

平心熟看，自見滋味……（鶴山先生大全集卷六十一跋朱文公所予任伯起樞密柬。）

與某人書

熹僭易再拜上問台眷，伏惟中外均休，賢郎昆仲有佳侍，兒輩附拜問禮。此間有委，幸不外。熹僭易再拜上問。（日本書道全集卷十六。）

卷四　雜著

不自棄文 紹興十五年

夫天下之物，皆物也。而物有一節之可取，且不為世之所棄，可謂人而不如物乎！蓋頑如石，而有攻玉之用；毒如蝮，而有和藥之需。糞，其污矣，施之發田，則五穀賴之以秀實；灰，既冷矣，俾之洗澣，則衣裳賴之以精潔。食龜之肉，甲可遺也，商人用之以占年；食鵝之肉，毛可棄也，峒民縫之以禦臘。推而舉之，類而推之，則天下無棄物矣。今人而見棄焉特其自棄爾。五行，以性其性；五事，以形其形；五典，以教其教；五經，以學其學。有格致體物，以律其文章；有課式程試，以梯其富貴。達則以是道為卿、為相，窮則以是道為師、為友。今人見棄，而怨天尤人，豈理也哉！故怨天者不勤，尤人者無志。反求諸己，而自尤自罪，自怨自悔，卓然立其志，鋭然策其功，視天下之物有一節之可取且不為世之所棄，豈以人而不如物乎！今名卿士大夫之子孫，華其身，甘其食，諛其言，傲其物，遨游燕樂，不知身之所以耀潤者，皆乃祖乃父勤勞刻苦也。飲芳泉而不知其源，飯香黍而不知其由，一旦時異事殊，失其故態，士焉而學之不及，農焉而勞之不堪，工焉而巧之不素，商焉而資之不給。當是時也，窘之以寒暑，艱之以衣食，妻垢其面，子釁其形，雖殘杯冷炙，乞之而不慚，穿衣破履，服之而無恥，黯然而莫振者，皆昔日之所為有以致之而然也。吾見房杜平生勤苦，僅能立門户，遭不肖子弟蕩覆殆盡，斯可鑑矣。又見河南馬氏倚其富貴，驕奢淫佚，子孫為之燕樂而已，人間事業百不識一，當時號為酒囊飯袋。及世變運衰，餓死於溝壑不可數計，此又其大戒也。為人孫者，當思祖德之勤勞；為人子者，當念父功之刻苦。孜孜汲汲，以成其事，兢兢業業，以立其志。人皆趨彼，我獨守此；人皆遷之，我獨不移。士其業者，必至於登名；農其業者，必至於積粟；工其業者，必至於作巧；商其業者，必至於盈資。若是，則於身不棄，於人無愧，祖父不失其貽謀，子孫不淪於困辱，永保其身，不亦宜乎！（朱培朱子大全集補遺卷八，朱子文集大全類編補遺。）

按：朱培云此文輯自朱氏家譜。「不自棄」乃本自孟子「自暴自棄」之説，而為理學家所樂道。吕大臨中庸解有專論不自棄説，朱文公文集卷十四乞進德劄子有云：「臣聞中庸有言：『人一能之，己百之；人十能之，己千之。果能此道，雖愚必明，雖柔必強。』而元祐館職吕大臨為之説曰：『君子所以學者，為能變化氣質而已。德勝氣質，則愚者可進於明，柔者可進於强；不能勝之，則雖有志於學，亦愚不能明，柔不能强而已矣。……今以鹵莽滅裂之學，或作或輟，以求變其不美之質，及不能變，則曰：天質不美，非學所能變，是果於自棄，其爲不仁甚矣！』臣少時讀書，偶於此語深有省焉，憤厲感慨，不能自已。自此爲學，方有寸進。」朱子語類卷四亦云：「某年十五六時，讀中庸『人一己百，人十己千』一章，因見吕與叔解得此段痛快，未嘗不悚然警厲奮發。」此不自棄文疑即朱熹十五六歲讀吕大臨不自棄説有感而發。洪嘉植朱熹年譜云：「婺源鄉丈人俞仲猷嘗得先生少年翰墨，以示其友董穎，相與嗟賞。」此文應即朱熹少年翰墨之一。

乞汞帖　紹興二十一年

欲觀造化之理。（吴興金石記卷十二，湖州府志卷四十三。）

按：朱熹嘗於紹興二十一年銓試中等後北游湖州，朱文公文集卷七十一記和靖先生五事云：「熹紹興二十一年五月謁徐丈於湖州。」又朱熹叔朱槔時寓居湖州，卷八十七祭叔父崇仁府君文云：「昔拜叔父於霅之川，既南歸，遂不復見。」亦指紹興二十一年北游湖州。此帖即其游湖州道場時所留。

訓學齋規 隆興中

夫童蒙之學，始于衣服冠履，次及語言步趨，次及灑掃涓潔，次及讀書寫文字，及有雜細事宜，皆所當知。今逐目條列，名曰訓學齋規〔一〕。若其修身治心，事親接物，與夫窮理盡性之要，自有聖賢典訓，昭然可考，當次第曉達，兹不復詳著云。

衣服冠履第一

大抵為人先要身體端正，自冠巾衣服鞋襪，皆須收拾愛護，常令潔浄整齊。我先人常訓子弟云：男子有三緊，謂頭緊，腰緊，脚緊。頭謂頭巾，未冠者總髻；腰謂以縧或帶束腰；脚謂鞋襪。此三者要緊束，不可寬慢，寬慢則身體放肆，不端嚴，為人所輕賤矣。

凡着衣服，必先提整襟領，結兩衽紐帶，不可令有闕落。飲食照管，勿令污壞，行路看顧，勿令泥漬。

凡脱衣服，必齊整摺叠箱筒中，勿散亂頓放，則不為塵埃雜穢所污。仍易于尋取，不致散失。着衣既久，則不免垢膩，須要勤勤洗澣，破綻則補綴之。儘補綴無害，只用完潔。

凡盥面，必以巾帨遮護衣領，捲束兩袖，勿令有所濕。

凡就勞役，必去上籠衣服，只着短便，愛護勿使損污。

凡日中所着衣服，夜卧必更，則不藏蚤蝨，不即敝壞。苟能如此，則不但威儀可法，又可不費衣服。晏子一狐裘三十年，雖意在以儉化俗，亦其愛惜有道也。此最飭身之要，毋忽！

語言步趨第二

凡為人子弟，須要常低聲下氣，語言詳緩，不可高言喧閧，浮言戲笑。父兄長上有所教督，但當低首聽受，不可妄自議論。長上檢責或有過誤，不可便自分解，姑且隱嘿，久却徐徐細意條陳，云「此事恐是如此，向者當是偶爾遺忘」。或曰「當是偶爾思省未至」。若爾，則無傷忤，事理自明。至于朋友分上，亦當如此。

凡聞人所為不善，下至婢僕違過，宜且包藏，不應便爾聲言。當相告語，使其知改。

凡行步趨蹌，須是端正，不可疾走跳躑。若父母長上有所喚召，却當疾走而前，不可舒緩。

灑掃涓潔第三

凡為人子弟，當灑掃居處之地，拂拭几案，常令潔淨。文字筆硯凡百器用，皆當嚴肅整齊，頓放有常處。取用既畢，復置原所。父兄長上坐起處，文字紙劄之屬或有散亂，當加意整齊，不可輒自取用。凡借人文字，皆置簿抄録主名，及時取還。窗壁几案文字間不可書字，前輩云：「壞筆污墨，瘝子弟職。書几書研，自黥其面。」此為最不雅潔，切宜深戒。

讀書寫文字第四

凡讀書，須整頓几案，令潔淨端正。將書册整齊頓放，正身體對書册，詳緩看字子細，分明讀之。須要讀得字字響亮，不可誤一字，不可少一字，不可多一字，不可倒一字，不可牽强暗記，只是要多誦遍數，自然上口，久遠不忘。古人云：「讀書千遍，其義自見。」謂讀得熟，則不待解説，自曉其義也。余嘗謂讀書有三到，謂心到、眼到、口到。心不在此，則眼不看子細；心眼既不專一，却只漫浪誦讀，決不能記，記不能久也。三到之中，心到最急，心既到矣，眼口豈不到乎？

凡書册須要愛護，不可損污縐摺。濟陽江禄書讀未竟，雖有急速，必待掩束整齊然後起，此最為可法。

凡寫文字，須高執墨錠，端正硯磨，勿使墨汁污手。高執筆，雙鈎端楷書字，不得令手指着毫〔二〕。

凡寫字，未問寫得工拙如何，且要一筆一畫嚴正分明，不可老草。

凡寫文字，須要子細看本，不可差誤。

雜細事宜第五

凡子弟須要早起晏眠。凡喧閧鬬争之處不可近，無益之事不可為。謂如賭博、籠養、打毬、踢毬、放風禽等事〔三〕。

凡飲食，有則食之，無則不可思索。但粥飯充饑，不可缺。凡向火，勿迫近火傍，不惟舉止不佳，且防焚爇衣服。凡相揖，必折腰。凡對父母、長上、朋友，必稱名。凡稱呼長上，不可以字，必云某丈。如異姓者〔四〕，則云某姓某丈。凡出外及歸，必于長上前作揖，雖暫出亦然。凡飲食于長上之前，必輕嚼緩嚥，不可聞飲食之聲。凡飲食之物，勿争較多少美惡。凡侍長者之側，必正立拱手，有所問則當誠實對，言不可妄。凡開門揭簾，須徐徐輕手，不可令震驚響。凡衆坐，必斂身，勿廣占坐席。凡侍長上出行，必居路之右，住必居左。

凡飲酒，不可令至醉。凡如厠，必去上衣，下必浣手。凡夜行，必以燈燭，無燭則止。凡待婢僕，必端嚴，勿得與之嬉笑。執器皿必端嚴，惟恐有失。凡危險，不可近。凡道路遇長〔春〕〔者〕，必正立拱手，疾趨而揖。凡夜卧，必用枕，勿以寢衣覆首。凡飲食，舉匙必置筯，舉筯必置匙。食已，則置匙筯于案。

雜細事宜品目甚多，姑舉其略，然大概具矣。凡此五篇，若能遵守不違，自不失為謹願之士。必又能讀聖賢之書，恢大此心，進德修業，入于大賢君子之域，無不可者。汝曹宜勉之。（明朱培朱子大全集補遺卷七。說郛弓七十一，朱子文集大全類編補遺，居家必備卷一，楊園先生全集卷三十五。）

〔一〕訓學齋規，原作童蒙須知，據楊園先生全集改。

〔二〕指：原作「楷」，據楊園先生全集改。

〔三〕此小注原缺，據説郛補。

〔四〕異姓：原作「弟行」，據楊園先生全集改。

按：此文朱子大全集補遺、朱子文集大全類編補遺均題作童蒙須知，云輯自朱氏家譜。最早提及朱熹此文者，為元程端禮，其程氏家塾讀書分年日程卷一云：「又以朱子童子須知貼壁，於飯後使之記説一段。」此童子須知即訓學齋規（童蒙須知）。

太極圖説解二稿殘文 乾道六年

無極而太極。

〔注〕太極無聲無臭，而造化之樞紐、品彙之根柢繫焉。

〔呂氏質疑〕太極即造化之樞紐，品彙之根柢也，恐多「繫焉」兩字。

太極動而生陽，動極而静；静而生陰，陰極復動。一動一静，互為其根。

〔注〕所謂一陰一陽之謂道。誠者，聖人之本，物之終始，而命之道也。動而生陽，誠之通也。繼之者善，萬物之所資始也。静而生陰，誠之復也。成之者性，萬物各正其性命。

〔呂氏質疑〕以動而生陽為繼之者善，静而生陰為成之者性，恐有分截之病。通書止云「一陰一陽之謂道，繼之者善也，成之者性也。元亨，誠之通。利貞，誠之復」。却自渾全。

分陰分陽，兩儀立焉。陽變陰合，而生水、火、木、金、土。五氣順布，四時行焉。

〔注〕太極，道也；陰陽，器也。

〔吕氏質疑〕此固非世儒精粗之論，然似有形名太過之病。

〔注〕太極立，則陽動陰靜而兩儀分。

〔吕氏質疑〕太極無未立之時，「立」之一字，語恐未瑩。五行，一陰陽也；陰陽，一太極也；太極，本無極也。五行之生也，各一其性。

〔注〕然五行之生，隨其氣質，而所稟不同，所謂五行各一其性也。有一其性，則各具一太極，而氣質自為陰陽剛柔，又自為五行矣。

〔吕氏質疑〕五行之生，隨其氣質，而所稟不同，所謂各一其性，則各具太極，亦似未安。深詳立言之意，似謂物物無不完具渾全。竊意觀物者，當於完具之中，識統宗會元之意。

無極之真，二五之精，妙合而凝，乾道成男，坤道成女。二氣交感，化生萬物，萬物生生而變化無窮焉。惟人也，得其秀而最靈。形既生矣，神發知矣，五性感動而善惡分，萬事出矣。

〔注〕有無極二五，則妙合而凝。

〔吕氏質疑〕二五之所以為二五者，即無極也。若「有無極二五」，則似各為一物。陰陽五行之精，固可以云妙合而凝，至於無極之精，本未嘗離，非可以合言也。

〔注〕妙合云者，性為之主，而陰陽五行經緯乎其中。

〔吕氏質疑〕陰陽五行非離性而有也，有爲之主者，又有經緯錯綜乎其中者，語意恐未安。

〔注〕男女雖分，然實一太極而已。分而言之，一物各具一太極也。道一而已，隨時著見，故有三才之别，其實一太極也。

〔吕氏質疑〕此一段前後皆粹，中間一段似未安。

〔注〕生生之體則仁也。

〔吕氏質疑〕「體」字似未盡。

聖人定之以中正仁義而主静（無欲故静），立人極焉。

〔注〕静者，性之貞也，萬物之所以各正性命，而天下之大本所以立也，中與仁之謂也。蓋中則無不正，而仁則無不義也。

〔吕氏質疑〕「中則無不正，仁則無不義」，此語甚善，但專指中與仁爲静，似未安。竊詳本文云「聖人定之以中正仁義而主静」，是静者用之源，而中正仁義之主也。

故聖人與天地合其德，日月合其明，四時合其序，鬼神合其吉凶。君子修之吉，小人悖之凶。故曰：立天之道，曰陰與陽；立地之道，曰柔與剛；立人之道，曰仁與義。

〔注〕五行順施，地道之所以立也；中正仁義，人道之所以立也。

〔吕氏質疑〕五行順施，恐不可專以地道言之。立人之道，統而言之，仁義而已；自聖人所以立人極者言之，則曰中正仁義焉，文意自不相襲。

〔注〕◐者，陽動也，○之用所以行也；◑者，陰之靜也，○之體所以立也。◐者，◑之根也；◑者，◐之根也。無極二五，理一分殊。

〔呂氏質疑〕理一分殊之語，恐不當用於此。

〔注〕非中則正無所取，非仁則義無以行。

〔呂氏質疑〕未詳。

又曰：原始反終，故知死生之説。大哉易也，斯其至矣！

〔注〕陽也，剛也，仁也，◐也，物之始也；陰也，柔也，義也，◑也，物之終也。太極之妙，陰中有陽，陽中有陰，動靜相涵，仁義不偏，未有截然不相入而各為一物者也。

〔呂氏質疑〕後章云「太極之妙，陰中有陽，陽中有陰，動靜相涵，仁義不偏，未有截然不相入而各為一物者也」。此語甚善，似不必以陰陽剛柔仁義相配。（東萊呂太史別集卷十六太極圖義質疑。）

按：朱熹太極圖説解草成於乾道六年，其於是年修改後寄張栻、呂祖謙討論。呂祖謙太極圖義質疑所引，即朱熹太極圖説解二稿之文。呂東萊文集卷三答朱元晦書二云：「太極圖解近方得本玩味，淺陋不足窺見精蘊，多未曉處，已疏於別紙。」「別紙」即指此太極圖義質疑。

訓子帖 乾道九年

塗中事：離家後，凡事不得縱恣，如在父母之側。逐日食後或晚間三兩次出，則徐行，共約十餘里，以寬僕夫之力。登高歷險，皆須出轎，以防不測。遇過津渡，切勿争先，舟人已多，寧少須後，戒戢僕從，勿與人争。尋店不可太迫巖險及侵水際，晚間少食，夜間早睡，留親僕在房内，以防寇盗。○過州縣市井，擇曠僻清浄店舍安泊，閉門静坐，不可出入離店，勿妄與人接。尋常到店肆，自有一種閑人來相問勞，但正色待之，勿與親接可也。若與之飲食或同行出入，未有不為所誤者，可戒之。酒食之肆，博戲之場，皆不可輒往。推此類，則其餘可知。不得妄費錢物買飲食雜物。

到婺州：事師如事父，凡事咨而後行。聽受其言，切須下氣怡聲，不得輒有争辯。朋友年長以倍，丈人行也。十年以長兄事之。年少於己而事業賢於己者，厚而敬之。○初到，便禀先生合做甚功夫，自寫一節目，逐日早起夜眠，遵依儹趁。日間勿接閑人，説閑話。課册隨衆趕了，不得雖同學，亦只可説義理、論文字而已。專意辦自己功，則自然習熟進益矣。

拖延怠慢。早晚授業請益，隨衆例不得怠慢。日間思索有疑，用小册子隨手劄記，俟見質問，不得放過。所聞誨語，歸安下處思省。要切之言，逐日劄記，歸日要看。見好文字，亦録取歸來。○不得自擅出入，與人往還。初到，問先生有合見者見之，不令見則不必往。人來相見亦咨禀，然後往報之，此外不得出入一步。○居處須是恭敬，不得倨肆惰慢。言語須要諦當，不得戲笑喧譁。○凡事謙恭，不得尚氣凌人，自取耻辱。不得飲酒，荒思廢業。亦恐言動差錯，失己忤人，尤當深戒。不可言人過惡，及説人家長短是非。有來告者，亦勿酬答。於先生之前尤不可説同學之短。交遊之間，尤當審擇，雖是同學，亦不可無親疏之辨。此皆當請於先生，聽其所教。大凡篤厚忠信，能攻吾過者，益友也；其諂諛輕薄、傲慢褻狎，導人為惡者，損友也。推此求之，亦自合見得五七分，更問以審之，宜無所失矣。但恐志趣卑凡，不能克己從善，則益者不期疏而日遠，損者不期近而日親。此須痛加檢點而矯革之，不可荏苒漸習，自趨小人之域。如此，則雖有賢師長，亦無救拔自家處矣。○見人嘉言善行，則敬慕而記録之。見人好文字勝己者，則借來熟看，或傳録而咨問之，思與之齊而後已。不拘長少，惟善是取。

以上數條，切宜謹守。其所未及，亦可據此推廣。大抵只是勤謹二字，循之而上，有無限好事，吾雖未敢言，而竊為汝願之。反之而下，有無限不好事，吾雖不欲言，而未免為汝憂之也。蓋汝若好學，在家足可讀書作文，講明義理，不待遠離膝下，千里從師。汝既不能如此，即是自不好學，已無可望之理。然今遣汝者，恐汝在家迫於俗務，不得專意，又父子之間不欲晝夜督責，及無朋友聞見，故令汝一行。汝若到彼能奮然勇為，力改故習，一味勤謹，則吾猶有望。不然，則徒爾勞費，只與在家一般。他日歸來，又只是舊時伎倆人物，不知汝將何面目歸見父母親戚、鄉黨故舊耶？念之念之！夙興夜寐，無忝爾所生，在此一行，千萬努力！

浦城路雖差徑，然過太湖，不可不見余姨夫、黄二十八丈。過臨江，不可不見諸徐丈、陳姨夫及百五叔兄弟。若但一見而行，亦不當留滯半日，況不止此，則何時可到？又轎夫亦不能候。不若只從崇安去，只道中見劉知府、王大姑，前路並無人可見，直到衢州，依舊只從陸路去，不必登舟也。○過鉛山，遣人投范宰書，書并深衣一角，不必相見。○過衢州，見汪尚書。○到婺州，先討店權歇泊定，即盥櫛具刺，去見呂正字。初見便稟：「某以大人之命遠來，親依先生講席之下，禮合展拜。儻蒙收留，伏乞端受。」便拜兩拜。如未受，即再致懇云：「未蒙納拜，不勝皇恐。更望先生尊慈特賜容納。況某於門下，自先祖父以來，事契深厚，切望垂允。」又再拜起，問寒暄畢，又進言：「某晚學小生，久聞先生德義道學之盛，今日幸得瞻拜，不勝慰幸。」坐定，茶畢，再起，叙晚學無知，大人遣來從學之意：「竊聞先生至誠樂育，願賜開允，使某得早晚親炙，不勝幸甚。」又云：「來時大人拜意，有書投納。」即出書投之。又進説：「大人再令拜稟，恨以地遠，不得瞻拜郎中公几筵。今有香一炷，令某拜獻。今參拜之初，未敢遽請，容來日再詣門下。令弟宣教大人亦有書，并俟來日請見面納。」揖退，略就坐，又揖而起。如問他事，即隨事應答。如附將來宿食去處，即云：「大人書中已具稟，更聽尊旨。」次日，將香再去，仍具刺，并以刺謁其弟。問看同居有幾子弟，皆見之，只問門下人可知也。見其兄弟皆拜。茶罷，便起稟：「某昨日稟知，乞詣靈筵瞻拜，更俟尊命。」如引入，即詣靈筵前再拜焚香，又再拜訖，拜其兄弟兩拜，進説：「大人致問，昨聞郎中丈人奄棄明時，恨以地遠，不獲奔慰，不勝慘愴之私。令某拜稟，切望以時節哀，為道自愛。」又再拜，趨出。如問就學宿食去處，即説：「昨蒙喻潘丈教授許借安泊，大人之意，不敢以某久累其家，恐兩不穩便。已自有書與之，只欲就其家借一空閑房舍，或近宅屋宇安下，不知尊意如何？」看説如何。如令去相見，即借人引去，併問其兄弟幾人，并見之。如不問，即自出，俟午間再去見，問以此事。見潘丈亦如此説。大抵禮數務要恭敬詳緩，不要張皇顛錯。婺州有邵臺簿，是吾同年，恐知汝來。試問先生見之否，如見，亦當叙年家之契，請其納拜。○吕家諸位，如舍人位，子弟不知同居否，如異居，少定亦往見之。○何丈託問婺州寄居前輩有姜子方者，是李中書之甥，在婺州五通廟前住，建炎間曾從馬殿院伸辟，為撫喻司屬官，今其家有何子弟？○問見先生，説吾問宗留守家子弟，聞多有在婺州者，其家記録留守公事頗詳，不知可託借傳一本否？墓誌似是曾侍郎作，呂家必自有本也。○所將去銀兩八錢，可納先生處，乞令人買置金穀支用。先問看如何，或只令人來取去買，不必送去也。茶一角三十斤，俟潘家借屋有定說，即自作來送去。○過崇安見潘尉，問宋家黄通託問陸宰取通鑑。○到信州，將林擇之書，去見上饒縣王丞，問他有回信，即付范富歸，或令范富回日取歸。更問他新知高州翁判院在此有事，今其家在甚處。其姪監丞自江西罷官赴召來此，今在甚處。如監丞尚在信州，即往見之。如只在高州家，即買紙贈去上紙。狀上稱「表甥孫狀獻知府判院翁公」。汝見監丞及高州之子縣丞皆拜，唤他作表舅，説吾不知他尚在信州，不曾得寓慰書，并説媽致意監丞，昨承頒惠衣物，久不得拜問之意。汪尚書書可只留在家中，不用將去。如須要去見時，他是尊官，不可叙事契納拜，只便叙寒暄畢，又叙：「晚進小生，服膺甚久，今日遂獲瞻望道德之光，豈勝榮幸。」就坐吃茶了，便起再叙：「某山野小生，無所知識，徒以大人幸得出入門下，遂獲竊聞德業之隆，不勝景仰。今者大人遣詣呂正字先生席下，經由此邦，本不敢僭越參候，敬慕之深，輒干典謁。特蒙與進，下情不勝慰感之至。急於就學，即今遂行。無由再詣台墀，伏乞台察。」揖，就坐。少頃，再起揖。須有此揖，方索湯矣。不起揖，坐無了時。湯畢，便起，更不揖。今見達官多如此。降階兩三步，回揖。主人回，及（乃）出。若欲見時，須如此。（明刻本居家必用事類全集甲集。）

按：此為訓長子朱塾受之帖。居家必用事類全集云：「右晦庵先生送其子游東萊先生門，於其行，訓云。」朱文公文集續集卷八有與長子受之，乃節取此訓子帖數段而成，遠非完篇。朱塾往詣金華吕祖謙師席在乾道九年夏，朱文公文集卷三十三答吕伯恭書十八：「欲遣兒子詣席下，會連雨未果行，俟梅斷看如何也。」書二十：「兒子久欲遣去，以此擾擾，未得行。謹令扣師席。此兒絕懶惰，既不知學，又不能隨分刻苦作舉子文。今不遠千里，以累高明，切望痛加鞭勒。」

中庸章句二稿殘文 淳熙元年

第一章

〔章句〕此天人性命之分，人物氣質之稟，所以雖隱顯或不同，而其理則未嘗不一也。

〔張氏批語〕此語似欠，如云「在天人雖有性命之分，而其理則一；在人物雖有氣稟之異，而其體則同」，則庶幾耳。

天命之謂性，率性之謂道。

〔章句〕言率夫性命之自然，是則所謂道也。

〔張氏批語〕是則是自然，然如此立語，學者看得便快了，請更詳之。

修道之謂教。

〔張氏批語〕後來所寄一段，意方正，但尋未見，幸別録示。

道也者，不可須臾離也；可離，非道也。是故君子戒慎乎其所不覩，恐懼乎其所不聞，莫見乎隱，莫顯乎微，故君子慎其獨也。

〔章句〕修道之君子，審其如此……

〔張氏批語〕此一段覺得叢迭有剩句處。以鄙意詳經意，「不覩不聞」者，指此心之所存，非耳目之所可見聞也。目所不覩，可謂隱矣；耳所不聞，可謂微矣。然莫見莫顯者，以善惡之幾一毫萌焉，即吾心之靈有不可自欺而不可以掩者，此其所以為見顯之至者也。以吾心之靈獨知之，而人所不與，故言獨。此君子之所致嚴者，蓋操之要也。今以不覩不聞為方寸之地，隱微為善惡之幾，而又以獨為合是二者，以吾之所見乎此者言之，不支離否？

〔章句〕此一節因論率性之道，以明修道之始。

〔張氏批語〕恐當云：「因論率性之道，以明學者循聖人修道之教之始也。」

喜怒哀樂之未發，謂之中；發而皆中節，謂之和。

〔章句〕此一節推本天命之性，以明修道之終。

〔張氏批語〕恐當云：「推本天命之性，以明學者循聖人修道之教之終也。」大抵天命之性，率性之道，聖人純全乎此；而修道立教，使人由之，在學者則當由聖人修道之教用力以極其至，而後道為不離，而命之性可得而全也。

中也者，天下之大本也；和也者，天下之達道也。致中和，天地位焉，萬物育焉。

〔章句〕洪範之「初一」……正與此意合。

〔張氏批語〕洪範之説，固亦有此意，然似不須牽引以證所言五行、五事、皇極、三德，然則八政、五紀之在其間者復如何？引周子之所論，亦似發明其意未竟，轉使人惑，不若亦不須引也。或曰「然則中和果為二物」云云，此數句却須便連前文，庶順且備耳。

第二章

〔章句〕隨時為中。

〔張氏批語〕「為」字未安。蓋當此時則有此時之中，此乃天理之自然，君子能擇而得之也。

第五章

〔章句〕「執其兩端，用其中於民」。兩端者，凡物之全體皆有兩端，如始終、本末、大小、厚薄之類，識其全體而執其兩端，然後可以量度取中，而端以不差也。

〔張氏批語〕此説雖巧，恐非本旨。某謂當其可之謂中。天下之理莫不有兩端，如當剛而剛，則剛為中，當柔而柔，則柔為中。此所謂執兩端用其中於民也。

第十章

〔章句〕「強哉矯」，矯，強貌，詩曰「矯矯虎臣」是也。每句言之，所以深歎美之辭，雖煩而不殺也。

〔張氏批語〕此説初讀之似好，已而思之，恐不平穩。疑聖人之辭氣不爾也，然此句終難説。呂、楊諸公之説雖亦費力，然於學者用工却有益耳。

第十一章

〔章句〕「素隱」，素，空也，無德而隱，無位而隱，皆素隱也。

〔張氏批語〕素隱，恐只是平日所主專在於隱者也。

第十二章

〔章句〕「夫婦之愚，可以與知焉」。「夫婦之不肖，可以能行焉」。君子之道，造端乎夫婦。男女居室，人道之常，雖愚不肖，亦能知而行。夫婦之際，有人所不覩不聞者，造端乎此，乃所以為戒慎恐懼之實。

〔張氏批語〕此固切要下工夫處，然再三紬繹，恐此章之所謂「與知」、「能行」者，謂凡匹夫匹婦之所共知，如朝作夕息、饑食渴飲之類。凡庶民行而不著，習而不察，在君子則戒慎恐懼之所存，此乃所以為造端。如所謂「居室，人道之常」，固然總在其中。若指夫婦之間人所不覩不聞者，却似未穩，兼益未盡也。

第十三章

〔章句〕「人之為道而遠人，不可以為道」。人心之安者即道也。

〔張氏批語〕此語有病，所安是如何安？若學者錯會此句，執認己意，以為心之所安，以此為道，不亦害乎？

〔章句〕君子知道不遠人……豈不慥慥爾乎？

〔張氏批語〕此説費力。某以為「有所不足，不敢不勉；有餘，不敢盡」，惟游定夫説得最好，當從之。若夫大意，則謂道雖不遠人，而其至則聖人亦有所不能；雖聖人有所不能，而實亦不遠於人。故君子只於言行上篤實做工夫，此乃實下手處。

〔章句〕道不遠人……仿此。

〔張氏批語〕「費隱」之意，第十一章子思子發明之至矣。來説固多得之，若此二字，凡聖賢之言皆可如是看，似不必以爲下數章皆是發明此二字也。大抵所定章句，固多明晰精當，但其間亦不無牽挽處，恐子思當時立言之意却未必如此爾。蓋自此章以下至二十章，元晦所結之語，皆似强爲附合，無甚意味。觀明者之意，必欲附合，使之厘通縷貫，故其間不免有牽强以就吾之意處。以某之見，其間聯貫者，自不妨聯貫；其不可强貫者，逐章玩味，意思固無窮，不須如此費力。章句固合理會，若爲章句所牽，則亦不可耳。自二十一章而下，其血脈自是貫通，如此分析，無甚可議者。（南軒先生文集卷三十答朱元晦。）

按：朱文公文集卷三十一有答張敬夫論中庸章句、答張敬夫、再答敬夫論中庸章句，即對張栻此批語之再答覆。朱熹初成中庸章句在乾道八年，於淳熙元年修定後寄張栻、呂祖謙討論，此即南軒先生文集卷二十一答朱元晦書十三所云「所改定本亦幸早示，得以考究求教」，朱文公文集卷三十三答呂伯恭書三十六所云「中庸章句一本上納，此是草本，幸勿示人」。以朱熹晚年定本與此二稿本相較，面目全非。

拙逸子説 淳熙中

熊君世卿乞書「拙逸」二字，余曰：「作德心逸日休，作僞心勞日拙，毋乃與子之言異乎？」君笑曰：「彼巧者勞，智者憂，吾惟拙，故逸云爾。拙，非繆悠之謂也，物之自然，性之天也。蔽吾天，汩吾自然，窮年竟歲，方寸擾擾，隨富且貴，求吾一日之逸，有終身不可得者矣。」余曰：「噫！逃世網而解天刑，非君其誰哉！」（雍正江西通志卷九十一，同治安義縣志卷十四。）

按：江西通志引白志云：「朱子全集無拙逸子説，其裔孫孝廉名秉鐸，録以見示，附載於後。」正德南康府志卷六云：「熊兆，字世卿。受學於朱文公，得其傳。隱居不出，號拙逸先生。朱文公為著拙逸説。」毛德琦廬山志引桑喬廬山紀事云：「朱子門人又有曹彦約簡甫……熊兆世卿，其所居并近鹿洞……兆號拙逸，朱熹嘗為著拙逸説。」疑此文為朱熹在南康軍任上作。

戒子塾文 淳熙中

吾不孝，爲先公棄捐，不及供養。事先妣四十年，然愚無知識，所以承顔順色所有乖戾，至今思之，常以爲終天之痛，無以自贖。惟有歲時享祀，致其謹潔，猶是可著力處。汝等及新婦等，切宜謹戒，凡祭肉臠割之餘，及皮毛之屬，皆當勿殘穢褻慢，以重吾不孝。

（朱子學歸卷十三。）

題壁格言 淳熙九年

脱却凡近，以游高明。勿爲嬰兒之態，而有大人之志。勿爲終身之謀，而有天下之意。勿求人知，而求天知。勿求同俗，而求同理。（兩浙金石志卷十三，鄞縣志卷五十九，金華雜録，高安縣志卷十六。）

按：金華雜録稱：「朱晦翁過婺州，常游武義王臣家，書其壁云……又扁『三槐堂』贈之，至今墨迹宛然壁間。」高安縣志則謂：「劉能，字貴才，號松壑。實齋次子。年十一，父命從晦庵於武夷精舍。晦庵與語，奇之，授以小學題詞。後數日問之，應對如流，遂以學庸章句、語孟集注、程氏遺書數十卷授之。居二年……後以母疾告歸，晦庵節取紙書四十八字以戒之曰……」又有以此格言為上蔡謝良佐語録，湖南通志卷二百六十九金石有宋朱文公書上蔡先生語録碑，即此格言。碑在石鼓書院。金石續編卷一百十六録此刻，云：「朱子書上蔡先生語録。」查朱熹手編上蔡語録，無此語録，唯謝氏論語解序有云：「能反是心者，可以讀是書矣。孰能脱去凡近，以游高明；莫為嬰兒之態，而有大人之器；莫為一身之謀，而有天下之志；莫為終身之計，而有後世之慮；不求人知，而求天知；不求同俗，而求同理者乎？」則朱熹格言乃檃括此序中語而成。

薦楊簡狀 淳熙九年

學能治己，材可及人。……（錢時慈湖先生行狀，慈湖先生年譜。）

按：慈湖先生行狀稱：「朱文公持庾節，薦先生……」朱熹之薦楊簡見朱文公文集卷四十九答滕德粹書十一、續集卷四上答劉晦伯書三、四。

校定急就篇（拾遺五則）淳熙九年

急就章九

綸組繸綬以高遷　越本：繸作綖

急就章十二

旃裘鞣鞮蠻夷民　越本：鞣作鞢

急就章十六

五音總（一本作集）會歌謳聲　越本：總作雜

急就章三十二

憂念緩急悍勇獨　越本：憂作更

依溷汙染貪者辱　越本：溷作清

（王應麟急就篇補注。）

按：戴表元剡源文集卷七急就篇注釋補遺自序云：「急就篇一卷，漢黄門令史游所撰，唐弘文館學士顔師古所注，又經新安朱先生仲晦所校。」王應麟急就篇補注末亦注云：「越本，朱文公刊於浙東。」此越本即淳熙九年朱熹在浙東提舉任上校定刊刻。次年羅願、劉子澄再刊急就篇於鄂州，即據朱熹此越本。

書庚子山樂府 淳熙十年

客有以素繭贈，時值大寒，竹屋無温氣，而愛其光潔明浄，因就爐火，温墨書之。……

（梁章鉅退庵所藏金石書畫跋尾卷七朱子大楷册。）

按：梁章鉅云：「朱子大楷册。余在吴中先購得朱子楷書册，為金華宋學士藏本，書庚子山樂府三章，字方徑寸餘。此本乃得於嶺右，亦書庚句而有節去之語，又有前後移置之語。……前册作於淳熙元年，此册作於淳熙十年。……後幅有虞伯生跋，稱此册先藏集賢學士許魏公家，後轉入金華許白雲處。許以贈虞，虞跋而返之。」

手記 淳熙十年

姚江孫朋遠來訪歷陽張温夫於翠巖山中，具言邑大夫永嘉君之政甚美。去年明、越饑，姚為甚，而民不貴糴，官無抑糴之擾，吏不得舞於其民，和樂不知為儉歲，真有古循吏之風矣。（萬曆新修餘姚縣志卷十二。）

河圖初稿 淳熙十三年

右河圖，舊説「河龍圖發」。又云：「戴九履一，左三右七，二四為肩，六八為足，五居其中，縱横十五。伏羲觀之，以畫八卦。」然今求之於圖，粗見八方之位，其他於易無所見。惟關氏洞極經以此為洛書，自一至九應九疇之數，而皇極居中，理亦可通。然他未有可考，姑記而闕之，以俟知者。（宋槧晦庵先生文集後集卷十二。）

洛書初稿 淳熙十三年

右洛書，舊説「洛龜書感」。又云：「天一地六，合而為水，居北方；地二天七，合而為火，居南方；天三地八，合而為木，居東方；地四天九，合而為金，居西方；天五地十，合而為土，居中央。」箕子所謂「天乃賜禹洪範九疇」者，即此圖也。九疇以五年為本，蓋觀於此得之。關氏洞極經以此為河圖，應大傳天一地十，果亦可通。今并闕之。（宋槧晦庵先生文集後集卷十二。）

伏羲八卦次序 淳熙十三年

天人地

卦象儀

一	二	三	四	五	六	七	八
太				極			
奇奇而奇初一曰乾	奇奇而偶兑二次焉	奇偶而奇次三曰離	奇偶而偶四震以隨	偶奇而奇巽居次五	偶奇而偶坎六斯睹	偶偶而奇艮居次七	偶偶而偶八坤以畢

右伏羲始畫八卦，其序如此，說見發例、原象篇。以乾居南，以坤居北，以離居東，以坎居西，兑居東南，震居東北，巽居西南，艮居西北，初爻居中，以次而外，即為邵氏所傳先天八卦圖。

伏羲六十四卦次序圖 淳熙十三年

右六十四卦次序圖，說亦見發例、原象二篇。凡下卦即是八卦，與前圖次第不異。但每卦之上復以八卦，依次第重之，而為六十四卦。内卦為貞，外卦為悔。若逐爻相生，即自第三爻（四陰四陽）生第四爻（八陰八陽），第四爻生第五爻（十六陰十六陽），第五爻生第六爻（三十二陰三十二陽），亦如前位。（宋槧晦庵先生文集後集卷十二。）

按：宋槧晦庵先生文集板刻於紹熙初，為最早之朱熹文集。此四篇圖與圖說，據其中云「說見發例、原象二篇」，知原在易學啟蒙中，實為最早初稿，與今本易學啟蒙、周易本義所載大異。以河圖、洛書考之，宋劉牧以五行生成圖為洛書，以九宮圖為河圖，主圖九書十說。至蔡元定、朱熹方上本關子明洞極經，一反劉牧，提出圖十書九之說，即以九宮圖為洛書，以五行生成圖為河圖。然觀此河圖、洛書初稿，朱熹猶主圖九書十說，與劉牧同，此顯乃朱熹早年未定之說。

皇極辨初稿

淳熙十四年

洛書九數而五居中，洪範九疇而皇極居五，故自孔安國訓皇極為大中，而後之諸儒莫有以為非者。予嘗考之，皇者，君之稱也；極者，至極之義，標準之名，嘗在物之中央而四外望之以取正焉者也。故以極為在中之至則可，而直謂極為中則不可。若北辰之為天極，屋棟之為屋極，其義皆然。而周禮所謂民極者，於皇極之義為尤近。顧今之説者既誤於此而並失之於彼，是以其説展轉迷謬而終不能以自明也。即如舊説，姑亦無問其它，但於洪範之文易「皇」以「大」、易「極」以「中」而讀之，則所謂「惟大作中」、「大則受之」之屬，為何等語乎？故予竊獨以為皇者君也，極者至極之標準也。人君以一身立乎天下之中，而能修其身以為天下至極之標準，則天下之事固莫不協於此而得其本然之正，天下之人亦莫不觀於此而得其固有之善焉，所謂皇極者也。是其見於經者，位置法象蓋皆本於洛書之文。其得名則與夫天極、屋極、民極者皆取居中而取極之意，初非指中為極也，則又安得以是而訓之哉？

曰「皇建其有極」者，言人君以其一身而立至極之標準於天下也。曰「斂時五福，用敷錫厥庶民」者，言人君能建其極，而於五行焉得其性，於五事焉得其理，則固五福之所聚；而又推以化民，則是布此福而與民也。曰「惟時厥庶民于汝極，錫汝保極」者，言民視君以爲至極之標準而從其化，則是以此還錫其君而使之長爲天下之標準也。曰「凡厥庶民無有淫朋，人無有比德，惟皇作極」者，言民之所以能若此者，皆君之德有以爲至極之標準也。曰「凡厥庶民，有猷有爲有守，汝則念之。不協于極，不罹于咎，皇則受之」者，言君既立極於上，而民之從化或有遲速深淺之不同，則其有謀爲操守者固當念之而不忘，其不能盡從而未抵於大戾者，亦當受之而不拒也。曰「而康而色，曰予攸好德，汝則錫之福，時人斯其惟皇之極」者，言人有能革面而以好德自名，雖未必出中心之實，亦當教以修身求福之道，則是人者亦得以君爲極而勉其實也。曰「無虐煢獨而畏高明，人之有能有爲，使羞其行，而邦其昌」者，言君之於民不當問其貴賤强弱而皆欲其有以進德，故其有才能者必皆使之勉進其行，而後國可賴以興也。曰「凡厥正人，既富方穀。汝不能使有好于而家，時人斯其辜。于其無好德，汝雖錫之福，其作汝用咎」者，言欲正人者，必先有以富之，而後納之於善。若不能使之有所顧於其家，則此人必將陷於不義而不復更有好德之心矣。至此而後始欲告之以修身求福之説，則已緩不及事，而其起而報汝，惟有惡而無善矣。蓋人之氣禀不同，有不可以一律齊者。是以聖人所以立極於上者至嚴至正，而所以接引於下者至寬至廣。雖彼之所以趍於此者遲速真僞、才德高下有萬不同，而吾之所以應於彼者，矜憐撫奄，懇惻周盡，未嘗不一也。曰「無偏無陂，遵王之義。無有作好，遵王之道。無有作惡，遵王之路。無偏無黨，王道蕩蕩。無黨無偏，王道平平。無反無側，王道正直。會其有極，歸其有極」者，言民皆不溺於己之私，以從夫上之化而歸會于至極之標準也。析而言之，則偏陂好惡，以其生於心者言也。偏黨反側，以其見於事者言也。遵義、遵道、遵路，方會其極也。蕩蕩、平平、正直，則已歸于極矣。曰「皇極之敷言，是彝是訓，于帝其訓」者，言人君以身為表而布命于下，則其所以為常為教者，一皆循天之理而不異乎上帝之降衷也。曰「凡厥庶民，極之敷言，是訓是行，以近天子之光」者，言民於君之所命能視以為教而謹行之，則是能不自絶遠而有以親被其道德之光華也。曰「天子作民父母，以為天下王」者，言能建其有極，所以有作民父母而為天下之王也。不然，則有其位無其德，不足以建立標準，子育元元，而履天下之極尊矣。

天之所以錫禹，箕子之所以告武王者，其大指蓋如此。雖其奥雅深微，或非淺聞所能究測，然嘗試以是讀之，則亦坦然明白而無一字之可疑者。但先儒昧於訓義之實，且未嘗講於人君修身立道之本，既誤以皇極為大中，又見其辭多為含洪寬大之意，因復誤認，以為所謂中者不過如此。殊不知居中之中既與無過不及之〔中〕不同，而無過不及之中乃義理精微之極，有不可以毫釐差者，又非含糊苟且、不分善惡之名也。今以誤認之中為誤認之極，不謹乎至嚴至密之體而務為至寬至廣之量，則漢元帝之優游，唐代宗之姑息皆是物也。彼其是非雜揉，賢不肖混殽，方且昏亂陵夷之不暇，尚何歛福錫民之可望哉！

吾意如此，而或者疑之，以為經言「無偏無陂」，「無作好惡」，則所謂極者，豈不實有取乎得中之義，而所謂中者，豈不真為無所去就憎愛之意乎？吾應之曰：「無偏無陂者，不以私意而有所去就爾。然曰遵王之義，則其去惡而從善未嘗不力也。無作好惡者，不以私而自為憎愛爾。然曰遵王之道、遵王之路，則其好善而惡惡固未嘗不明也。是豈但有包容漫無分别之謂？又况經文所謂王義、王道、王路者，乃為皇建有極之體，而所謂無所偏陂反側者，自為民歸有極之事，其文義亦自不同也邪。必若子言，吾恐天之所以錫禹，箕子之所以告武王者，上則流於老莊依阿無心之説，下則溺於鄉原同流合汙之見，雖欲深體而力行之，是乃所以幸小人而病君子，亦將何以立大本而序彛倫哉？」作皇極辨。

或曰：「皇極之為至極，何也？」予應之曰：「人君中天下而立，四方面内而觀仰之者，至此輻湊於此而皆極焉。自東而望者不能過此而西也，自西而望者不能踰此而東也。以孝言之，則天下之孝至此無以加；以弟言之，則天下之弟至此而無小過也。此人君之位之德所以為天下之至極，而皇極所以得名之本意也。故惟曰聰明睿智，首出庶物，如所謂天下一人而已者然後有以履之而不疚，豈曰含容寬□□德之偏而足以當之哉！」客曰唯唯，因復記于此，以發前之未盡。

莊子曰：「為善無近名，為惡無近刑，緣督以為經。」「督」，舊以為中。蓋人身有督脈，循脊之中，貫徹上下，見醫書。故衣背當中之縫亦謂之督，見深衣註。皆中意也。老莊之學不論義理之當否，而但欲依阿於其間，以為全身避患之計，正程子所謂閃姦打訛者也。故其意以為為善而近名者，為善之過也；為惡而近刑者，亦為惡之過也。唯能不大為善，不大為惡，而但循中以為常，則可以全身而盡年矣。然其為善無近名者，語或似是而實不然。蓋聖賢之道但教人以力於為善之實，初不教人以求名者。自非為己之學，蓋不足道。若畏名之累己而〔不〕敢盡其為學之力，則其為心亦已不公而稍入於惡矣。至謂為惡無近刑，則尤悖理。夫君子之惡惡如惡惡臭，非有所畏而不為也。今乃擇其不至於犯刑者而竊為之，至於刑禍之所在，巧其途以避之而不敢犯，此其計私而害理，又有甚焉。乃欲以其依違苟且之兩間為中之所在而循之，其無忌憚亦益甚矣。

客嘗有語予者曰：「昔人以誠為入道之要，恐非易行。不若以中易誠，則人皆可行而無難也。」予應之曰：「誠而中者，君子之中庸；不誠而中，則小人之無忌憚耳。今世俗苟偷恣睢之論蓋多類此，不可不深察也。」或曰：「然則莊子之意得無與子莫之執中者類耶？」曰：「不然。子莫執中，但無權耳，蓋猶擇於義意而誤執此一定之中也。老莊之意，則不論義理，專計利害，又非子莫之比矣。蓋迹其本心，實無以異乎世俗鄉原之所見，而其揣摩精巧，校計深切，則又非世俗鄉原之所及，乃賊德之尤者。所以清談盛而晉俗衰，蓋其勢有所必至。而王通猶以為非老莊之罪，則吾不能識其何說也。」既作皇極辨，因感此意有相似者，謾筆之於其後云。（宋槧晦庵先生文集後集卷十三，性理群書句解卷八，十先生奧論注後集。）

按：朱文公文集卷七十二有皇極辨，與此文大異，蓋此文亦為初稿。晦庵先生文集編刻於淳熙末、紹熙初，而皇極辨之作年，據朱文公文集卷五十二答吴伯豐書二云：「皇極辨并往。」此書作於淳熙十六年六、七月間，可知皇極辨寫於淳熙十六年。晦庵先生文集即收此初稿也。

薦邵囦狀 紹熙五年

文學自將，誨誘不倦。……（金華先民傳卷七。）

按：金華先民傳云：「邵囦，字萬宗，蘭溪人。登淳熙八年進士，授柳州教授，改潭州。朱子時爲湖南帥，薦其學行……」另見蘭溪人物考。朱熹在湖南安撫任上印刻三家禮範、州縣釋奠儀圖、稽古録、詩集傳等，實均由長沙教授邵囦負責。

朱子讀書法 紹熙五年

居敬持志

朱子曰：程先生云：「涵養須用敬，進學則在致知。」此最精要。方無事時，敬以自持，心不可放入無何有之鄉，須是收斂在此。及應事時，敬乎應事；讀書時，敬乎讀書，便自然該貫動静，心無不在。今學者説書，多是捻合來説，却不詳密活熟。此病不是説書上病，乃是心上病。蓋心不專静純一，故思慮不精明。須要養得虚明專精，使道理從裏面流出，方好。

循序漸進

朱子曰：以二書言之，則通一書而後及一書；以一書言之，篇章句字，首尾次第，亦各有序而不可亂，量力所至而謹守之，字求其訓，句索其旨，未得乎前，不敢求乎後，未通乎此，不敢志乎彼。如是，則定理明，而無疏易陵躐之患矣。若奔程趁限，一向攢著了，則看猶不看也。近方覺此病痛，不是小事。元來道學不明，不是上面欠工夫，乃是下面無根脚。

熟讀精思

朱子曰：荀子説「誦數以貫之」，見得古人誦書亦記遍數。乃知横渠教人讀書必須成誦，真道學第一義。遍數已足，而未成誦，必欲成誦；遍數未足，雖已成誦，必滿遍數。但百遍時，自是强五十遍；二百遍時，自是强一百遍。今人所以記不得，説不去，心下若存若亡，皆是不精不熟，所以不如古人。學者觀書，讀得正文，記得注解，成誦精熟，注中訓釋文意，事物名件，發明相穿紐處，一一認得，如自己做出底一般，方能玩味反復，向上有通透處。

虚心涵泳

朱子曰：莊子説「吾與之虚而委蛇」，既虚了，又要隨他曲折去。讀書須虚心方得。聖賢説一字是一字，自家只平著心去秤停他，都使不得一毫杜撰。今人讀書，多是心下先有個意思，却將聖賢意思來湊，有不合，便穿鑿之使合，如何能見得聖賢本意！

切己體察

朱子曰：入道之門，是將自身入那道理中去，漸漸相親，與己為一。而今人道在這裏，自家在外，元不相干。學者讀書，須要將聖賢言語體之於身。如「克己復禮」，如「出門如見大賓」等事，須就自家身上體覆，我實能克己復禮、主静行恕否？件件如此，方有益。

著緊用力

朱子曰：寬著期限，緊著課程，爲學要剛毅果決，悠悠不濟事。且如發憤忘食，樂以忘憂，是甚麽精神，甚麽筋骨！今之學者，全不曾發憤。直要抖擻精神，如救火治病然，如撑上水船，一篙不可放緩。（程端禮讀書分年日程卷三集慶路江東書院講義。）

按：程端禮原六條讀書法次序爲：一循序漸進，二熟讀精思，三虛心涵泳，四切己體察，五著緊用力，六居敬持志。然程氏此讀書法原本之朱熹弟子輔廣漢卿，讀書分年日程卷首列輔廣所編朱子讀書法次序，正作一居敬持志，二循序漸進，三熟讀精思，四虛心涵泳，五切己體察，六著緊用力。參以朱熹一向主張以主敬爲本等，則輔廣所定更合朱熹思想。據張洪、齊熙編朱子讀書法前齊熙序云：「讀書法者，文公朱子之所常言，而門人輔公漢卿之所編集也……巴川度侍郎正屬遂寧于和之校而刻之，外舅雙澗張先生家藏刊本，熙因此得借觀……但其間疏略未盡，雜亂無倫者，間亦有之……竊疑此漢卿草定而未修改之本……相與搜集附益，更易次第……復於中撮其樞要，厘爲六條，曰循序漸進，曰熟讀精思，曰虛心涵泳，曰切己體察，曰著緊用力，曰居敬持志。」是輔廣所編定讀書法次序爲張洪、齊熙所更易，遂爲程端禮所沿用。今朱子語類有輔廣紹熙五年來武夷所記語録，多記朱子讀書之法，與此朱子讀書之法相合，可知此朱子讀書法應是輔廣問學歸後據其所聽受記録整理編成。

戒子書

比見墓祭土神之禮，全然滅裂，吾甚懼焉。既為先公托體山林，而祀其主者豈可如此？今後可與墓前一樣，菜果炸脯共十器，滷魚饅頭各一大盤，凡所具之物悉陳之，羹飯茶湯各一器，以盡吾寧親事神之意，勿令少有隆殺。（家禮附録。）

按：此書原為朱熹門人楊復附注於家禮祭禮之下，云「竊取先生後來之考訂議論」。後為人置於家禮之附録中。

訓子書

起居坐立，務要端莊，不可傾倚，恐至於昏怠。出入步趨，務要凝重，不可剽輕，以害德性。以謙遜自牧，以和敬待人。凡事切須謹飭，無故不須出入。少説閑話，恐費光陰，勿觀雜書，恐分精力。早晚頻自點校所習之業。每旬休日，將一旬内書温習數過，勿令心少有放佚，則自然漸近道理，講習易明矣。（張伯行養正類編卷二小學。）

戒子帖 慶元二年

年來衰病，多因飲食過度所致。近覺肉多為害尤甚。自丁巳正旦以往，早晚飯各不得過一肉。如有肉羹，不得更設肉飣。如是菜羹熟水下飯，即肉飣不得用大楪，只用菜楪大小一般。晚食尤須減少，不肉更佳。一則寬胃養氣，一則節用省財，庶幾全生盡年，儉德避難之方一。埜等如有愛親之心，切宜深體此意。（古今事文類聚別集卷十八，紫微集卷三十三，古今合璧事類備要續集卷三十五，宋元學案補遺卷四十九。）

徽州朱子切韻譜 依鄭樵七音韻鑒，以唇舌腭齒喉為序，故就斗唇之聲分列。

繃　閉唱收東　開輕收冬

收正齒中冲亦歸本韻

逋　合重收模　開輕收魚

正齒朱除同收魚

陂　開重收齊　重收舌上知遲正

齒支癡轉眥差皆收　輕收微

牌　開重收灰　閉輕收皆正齒齊釵亦收

重得杯陪亦可錯收愚所謂字無定也

賓崩　賓平口唱收青　舌上真嗔正齒征稱收真

奔字開重收盆　閉輕分焚收文

開重崩烹收庚尾閉琴心收侵

波　獨韻閉重　或以何分

巴　獨韻開重　角輕加伽齒得查槎喉得蝦遐同收

此韻古混今明正韻分之是也

邦　開唱收陽　輕收方忘　角閉光匡

商閉莊窗同收陽

包　開重收豪　開輕收宵

則肴在内矣

褒　開重收喉　正齒周抽

鞕　同　開輕彪丘收尤
開重唱收仙　閉輕收元
尾閉收廉纖
班　開重收寒　開輕收山　按：此讀寒叶桓
尾閉收監咸（通雅卷五十七切韻韻考。）

按：通雅云：「撝謙門人柴廣進云：『朱子定本，此黎美周所藏者。』後見：庵許邃所抄，即此譜也。」又云：「自鄭漁仲、温公、朱子、吴幼清……趙凡夫，皆有辨説，聚訟久矣。徽傳朱子法，以河圖生序，脣舌腭齒喉，為羽徵角商宫，律生之後，黄鍾上旋，南吕回旋，自然符合，即鄭漁仲所明七音韻鑒也。」朱熹晚年嘗作音考，朱文公文集卷六十四答鞏仲至書十八云：「此嘗編得音考一卷。音，謂集古今正音協韻，通而為一；考，謂考諸本同異，并附其間。」疑朱熹所定此譜原在音考中。

辟廱泮宫説

王制論學曰：「天子曰辟廱，諸侯曰泮宫。」説者以為辟廱，大射行禮之處也，水旋丘如璧，以節觀者。泮宮，諸侯鄉射之宮也，其水半之。蓋東西門以南通水，北無也。故振鷺之詩曰：「振鷺于飛，于彼西雝。」説者以雝為澤，蓋即旋丘之水，而其學即所謂澤宮也。蓋古人之學與今日不同，孟子所謂「序者，射也」，則學蓋有以射為主者矣。蘇氏引莊子言文王有辟廱之樂，遂以辟廱亦為學名，而曰古人以學教胄子，則未知學以樂而得名歟，樂以學而得名歟？則是又以為習樂之所也。張子亦曰辟廱古無此名，其制蓋始于此。故周有天下，遂以名天子之學，而諸侯不得立焉。記所謂「魯人將有事于上帝，必先有事于泮宮」者，蓋射以擇士云爾。（文獻通考卷四十。）

蓬户手卷

蓬户掩兮井徑荒，青苔滿兮履綦絶。園種邵平之瓜，門栽先生之柳。曉起呼童子，問山桃落乎，辛夷開未？手甕灌花，除蟲絲蛛網。于是不巾不履，坐北窗，追涼風，焚好香，烹苦茗。忽見異鳥來鳴樹間，小倦即卧牀，涼枕一覺，美睡蕭然無夢，即夢亦不離竹坪茶塢間。朱熹（維基百科綱。）

按：朱熹是卷真迹在網上公布，草書。後有文天祥、方孝孺、唐寅、海瑞諸人題跋。

勸學文

勿謂今日不學而有來日，勿謂今年不學而有來年。日月逝矣，歲不我延。嗚呼老矣，是誰之愆？（諸儒注解古文真寶卷上，文翰類選大成卷一百一十。）

家訓

父之所貴者，慈也；子之所貴者，孝也。君之所貴者，仁也；臣之所貴者，忠也。兄之所貴者，愛也；弟之所貴者，敬也。夫之所貴者，和也；婦之所貴者，柔也。事師長，貴乎禮也；交朋友，貴乎信也。見老者，敬之；見幼者，愛之。有德者，年雖下於我，我必尊之；不肖者，年雖高於我，我必遠之。慎勿談人之短，切勿矜己之長。讎者以義解之，怨者以直報之。隨所遇而安之。人有小過，含容而忍之；人有大過，以理而責之。勿以善小而不為，勿以惡小而為之。人有惡，則掩之；人有善，則揚之。處公無私讎，治家無私法。勿損人而利己，勿妬賢而嫉能。勿逞忿而報横逆，勿非理而害物命。見不義之財勿取，遇合義之事則從。詩書不可不學，禮義不可不知。子孫不可不教，婢僕不可不恤。斯文不可不敬，患難不可不扶。守我之分者，禮也；聽我之命者，天也。人能如是，天必相之。此乃日用常行之道，若衣服之於身體，飲食之於口腹，不可一日無也，可不謹哉！

（明朱培朱子大全集補遺卷八引朱氏家譜。）

家政

有公家之政，有私家之政。士君子修一家之政，非求富益之也，植德而已爾，積善而已爾。父子欲其孝慈，兄弟欲其友恭。夫婦欲其敬順，宗族欲其和睦。門闌欲其清白，帷簿欲其潔修。男子欲其知書，女子欲其習業。姻婭欲其擇偶，婚嫁欲其及時。祭祀欲其豐潔，用度欲其儉節。墳墓欲其有守，鄉井欲其重遷，先業欲其不壞。農商欲其知務，賦税欲其及期。私負欲其知償，私恩欲其知報。私怒欲其不逞，私忿欲其不蓄。親戚欲其往來，賓客欲其延接。里閈欲其相歡，故舊欲其相親。交游欲其必擇，行止欲其必謹。事上欲其無諂，待下欲其無傲。公門欲其無擾，訟庭欲其勿臨。非法欲其勿為，危事欲其勿與。官長欲其必敬，桑梓欲其必恭。有無欲其相通，凶荒欲其相濟。患難欲其相恤，疾病欲其相扶。喪葬欲其相哀，喜慶欲其相賀。臨財欲其勿苟，見利欲其勿争。交易欲其廉平，施與欲其均一。吉凶欲其知變，憂樂欲其知時。内外欲其相諧，忿恚欲其含忍。過惡欲其隱諱，嫌疑欲其知避。醜穢欲其不談，奴婢欲其整齊。出納欲其明白，戲玩欲其有節。飲酒欲其不亂，服飾欲其無侈。器用欲其無華，廬舍欲其葺修。庭宇欲其灑掃，文籍欲其無毁。門壁欲其勿污，鞭笞欲其勿苛，賞罰欲其必當。如是而行之，則家政修明，内外無怨，上下降祥，子孫吉昌。移之于官，則一官之政修；移之於國與天下，則國與天下之政理。嗚呼！有官君子，其可不修一家之政乎！家政不修，其可語國與天下之事乎！（明朱培朱子大全集補遺卷八引朱氏家譜。）

按：各種朱氏宗譜、族譜都載有此家訓、家政及童蒙須知等，云是朱熹晚年作此以訓其孫朱鑑。

無題

學者聖道未見，固必即書以窮理。苟有見焉，亦當博考諸書，有所證驗而後實，有所裨助而後安。不然，則德孤而與枯槁寂滅者無以異矣，潛心大業何有哉？矧自周衰教失，禮樂養德之具，一切盡廢，而所以維持此心者，惟有書耳，詎可轔轢經傳，遽指為糟粕而不觀乎？要在以心體之，以身踐之，而勿以空言視之而已矣。以是存心，以是克己，仁豈遠乎哉！（西山讀書記卷三十一引李方子紫陽年譜。）

周易本義繫辭稿

……小疵也。無咎者，善補過也。此卦爻辭之通例。是故列貴賤者存乎位，齊小大者存乎卦，辯吉凶者存乎辭，位，謂六爻之位。齊，猶定也。乾大坤小，泰大否小之類。憂悔吝者存乎介，震無咎者存乎悔。介，謂幾微之際。震，動也。是故卦有小大，辭有險易。辭也者，各指其所之。小險大易，各隨所向。〇此第三章，釋卦爻辭之通例。

〇易與天地準，故能彌綸天地之道。易書具有天地之道，與之齊準。彌，連合之意，所謂彌縫也。綸，理之也。仰以觀於天文，俯以察於地理，故知幽明之故。原始反終，故知死生之說。精氣為物，游魂為變，是故見鬼神之情狀。此窮理之事。以，聖人以易之書也。易者，陰陽而已。幽明死生鬼神，皆陰陽之變，天地之道也。天文，則有晝夜上下，地理，則有南北高深。原者，推之於前，反者，要之於後。精氣聚而成物，神之申也；魂既游則魄降，鬼之歸也。與天地相似，故不違。知周乎萬物，而道濟天下，故不過。旁行而不流，樂天知命，故不憂。安土敦乎仁，故能愛。安者，隨遇而安也。仁者，愛之理；愛者，仁之用。能愛萬物，故濟天下也。範圍天地之化而不過，曲成萬物而不遺，通乎晝夜之道而知，故神無方而易無體。此聖人至命之事也。範，如鑄金之有模範。圍，匡郭也。天地之化無窮，而聖人為之範圍，不使過於中道。通，猶兼也。晝夜，即幽明死生鬼神之謂。於此可見至神之妙，無有方所，易之變化，無有形體也。○此第四章，言易道之大，聖人用之如此。

○一陰一陽之謂道，陰陽迭運者，氣也。其理則所謂道。繼之者，善也，成之者，性也。道具於陰，而行乎陽。繼，言其發也。善，謂化育之功，陽之事也。成，言其具也。物所受為性，言物生則有性，而各具是道也，陰之事也。周子、程子之書，言之備矣。仁者見之謂之仁，知者見之謂之知。仁陽知陰，各得是道，亦承上章仁知而言。百姓日用而不知，故君子之道鮮矣。莫不飲食，鮮能知味。顯諸仁，藏諸用，鼓萬物而不與聖人同憂，盛德大業至矣哉。顯者，仁也，用也，業也；藏者，知也，體也，德也。程子曰：「天地無心而成化，聖人有心而無為。」富有之謂大業，日新之謂盛德。張子曰：「富有者大無外；日新者久無窮。」生生之謂易，陰生陽，陽生陰，其變無窮。理與書皆然也。（下缺）……繼。○此第六章。

○聖人有以見天下之賾，而擬諸其形容，象其物宜，是故謂之象。賾，雜亂也。象，卦之象，如説卦所列者。聖人有以見天下之動，而觀其會通，以行其典禮，繫辭焉以斷其吉凶，是故謂之爻。會，謂理之所聚。通，謂事之所宜。言天下之至賾而不可惡也，言天下之至動而不可亂也。惡，猶厭也。擬之而後言，議之而後動，擬議以成其變化。觀象玩辭，觀變玩占而行之。此下七爻，則其例也。「鳴鶴在陰，其子和之；我有好爵，吾與爾靡之。」子曰：「君子居其室，出其言善，則千里之外應之，況其邇者乎；居其室，出其言不善，則千里之外違之，況其邇者乎。言出乎身，加乎民，行發乎邇，見乎遠。言行，君子之樞機，樞機之發，榮辱之主也。言行，君子之所以動天地也，可不慎乎。」釋中孚九二。「同人先號咷而後笑。」子曰：「君子之道，或出或處，或默或語。二人同心，其利斷金。同心之言，其臭如蘭。」釋同人九五爻義。言君子之道不同，惟同心，則物莫能間，而其言有味也。「初六，藉用白茅，無咎。」子曰：「苟錯諸地而可矣，藉之用茅，何咎之有。慎之至也。夫茅之為物薄，而用可重也。慎斯術也以往，其無所失矣。」釋大過初六爻義。「勞謙君子，有終吉。」子曰：「勞而不伐，有功而不德，厚之至也。語以其功下人者也。德言盛，禮言恭，謙也者，致恭以存其位者也。」釋謙九三爻義。德言盛，禮言恭，言德欲其盛，禮欲其恭也。「亢龍有悔。」子曰：「貴而無位，高而無民，賢人在下位而無輔，是以動而有悔也。」釋乾上九爻義，已見文言，此蓋重出。「不出户庭，無咎。」子曰：「亂之所生也，則言語以為階。君不密，則失臣。臣不密，則失身。幾事不密，則害成。是以君子慎密而不出也。」釋節初九爻義。子曰：「作易者，其知盜乎？易曰：『負且乘，致寇至。』負也者，小人之事也。乘也者，君子之器也。小人而乘君子之器，盜思奪之矣。上慢下暴，盜思伐之矣。慢藏誨盜，冶容誨淫。易曰：『負且乘，致寇至。』盜之招也。」釋解六三爻義。○此第七章，言卦爻之用。

○天一，地二；天三，地四；天五，地六；天七，地八；天九，地十。此章本在第十章之首，程子曰宜在此，今從之。言天地之數，陽奇陰耦也。天數五，地數五，五位相得而各有合。天數二十有五，地數三十。凡天地之數，五十有五，此所以成變化而行鬼神也。此簡本在「大衍」之後，今按：宜在此，繼上文。相得有合，謂一與六相得，合而為水；二與七相得，合而為火；三與八相得，合而為木；四與九相得，合而為金；五與十相得，合而為土也。程子曰：「變化言功，鬼神言用。」大衍之數五十，其用四十有九。分而為二以象兩，掛一以象三，揲之以四以象四時，歸奇於扐以象閏。五歲再閏，故再扐而後掛。參天兩地，合而為五十，所謂大衍也。五十，體數也；四十九，用數也。其一不用，體在用中也。餘見序例。兩，謂兩儀。三變之間，一掛再扐，故再扐而後掛也。乾之策，二百一十有六；坤之策，百四十有四。凡三百有六十當期之日。凡此……（下缺）（朱子遺墨，過雲樓書畫記書卷一。）

按：此為周易本義初稿。

論語顏淵注稿

……晁氏曰：「不憂不懼，由於德全而無疵，故無入而不自得，非實有憂懼而强排遣之也。」

司馬牛憂曰：「人皆有兄弟，我獨亡。」

亡讀為無。牛有兄弟而云然(無)者，憂其為亂而將死也。

子夏曰：「商聞之矣：死生有命，富貴在天。

(子夏蓋聞之夫子也。)命禀於有生之初，非今所能移；天莫之為(能)而為，非我所能必，但順受而已。

君子敬而無失，與人恭而有禮，四海之内，皆兄弟也。君子何患乎無兄弟也？」

與如字。既安於命，又當修其在己者，故又言苟能持己以敬而不間斷，接人以恭而有節文，則天下之人皆愛敬之如兄弟矣。蓋子夏欲以寬牛之憂，而為是不得已之辭，讀者不以辭害意可也。胡氏曰：「子夏四海皆兄弟之言，特以廣司馬牛之意，意圓而語滯者也，惟聖人則無此病矣。且子夏知此而以哭子喪明，則以蔽於愛而昧於理，是以不能踐其言耳。」

子張問明。子曰：「浸潤之譖，膚受之愬，不行焉，可謂明也已矣。浸潤之譖，膚受之愬，不行焉，可謂遠也已矣。」

譖，莊蔭反。膚如字。浸潤，如水之浸灌滋潤，漸漬而不驟也。譖，毀人之行也。膚受，謂愬寃者急迫而切身，則聽者不及致詳，而發之暴矣。二者難察，而能察之，則可見其心之明而不蔽於近矣。此亦必因子張之失而告之，故其詞繁而不殺，致丁寧之意云。楊氏曰：「驟而語之，與利害不切於身者，不行焉，有不待明者能之也。」故浸潤肌膚所受利害切身，如易所謂「剝床以膚」，切近災者也。愬，愬己之寃也。毀人者漸漬而不驟，則聽者不覺其入，而信之深矣。心之譖、膚受之愬不行，然後謂之明，而又謂之遠，遠則明之至也。書曰：「視遠唯明。」

子貢問政。子曰：「足食，足兵，民信之矣。」

言倉廩實而武備修，然後教化行而民信於我，不離叛也。

子貢曰：「必不得已而去，於斯三者何先？」曰：「去兵。」

言食足而信孚，則無兵而守固矣。

子貢曰：「必不得已而去，於斯二者何先？」曰：「去食。自古皆有死，民無信不立。」

（民以食為天，）無食必死。然死者，人之所不免；無信，則雖生而無以自立，不若死之為安（也）。故寧死而不失信於民，使民亦寧死而不失信於我也。程氏曰：「孔門弟子善問，直窮到底。如此章者，非子貢不能問，非聖人不能答也。」愚謂以人情為言，則（民一日不食則饑，再不食則死，人之常情也。)兵食足，而後吾之信可以孚於民。以民德而言，則信本人之所固有，非兵食所得而先也。是以為政者當身率其民而……(下缺)

……法，欲公布節用以厚民也。

曰：「二，吾猶不足，如之何其徹也？」

二，即所謂什二也。公以(用不足而意欲)有若不喻其旨，故言此以示加賦之意。

對曰：「百姓足，君孰與不足？百姓不足，君孰與足？」

民富則君不至獨貧，民貧則君不能獨富。有若深言君民一體之意，以止公之厚斂。為人上者，所宜深念也。楊氏曰：「仁政必自經界始。經界正，然後井地均，穀禄平，而軍國之需皆量是以為出焉。」故一徹而百度舉，上下寧憂不足乎？以二猶不足而教之徹，疑若迂矣。然什一，天下之中正，多則桀，寡則貉，不可改也。然世不究其本，惟末之圖，故征斂無藝，費出無經，而上下困矣。又惡知盍徹之當務而不為迂也？

子張問崇德、辨惑。子曰：「主忠信，徙義，崇德也。

主忠信，則本立；徙義，則日新。

愛之欲其生，惡之欲其死。既欲其生，又欲其死，是惑也。

惡，去聲。愛惡，人之常情也。然人之生死有命，非可得而欲也。以愛惡而欲其生死，則惑矣。

既欲其生，又欲其死，則惑之甚也。

「誠不以富，亦祇以異。」

此詩小雅我行其野之詞也（篇）。舊説，夫子引之，以明欲其生死者，不能使之生死，如此詩所言，不足以致富，而適足以取異也。程子曰：「此錯簡，當在第十六篇『齊景公有馬千駟』之上，因此下文亦有齊景公字而誤也。」楊氏曰：「堂堂乎張也，難與并為仁矣，則非誠善補過，不蔽於私者，故告之如此。」

齊景公問政於孔子。

齊景公名杵臼。魯昭公末年，孔子適齊。

孔子對曰：「君君，臣臣，父父，子子。」

此人道之大經，政事之根本也。是時景公失政，而大夫陳氏厚施於國，景公又多内嬖，而不立太子。其君臣父子之間皆失其道，故夫子告之以此。

公曰：「善哉！信如君不君，臣不臣，父不父，子不子，雖有粟，吾得而食諸？」

景公善孔子之言，而不能用，（所謂悦而不繹者。）其後果以繼嗣不定，啟陳氏弑君篡國之禍。楊氏曰：「君之所以君，臣之所以臣，父之所以父，子之所以子，是必有道矣。景公知善夫子之言，而不知反求其所以然，蓋悦而不繹者，齊之所以卒於亂也。」

子曰：「片言可以折獄者，其由也與？」

折，子舌反。與，平聲。片言，半言（也）。折，斷（決）也。子路忠信（敏）明決，數言出而人信服之，不待其辭（言語）之畢（終而已定）也。

子路無宿諾。

宿，留也，猶宿怨之宿。急於踐言，而不留其諾也。記者因夫（孔）子之言而（并）記此，以見子路之所以取信於人者，由其養之有素也。尹氏曰：「小邾射以句繹奔魯，曰：『使季路要我，吾無盟也。』千乘之國，不信其盟，而信子路之一言，其見信於人可知矣。一言而折獄者，信在言前，人自信之故也。不留諾，所以全其信也。」

子曰：「聽訟，吾猶人也，必也使無訟乎！」

范氏曰：「聽訟者，治其末，塞其流也；正其本，清其源，則無訟矣。」楊氏曰：「子路片言可以折獄，而不知以禮遜為國，則未能使民無訟也。故又記孔子之言，以見聖人之不以聽訟為難，而使民無訟為貴。」

子張問政。子曰：「居之無倦，行之以忠。」

居，謂存諸心。無倦，則（能久），始終如一。行，（謂）發於事以忠，則表裏如一。程子曰：「子張少仁，無誠心愛民，則必倦而不盡心，故告之如此。」

子曰：「博學於文，約之以理，亦可以弗畔矣夫！」

重出。

子曰：「君子成人之美，不成人之惡。小人反是。」

成者，誘掖獎勸，以成其事也。君子小人，所存既有厚薄之殊，而其所好又有善惡之異，故其用心不同如此。

季康子問政於孔子。孔子對曰：「政者，正也。子帥以正，孰敢不正？」

范氏曰：「未有己不正而能正人者。」胡氏曰：「魯自中葉，政由大夫，家臣效尤，據邑背叛，不正甚矣。故孔子以是告之，欲康子以正自克，而改三家之政。惜乎康子之溺於利欲而不能也。」

季康子患盜，問於孔子。孔子對曰：「苟子之不欲，雖賞之不竊。」

言子不貪欲，則雖賞民使之為盜，民亦恥而不(肯矣。)竊。胡氏曰：「季氏竊柄，康子奪嫡，民之為盜，固其所也。盍亦反其本耶？孔子以不欲啟之，其旨深矣。」

季康子問政於孔子曰：「如殺無道，以就有道，何如？」孔子對曰：「子為政，焉用殺？子欲善而民善矣。君子之德風，小人之德草。草上之風，必偃。」

焉，音煙。為政者，民所視效(固人之所則)，何以殺為(若以專殺為事)？欲善，則民善矣(何為而善乎？以加也)。上，一作尚，加也。偃，仆也。(言君子行政，如風行草上，民之易從如此。)

尹氏曰：「殺之為言，豈為人之上者語哉？以身教者從，以言教者訟，而況於殺乎？」

子張問：「士何如斯可謂之達矣？」

達者，德孚於人而行無不得之謂。

子曰：「何哉，爾所謂達者？」

子張務外，夫子（問之也，）蓋已知其發問之意，故反詰之，將以（啟）發其病而藥之也。

子張對曰：「在邦必聞，在家必聞。」

言名譽著聞也。

子曰：「是聞也，非達也。

聞與達，相似而不同，乃誠僞之所以分，學者不可以不審也。故夫子既明辨之，下文又詳言之（也如此）。

夫達也者，質直而好義，察言而觀色，慮以下人。在邦必達，在家必達。

夫，音扶，下同。（好，去聲。）內主忠信，而所行合宜（質直者，忠信之存諸中，好義者，事之制於慮之詳），審於接物，而卑以自牧（則接物審，能下人，則益尊），皆自修之事。然德修於己（故德修，人信而能達矣），而人自信之，則所行之無窒礙矣。

夫聞也者，色取仁而行違，居之不疑，在邦必聞，在家必聞。」

行，去聲。善其顔色以求於仁，而行實背之，又自以爲是，而無所忌憚，此不務實，而專務求名（此不能用力於切，而專事虚名），故虚語雖隆，而實德則病（從而喪）矣。程子曰：「學者須是務實，不要近名。有意近名，大本已失，更學何事！爲名而學，則是僞也。今之學者，大抵爲名與爲利，雖清濁不同，然其利心則一也。」尹氏曰：「子張之學，病在乎不務實。故孔子告之，皆篤實之事，充乎内而發乎外者也。當時門人親受聖人之教，而差失有如此者，况後世乎！」

樊遲從游於舞雩之下，曰：「敢問崇德、修慝、辨惑？」

慝，吐得反。胡氏曰：「慝之字，從心從匿，蓋惡之匿於心者。修者，治而去之。」

子曰：「善哉問！

以善（善）其切於爲己（故善之也）。

先事後得，非崇德與？攻其惡，無攻人之惡，非修慝與？一朝之忿，忘其身，以及其親，非辨惑與？」

與，平聲。先事後得，猶言先難後獲也。爲所當爲，而不計其功，則德日積而不自知矣。專於治己，而不責人，則己之惡無所匿矣。樊遲（之爲人粗）鄙（而）近利，故（夫子言此）告之三者，皆所以（救之）救其失。范氏曰：「先事後得，上義而下利也。人惟有利欲之心，故德不崇。惟不自省己過，而知人過，故慝不修。感物而宜動者，莫如忿，忘其身以及其親，惑之甚者也。惑之甚者，必起於細微，能辨之於早，則不至於大惑矣。故懲忿所以辨惑也。」

樊遲問仁。子曰：「愛人。」問知。子曰：「知人。」

上知字，去聲，下同。愛人，仁之施；知人，知之務。

樊遲未達。

曾氏曰：「遲之意，蓋以愛欲其周，而知有所擇，故疑二者之相悖耳。」

子曰：「舉直措諸枉，能使枉者直。」

舉直（而已當）錯枉者，知（之明）也。能使枉者（亦變而）直，則（是仁之也）仁矣。如此，則二者不惟不相悖，而反相為用矣。

樊遲退，見子夏曰：「鄉也吾見於夫子而問知，子曰：『舉直錯諸枉，能使枉者直。』何謂也？」

鄉，去聲。見，賢遍反。遲以夫子之言，專為知者之事，又未達所以能使枉者直之理。

子夏曰：「富哉言乎！

歎其所包者廣，不止言知。

舜有天下，選於衆，舉臯陶，不仁者遠矣。湯有天下，選於衆，舉伊尹，不仁者遠矣。」

選，息戀反。陶，音遥。遠，如字。（伊尹，湯之相也。不仁者遠，言）人皆化而為仁，不見有不仁者，若其遠去耳。（善矣，）所謂使枉者直也，子夏蓋有以知夫子之兼仁知而言矣。程子曰：「聖人之語，因人而變化，雖若有淺近者，而其包含無所不盡。觀於此章可見矣。非若他人之言，語近則遺遠，語遠則不知近也。」尹氏曰：「學者之問也，不欲獨聞其説，又必欲知其方；不欲獨知其方，又必欲為其事。如樊遲之問仁，知也，夫子告之盡矣，樊遲未達；故又問焉，而猶未知其何以為之也；及退而聞諸子夏，然後有以知之。使其未喻，則必將復問矣。既問於師，又辨諸友，當時學者之務實也如是。」

子貢問友。子曰：「忠告而善道之，不可則止，毋自辱焉。」

告，工毒反。道，去聲。友，所以輔仁，故盡其心以告之，善其説而道之；然以義合者也，故不可則止。若以數而見疏，則自辱耳。（數告之，非惟彼之不能變其善，蓋有反傷於□，而自取疏者矣。非惟自取疏者矣，彼不聽而反以為謗也，是取辱矣，何益於友善哉！）

曾子曰：「君子以文會友，以友輔仁。」

講學以會友，則道益明；取善以輔仁，則德日進。（穰梨館過眼録卷二，吴越所見書畫録卷一。）

按：此為論語集注草稿。審此手稿，乃在前一稿上修改而成，似即定本之前之最後一稿。文中括弧中句，為前一稿被删除塗改之字。

居家四本

讀書，起家之本；勤儉，治家之本；和順，齊家之本；循理，保家之本。（法教佩珠卷一。）

論茶

凡物食之甘者，過後必酸，苦者必甘。茶本苦而能甘，是有理存焉。始於憂患者，終於逸樂，禮而後和。禮本天下之至嚴，行之各得其分，則至和。苦，□□之類也。易：「家人嗃嗃，悔厲吉。」苦而甘也；「婦子嘻嘻，終吝。」甘而酸也。（黄希憲續自警編卷五。）

按：朱子語類卷一百三十八有林夔孫記喫茶一條，與此同，但記叙不明。此或是另一弟子在場所記。

陶潛論

張子房五世相韓。韓亡，不愛萬金之產；弟死，不葬，為韓報讎。雖博浪之謀不遂，横陽之命不延，然卒藉漢滅秦，誅項以攄其忿。然後棄人間事，導引辟穀，託意寓古，將與古之數翁銷化者，相期於八竑九垓之外。千載之下，聞其風者，想像歎息，不知其心胸面目為何如人，其志可謂壯哉！陶元亮自以晉世宰輔子孫，耻復屈身後代。自劉裕篡奪勢成，遂不肯仕，雖其功名事業不少概見，而其高情逸想播於聲詩者，後世能言之士自以為莫能及也。蓋古之君子，其於天命民彝君臣父子大倫大法之所在，惓惓如此，是以大者既立，而後節概之高，語言之妙，乃有不可得而言者。如其不然，則紀逡、唐林之節非不苦，王維、儲光羲之詩非不修然遠也，然夫身於新奔禄山之朝，則其平生之所辛勤而僅得以傳世者，適足為後世嗤笑之資耳。（陳繼儒古論大觀卷十七。）

李綱論

惟天下之義莫大於君臣，其所以纏綿固結而不可解者，是皆生於人心之本然，而非有所待於外也。然而世衰俗薄，學廢不講，則雖其中心之所固有，亦且淪胥陷溺，而為全軀保妻子之計以後其君者，往往指迹於當世。有能奮然撥起於其間如李公之為人，知有君父，而不知有其身，知天下之有安危，而不知其身之有禍福，雖以讒間竄斥，屢擯九死，而其愛君憂國之志，終有不可得而奪者，是亦可謂一世之偉人矣！以李綱之賢，使得畢力殫慮於靖康、建炎間，莫或撓之，二帝何至於此行，而宋豈至南渡之偏安哉？夫用君子則安，用小人則危，不易之理也。綱居相位僅七十日，其謀數不見用，獨於黄潛善、汪伯彦、秦檜之言信而任之，何高宗之見與人殊哉！綱雖屢斥，忠誠不少貶，不以用舍為語默，若赤子之慕其母怒呵，猶噭噭焉挽其裳裾而從之。嗚呼！中興功業之不振，君子固歸之天，若綱之心，非諸葛孔明之儔與！（古論大觀卷二十二。）

按：朱熹丞相李公奏議後序云：「顧嘗論之：以為使公之言用於宣和之初，則都城必無圍迫之憂；用於靖康，則宗國必無顛覆之禍；用於建炎，則中原必不至於淪陷……」此所云「顧嘗論之」，似即指此李綱論。

二程論

明道德性寬大，規模廣闊；伊川氣質剛方，文理密察。其道相同，而造德各異。故明道嘗為條例司官，不以為浼；而伊川所作行狀乃獨不載其事。明道猶謂青苗可且放過；而伊川乃於西監一狀較計如此，此可謂不同矣。然明道之放過，乃孔子之獵較為同耶？但明道所處是大賢以上事，學者未至而輕議，恐失所守；伊川所處雖高，然實中人皆可企及，學者只當以此為法，則可寡過矣。然又當觀用之淺深，事之大小，裁酌其宜，難執一意，此君子所以貴窮理也。（古論大觀卷二十二。）

附論賈誼進説於君

前世固有草茅韋布之士獻言者，然皆有所因，皆有次第，未有無故忽然犯分而言者；縱言之，亦不見聽，徒取辱爾。若是明君，自無壅蔽之患，有言亦見聽；不然，豈可不循分而徒取失言之辱哉？如史記説商鞅、范雎之事，彼雖小人，然言皆有序，不肯妄發。商鞅初説孝公以帝道，次以王道，而後及霸道，彼非常為帝王之事也，特借是為漸進之媒，而後吐露其胸中之所欲言，先説得孝公動了，然後方深説。范雎欲奪穰侯之位以擅權，未敢便深説穰侯之惡，先言外事以探其君，曰穰侯越韓、魏而取齊之剛壽，非計也。昭王信之，然後漸漸深説。彼小人之言尚有次序如此，君子之言豈可妄發也？某嘗説賈誼固有才，文章亦雄偉，只是言語急迫，先進言之序，看有甚事，都一齊説了，宜絳、灌之徒不悦，文帝之謙讓未遑也。且如一間破屋，教自家修，須有先後緩急之序，不成一齊拆下，雜然並修。看他會做事底人便别，如韓信、鄧禹、諸葛孔明輩，無不有一定規模，漸漸做將去，所為皆卓然有成，這樣人方是有定力，會做事。如賈誼胸次，終是鬧著事不得，有些子在心中，盡要迸出來，只管跳躑，爆趠不已，如乘生駒相似，制御他未下，所以言語無序，而不能有所為也。易曰：「艮其輔，言有序，悔亡。」聖人之意可見矣。（古今圖書集成理學彙編經籍典卷四百七十九卷諸子部。）

卷五　序跋記

南豐先生年譜序 紹興中

南豐先生者，諱鞏，字子固，姓曾氏，南豐人。丹陽朱熹曰：予讀曾氏書，未嘗不掩卷廢書而歎，何世之知公淺也！蓋公之文高矣，自孟、韓子以來〔一〕，作者之盛，未有至於斯。夫其所以重於世者，豈苟而云哉！然世或徒以是知之，故知之淺也。知之淺，則於公之事論之猶不能無所牴牾，而況於公之所以為書者，宜其未有以知之也。然則世之自以知公者，非淺而妄與？其可歎也已。公書或頗有歲月，參以史氏記及其他書舊聞次之，著于篇。（隱居通義卷十四，元豐類稿卷首，乾隆建昌府志卷七十一，同治南豐縣志卷三十五，曾文定公年譜卷一。）

〔一〕子：原缺，據元豐類稿補。

南豐先生年譜後序 紹興中

丹陽朱熹曰：世有著書稱公文章者，予謂庶幾知公。求而讀之，湫然卑鄙，知公者不為是言也。然則世之自以知公者何如哉？豈非徒以其名歟？予之説於是信矣。其説又以謂公為史官，薦邢恕、陳無己為英録檢討，而二子者受學焉，綜其實不然。蓋熙寧初詔開實録院，論次英宗時事，以公與檢討，一月免。豈公於是時而能有以薦士哉？其不然一也。恕治平四年始登進士第，元豐中用公薦，為史館檢討，與修五朝國史，其事見於實録矣。為實録院檢討而與修英録於熙寧之初，則未有考焉，其不然二也。師道見公於江淮之間而受教焉〔一〕，然竟公時為布衣，元祐中乃用薦起家，為郡文學。是公於史館猶不得以薦之，况熙寧時，豈有檢討事哉！其不然三也。一事而不然者三，則公所以教恕者，其在元豐史館之時乎？未可知也。此予所謂牴牾者。斯人為世所重，又自以知公，故予不得不考其實而辨其不然者。其書世或頗有，以故不論著其非是者焉〔二〕。（隱居通議卷十四，元豐類稿卷首，乾隆建昌府志卷七十六，同治南豐縣志卷三十五，曾文定公年譜卷一。）

〔一〕淮：元豐類稿作「漢」。

〔二〕非是：元豐類稿作「是非」。

按：朱子語類卷一百三十九楊方録云：「先生舊喜南豐文，為作年譜。」直齋書録解題卷十七元豐類稿下亦云：「中書舍人南豐曾鞏子固撰，王震為之序。年譜，朱熹所輯也。」謝采伯密齋筆記卷三云：「朱文公為南豐作年譜，云：『自孟、韓子以來，作者之盛，未有至於斯。』『何世之知公淺也！』」即引此年譜序語。朱熹作南豐先生年譜在紹興二十年至二十三年間，序中所斥「湫然卑鄙」之人，乃為秦檜。

書少陵送路六侍御入朝詩寄伯恭 隆興二年

童穉情親四十年，中間消息兩茫然。更為後會知何地？忽漫相逢是別筵。不分桃花紅勝錦，生憎柳絮白於綿。劍南春色還無賴，觸忤愁人到酒邊。

仲春後三日寓劍川，書寄伯恭友丈。朱熹載拜。（西陂類稿卷二十八。）

按：劍川即延平（南劍）。隆興二年春朱熹因吊李侗嘗一至南劍。

忠獻王誥跋 淳熙九年

靖康亂後，人家圖籍亦厄，靡有孑遺。忠獻王誥命，自洛而縉，炳若日星，何修而克臻此？蓋盛德偉烈，昭揭天壤間，綸綍褒崇，不遽廢墜故耳。厥後光禄公、節度公護駕建儲，踵仁人之芳躅，積更厚矣。流光云來，奕葉未艾，將有繼忠獻而起者，寧獨與王氏寶章較遠近已哉！淳熙壬寅仲秋望後，新安朱熹謹言。（民國縉雲趙氏總祠志卷一。）

按：忠獻王即宋初宰相趙普，光禄公為趙期，節度公為趙渡。趙普追封韓國王謚忠獻誥亦載總祠志中。朱熹淳熙九年浙東提舉任上，曾於八月二十二日巡歷至縉雲，徐木所云「須趕到縉雲相從」（見陳亮又癸卯秋書），即指此，正與此跋「仲秋望後」相合。

易序 淳熙中

易之為書，卦爻彖象之義備，而天地萬物之情見。聖人之憂天下來世，其至矣。先天下而開其物，後天下而成其務。是故極其數以定天下之象，著其象以定天下之吉凶。六十四卦，三百八十四爻，皆所以順性命之理，盡變化之道也。散之在理，則有萬殊；統之在道，則無二致。所以「易有太極，是生兩儀」。太極者，道也；兩儀者，陰陽也。陰陽，一道也；太極，無極也。萬物之生，負陰而抱陽，莫不有太極，莫不有兩儀，絪緼交感，變化不窮。形一受其生，神一發其智，情僞出焉，萬緒起焉。易，所以定吉凶而生大業。故易者，陰陽之道也；卦者，陰陽之物也；爻者，陰陽之動也。卦雖不同，所同者奇耦；爻雖不同，所同者九六。是以六十四卦為其體，三百八十四爻互為其用。遠在六合之外，近在一身之中，暫於瞬息，微於動靜，莫不有卦之象焉，莫不有爻之義焉。

至哉易乎！其道至大而無不包，其用至神而無不存。時固未始有一，而卦亦未始有定象；事固未始有窮，而爻亦未始有定位。以一時而索卦，則拘於無變，非易也；以一事而明爻，則窒而不通，非易也。知所謂卦爻彖象之義，而不知有卦爻彖象之用，亦非易也。故得之於精神之運、心術之動，與天地合其德，與日月合其明，與四時合其序，與鬼神合其吉凶，然後可以謂之知易也。

雖然，易之有卦，易之已形者也；卦之有爻，卦之已見者也。已形已見者可以言知，未形未見者不可以名求。則所謂易者，果何如哉？此學者所當知也。（別本周易本義卷首，性理群書句解卷五，雍正山東通志卷三十五。）

按：熊節編、熊剛大注性理群書句解以此序為朱熹作。熊節為朱熹弟子，熊剛大受學於黄榦、蔡淵，自當有據。然稍後王霆震編古文集成，以此序題作「伊川」作，至元譚善心編二程文集，遂收作程頤遺文，實誤。考朱熹生平易學著作有三：易傳、周易本義、易學啟蒙，而易傳亡佚。此易序應為朱熹易傳之序，而非程頤易傳之序，程氏易傳本自有序，蓋以書名相同致誤。觀此序所云，同朱熹思想相合，而不類程頤之説。如云：「太極者，道也；兩儀者，陰陽也。陰陽，一道也；太極，無極也。」是以太極即無極，無極即太極，此乃朱熹獨家之解説，程頤向無此説。僅此即足可斷此序為朱熹作而非程頤作。直齋書録解題録朱熹易傳十一卷，云：「（朱）初為易傳，用王弼本；復以吕氏古易經為本義，其大旨略同而加詳焉。」朱熹弟子度正書易學啓蒙後亦云：「後之學者觀之易傳，則可見先生初年學易所以發明彖、象、文者如此。」吕祖謙定古易經在淳熙九年，朱熹以王弼本作易傳當在淳熙九年以前。朱熹生前板刻流行，乃為熊節編性理群書句解所取。

禮序 紹熙中

禮儀三百，威儀三千，皆出於性，非僞貌飾情也。鄙夫野人卒然加敬，逡巡遜却而不敢受；三尺童子拱而趨市，暴夫悍卒莫敢狎焉。彼非素有於教與邀譽於人而然也，蓋其所有於性，物感而出者如此。故天尊地卑，禮固立矣；類聚群分，禮固行矣。人者，位乎天地之間，立乎萬物之上，天地與吾同體，萬物與吾同氣，尊卑分類，不設而彰。聖人循此，制為冠、昏、喪、祭、朝、聘、射、饗之禮，以行君臣、父子、兄弟、夫婦、朋友之義。其形而下者，具於飲食器服之用；其形而上者，極於無聲無臭之微。衆人勉之，賢人行之，聖人由之。故所以行其身與其家與其國與其天下，禮治則治，禮亂則亂，禮存則存，禮亡則亡。上自古始，下逮五季，質文不同，罔不由是。然而世有損益，惟周為備。是以夫子嘗曰：「郁郁乎文哉！吾從周。」逮其弊也，忠義之薄，情文之繁，林放有禮本之問，而孔子欲先進之從，蓋所以矯正反弊也。然豈禮之過哉？為禮者之過也。

秦氏焚滅典籍，三代禮文大壞。漢興購書，禮記四十九篇雜出諸儒傳記，不能悉得聖人之旨。考其文義，時有牴牾。然而其文繁，其義博。學者觀之，如適大通之肆，珠珍器帛隨其所取；如游阿房之宫，千門萬户隨其所入，博而約之，亦可以弗畔。蓋其説也，粗在應對進退之間，而精在道德性命之要，始於童幼之習，而終於聖人之歸。惟達於道者，然後能知其言；能知其言，然後能得於禮。然則禮之所以為禮，其則不遠矣。昔者顔子之所從事，不出乎視聽言動之間，而鄉黨之記孔子，多在於動容周旋之際，此學者所當致疑以思，致思以達也。（性理群書句解卷五。）

按：此禮序與前易序同，王霆震古文集成誤題伊川作，元譚善心將此序作為程頤佚文編入二程文集。然程頤生平未嘗作有禮學之書，而朱熹生平所作禮書則有儀禮經傳通解、儀理經傳圖解、禮記解、祭儀、家禮、二十家古今家祭禮、四家禮範，而儀禮經傳圖解、禮記解、祭儀、二十家古今家祭禮與四家禮範均佚，則此禮序必是此五種亡佚禮書中之一序，以此序專論禮記，則當是禮記解之序。朱熹作禮記解并予刊刻在紹熙元年。

濟南辛氏宗譜原序 慶元中

今之修譜者衆矣，推其意，不過夸示祖宗之富貴，矜言氏族之强大已耳，而所以修譜之深意，則茫乎其不可問矣。蓋修譜之意，所以序昭穆、明長幼、分士庶、别親疏，以維持家道也。而今之修譜者則曰：吾太祖為某氏之官，某朝之相，而後之子孫亦與有榮施焉。凡我同姓之人，莫不依附我之氏族，而得以步其光寵。于是乎親疏無以明，士庶無以分，長幼無以別，昭穆無以序，而修譜之義安在哉？若盛族則不然，自太祖以及始祖，以及所自出之祖，莫不在左昭右穆之中，以為之序。死者之昭穆既不紊，生者之序齒亦不亂，觀禮者于此，不藹然有孝子仁人之思哉？是誠所謂善于報本，善于追遠者也。但是譜之修，數有百餘年，而子孫繁盛，世裔綿遠，又恐昭穆之或漸失序也。今于是月纂修宗譜，而問序于予，予亦不揣固陋，而謬為之序。（鉛山辛氏宗譜卷首。）

濟南辛氏宗圖舊序 慶元中

稼軒辛公其來，出濟南中州。歷諸顯任，以安撫甸宣王命，即得大觀山水，察風土之異齊。知土沃風淳，山水之勝，舉無若西江信州者，遂愛而退居信之上饒。以燼變，移構鉛山期思瓜山之下，繼而作室，而別立臺榭椽屋于丘壑可嘉之處，以優士之能共論斯道者。熹始得以御公于慶元戊午，公復起就職，來主建寧武夷冲祐觀，益相親切。庚申之春，同游武夷山中。舟行，循其水曲，隨遇佳景，則棹停賦賞，而論及水之源流。愚謂：「水惟源斯深，故其流長。人之世系，亦猶是也。但世久傳泯，則有莫知所出，真如水之流演分支，則亦莫知所自者矣。况其源流逾遠，潢潦轉相溷投，而概謂之同源，又何能分别乎？」于是辛公乃感激云：「吾亦嘗為此懼，竊製宗圖，以詔誥後人，使其知由百世之下而至百世之上，觀統系，同異有辨，疏戚有考，承傳久遠，以叙尊卑。則庶乎宗支不淆，抑或可以言敦睦之義。且令其居相隔絶、心相念慕者有所持循，得以溯流尋源，而無迷謬也。」熹因問，而知其有密州、京師、福州、萊州、東京、東平之多族，而族類之衆，尤多古之聞人。然究其初，悉皆有辛氏之裔，其實一本矣。而宗圖之製，所以不忘乎本末，由以理制之善者也。是以推原與遇之迹。詳述與論之旨，欲其并書諸圖，以少識愚與善之意云。時宋慶元庚申二月戊午，新安朱熹題。（鉛山辛氏宗譜卷首。）

王氏族譜序

譜牒之系大矣哉！自公卿大夫以及庶人，必有譜牒。夫譜牒有二：一曰文獻，則詳其本傳、誥、表、銘、狀、祭祀之類；一曰世系，則别其親疏、尊卑、嫡庶、繼統之分。非世系無以承其源流，非文獻無以考其出處。述祖宗之既往，啓後人之將來，豈不本于是歟？愚按：王世出自周靈王太子晉之後，而子孫家居於伊洛琅琊，有由來矣。其先晉代名流，海内冠冕尚矣。及我皇宋進賢圖治，衣冠藹然，若閩中之大理唐卿公，御史回公，給事季明公，忤權奸，阻和議，咸有以緝熙光烈。於是訪其遺編，采其聞見，而為之哀次發揮，使宗牒得以徵乎文獻之盛，明乎世系之遥，詳審脈絡貫通而為百世不易之法。子姓遵而守之，則可以修身正家；擴而充之，則可以事君治人，然後儒學之相傳，宦世之相望，皆所以重倫紀，厚風俗，非他人所能及也。兹唐卿公家子世長授熹以牒，觀之反復，僭書是譜，以冠乎篇端，將勉後賢云。（乾隆仙游縣志卷四十八。）

胡氏族譜叙

自宗子法廢，而族無統。唐人重世族，故譜牒家有之。唐以後不能然，苟非世之富貴多文儒，族氏派系往往湮淪而莫考矣。胡氏之先，自周武王封舜後胡公滿於陳，子孫以謚為姓。歷漢文恭廣公以迄晉關内侯質公，為立譜之鼻祖，相傳二十五世。中間序昭穆，别疏戚，因流遡源，由本達枝，作譜以傳，庶幾不忘本也。胡氏子孫繼此能自振於時，則斯譜之傳愈久愈光，由一世以及千萬世，莫可量也。（古今圖書集成氏族典卷八十六，民國文安縣志卷九。）

藍田呂氏鄉約跋

淳熙二年

此篇舊傳呂公進伯所作，今乃載於其弟和叔文集，又有問答諸書如此，知其為和叔所定不疑。篇末著進伯名，意以其族黨之長而推之，使主斯約故爾。淳熙乙未四月甲子，朱熹識。（藍田呂氏遺書卷上。）

藍田呂氏鄉儀跋

淳熙二年

此篇舊題蘇氏鄉儀，意其為蘇昞季明博士兄弟所作。今按呂和叔文集乃季明所序，而此篇在焉，然則乃呂氏書也。因去篇題二字，而記其實如此。淳熙乙未四月甲子，朱熹識。（藍田呂氏遺書卷上。）

按：上二跋為淳熙二年呂祖謙來寒泉與朱熹相會，兩人共定近思録時所作。

米敷文瀟湘圖卷二題 淳熙六年

題一

淳熙己亥中夏（一作「仲夏廿八日」），新安朱熹觀於江東道院。

題二

建陽、崇安之間，有大山横出，峰巒特秀，余嘗結茆其顛小平處。每當晴晝，白雲坌入窗牖間，輒咫尺不可辨。嘗題小詩云：「閑雲無四時，散漫此山谷。幸乏霖雨姿，何妨媚幽獨。」下山累月，每竊諷此詩，未嘗不悵然自失。今觀米公所為左侯戲作横卷，隱隱舊題詩處似已在第三、四峰間也。又得并覽諸名勝舊題，想像其人，益深歎息。淳熙己亥中夏廿九日，新安朱熹仲晦父書於江東道院。（珊瑚網名畫題跋卷四，初拓戲鴻堂法帖第十四册，式古堂書畫彙考畫考卷十三，續書畫題跋記卷二。）

按：朱文公文集卷八十一跋陳簡齋帖云：「簡齋陳公手寫所為詩一卷……予嘗借得之，欲摹而刻之江東道院……」經訓堂帖有朱熹此跋手跡，尾署「淳熙辛丑四月丁卯新安朱熹」。又同卷書濂溪先生拙賦後亦云：「右濂溪先生所為賦篇……乃辟江東書院之東室，榜以『拙齋』而刻置焉……淳熙己亥秋八月辛丑。」是江南道院在南康軍，多藏有名家字畫，朱熹常往其地。

跋延平本太極通書 淳熙六年

臨汀楊方得九江故家傳本，校此本不同者十有九處，然亦互有得失。其兩條此本之誤，當從九江本。如理性命章云「柔如之」，當作「柔亦如之」。師友章當自「道義者」以下，析為下章。其十四條義可兩通，當並存之。如誠幾德章云「理曰禮」，「理」一作「履」。慎動章云「邪動」，一作「動邪」。化章，一作「順化」。愛敬章云「有善」，此下一有「是苟」字。樂「學焉」，此下一有「有」字。「曰有不善」，一無此四字。「曰不善」，此下一有「否」字。樂章云「優柔平中」，「平」，一作「乎」。「輕生敗倫」，「倫」，一作「常」。聖學章云「請聞焉」，「聞」，一作「問」。顏子章云「獨何心哉」，「心」，一作「以」。「能化而齊」，「齊」一作「濟」，一作「消」。過章，一作「仲由」。刑章云「不止即過焉」，「即」，一作「則」。其三條九江本誤，而當以此本為正。如太極説云「無極而太極」，「而」下誤多一「生」字。誠章云「誠斯立焉」，「立」誤作「生」。家人睽復無妄章云「誠心復其不善之動而已矣」，「心」誤作「以」。

凡十有九條，今附見於此，學者得以考焉。（周濂溪集卷七，周子全書卷十一太極通書發明。）

按：延平本太極通書非朱熹刊刻。楊方子直攜九江故家傳本來南康在淳熙六年四月，朱熹校定太極通書在是年五月（南康本），故可知朱熹寫此跋在是年四月間。

吕氏祭儀跋 淳熙九年

右吕氏祭儀一篇，吾友伯恭父晚所定也。聞之潘叔度，伯恭成此書時已屬疾，自力起，奉祭事惟謹。既又病其飲福受胙之禮猶有未備者，將附益之，而不幸遽不起矣。使其未死，意所釐正殆不止此。惜哉！淳熙壬寅二月既望，朱熹書。（東萊吕太史别集卷四，吕東萊正學編卷一。）

跋王羲之蘭亭叙 淳熙九年

世傳王羲之書蘭亭叙，惟定武所藏石刻獨得其真，乃歐陽詢所摹刻之唐内府者也。熹嘗見三本，紙墨不同而字蹟無異。縉紳題者剖析毫末，議論紛然，大約奇秀渾成，無如此榻。陳舍人至浙東，極論書法，携此本觀之。看來後世書者刻者不能及矣，亦可為一慨云。淳熙壬寅歲，浙東提舉常平司新安朱熹記。（佩文齋書畫譜卷七十一，古緣萃録卷十八。）

跋任伯雨帖 淳熙十五年

任公忠言直道，銘於彝鼎，副在史官。而此帖之傳，尤可以見其當時事實之曲折，此巽巖李公所為太息而惓惓也。任公曾孫清叟以其墨本見遺，三復以還，想見風烈，殊激衰懦之氣。願與公之子孫交相勉勵，以無忘「高山仰止」之意焉。淳熙戊申六月十六日，新安朱熹書。（石渠寶笈續編第五十七寧壽宫藏宋賢遺翰。）

跋劉子翬友石臺記 淳熙十六年

此屏山先生紹興甲午年間之所撰，後學朱熹於淳熙己酉登臺誦記，仍稽年譜，而知閩憲吴公所築，乃肇慶榮滿時。仰慕高風，拜手敬書，以遺公之孫子焉。（閩中金石略卷八，金石粹編卷一百五十，民國福建通志卷二十六福建金石志石九。）

按：紹興無甲午，閩中金石略考云：「考宋史劉子翬傳云：『卒，年四十七。』據朱子所撰墓表，實爲紹興十七年，則其生當在元符三年。至政和四年甲午，年僅十五，必未能執筆而記顯者之居，是非紹興二字之誤，而甲午之誤矣。其誤在甲，則當爲紹興八年之壬午；其誤在午，則當爲紹興十四年之甲子。」今按：甲午當是甲子之形誤，蓋古書午、子常刻訛。或以爲友石臺在肇慶，朱熹過肇慶而作此跋，尤非。金石彙目分編卷八著録崇安有友石臺記碑，謂「朱子行書，淳熙己酉，凡四石」，可證臺在崇安。

書嵩山古易跋後　紹熙元年

熹按：晁氏此説與吕氏音訓大同小異，蓋互有得失也。先儒雖言費氏以彖、象、文言參解易爻，然初不言其分傳以附經也。至謂鄭康成始合彖、象於經，則魏志之言甚明。而詩疏亦云：「漢初爲傳訓者，皆與經别行，三傳之文，不與經連。」故石經書公羊傳，皆無經文，而藝文志所載毛詩故訓傳，亦與經别。及馬融爲周禮注，乃云欲省學者兩讀，故具載本文而就經爲注焉。馬鄭相去不遠，蓋倣其意而爲之爾。故吕氏於此義爲得之，而晁氏不能無失。至晁氏謂「初亂古制時，猶若今之乾卦，彖、象並繫卦末，而卒大亂於王弼」，則其説原於孔疏，而呂氏不取也。蓋孔疏之言曰：「夫子所作象辭，元在六爻經辭之後，以自卑退，不敢干亂先聖正經之辭。及至輔嗣之意，以為象者本釋經文，宜相附近，其義易了，故分爻之象辭，各附其當爻下言之。」此其以為夫子所作元在經辭之後，為夫子所自定，雖未免於有失，而謂輔嗣分爻之象以附當爻，則為得之。故晁氏捨其半而取其半也。其實今所定復為十二篇者，古經之舊也。王弼注本之乾卦，蓋存鄭氏所附之例也。坤以下六十三卦，又弼之所自分也。呂氏於跋語雖言康成、輔嗣合傳於經，然於音訓乃獨歸之鄭氏而不及王弼，則未知其何以為二家之别，而於王本經傳次第兩體之不同，亦不知所以為説矣，豈非闕哉。（周易會通因革呂氏易後，古今圖書集成經籍典卷六十一，經義考卷二十。）

按：紹熙元年朱熹於臨漳刊刻四經四子，其中易經，據直齋書録解題卷一於古易十二卷、音訓二卷下云：「著作郎東萊呂祖謙伯恭所定……朱晦庵刻之臨漳、會稽，益以程氏是正文字及晁氏説。」所謂「晁氏説」，即指晁説之所定古周易及其跋語，可見朱熹此跋後文當是其於臨漳刊刻易經附以晁氏之説所加之按語。

書禹貢九江彭蠡説 慶元二年

余讀禹貢，即有所疑於此數條。復見鄭漁仲所論，以「東爲北江，入於海」爲衍文，初亦意其有理。既而思之，去其所謂北江者，則下文之中江者無所措矣。晚以蒙恩假守二年於彭蠡之上，乃得究觀其山川地理之實，而知經文之不能無誤也。至於以九江爲洞庭，則惟近世晁以道之説爲然。晁氏則本於胡秘監之説也。細以地理遠近之勢度之，宜從二公爲是。久欲略疏其語，以破古今之曲説，而因循不暇。慶元丙辰□月既望，諸生偶有問者，始得爲之。時方卧病，神思昏塞，甚恨文之不達吾意。（書傳輯録纂註卷二禹貢輯録。）

按：此文董鼎書傳輯録纂注輯自經説。朱熹武夷經説由王迂、黄大昌所集，已佚。朱文公文集卷七十二有九江彭蠡辨，作於慶元二年。蓋是年朱熹先作九江彭蠡辨，向諸生略陳其説，書禹貢九江彭蠡説爲此文後附語，作付諸生，遂未入文集，而爲經説所采。

玉山汪氏集古堂金石遺文跋後 慶元三年

……事有實迹，語無浮辭，有德者之言蓋如此，後學所當取法也。（元劉有定衍極注卷五。）

按：衍極注云：「（汪）季路名逵，衢州人。父應辰……俱官至端明殿學士，時稱為大、小端明。……汪氏建集古堂，藏奇書秘迹、金石遺文二千卷，玉山多為跋尾。朱元晦嘗題其跋後曰……」汪逵收藏金石書畫宏富，朱文公文集卷八十四有朱熹為汪逵所藏金石書畫作跋十三首，均作在慶元三年十月中，蓋是月汪逵携金石書畫來考亭請朱熹觀題，此金石遺文跋後當亦作在其時。

跋和靖書伊川先生四箴後

和靖先生喜為人書此箴，學者以其筆劄之精，相與襲藏，以供傳玩，殊非先生所為書之意也。縣尉潘景夔得此，乃刻石而置之縣庠。（乾隆湖州府志卷四十三碑版。）

按：伊川四箴即視箴、聽箴、言箴、動箴。朱文公文集卷四十八答吕子約論語書有云：「向見叔昌之弟摹刻尹和靖所書四箴，作『由乎中，所以應乎外』，嘗辨其謬。後見尹書他本，却皆不錯。然既有此誤，則尹公想亦未免錯會其師之意也。」此「叔昌之弟」必指潘景夔，而其確嘗摹刻尹氏所書四箴。

題病翁先生潭溪十七詠後

病翁先生潭溪十七詠，門人朱熹書。（桐江集卷三讀朱文公書劉屏山詩跋。）

睢陽五老圖卷跋并詩

拜瞻五老圖像，儼然儀刑。當代以來，遇時否塞，遭家多故，支同派别，遷播不一，南北之涸，其來尚矣。得其畢氏之傳再見於江南，豈勝幸哉！使人企仰，以續將來，非獨表大宋隆德興盛之時，實起後世為人臣子孫亘古永錫無替之昭鑒，垂不朽云爾，以踵其祖韻而已矣。後學朱熹拜手敬題。

同支派別胄遥遥，南渡衣冠尚北朝。千載畫圖文獻在，兩朝開濟政明昭。公卿倡和遵皇運，嗣子傳家念祖饒。幸得慶源流自遠，匡扶人世釋塵囂。（式古堂書畫彙考畫考卷四十五。）

跋陸子強家問

家問所以訓飭其子孫者，不以不得科第為病，而深以不識禮義為憂。其殷勤懇切，反覆曉譬，説盡事理，無一毫勉強緣飾之意，而慈祥篤實之氣藹然。諷味數四，不能釋手云。

（陸象山年譜。）

題響石巖 淳熙二年

何叔京、朱仲晦、連嵩卿、蔡季通、徐宋臣、吕伯恭、潘叔昌、范伯崇、張元善。淳熙乙未五月廿一日，晦翁。（閩中金石志卷九，崇安縣志卷十，民國福建通志卷二十六福建金石志石九。）

題響石巖 淳熙五年

淳熙戊戌八月乙未，劉彦集、嶽卿、純叟、廖子晦、朱仲晦來。晦翁。（閩中金石志卷九，崇安縣志卷十，民國福建通志卷二十六福建金石志石九。）

題臥龍潭 淳熙六年

紫陽朱熹卜居臥龍山宅，成紀崔嘉彦實……之。其徒清江劉清之。己亥七月。（廬山金石彙考卷下，吴宗慈廬山志卷十一。）

題華蓋石 淳熙七年

朱仲晦父與王之才、楊子直、蔡季通、胡子先、鄧邦老、胡仲開同飲此石，望五老峰。淳熙七年上章困敦孟□癸酉□□書。（廬山紀事卷八。）

題水簾洞 淳熙八年

劉嶽卿、幾叔招、胡希聖、朱仲晦、梁文叔、吳茂實、蔡季通、馮作肅、陳君謨、饒廷老、任伯起來游。淳熙辛丑七月二十三日仲晦書。（武夷山志卷十五，閩中金石志卷九，崇安縣志卷十，民國福建通志卷二十六福建金石志石九。）

小蒼野題名 淳熙十年

淳熙癸卯中冬，朱元晦登。（民國福建通志卷二十六福建金石志石九，莆陽金石初編。）

東埔小石山石刻 淳熙十年

朱仲晦登。（閩中金石志卷九，民國福建通志卷二十六福建金石志石九。）

烏石山題名 淳熙十年

趙子直、朱仲晦淳熙癸卯仲冬丙子同登。（八瓊室金石補正卷九十七，福州碑刻記，民國福建通志卷二十六福建金石志石九。）

鼓山題名 淳熙十四年

淳熙丁未，晦翁來謁鼓山嗣公，游靈源洞，遂登水雲亭，有懷四川子直侍郎。同游者，清漳王子合、郡人陳膚仲、潘謙之、黄子方、僧端友。（金石苑卷二，閩中金石志卷九，民國福建通志卷二十六福建金石志石九。）

曇山題名 紹熙五年

紹熙甲寅閏十月癸未，朱仲晦父南歸，重游鄭君次山園亭，周覽巖壑之勝，裴回久之。

林擇之、余方叔、朱耀卿、吴宜之、趙誠父、王伯紀、陳秀彦、李良仲、喻可忠俱來。（定鄉小識卷十五，兩浙金石志卷十，武林金石記卷八。）

飛鴻閣畫像記

隆興元年

宋興百有餘年，四方無虞，風俗敦厚，民不識干戈。有儒生於江南高談詩書，自擬伊傅，而實竊佛老之似，濟非鞅之術，舉世風動，雖巨德故老，有莫其姦。其説一行，而天下始紛紛，反理之評，詭道之論，日以益熾，邪慝相承，卒兆裔夷之禍。考其所致，有自來矣。靖康初，龜山楊公任諫議大夫、國子祭酒，始推本論其學術之謬，請追奪王爵，罷去配饗。雖當時餘黨猶夥，公之説未得盡施，然大統中興，論議一正，到於今，學者知荆舒禍本而有不屑焉，則公之息邪説，距詖行，放淫辭，以承孟氏者，其功顧不大哉！是宜列之學宫，使韋布之士知所尊仰，而況公舊所臨流風善政之及祀事，其可闕乎？瀏陽實潭之属邑，紹聖初，公嘗辱為之宰。歲饑，發廩以賑民，而部使者以催科不給罪公，公之德於邑氏也深矣。後六十有六年，建安章才邵來為政，慨然念風烈，咨故老，葺公舊所為飛鴻閣，繪像於其上，以示後學，以慰邑人之思去而不忘也。又六年，貽書俾熹記之。熹生晚識陋，何足以窺公之藴。惟公師事河南二程先生，得中庸鳶飛魚躍之傳於言意之表，踐履純固，卓然為一世儒宗，故見於行事深切著明如此。敢表而出之，庶幾慕用之萬一云爾。（龜山先生語録楊龜山後録。）

按：據記文，知是記作於隆興元年。朱熹於隆興二年編定困學恐聞編，收其紹興二十八年至隆興二年之詩文，知此飛鴻閣畫像記當原收在困學恐聞編中，後佚。楊龜山語録原只四卷（見郡齋讀書志附志），至咸淳元年天台吴堅刋刻龜山先生語録時，乃又選朱熹有關楊龜山之文與語録編為楊龜山後録，一併刋刻。按吴堅於咸淳元年同時刋刻朱熹建別録、張子語録（亦編有張子語録後録）及龜山先生語録，而建別録編刻於建安，故吴堅顯是從建別録中取出有關楊龜山之語録以及從章才邵家取得飛鴻閣畫像記，合編而為楊龜山後録，附於龜山先生語録一併刋刻。蓋章才邵亦建安人，與朱熹交往甚密，朱文公文集卷四有短句奉迎荆南幕府二首，即予章才邵。章定（章才邵孫）名賢氏族言行類稿卷二十六云：「章才邵……時與晦公朱先生遊。……少年謁龜山楊先生時，龜山誨以熟讀論語，將論『仁』處仔細玩味而躬行之。自後日用踐履莫非所聞所知者，故世目為篤實君子。」可見章才邵亦為楊時弟子，故為朱熹所重。

龍光書院心廣堂記 乾道六年

豐水之夏陽熊世基、世琦執經來學之明年，乾道庚寅歲也，請銘其所構龍光書院之堂。

熹榜其間曰「心廣」，且囑以敷暢厥義。復之曰：人生兩間，孰無此心？心者，貫萬事，統萬理，主宰萬物者也，然則若之何而不廣乎！克其所以為廣累者，則心廣矣。蓋天下之道有二：善與惡也。以天命所賦之本然為善，以物欲所生之邪穢為惡。揆厥所原，莫不好善而惡惡也。然未知善惡之真可好可惡，則不免累于自欺，而意之所發，有不誠者。是以大學誠意，謂意有不誠，則心有不廣；以不廣，則體豈能安舒哉！心廣大，體安舒，德之潤身者能如是夫。此善之所以明，心之所以廣也。內外昭明，表裏洞徹，斯可盡規模之大、條理之密矣。為學之功，且當常存此心，而不為他事所勝。熹嘗聞此于先師之教，惟實用其力致之。噫！要必有以識乎誠，然後有以用其力。且人之視聽言動，曷為而然哉？心有所向于是也，必立志以定其本，居敬以定其志，博學審問，慎思明辨，皆所以求廣之功也。人靈于物，士秀于人，以一心之微，萃萬事萬理，盍思夫萬物皆備于我，斯可見其用心之廣如是，其或顛倒謬迷，則亦不思之甚歟？若曰有之，亦僅識其初，而不能究其善惡之極至。遠來之朋，往往秀偉傑出，而吾世基兄弟始可以論聖賢大學之道者，故以是論共講之，而揭于堂之壁也。若夫層崖峻石，蒼藤古木，度石梁而水聲潺潺，照橫崗而白雲滿川，此堂之前後左右，勝概歷歷在目，有可觀者。植叢篁以供吟嘯，疏蓮沼以縱游賞，誦詩讀書，以識聖賢之指趣，彈琴鼓缶，以歌先王之風化，仰羅阜之高，瞻龍光之耀，此堂之東北西南，佳致洋洋在耳，有可聞者。熊氏金昆玉友，居斯堂，豈不重有所感動奮發，而興起好善惡惡之心哉！何時與表弟徐用賓偕友蔡季通、劉平父、吕季叔覽觀之，以自慰也。顧今有所未暇，姑記其大概，述此心之廣大如此，因書以自警，並以告世基兄弟云。（乾隆南昌府志卷十七，同治豐城縣志卷二十。）

按：南昌府志卷二十七云：「心廣堂，在龍光書院。夏陽熊世基兄弟所建，朱熹為之命曰『心廣』，并作記。」然卷十七又云：「是記乃熊世基為友人陳自俯請。」與此記所述不合。

克齋記初稿 乾道八年

性情之德無所不備，而一言足以盡其妙，曰仁而已。所以求仁者蓋亦多術，而一言足以舉其要，曰克己復禮而已。蓋仁也者，天地所以生物之心，而人物之所得以為心者也。惟其得夫天地生物之心以為心，是以未發之前四德具焉，曰仁、義、禮、智，而仁無不統。已發之際四端著焉，曰惻隱、羞惡、辭遜、是非，而惻隱之心無所不通。此仁之體用所以涵育渾全、周流貫徹，專一心之妙而為衆善之長也。然則人之求之，亦豈在夫外哉？特去其害此者而已矣。蓋所謂仁者，天理之公也；所以害仁者，人慾之私也。二者分而相為消長，彼既盛則此不得不衰矣。故求仁者克去己私，以還天理，至於一旦廓然，欲盡而理純，則其視天下蓋無一物不在吾生物氣象之中焉。默而存之，固藹然其若春陽之温也，泛然其若醴酒之醇也；有感而遂通，則無一事之不順於理而無一物之不被其愛矣。嗚呼！此仁之為德所以盡情性之妙也歟？

昔者顔子問仁於孔子，而孔子以「一日克己復禮，天下歸仁」告之。其於用力於仁之要，可謂一言而舉矣。至於近世，程氏之學祖述孔、顔，尤以求仁為先務，而其所論求之之術，亦未有以易此者。吾友會稽石君子重，蓋聞程氏之風而悦之者也。間嘗以「克」名齋，而訊其説於予。予惟克復之云，雖若各為一事，其實克己者乃所以復禮，而非克己之外别有所謂復禮之工也。今子重擇於斯言而有取於克之云者，則其於所以用力於仁之要，又可謂知其要矣，尚奚以予言為哉！繼今以往，如將因夫所知之要而盡其力，至於造次顛沛之頃而無或怠焉，則夫所謂仁者其必盎然有所不能自已於心者矣，是又奚以予言為哉！

雖然，自程門之士有以知覺言仁而深疾夫愛之説者，於是學者乃始相與求之於危迫之中而行之於波動之域，甚者揚眉瞬目，自以為仁，而實蓋未嘗知夫仁之為味也。予懼子重之未能無疑於其説也，則書予之所聞者如此以復焉。使吾子重無駭於彼而有以安於此，則斯言也於輔仁之義其庶幾乎。年月日記。（宋槧晦庵先生文集）

按：朱文公文集卷七十七有克齋記，與此大異，蓋此為初稿，朱文公文集所收乃後來修改稿。

南劍州尤溪縣新修學記初稿 乾道九年

乾道九年月日，尤溪縣修廟學成。知縣事會稽石君𡎬以書來，語其友某曰：「縣之學故在縣之東南隅，其地隆然以高，面山臨流，背囂塵而挹清曠，於處士隸業為宜。中徙縣北原上，後又毁而復初。然其復也，士子用陰陽家説，為門斜指寅卯之間以出，而門之内遂無一物不失其正者。𡎬始至而病焉，顧以講學之初，未遑外事。今年正月，度材鳩工，乃克告備。於是始撤而更新之，改作門堂齋序而大其藏書之閣，下至庫庾庖湢，亦使無一不得於正。蓋縻金錢若干萬，人力若干工，不求諸士，不取諸民而事以時就。吾子既樂聞之，儻辱記焉而因有以勵其學者，則𡎬之幸也。」某惟往歲嘗以事至尤溪，見石君所以化於邑者莫非古人為己之學，固已深悦而屢嘆之。矧其振弊圖新，以克有立，又有如今所聞者，則其於屬筆之意，雖欲以固陋辭，其可得乎？乃不復辭而序其本末如此，且誦所聞以告夫二三子者曰：

天生斯人而予以仁、義、禮、智之性，使之有君臣、父子、兄弟、夫婦、朋友之倫，所謂民彝者也。惟其氣質之稟不能一於純秀之會，是以物感情動，則日以陷溺而不自知焉。古先聖王為是之故，立學校以教之。而其為教，必始於洒掃應對進退之間，禮、樂、射、御、書、數之習，使之敬恭朝夕，修其孝悌忠信而無遺焉，然後格物以致其知，修身齊家以達于治國平天下，期以不失其性、不亂其倫而後已。然自秦漢以來，千有餘歲，上之所以教，下之所以學，莫有知出此者。以故學校遍天下，而人材風俗□□□學所破壞，或使之重失其性、益亂其倫而不□□□□可悲也哉！石君生於此俗，乃能挺然自立，以學□□□□又能推之以教其人而不倦焉，其可尚已！今□□□□以惡夫宮牆宇室之不得其正而悉其力以□□□所以根乎内而警乎外者，又何如哉？二三子□□□□警教之意，以求其學之所在而用力焉，則去□□□□而厚倫者，亦不可勝用矣。顧今之為吏者，不得久於其官以須教化之效，誠懼邑人之於石君之教或有時而忘之也，因并記是説，請刻石寘廡下，以詔其學者於無窮云。（宋槧晦庵先生文集）

按：朱文公文集卷七十七有南劍州尤溪縣學記，與此文大異，蓋此文亦為初稿。朱熹作文，常多寫成後寄友討論，然後再修改寫定，故初稿常得先傳抄流布于外。而此宋槧晦庵先生文集刻於淳熙末、紹熙初，因是坊估私編私刻，非朱熹所定，乃收取朱熹當時流布之文編集，其中遂多有朱熹初稿之文。

金榜山記 淳熙二年

金榜山在嘉禾廿三都北，有嶺曰薛嶺。嶺之南，唐文士陈黯公居焉。嶺之北，薛令之孫徙居於此，時號南陳北薛。黯公十八舉不第，作書堂於上，人稱曰「場老」。山澗有石，名釣魚磯。堂側石高十六丈，名玉笏。所居有動石，形甚圓，每潮至則自動。天將風，則石下有聲，名虎礁。宋熙寧中，邑尉張翥詠嘉禾風物，有「尤喜石翻」之句，正謂此也。宋淳熙二年春，新安朱熹謹拜贊曰：

猗歟陳宗，濬發自虞。協帝重華，順親底豫。克君克子，裕後有餘。胡滿受封，平陽繼世。至於大邱，節義尤敷。更考相業，聲名不虛。深羨釣隱，高尚自如。爰及五代，配天耀祖。剖符錫衮，遍滿寰區。更秉南越，有分開土。宋室納款，臣節弗渝。丕顯丕承，此其最著。子孫繩繩，别宗寡侶。源深流長，猗歟那歟！（道光厦門志卷九。）

琴塢記 淳熙五年

友人屠君天叙諱道者，以進士拜侍御史，辭疾歸隱。素善琴，乃作軒于暨陽山麓，蕭爽絶塵。入夜燕息，援琴鼓之，明月當户，光彩映發，神閒意寂，其資之者深矣。遂扁其居曰「琴塢」，請余記之。余聞聲音之道與政通，故君子窮則寓其志，以善其身；達則推其和，以淑諸人。蓋心和則聲和，聲和則政和，政和則無不和矣。暨陽之邑多山，其居民淳厚，天叙能以古音道之，必有能聽之者，是為記。淳熙五年四月甲申。（光緒諸暨縣志卷四十二。）

按：諸暨縣志卷四十二云：「紫巖鄉琴塢里，在六十都，宋侍御史屠道卜宅於此，榜其所居曰『琴塢』，後遂以名其地。」阮元宋御史屠公神道碑云：「……按譜：公諱道，字天叙，乾道五年進士。淳熙時歷官侍御史。光宗朝與權貴論事不合，至紹熙三年以疾歸，隱於暨陽之山。……樞密使劉正（按：当作留正）嘗欲復起之，不可。抱琴攜酒，徜徉山水間，號『樂琴居士』，而名其地曰『琴塢』，朱子為之記。」疑此記淳熙五年為紹熙五年之誤。

藍洞記

出縣城，度紫橋，計程二十里，踰峻嶺而西，有村莊焉。故老告予曰：此唐藍文卿所隱之藍洞也。洞有景八間，若岑巔遠眺，䆳林弈暑，怪石隱伏於中，争為奇態者以百計。傍二大柱負土出，高數丈，宛若人形。洞之東，汀禽沙鳥出没柱渚中者，曰曲澗飛鳧；寒風斂霽，晴日初升，與凍雲相激薄者，曰南寨曝雪。寨上有坪，坪闊五里許。循兹而降，即洞南精華凝結處也。中流砥柱，為臺鼎峰。洞之西山圓曲，山下出環，四面波濤蕩漾，為半月墘。洞之西南為三台岡，洞之正北為七星臺。洞有泉水從石出，其冷異常。旁有古松一株，落落孤踪。儼若雲島，孤鶴翱翔棲飲者為飲鶴泉。洞之右有祠，離祠五丈餘，即石牛坵也。牛自雪峰來，歘化為石，成一古蹟云。若丹穴，處洞之水尾，以山土多赤色得名。山下一溪横截，屹然對峙者，碧山也。山匝地白粉，為白鹿所常憩處。洞之北有金鷄巖，每夜闌，石牛游食他所，至碧山，澗樹皆合。候金鷄鳴，石牛返，樹合而復離。于斯時也，樹頭初日，如掛銅鉦，朝霞散綺，曉岫雲開，此「石亭醉日」、「銅谷飛雲」之所由來也歟？（民國古田縣志卷八。）

按：此記存疑待考。

卷六 銘箴贊祭文碑墓誌傳

鼓銘 紹興中

擊之鏜兮，朝既暘兮，巧趨蹌兮。德音將兮，思與子偕響兮。（民國同安縣志卷二十五。）

按：朱文公文集卷八十五有鼓銘，僅此前一半。

毋自欺齋銘 乾道中

人所不知，己所獨知。自修之要，在勿自欺。既不欺於顯，又不欺於隱。誠意君子，於公始見。（隆慶臨江府志卷十二。）

按：臨江府志稱：「彭龜年嘗以『毋自欺』名齋，朱晦庵過訪，為之銘曰……」攻媿集卷九十六彭龜年神道碑云：「自初第而歸，益篤於學，以『毋自欺』名齋。以書問南軒張公中庸、語、孟大義……時相與折衷於晦庵朱公，而學愈成矣。」朱文公文集卷六十答彭子壽書一正言及作齋銘事：「齋銘之屬，豈所敢承？……竊聞之大學於此雖若使人戒夫自欺，而推其本，則必有以用力於格物致知之地，然後理明心一，而所發自然莫非真實。如其不然，則雖欲防微謹獨，無敢自欺，而正念方萌，私欲隨起，亦非力之所能制矣。」朱熹乾道中已識彭龜年，見南軒先生文集卷三十一答彭子壽書一。

硯記 淳熙元年

淳熙甲午秋，野人穿井，得此硯石，質光潤，誠松使者、中書君之良友也。晦庵朱記。

（朱子學刊第一輯朱熹流寓長溪及其遺迹考。）

按：朱熹硯記二行，刻於硯背，下尚有明謝肇淛銘云：「端巖佳石，先賢之遺。磨涅不朽，良田在兹。謝肇淛銘。」

建陽縣學藏書櫥銘 淳熙中

建邑名庠，司教有儒。何以為訓？具在此書。非學何立？非書何習？終日不倦，聖賢可及。（朱培朱子大全集補遺卷六，嘉靖建陽縣志卷六。）

按：淳熙六年建陽知縣姚耆寅購六經及訓傳史記子集以充縣學藏書，朱熹特為作建寧府建陽縣學藏書記（朱文公文集卷七十八）。此銘或即作在其時。

硯銘 紹熙中

金石拔元音，移東序於文房之陰。無聲之聲，式玉式金。窾坎鏜鞳，不為寸莛。（民國霞浦縣志卷二十六。）

窗銘

言思毖，動思躓，過思棄。端爾躬，正爾容，一爾衷。（欽定秘殿珠林三編乾清宫藏二。）

石刻題詞 紹熙五年

存忠孝心，行仁義事，立修齊志，讀聖賢書。（同治平江縣志卷五十五。）

按：平江縣志稱朱熹講學於嶽麓時，九君子從游者得其真跡，刻於文廟戟門外石上。

題字碑

不愧兄弟，不愧妻子，君子所以宜家；不負天子，不負生民，不負所學，君子所以用世。晦翁書。（蘇州孔廟大成殿東廊碑。）

勉學箴

百聖在目，千古在心。妙者躬踐，傲者口吟。讀好書。莠言虛蔓，蘭言實荄。九蘭一莠，駟追不回。説好話。聖狂路口，義利關頭。擇行若游，急行若郵。行好事。孔稱成人，孟戒非人。小人窮冬，鉅人盛春。作好人。（弘治徽州府志卷十一，新安文獻志卷四十七，朱培朱子大全集補遺卷六。）

蚤箴

生於無人之鄉，長於不掃之境。來兮莫探其踪，去兮莫測其影。汝真小人，惟利嘴是逞。（朱培朱子大全集補遺卷六，朱子文集大全類編補遺。）

虱箴

緇衣禿髮，汝族自滅。華堂潔衣，汝族自微。隆準寒士，為汝所欺。吁！汝之處心，其有私也邪？其無私也邪？（朱培朱子大全集補遺卷六，朱子文集大全類編補遺。）

文館學士光世公遺像贊 紹興中

態度軒昂，志凌牛斗。渡世津梁，光門組綬。清揚有威，官箴無垢。儀型宛然，克昌厥後。新安朱熹拜撰。（劉氏宗譜卷一。）

太常寺博士玉公遺像贊 紹興中

卓乎太常，其儀不忒。寬兮綽兮，剛克柔克。福地載仁，心田神德。啟我後人，是效是則。新安朱熹拜撰。（劉氏宗譜卷一。）

朝議大夫太素公遺像贊 紹興中

敬爾容止，如圭如璋。朱門望重，青史名揚。懋修厥德，長發其祥。千秋俎豆，禴祀烝嘗。新安朱熹拜撰。（劉氏宗譜卷一。）

按：上三贊，乃朱熹為劉子翬先祖劉光世、劉玉、劉太素所作像贊。劉氏宗譜云：「國子博士公諱光世，一名光位。克紹父志，勤儉起家。時人稱公有君子之道四：其存心也仁，其臨事也義，其與人也信，其處鄉也禮……官至國子博士……生四子：三五公寶，三六公賁，三七公玉……娶游氏，生三子：文謀、文廣、文謨……文廣生一子曰太素……幼有異□，勤讀詩、書。少長，游學四方，從安定胡先生講受春秋。歸教鄉里，生徒一百餘人……著有春秋解評，存於家……後孫翰貴顯。」

孝友二申君贊 隆興元年

南山之南，長山之源，予與伯恭，嘗游其間。里有碩人，飽德弗諼。古心古貌，真樸內全。穆穆棣棣，孝友曰虔。嗟爾兄弟，人無間言。（康熙金華縣志卷四。）

按：金華縣志云：「申大度，循里鄉人。與弟太康友愛甚篤。既殁，合葬任公嶺。朱文公題曰『孝友二申君墓』，贊曰……」朱熹隆興元年入都奏事，歸途經婺州，嘗與呂祖謙一晤，此即金華縣志卷十所云「隆興元年……十一月熹除武學博士，與洪适論不合而歸。祖謙與偕至婺，講論問答不絶。與游南北諸山，題孝友二申君墓」。

明筮贊初稿　淳熙十三年

揲蓍之法，四十九莖。合而為一，以意取平。分置兩手，左取一蓍，掛小指間，四數所持。最末之餘，或四或奇，歸於掛間，右亦如之。兩手所餘，通卦之筭，不五則九，是謂一變。掛餘之外，復合為一。中分不掛，四數如式。餘扐左手，無名指間，不四則八，再變成焉。三亦如之，扐之中指。三變既備，數斯可紀。數之可紀，其辯伊何？四五為少，八九為多。三少為九，是曰老陽；三多為六，老陰是當；一少兩多，少陽之七；孰八少陰？少兩多一。既得初爻，復合前蓍，四十有九，如前之為。三變一爻，通十八變。六爻發揮，卦斯可見。老極而變，少守其常。六爻既守，彖辭是當。變觀其爻，兩至首尾。變及三爻，占兩卦體。或四或五，則視其存。四二五一，二分一專。皆變而他，新成舊毀。消息盈虛，捨此視彼。乾占用九，坤占用六。泰愕匪人，姤喜來復。（宋槧晦庵先生文集後集卷十二。）

按：今朱文公文集及周易本義均載有此贊，然字句大異，蓋晦庵先生文集所收此贊乃為初稿故也。朱熹易五贊（包括此明筮贊）原本收在易學啟蒙中，後周易本義成，遂編入其中。朱文公文集續集卷三答蔡伯靜書一即云：「啟蒙已為看畢……筮儀内前日補去者，更錯兩字，今亦并注可正之。」又朱文公文集卷四十八答呂子約書六云：「啟蒙後載所述四言數章，説得似已分明，卒章尤切。」此「四言數章」即易五贊。今本周易本義之筮儀中尚云：「此後所用蓍策之數，其説并見啟蒙。」均可證易五贊原在易學啟蒙中。易學啟蒙成於淳熙十三年，晦庵先生文集編於紹熙初，則必是據易學啟蒙刻入此明筮贊。然紹熙以後朱熹不斷修改易學啟蒙與周易本義，遂使此明筮贊同晦庵先生文集所收初稿面目大異。

陳文正公像贊并序 淳熙十五年

淳熙十五年秋九月望日，弋之陳君景思同官主管東西京崇福宫祠事。一日，出示其大父太師魯國公小像，二聖皇上金書玉券暨公劄牒詔草，鉅公碩輔贈奉詩文，瞻拜捧讀，不勝敬仰。某惟陳氏世德之盛昭，我聖皇御筆麗藻以褒崇之，公卿百執事章文以表揚之，與公之手澤遺言珍襲惟謹，是亦足以傳世矣。宏遠規模，汪洋度量。學貫天人，位隆將相。人物權衡，生靈依仗。翊我聖皇，太平有象。（同治弋陽縣志卷十二。）

按：此贊出自陳魯公集，疑即陳景思編陳魯公集時收入。朱熹孟子或問中論「武王不泄，邇不忘遠」，有云：「近讀陳魯公集，有論此者，與鄙意合。」孟子或問與孟子集注序定於淳熙十六年二月，去作此贊僅四月，朱熹讀陳魯公集當得自陳景思。

蔡忠惠像贊 紹熙元年

經綸其學，高明其志。立論中朝，盡心外寄。嗟公之忠兮，三陳有詩。誦公之功兮，萬安有碑。楷法草書，獨步當世。文章青史，見重外夷。丹荔經其品藻，諸果讓其清奇。鄭重於歐陽，清純而粹美。僝功於皇祐，得謚於淳熙。前無貶詞，後無異議。芳名不朽，萬古受知。英雄不偶，嗚呼幾希！（乾隆仙游縣志卷四十九。）

按：紹熙元年朱熹赴漳州任途經仙游，特造訪蔡襄之家，并一路尋求蔡襄真跡。朱文公文集卷八十二跋蔡端明獻壽儀云：「今歲南來，始得見於其來孫誼之家……」至漳後又首謁蔡襄祠，朱文公文集卷八十六有謁端明侍郎蔡忠惠公祠文。此贊或是朱熹紹熙元年四月訪蔡宅見家藏像而作，或是五月謁蔡祠見祀像而作。

余良弼贊 紹熙中

巍巍龍山，穎悟不凡。籌邊制策，信乎洞蠻。經略著效，通達大體。玉軸牙籤，善貽厥子。

（民國順昌縣志卷十四。）

按：朱文公文集卷八十三跋余巖起集云：「……余公諱良弼……熹之先君子與故直秘閣吴公公路得其文而異之……後二十八年，其季子大用尉建陽，出以相視。熹以先世之契，又嘗獲以少吏事公於温陵，辱獎進而收教焉。衰暮零落，乃復得斯文而讀之……」此跋作於紹熙四年，此贊或作在同時。

吴少微贊

文以振三變之衰，德以立千載之祀。瞻彼容儀，迺真御史。李唐以來，如公有幾？

（程朱闕里志彙增。）

按：程朱闕里志引鄂州羅願撰吴少微公傳云：「吴御史諱少微，新安人……第進士。長安中，累至晉陽尉……。新安朱熹贊……」此贊或為朱熹早年之作。

劉忠肅公像贊

第登黄甲，官侍紫宸。出則循吏，入則良臣。忠悃已攄，讜論亦陳。光照先烈，如公幾人！

（康熙河間府志卷二十一。）

按：劉忠肅即劉摯。

題楊氏始祖伯僑像贊

維彼始祖，氏本於姬。采膺晉地，封自周時。傳烈豐功，獨羨一朝之盛；循名核實，應推千古之奇。至今回憶楊侯，聲名猶在；當日群欽尚父，遠近皆知。聞望特隆，緣剪桐而受賜；椒聊繁衍，知立姓之長垂。記其事以弁譜端，萬殊悉歸一本；叙數言以為像贊，後裔其仰先儀。（光緒浦城楊氏宗譜。）

按：重修浦城通德里楊氏族譜載有楊與立序。楊與立爲朱熹弟子，浦城人，此像贊或爲應楊與立之請而作。

祭開善謙禪師文 紹興二十二年

我昔從學，讀易語孟。究觀古人，之所以聖。既不自揆，欲造其風。道絶徑塞，卒莫能通。下從長者，問所當務。皆告之言：「要須契悟。」開悟之説，不出於禪。我於是時，則願學焉。師出仙洲，我寓潭上。一嶺間之，但有瞻仰。丙寅之秋，師來拱辰。乃獲從容，笑語日親。一日焚香，請問此事。師則有言：「決定不是。」始知平生，浪自苦辛。去道日遠，無所問津。未及一年，師以謗去。我以行役，不得安住。往還之間，見師者三。見必款留，朝夕咨參。師亦喜我，爲説禪病。我亦感師。恨不速證。别其三月，中秋一書，已非手筆，知疾可虞。前日僧來，爲欲往見。我喜作書，曰此良便。書已遺矣，僕夫遄言，同舟之人，告以訃傳。我驚使呼，問以何故。於乎痛哉，何奪之遽！恭惟我師，具正遍知。惟我未悟，一莫能窺。揮金辦供，泣於靈位。稽首如空，超諸一切！（佛法金湯編卷十五，釋氏資鑑卷十一。）

按：朱熹早年師從道謙禪師學禪，文中云「師則有言：『決定不是』」，即曉瑩羅湖野録記道謙「四個決定不是」禪語：「山僧尋常道：行住坐卧決定不是，見聞覺知決定不是，思量分別決定不是，語言問答決定不是。試絶却此四個路頭看，若不絶，決定不悟……」又文中云「為説禪病」，即曉瑩雲卧紀談録道謙答元晦書云：「十二時中，有事時，隨事應變；無事時，便回頭向這一念子上提撕『狗子還有佛性也無，趙州云無。』將這話頭只管提撕，不要思量，不要穿鑿，不要生知見，不要强承當。……」此四個「不要」，亦即四個「決定不是」。按羅湖野録、雲卧紀談所記，知開善道謙卒於紹興二十二年。又按：釋大觀物初賸語卷十六書尤直院記朱文公徐棘卿事後云：「文公喜誦寒山子詩，嘗見開善謙公，今謙語録中有與文公法語二篇在焉。謙，嗣妙善者也。」可見道謙亦有道謙語録傳世（疑為其弟子所編），所謂法語二篇，即道謙致朱熹二篇書札。由此可以推斷朱熹致道謙二書及此祭開善謙禪師文當亦附在道謙語録之後，得以傳世，為佛法金湯編、釋氏資鑑等所用。

祭南山沈公文 紹熙二年

嗚呼叔晦！今果死與？氣象嚴偉，凛若泰山之不可逾；而情性端静，劬然蠹魚之生死于書。家徒長卿之四壁，而清恐人知。嗟吁叔晦！學問辨博，識度精微。官止龍舒之別乘，而才實執政之有餘。人皆戚戚，君獨愉愉。人皆汲汲，君獨徐徐。而惟以道德為覆載，以仁義為居諸，以太和為扃牖，以至誠為郭郛。至於大篇短章，鏗金戛玉，鉤玄闡幽，海搜山抉者，又特其功用之緒餘也。（定川遺書附録卷二，宋元學案補遺卷七十六，四明文獻集。）

按：燭湖集卷五上晦翁朱先生書五有云：「叔晦沈兄不幸謝世。此浙中之梁木一壞，豈易復得！先生必為哀痛。身後家世，更是可憐……念其所以不隨世磨滅之托，尤惟先生是望，未知已納事實與否？切愿早成就之。」所謂「不隨世磨滅之托」，當是指以墓銘相托；而「納事實」則指受納其行狀事實以作墓銘。或因沈家未嘗納行狀事實，朱熹未作墓銘，而作此祭文於十二月丁酉沈焕叔晦入葬時遣祭。

濂溪先生行録 乾道五年

先生姓周氏，名敦實，字茂叔，避厚陵藩邸名，改敦頤。世居道州營道。父輔成，嘗為賀州桂嶺令，贈諫議大夫。母鄭氏，封仙居縣太君。先生少孤，養外家。景祐中，用舅氏龍圖閣學士鄭公向奏，試將作監主簿，授洪州分寧縣主簿。先生博學力行，遇事剛果，有古人風。其為政精密嚴恕，務盡道理。縣有獄久不決，先生至，一訊立辨，衆口交稱之。部使者薦其才，為南安軍司理。獄有囚，法不當死，轉運使王逵欲深治之。逵苛刻，吏無敢與相可否者。先生獨與之辨，不聽，則置手板歸，取告身委之而去，曰：「如此，尚可仕乎！殺人以媚人，吾不為也。」逵感悟，囚得不死，且賢先生，薦之。移郴州桂陽令，皆有治積。用薦者改大理寺丞，知洪州南昌縣。南昌人見先生來，喜曰：「是能辨分寧獄者。」於是更相告語，勿違教命，而以污善政為耻也。改太子中舍人，簽書合州判官事，轉殿中丞。一郡之事，不經先生手，吏不敢決，民不肯從。趙清獻公為使者，小人或譏先生，趙公臨之甚威，而先生處之超然也。轉國子博士，通判虔州。趙公來為守，熟視先生所為，執其手曰：「今日乃知周茂叔也！」遷尚書虞部員外郎，通判永州，權發遣邵州事，新學校以教其人。熙寧元年，用趙公及吕公正獻公薦，為廣南東路轉運判官。三年，轉虞部郎中，提點刑獄。先生不憚出入之勞，瘴毒之侵，雖荒崖絶島，人跡所不至處，亦必緩視徐按，務以洗冤澤物為己任。設施措置未及盡其所為，而先生病矣，因請南康軍以歸。趙公方尹成都，復奏起先生，朝命及門，而先生卒矣，熙寧六年六月七日也。年五十有七，葬江州德化縣清泉社。娶陸氏，封縉雲縣君。再娶蒲氏，封德清縣君。子壽、燾，皆太廟齋郎。先生所著書，有太極圖、易説、通書數十篇，詩十卷，藏於家。先生在南安時，年甚少，不為守所知，洛人程公珦攝通守事，視其為學知道也，因與為友，且使其子顥、頤受學焉。及為郎，故事當舉代，每一遷授，輒一薦之。程公二子，皆唱鳴正道，以繼孔孟不傳之統，世所謂二程先生者，其原蓋自先生發之也。在郴時，其守李公初平知先生賢，不以屬吏遇之，既薦諸朝，又周其乏困。嘗聞先生論學，歎曰：「吾欲讀書，如何？」先生曰：「公老矣，無及也。敦實請得為公言之。」初平逐日聽先生語，蓋二年而有得。王荊公提點江東刑獄，時已號為通儒，先生遇之，與語連日夜。荊公退而精思，至忘寢食。先生自少信古好義，以名節自砥礪。其奉己甚約，俸禄盡以賙宗族，奉賓友。在南昌時，得疾暴卒，更一日夜始甦。或視其家，止一敝篋，錢不滿百。李初平卒，子幼不克葬，先生護其喪，歸葬之。分司而歸，妻子饘粥不給，曠然不以為意也。廬山之麓，有深溪焉，築書堂其上，名之曰「濂溪」，因語其友清逸居士潘延之曰：「可仕可止，古人無所必。束髮為學，將有以設施可澤於斯人者，必不得已，止未晚也。此濂溪者，異時與子相從於其上，歌詠先王之道，足矣。」此其出處之本意也。豫章黃庭堅稱之曰：「茂叔人品甚高，胸中灑落，如光風霽月。」好讀書，雅意林壑，不卑小官，職思其憂。論法常欲與民決訟，得情而不喜。其為使者，進退官吏，得罪者自以不冤。濂溪之名，雖不足以對其美，然茂叔短於取名，而樂於求志；薄於徼福，而厚於得民；菲於奉身，而燕及惸嫠；陋於希世，而尚友千古。聞茂叔之風，猶足以律貪，則此溪之水配茂叔以永久，所以多矣，識者亦或有取於其言云。（性理群書句解卷二十。）

按：乾道五年朱熹校定周子太極通書，刻板於建安，是爲建安本。此篇應即是其建安本周子太極通書中所作之濂溪先生事狀，其於周子太極通書後序云：「諸本附載銘碣詩文，事多重復……故今取公及蒲左丞、孔司封、黄太史所記先生行事之實，删去重復，合爲一篇，以便觀者。」再定太極通書後序亦云：「建安本特據潘志，置圖篇端……又即潘志及蒲左丞、孔司封、黄太史所記先生行事之實，删除重復，參互考訂，合爲事狀一端。」至淳熙六年，朱熹再校定周子太極通書，刻板於南康，是爲南康本。南康本對建安本中濂溪先生事狀作了改寫，此即再定太極通書後序所云：「復校舊編，而知筆削之際，亦有當録而誤遺之者……因取舊帙，復加更定……」此更定之濂溪事狀，即朱文公文集卷九十八之濂溪先生事實記（性理群書句解卷七録有此文，題作濂溪先生畫像記，不當），後又編入伊洛淵源録。此記後題「淳熙六年六月乙巳後學朱熹謹記」，而再定太極通書後序後題「淳熙己亥夏五月戊午朔新安朱熹謹書」，顯可見此濂溪先生事實記乃爲南康本太極通書作。以後建安本不傳，其中作濂溪先生事狀（即此濂溪先生行録）亦并亡佚。熊節、熊剛大去朱熹不遠，當可得見建安本周子太極通書，故可取其中濂溪先生事狀入書。

范浚小傳

淳熙八年

范浚，字茂明，婺之蘭溪人。隱居香溪，世號香溪先生。初不知從何學，其學甚正。近世言浙學者多尚事功，浚獨有志聖賢之心學，無少外慕，屢辭徵辟不就。所著文辭多本諸經而參諸子史，其考易、書、春秋，皆有傳註，以發前儒之所未發。於時家居授徒至數百人，吾鄉亦有從其遊者。熹嘗屢造其門而不獲見，近始得學行之詳於先友呂伯恭，庸述小傳，以聞四方學者。（香溪文集卷首，光緒蘭溪縣志卷五。）

按：蘭溪縣志卷五范浚傳云：「晦庵朱子心契之，兩訪其廬，皆不遇，録書屏心箴以去，後注入孟子集傳。是歲十二月浚卒，年止四十有九。朱子為作小傳。」以「近始得學行之詳於先友呂伯恭」考之，呂祖謙卒於淳熙八年七月，既稱「近」，則此傳應即作在淳熙八年，疑即是年朱熹入都經蘭溪時作。

右朝議大夫充徽猷閣待制致仕彭城縣開國子食邑五百户贈少傅劉公神道碑銘（初稿）淳熙中

徽猷閣待制贈少傅彭城劉公既薨三十有三年，其子觀文殿學士彭城侯亦以疾薨于建康府舍。疾革時，手為書，授其弟玶，使以屬其友朱熹，若曰：「珙不孝，先公之墓木大拱，而碑未克立，蓋猶有待也。今家國之讎未報，而珙銜恨死矣。以是累子，何如？」熹發書慟哭曰：「嗚呼！共父遽至此耶？且吾蚤失吾父，少傅公實收教之。共父之責，乃吾責也。」即訪其家，得公弟屏山先生所次行狀，又得今江陵張侯栻所為志銘，以次其事曰：

公諱子羽，字彦脩，其先自長安徙建州，今為崇安縣五夫里人。曾大父贈朝議大夫太素，大父太子太保民先皆以儒學教授鄉里，而皇考资政殿大學士贈太師忠顯公遂以忠孝大節殺身成仁，事載國史。

公其嗣子也，少以父任補將仕郎，積勞轉宣教郎，權浙東安撫司書寫機宜文字。入主太僕、太府簿，遷衛尉丞，辟河北河東宣撫司書寫機宜文字，以功轉朝請大夫，授直祕閣。建炎三年，擢祕閣修撰，知池州，改集英殿修撰，知秦州。未行，除御營使司參贊軍事，辟川陝宣撫處置使司參議軍事。四年，除徽猷閣待制。紹興二年，領利州路經略使，兼知興元府。除寶文閣直學士，封彭城縣開國男，食邑三百户。四年，責授單州團練副使，白州安置。五年復官，提舉江州太平觀，復爲集英殿修撰，知鄂州。權都督府參議軍事，宣諭川陝。踰年還報，復待制，知泉州。八年落職，提舉太平觀，尋責授單州團練副使，漳州安置。十一年復官，起爲沿江安撫使、知鎮江府。十二年，復待制，進爵子，益封二百户。是歲罷，復提舉太平觀，五年而薨。

公天姿英毅，自少卓犖不羣。年二十四五時，佐忠顯公守越，以羸卒數百破睦寇方臘數十萬衆，卒全其城。復佐忠顯公守真定，會女真入寇，以大兵圍其城。公設方略，登陴拒守數月，虜不能下而去。忠顯公既以節死，公扶喪歸葬，號天泣血，以必報讎耻自誓。免喪造朝，以書抵宰相，論天下兵勢當以秦隴爲根本，於是有秦州之命，遂參御營使司軍事。

時叛將范瓊擁强兵，據上流，召之不來，來又不肯釋兵，中外汹汹。知樞密院事張忠獻公與公密謀誅之。一日，爲遣張俊以千人渡江捕它盜者，使皆甲而來，因召瓊、俊及劉光世詣都堂計事，爲設飲食。食已，諸公相顧未發，公坐廡下，恐瓊覺事變，遽取寫敕黄紙，趨前以麾瓊曰：「下有敕，將軍可詣大理置對。」瓊愕不知所爲，公顧左右擁置輿中，衛以俊兵送獄。使光世出撫其衆，數瓊在圍城中附賊虜迫脅二聖出狩狀，且曰：「所誅止瓊耳，若等固天子自將之兵也。」衆皆投刃曰諾，因悉麾隸它軍，頃刻而定，瓊竟伏誅。

張公由此益奇公，及使川陝，遂辟以行。至秦州，立幕府，節度五路諸將，規以五年而後出師。明年，虜窺江淮急，張公念禁衛寡弱，計所以分撓其兵勢者，遂合五路之兵以進。公以非本計争之，張公曰：「吾寧不知此？顧今東南之事方急，不得不為是耳。」遂北，至富平，與虜遇，戰果不利。虜乘勝而前。宣撫司退保興州，人情大震。官屬有建策徙治夔州者，公叱之曰：「孺子可斬也！四川全盛，虜欲入寇久矣。直以川口有鐵山棧道之險，未敢遽窺耳。今不堅守，縱使深入，吾乃東走，僻處夔峽，遂與關中血脈不復相通，進退失計，悔將何及？為今日計，且當留駐興州，外繫關中之望，内安全蜀之心，急遣官屬出關，呼召諸將，收集散亡，分布險隘，堅壁固壘，觀釁而動，庶幾猶或可以補前愆、贖後咎，奈何乃為此言乎？」張公然公言，而諸參佐無敢行者。

公即自請奉命北出，復以單騎至秦州，分遣腹心，召諸亡將。諸將聞命大喜，悉以其衆來會。公命騎將吴玠栅和尚原，守大散關，而分兵悉守諸險塞。虜諜知我有備，引去。明年，復聚兵來攻，再為玠所敗，俘獲萬計，蜀土以安。宣撫司移軍閬州，公請獨留關外，調護諸將，以通内外聲援，軍民之心翕然向之。

又明年，漢中大饑，諸帥閉境自守，因有違言，皆願得公帥興元，與連兵。張公承制，可其請。公至鎮，開關通商輸粟，輯睦鄰援，飭兵練卒，柵險待敵。會虜復入寇，將道金商以鄉四川。公以書諭金州經略使王彥，使以强弩據險邀之。彥習用短兵，妻平小盜，不以公言為意。虜猝至，逆戰，果敗走，保石泉。時吴玠為秦鳳經略使，公聞彥失守，亟移兵守饒風嶺，馳以語玠。玠大驚，即越境而東，一日夜馳三百里。中道少止，請公會西縣計事。公報曰：「虜旦夕至饒風下，不亟守此，是無蜀也。公不前，吾當往。今顧西走，不知者謂吾懼而逸，諸將得無解體乎？」玠得書，即復馳至饒風，列營拒守。虜人悉力仰攻，死傷如積。更募死士由間道犯祖溪關以入，繞出玠後。遽走還漢中，且來邀公，欲與俱去。公不可，復留玠共柵定軍山以守。玠亦不從，公不得已退守三泉，從兵不及三百人。與同粗糲，至取草牙木甲噉之。遺玠書與訣，玠持之泣下，欲馳赴公。未果，其愛將楊政者大呼軍門曰：「公今不行，是負劉公，政輩亦且捨公去矣。」玠乃來會三泉。時虜游騎甚迫，玠夜不能寐，起視公方甘寢自若，旁無警何者。遽起公，請曰：「此何等時？而簡易若是。」公慨然曰：「吾死命也，亦何言？」玠歎息泣下，竟不果留。

公以潭毒山形斗拔，其上寬平有泉水，乃築壘守之。儲粟十餘萬石，盡徙將士家屬柵中，積石數十百萬，下臨走蜀道。數日，虜果至營數十里間。一夕候騎報虜且至，諸將皆失色。入問計，曰：「始與公等云何？今寇至，欲避邪？」下令蓐食，遲明上馬。明日，公先至戰地前，當山角、據胡床坐。諸將追及，泣請曰：「某輩乃當致死於此，非公所宜處也。」公不爲動，虜亦引退。

自虜入梁洋，蜀中復大震。宣撫司官屬爭咎公，更爲浮言相恐動，力請張公徙治潼川。令下，軍士憤怒，或取其牓毀之。公連以書力爲張公言：「此已爲死守，虜必不敢越我而南。籍弟令不能守，我死行未晚也。今一旦輕動若此，兵將忿怒，恐將有齮齕公墳墓者，公奈何？」張公發書大悟，立止不行。虜遣十餘人持書與旗來招公及玠，公斬之，餘一人使還曰：「爲我語賊，欲來即來，吾有死耳，何可招也？」因復與玠謀，出鋭師腹背擊之。先是，公已預徙梁洋官私之積置他所。虜深入無所得而糧日匱，前後苦攻，死傷十五六，又聞公之將襲己也，懼，遂遁。公亟遣兵追擊之，墮谿谷死者不可計。其餘衆不能自拔者猶數十栅，皆降之。是時虜大酋撒離喝兀朮輩主兵用事，計必取蜀以窺東南。其選募戰攻，蓋已不遺餘力，而我之謀臣戰將亦無敢爲必守計者。獨公與張公協心戮力，毅然以身當兵衝，將士視公感激争奮，卒全蜀境，以蔽上流。寇退，又方與定計，改紀軍政，以圖再舉。而張公已困於讒，公亦相次得罪徙白州矣。

始，吴玠爲裨將，未知名。公獨奇之，言於張公。張公與語，大悦，使盡護諸將。至是，玠上疏，請還所假節傳綮戟贖公罪。士大夫以是多玠之義而服公之知人。

既張公入相，大議合兵為北討計，召公赴闕，使諭指西師，且察邊備虛實。公還，奏虜未可圖，宜益治兵，廣營田以俟幾會。時又方議易置淮西大將，且以其兵屬公。公復以為不可，遂以親老丐便郡，得泉州以歸。

在郡踰年，治有異等之效。學校久廢，撤而新之，堂序規橅略放太學，至今為閩中諸郡之冠。僧可度者以賂結中貴人，屬戚里陳氏誣奏，奪陳洪進守冢寺。公曰：「此細事爾，然小人罔上如此，是乃履霜之漸，不可長。」即疏其事以聞。戚豎輩皆抵罪。無幾何，淮西軍果亂，張公去相，議者反謂公實使然，不責，無以係叛將南歸之望。於是再責，聞者嗤之，而公不自辨也。

在鎮江，會金虜復渝盟，公建議清野，盡徙淮東之人於京口，撫以威信，兵民雜居，無敢相侵擾者。嘗得盜，劾之，乃楚州守某者所為。前後攻劫不可計，悉具獄棄之市。以其事聞，某者亦坐遠竄。於是境内帖然，道不拾遺。既而虜騎久不至，樞密使張浚視師江上，以問公。公曰：「此虜異時入寇飄忽如風雨，今更遲回，是必有他意。」居頃之，虜果復以和為請。而使者乃植大旗舟上，書曰「江南撫諭」。公見之，怒，夜以它旗易之。翌日，接伴使者見旗有異，大懼，請之不得，至以語脅公。公曰：「吾為守臣，朝論無所與。然欲揭此於吾州之境，則吾有死而已。」請不已，竟出境乃還之。

張浚還朝，上聞公治狀及所料虜情，亟詔復舊職。公以和好本非久遠計，宜及閒暇時修城壘、除器械、備舟楫以俟時變。宰相秦檜始以復職非己出，已不悦。至是益怒，諷言者論之。罷歸，遂不復起，士大夫之有志當世者莫不相與喟然，深爲朝廷惜之。

公生紹聖丁丑，薨紹興丙寅，年五十，葬故里蟹坑祖塋之北。元妃福國夫人熊氏，葬拱辰山忠顯公墓次，屏山先生實表之。繼室慶國夫人卓氏，公没，持家二十餘年，細大有法，内外斬斬。彭城侯雖能出，然撫之厚而教之嚴，所以成就其德業爲多。遇族黨，親疏曲有恩意。薨荆南府舍，葬甌寧縣演平之原。公子三人：彭城侯爲長，嘗以中書舍人事太上皇帝，以同知樞密院事參知政事。事今上皇帝，風望勞烈對于前人，當世鮮能及之。次瑺，承務郎，出後公弟祕閣公，早卒。次玶，從事郎，亦以公命爲屏山先生後。孫男二人：學雅，承務郎；學裘，尚幼。女二人，長適將仕郎吕欽，幼未行也。

熹之先人晚從公游，僅一再見，不幸屬疾，寓書以家事爲寄。公惻然憐之，收教熹如子姪。故熹自幼得拜公左右，然已不及見公履戎開府時事。公又未嘗以其功伐語人，獨見其居家接人孝友樂易，開心見誠，豁然無纖芥滯吝意。好賢樂善，輕財喜施，於姻親舊故貧病困阨之際，尤孜孜焉。因竊從公門下士及一二故將問公平生大節，又知其忘身徇國之忠、决機料敵之明，得將士心，人人樂爲盡死，事皆偉然，雖古名將不能過。至其爲政，愛民禮士，敦尚教化，擿姦發伏，不畏强禦，乃有古良吏風。及公既没，然後得其議奏諸書、張公手記秦州出師時事，讀之，又未嘗不慨然撫卷廢書而歎也。

惟公家自忠顯以來，三世一心，以忠孝相傳，事業皆可紀，而公奔走兵間，尤艱且危。雖不幸困於讒誣，不卒其志而中世以没，然再安全蜀，以屏東南，人至于今賴之。顧表隧之碑獨不時立，漫無文字以詔後世，則豈惟彭城侯九原之恨，凡我後死，與有責焉。於是既悉論載其實，又泣而為之銘，以卒承彭城侯之遺命。其銘曰：

天警皇德，曰陂其平。復畀材傑，俾維厥傾。薄言試之，于越于鎮。卒事于西，亦危乃定。始却于秦，偪仄飄摇。一士之得，厥猷以昭。再蹶于梁，莫相予死。亦障其衝，校績逾偉。岷嶓既奠，江漢滔滔。爾職于佚，我司其勞。曾是弗圖，讒口嗸嗸。載北載南，倏貶其褒。曰和匪同，識微慮遠。豈不諄諄？卒莫予展。我林我泉，我寄不淺。莫年壯心，有逝無反。惟忠惟孝，自我先公。勉哉嗣賢，克咸厥功。豈不咸之？又圮于成。詩勸來者，永其休聲！（宋槧晦庵先生文集後集卷十七，劉氏傳忠録卷二。）

按：朱文公文集卷八十八有少傅劉公神道碑，與此文大異，蓋此文亦為初稿。今武夷山武夷宫保存有此劉子羽神道碑石，題作「宋故右朝議大夫充徽猷閣待制贈少傅劉公神道碑」，「宋故右朝議大夫充徽猷閣待制彭城劉公神道碑銘，從南康軍事兼管内勸農事借緋朱熹撰并書，丞事郎充秘閣荊湖北路安撫司公司馬步軍都總管兼本路營田使賜紫金魚袋張栻篆額」。此碑文與晦庵先生文集碑文完全相同，足證當時乃是據此碑文上石，晦庵先生文集即收此文，而朱文公文集所收乃後來之修定稿。

有宋端明殿學士中大夫致仕江夏郡開國侯食邑一千五百户食實封一百户贈正議大夫黄公墓志銘（初稿）淳熙七年

公姓黄氏，諱中，字通老。其先有諱膺者，自光州固始縣入閩，始家邵武。至公間十有二世矣。公之曾大父汝臣，不仕。大父豫，假承務郎。父崇，贈金紫光禄大夫。母游氏，追封建安郡夫人。

公生穎悟端慤，少長受書，不過一再讀，已輒默然危坐竟日，而書悉已成誦。建安從父兄定夫先生愛其厚重，亟稱之。踰冠入太學，遭僞楚之亂，即日自屏居外。既而邦昌果遣學官致僞詔藥物勞諸生，公以前出，故無所污。建炎再造，族祖父輔政，薦補修職郎、御營使司幹辦公事。紹興五年舉進士，對策廷中，極論孝弟之意，有以動聖心者。遂以第二人賜第，授左文林郎、保寧軍節度推官，改宣義郎，主管南外敦宗院。代還，秦丞相檜方用事，察公意不附己，差通判建州事。遭喪，服除，復差通判紹興府。時公擢第餘二十年，士友莫不以遷徙滯留為公嘆息，而公處之泊如也。檜死，公道開，天子記公姓名，乃召以為祕書省校書郎、兼實録院檢討官，遷著作佐郎，兼普安恩平郡王府教授。遷司封員外郎，兼權國子司業，滿歲為真。充二十八年賀金國生辰使，還為秘書少監。尋除起居郎，兼權中書舍人。權工部侍郎，兼侍講。兼權吏、兵部侍郎，權禮部侍郎。踰年，去權即真。

公使虜時，虜已作治汴宫，秘書少監沈介以賀正使先歸，不敢言。公還，獨言汴中役夫萬計，宫寢畢備，此必欲徙居以見迫，不可不早自為計。時約和久，中外解弛，無戰守備。上聞矍然，而宰相顧曰：「沈監之歸，屬耳殊不聞此，何耶？」因不復以公言為意。居數日，公復往白，請以妄言即罪。右相湯思退怒，至以語侵公。公不為動，已乃除沈吏部侍郎，而徙公以補其處。公猶以邊備為言，又不聽，則請補外。上不許，曰：「黄中可謂恬退有守矣。」於是有左史之拜，錫以鞍馬，非故事也。

顯仁太后上僊，有司以辰日罷朝夕哭。公争之曰：「此非經。且唐太宗猶以是日哭其臣，況臣子於君母乎？」及殯，有司又以權制已訖，請百官以吉服行事。公又曰：「唐制，殯在易月之内，則其禮曰百寮各服其服。至啟殯，則雖在易月之外，而猶曰各服其初服。今以易月故而遂吉服以殯，非禮也。」

在工部，以御前軍器所領屬中人，其調度程品工部軍器監不得與，非祖宗法，奏請改之，不報。嘗迓虜使，使者當謝錫宴，故以天暑為辭，請拜宇下。公持不可，乃拜廷中，遂送之還。又言：「聞虜日繕兵不休，且其重兵皆已南下，宜有以待之。」親饗明堂，請毋新幄帟，毋設四輅，以節浮費，詔從之。

三十一年，金使來賀天申節，遽以欽宗皇帝訃聞，且多出不遜語。諸公不知所為，欲俟其去乃發喪。公聞之，馳白宰相：「此國家大事，臣子至痛之節，一有失禮，謂天下後世何？且使人或問其故，將何以對？」於是竟得如禮。始，公自使還，至是三四年間，每進見，未嘗不以邊事為言。至是，又率諸同列請對，論決策用兵事，莫有同者。公乃獨陳備禦方略。上始善其言，然不數月，而金亮已擁衆渡淮矣。公適以遷禮曹入謝，因論淮西將士不用命，請擇大臣督諸軍。既而以殿帥楊存中為御營使，公又率同列論存中不可遣狀甚力。虜騎臨江，朝臣震怖，爭遣家逃匿，公獨晏然如平日。家人亦朝暮請行，公初不答。已而曰：「天子六宮在是，吾為從臣，若等欲安適耶？」比虜退，唯公與左相陳魯公家在城中，衆皆慚服。

於是車駕將撫師建康，而欽宗未祔廟，留守湯思退請省虞速祔而釋服以行。公持不可，上納用焉，而議者猶謂凶服不可以即戎。上曰：「吾因以縞素詔中外矣。」卒從公言。

既行，留司百官吉月當入臨，思退復議罷之。公又力争，得不罷。比作主，當瘞重。公又以初服請。右相朱倬不可，曰：「徽孝大行有故事矣。」公曰：「此前日之誤，今所當改，奈何復因之乎？」倬因妄謂上意實然，臣子務為恭順可也。公曰：「責難於君，乃為恭耳。」

虜以易主，復來修好，且責臣禮及新復四郡，迓者以聞。因曰土疆實利，不可予，禮際虚名，不足惜也。公聞之，亟奏曰：「名定實隨，百世不易，不可謂虚；土疆得失，一彼一此，不可謂實。議者言非是。」上然之，已而有詔問侍臣足食足兵之計，公言：「今天下財賦半入内帑，有司莫能計其盈虚。請用唐德宗楊炎之策，歸之左藏。」上亦善之，然未及行也。

未幾，今天子受禪。公自以舊學老臣，當盡規戒，且察左右有以術數惑上聽者，則具以堯、舜、禹、湯、文、武、周、孔所傳正心誠意、致知格物之説為上陳之。會給筆札侍臣，論天下事。公既條上，且申前奏，極論内帑之弊。於是有詔，更以内藏激賞為左藏南庫。明年，復以災異，命近臣言闕政。公曰：「前給筆札，羣臣對甚悉，意者陛下當力行之。今什未一二施行，又何以多言為哉？」已而有詔，太上皇后之命得以聖旨為稱。公引故典争之，不得。宰相建遣王之望使虜約和，公又論之，亦不從。

天申上壽，議者以欽宗服除，當舉樂。公曰：「臣事君猶子事父。禮，親喪未葬不除服。春秋，君弒賊不討，則雖葬不書，以明臣子之罪。況今欽宗實未葬也，而可遽作樂乎？」既奏言之，又引永祐龍輴未返時事白宰相。左相湯思退曰：「時已遣使迎奉，故輟樂以待。今則未也。」公曰：「此又誰之責耶？」右相張公亦曰：「今為親故，不得以前日比。」公曰：「太上皇帝於欽宗親弟昆，且嘗北面事之，有君臣之義，尤恐非所安也。」退具草，將復論之，詞益壯。廟堂憚公議正守堅不可屈，事乃得寢。

嘗兼國子祭酒，又兼給事中，詔敕下者，問理如何，未嘗顧己徇人，小有回屈。内侍李綽、徐紳、賈竑、梁珂遷官不應法，諫官劉度坐論近習龍大淵忤旨補郡，已復罷之。公皆不書讀，左右已深忌之。居數月，會安穆皇后家墳寺當得賜田，而僧遂奪取殿前軍所買田以自入，軍士以為言。事下户部，尚書韓仲通不可，而侍郎錢端禮獨奉予之。公復封上，羣小因是相與媒孽，遂以特旨罷公。中書舍人馬騏方上疏請留，而言事官尹穡希意投隙，詆公為張公黨，騏後亦不能自堅也。

明年乾道改元，公年適已七十矣，即移文所居邵武軍告老。除集英殿修撰致仕，進敷文閣待制。居六年，一日，上思公，將復用之。因御講筵，顧侍臣曰：「黄中老儒，今居何許？年幾許？」意其筋力或未衰也，於是召公赴闕。公不得辭，强起。比入都門，觀者如堵。引對内殿，問勞甚寵。時用事者方以權譎功利日肆姦惡，公因復以前奏正心誠意、致知格物者為上精言之。又言：「比年以來，言和者忘不共戴天之讎，固非久安之計；而言戰者徒為無顧忌大言，又無必勝之策。必也暫與之和而亟為之備，内修政理而外觀時變，則庶乎其可耳。」上皆聽納。以為兵部尚書兼侍讀，每當入直，上常先遣人候視，至則亟召入，坐語從容。如是數月，月必一再見。公知無不言，其大者則迎請欽宗梓宮，罷天申錫宴也。

公前在禮部，論止作樂事，公去卒用之。至是又將錫宴，公奏申前説，且曰：「三綱五常，聖人所以維持天下之要道，不可一日無。欽宗梓宮遠在沙漠，臣子未嘗一言及之，獨不錫宴一事僅存，如魯告朔之餼羊爾。今又廢之，則三綱五常掃地而盡，陛下將何以責天下臣子之不盡忠孝於君親哉？」已而詔遣中書舍人范成大使虜，以山陵為請。公又奏曰：「陛下聖孝及此，天下幸甚。然置欽廟梓宮而不問，則有所未盡於人心。且雖夷狄之無君，其或以是而窺我矣。」上善其言而不及用，虜於是果肆嫚言，人乃服公之論正而識早也。它所論建，如作會計録，罷發運使，及民間利病、邊防得失甚衆。

蓋公之復來，庶幾得以卒行其志，而上意鄉公亦益厚。至是不能卒歲，又以言不盡用，浩然有歸志。然猶未忍决求去也，乃陳十要道之説以獻。曰用人而不自用者，治天下之要道也；以公議進退人材者，用人之要道也；察其正直納忠、阿諛順旨者，辨君子小人之要道也；廣開言路者，防壅蔽之要道也；考析事實者，聽言之要道也；量入為出者，理財之要道也；精選監司者，理郡邑之要道也；痛懲贓吏者，恤民之要道也；求文武之臣，面陳方略者，選將帥之要道也；稽考兵籍者，省財之要道也。上亟稱善，公遂以乞身為請，祈懇甚力。上不能奪，以為顯謨閣學士、提舉江州太平興國宮，内出犀帶、香茗以賜。既歸，再疏告老，遂以龍圖閣學士致仕。其後上意猶欲用公，以公篤老不敢召，則手為書，遣使訪公以天下利害、朝政闕失，進職端明殿學士，且以銀絹將之。公受詔感激，拜疏以謝，略曰：「朝政之闕失多矣，其尤失者，君子在野，小人在位，政出多門，言路壅塞，廉耻道喪，貨賂公行也。天下之利害多矣，其尤害民者，官吏貪墨，賦斂煩重，財用匱竭，盜賊多有，獄訟不理，政以賄求也。臣願進君子，退小人，精選諸道使者，以察州縣，則朝政有經，民不告病矣。」

公之復歸又十年，婆娑里門，無復外事。然其心未嘗一日忘朝廷，間語及時事，或慷慨悲辛不能已，聞者蓋動心焉，尚冀公之復起而卒有以寤上心也。既而屬疾，手草遺表，猶以山陵境土、欽廟梓宮為言，而深以人主之職不可假之左右為戒。淳熙七年八月庚寅薨，諸子上其書，上為悲悼，詔以正議大夫告其弟，蓋公之年八十有五矣。

公先娶熊氏、詹氏，又娶詹氏，封淑人，後公一年亦薨。四子，源，通直郎；瀚，承務郎；浩，從政郎。六女，承議郎倪治、通直郎吴應時、宣教郎謝源明、承事郎張鑄、宣義郎陳景山其婿也。第三子及第二女皆夭。孫男七人，女五人。

公天性莊重，終日儼然，坐立有常處，未嘗傾側跛倚；語默有常節，未嘗戲言苟笑。它人視之若有所拘縶而不能頃刻安者，公獨泰然以終其身，雖在燕私，亦未嘗須臾變也。居家孝友篤至，夫婦相敬如賓。與人交恭而信，淡而久，苟非其義，一介不取諸人，亦不以予人。少時貧窶，炊黍或不繼，而處之甚安。至其力所可致，則亦不使親與其憂也。晚歲宦達，而自奉簡薄，不改於舊。惟祭祀，則致豐潔，細大必身親之。

仕州縣奉法循理，敦尚風教。在朝廷守經居正，思深慮遠，不為激訐之言、表襮之行以矜己取名。然誠意所格，愈久而上下愈信服之。上雅敬重公，屢有大用意，而公卒不少貶以求合。上問進取，必謹對曰先自治；問理財，必謹對曰量入為出，始終一説，未嘗少及功利。至於忠孝大節，敬終追遠之際，則自始對詔策已發其端，而終身誦之，至於垂絶猶不置也。嗚呼悲夫！推公此心，可謂無歉於幽明，而其法式之所存，雖與天壤相弊可也。

尤恬於勢利，興廢之間，人莫見其喜愠之色。為郡從事時，驗茶券有偽者，吏白公當受賞，公謝却之。罷惇宗而造朝也，臨安學官有缺員而見官入試貢士，宰相俾公攝焉。試者出，公即解印去。其人曰：「公所攝黨缺員，盍亦自言以審之乎？」公不顧，用事者以是惡之。在王府時，龍大淵已親幸，它教授或與過從觴詠。公獨未嘗與之坐，朝夕見，則揖而退。其後它教授多蒙其力，而公獨不徙官。為司業時，芝草生武成廟，官吏請以聞。公不答，則陰畫以獻。宰相召長貳詰之曰：「治世之瑞，抑而不奏，何耶？」祭酒周公綰未對，公指其畫曰：「治世何用此為？」周退，謂人曰：「黄公之言精切簡當，惜不使為諫諍官也。」宰相率諸達官分寫佛書，刻石六和塔下。公謝不能，請至再，終不與，其不惑異端又如此。

其涖官人莫敢干以私，然公初未嘗有意固拒之也。蜀士有仕於朝者，同列多靳侮之。獨感公遇己厚，然公亦未嘗有意獨厚之也。尤喜薦士，如王詹事十朋、張舍人震，皆公所引。張忠獻公、劉太尉錡之復用，公力為多。然未嘗以告人，諸公或不之知也。

致事里居前後十五年，收死恤孤，振貧繼絶，蒙賴者衆，而公未嘗有自得之色。平居門無雜賓，邑里後生有來見者，躬與為禮，如對大賓。諄諄教語，必依於孝弟忠信，未嘗以爵齒自高而有懈意惰容。蓋公生質粹美，天下之物既無足以動其心，其於天下之義理又皆不待問辯而已識其大者。若其誠意躬行，則又渾然不見其有勉彊之意。而謙厚慤實，尤以空言為耻，以故當世鮮克知之。然親炙而有得焉，則未有不厭然心服者。嗚呼！所謂訥言敏行、實浮於名者，公其是與！

嗣子源將以八年十月辛酉葬公於邵武縣仁澤鄉慶親里居第之北石歧原，而使其弟瀚狀公行事，屬某識焉。某素仰公德，而公所以教誨之者亦甚厚，且嘗受命以識于先大夫先夫人之墓矣，其又何辭？乃敬序其事而銘之。銘曰：

天下國家，孰匪當務？曷為斯本？身則其處。事物之理，指數莫窮。曷其大者？維孝與忠。我觀黄公，天畀淳則。植本自躬，有大其識。儼其若思，履衡蹈從。盛德之表，見于聲容。烝烝于家，懇懇于國。敬終厚遠，靡有遺貸。根深末茂，綱舉目隨。行滿當世，言為寶龜。出入兩朝，初終一意。酬酢佑神，隱顯一致。用而不究，君子惜之。刻辭幽宫，維以質之！（宋槧晦庵先生文集後集卷十七。）

按：朱文公文集卷九十一有端明殿學士黄公墓誌銘，與此文大異，亦為初稿。

朱子佚文辨僞考録

厲鶚宋詩紀事卷四十八載朱熹挽沈菊山詩一首：

愛菊平生不愛錢，此君原是菊花仙。正當地下修文日，恰值人間落帽天。生與唐詩同一脈，死隨陶令葬千年。如今忍向西郊哭，東野無見更可憐。

此詩又見萬姓統譜、杭州府志等。萬姓統譜卷八十九云：「沈莊可，分宜人，宣和間進士。知錢塘縣事，嗜菊，庭植嘗數百本。晚年退居，益放情於菊。後以九月九日死，朱熹哭之詩云云。」按：鄒登龍梅屋吟有秋夜懷菊山沈莊可：「涼風動金旻，奄忽寒節至。百卉俱萎垂，梧桐亦飄墜。明月入我牖，展轉不能寐。顧影重傷心，思君長下淚。」其寄呈後村劉編修詩下有劉克莊後題云：「余為宜春守，在郡留八十二日，坐向者疏狂罷去。是日舉場開，白袍皆入試，無一士余送者，惟詩人沈莊可出分宜縣廓十餘里餞別甚勤，又携鄒君詩卷見示。夜投古驛，吏卒皆散，挑燈讀之，語極清麗，不覺盡卷，亦逐客一段佳話也。嘉熙改元中秋後一日，莆田劉克莊題。」是嘉熙元年沈莊可猶在世，其距朱熹之卒已三十七年。張弋秋江煙草中亦有贈沈莊可一首：「卷上芳名舊所知，見君還恨識君遲。數莖短髮沾霜白，一葉扁舟觸浪危。問遍菊名因作譜，畫將藍本要求詩。向南郡邑多經過，楚士能狂更有誰？」蓋沈莊可與張弋、鄒登龍、劉克莊、戴復古輩同活動於端平、嘉熙前後，與朱熹非同時。

朱文公文集卷七十六有三先生論事録序一文：

昔顧子敦嘗為人言，欲就山間與程正叔讀通典十年。世之以是病先生之學者，蓋不獨今日也。夫法度不正，則人極不立；人極不立，則仁義無所措；仁義無所措，則聖人之用息矣。先生之學，固非求子敦之知者；而為先生之徒者，吾懼子敦之言遂得行乎其間。因取先生兄弟與横渠相與講明法度者録之篇首，而集其平居議論附之，目曰三先生論事録。夫豈以為有補於先生之學，顧其自警者不得不然耳。

此序向在朱熹集中，至據此以為朱熹作有三先生論事録一書。按：陳亮龍川集卷十四亦有此序，應為陳亮之作，而為編朱熹集者誤收。王應麟於困學紀聞中已首發其誤：「三先生論事録序，陳同甫作也。編於朱文公文集，誤。」三先生論事録一書乃陳亮作，呂東萊文集卷五答陳同甫書五云：「……論事録此意思甚好，但却似汲汲拈出，未甚宏裕。」朱熹亦曾致書呂祖謙轉求此書，朱文公文集卷三十三答呂伯恭書三十九：「前書托求本政書、續添圖子、論事録等，望留意。」呂東萊文集卷五答陳同甫書十五：「三先生論事録、禮書補遺及本政書，續刊已了者，入城幸各攜一帙來，蓋朱元晦累書欲得之也。」考陳亮集編於嘉泰四年，最早刻於嘉定六年，葉適序謂四十卷。後散佚殘缺，明成化以後只有三十卷本傳世。然據宋人編圈點龍川水心二先生文粹後集卷二十已有陳亮三先生論事録序，據饒輝序，此二先生文粹刻於嘉定五年壬申，可見此三先生論事録序原在龍川集中。而朱文公文集卷七十六所收序文，均按年編次，直至慶元六年朱熹卒前；唯最後二序則異，一為贈筆工蔡藻，作於淳熙二年；一即此三先生論事録序，置於最末，尤可見此序原為朱在編朱熹集時所未收，而為後來編者所誤增補入。

王應山閩都記卷十二録朱熹遊鼓山五古一首：

靈源有幽趣，臨滄擅佳名。我來坐久之，猶懷不盡情。蹇裳步翠麓，危絶不可登。豁然天地口，頓覺心目明。洋洋三江匯，迢迢衆山横。清寒草木瘦，翠蓋亦前陳。山僧好心事，為我開此亭。重遊見翼然，險道悉以平。會方有行役，邛蜀萬里程。徘徊更瞻眺，斜日下雲屏。

按：此詩刻在鼓山臨滄亭石筍上，署「淳熙十三年正月四日愚齋」，其非朱熹詩甚明。鼓山舊志疑為趙汝愚詩，考宋史孝宗紀：「淳熙十二年十二月甲子，以知福州趙汝愚為四川制置使。」此即詩中所謂「會方有行役，邛蜀萬里程」。然趙汝愚之離福州赴蜀已在淳熙十三年春後，朱文公文集卷八有四首餞行詩為證，其首篇有「忽聞黄鉞分全蜀，更祝彤庭列九賓」。執手便驚成契闊，贈言還喜和陽春」之句，知趙汝愚乃春間離福州途經武夷與朱熹一晤相别，與此鼓山詩「正月四日」時間相合。又韋居安梅磵詩話卷上有云：「趙愚齋客中清明詩云：『紅塵烏帽寄他鄉……』」是趙汝愚確亦號「愚齋」。

祝穆方輿勝覽卷十七載朱熹彭蠡湖七古一首：

茫茫彭蠡杳無地，白浪春風濕天際。東西捩柁萬舟回，千年老蛟時出戲。少年輕事鎮南來，水怒如山船正開。中流蜿蜒見脊尾，觀音膽墮予方咍。衣冠今日龍山路，廟下沽酒山前住。老矣安能學佽飛，買田欲棄江湖去。

按：此詩所述與朱熹生平事蹟不合。詩云「少年輕事鎮南來」，朱熹並無少年仕宦江西、往遊彭蠡之事，且朱熹乃閩人，亦不得謂「南來」。此實為王安石詩，見臨川先生文集卷六。

錦綉萬花谷後集卷三十八載朱熹梅詩二首：

莫遣扁舟興盡回，正須衝雪看江梅。楚人元未知真色，施粉何曾太白來。

幽香淡淡影疏疏，雪虐風威亦自如。正是花中巢許輩，人間富貴不關渠。

朱玉曾將後一首輯入朱子文集大全類編，云出自徽刻詩集。按：此二首詩乃陸游作，見劍南詩稿卷十一。

朱玉朱子文集大全類編輯入朱熹詩山茶一首：

江南池館厭深紅，零落荒煙山雨中。却是北人偏愛惜，數枝和雪上屏風。

稱輯自徽刻詩集。按：此詩乃陶弼作，其邕州小集中有山茶花二首，其二即此詩。明朱培文公大全集補遺凡例即云：「他書有誤將時人所作為文公作者……如新安詩集（按：即徽刻詩集）有詠山茶詩，乃陶弼作，皆誤入文公名下。」

熊節編、熊剛大注性理群書句解卷一載朱熹心經贊一首：

舜禹授受，十有六言。萬世心學，此其淵源。人心伊何？生於形氣。有好有樂，有忿有懥。惟欲易流，是之謂危。須臾或放，衆慝從之。道心伊何？根於性命。曰義曰仁，曰中曰正。惟理無形，是之謂微。毫芒或失，其存幾希。二者之間，曾勿容隙。

察之必精，如辨白黑。知及仁守，相為始終。惟精故一，惟一故中。聖賢迭興，體姚法姒。持綱挈維，昭示來世。戒懼謹獨，閉邪存誠。曰忿曰欲，必窒必懲。上帝實臨，其敢或貳。屋漏雖隱，寧使有愧。四非當克，如敵斯攻。四端既發，皆擴而充。意必之萌，雲卷席撤。子諒之生，春噓物茁。鷄犬之放，欲知其求。牛羊之牧，濯濯是憂。一指肩背，孰貴孰賤？簞食萬鍾，辭受必辨。克治存養，交致其功。舜何人哉，期與之同。維此道心，萬善之主。天之與我，此其大者。斂之方寸，太極在躬；散之萬事，其用弗窮。若寶靈龜，若奉拱璧。念茲在茲，其可弗力！相古先民，以敬相傳。操約施博，孰此為先！我來作州，茅塞是懼。爰輯格言，以滌肺腑。明窗棐几，清晝爐熏。開卷肅然，事我天君。

按：此為真德秀作，見其心經末所附。

嘉靖建寧府志卷十七載朱熹作鷹山書院詩：

三十年來宿草廬，五年三第世間無。門前獬豸山常在，只恐兒孫不讀書。

按：此為游酢詩，見游鷹山集卷四，題作誨子，第三句作「門前獬豸公裳在」。

舊題朱熹作偶成詩廣被選入中學課本：

少年易老學難成，一寸光陰不可輕。未覺池塘春草夢，階前梧葉已秋聲。

此詩在日本與中國極為流傳。按：此詩原在日本續群書類從卷九百八十一滑稽詩文中，題作小人詩，乃室町至江户時代一無名禪林僧侶所作，明治以後才被誤作為朱熹詩，題為偶成，編入中學課文。（詳可見柳瀨喜代志朱子偶成詩考）

民國纂修鄭氏大宗統譜卷首載朱熹作重修滎陽鄭氏世譜原序：

予嘗仰觀乾象，北辰為中天之樞，而三垣九曜旋繞歸向，譬猶君之尊而無所不拱焉；俯察地理，昆維為華嶽之鎮，而五嶽八表逶迤顧盼，譬猶祖之親而無所不本焉。此君親一理，忠孝一道，悖之者謂之逆，遺之者謂之棄，慢之者謂之褻。無將之戒，莫大於不忠；五刑之屬，莫大於不孝。為人臣所當鞠躬盡瘁，為人後所當慎終追遠，而不可一毫或忽。鄭氏譜牒上溯得姓之始，下逮繼世之宗，非大忠大孝者而能之乎？噫，世之去祖未遠，問其所自，而不知者，愧於鄭氏矣。龍圖閣待制學士兼宣謨閣説書正籍典入宣史館新安朱熹拜書。

此序顯為偽作。朱熹生平無任「龍圖閣待制學士」、「宣謨閣説書」等事，僅此已見其僞。此序又見載於金華太常周氏宗譜卷首，題作太常周氏宗譜引，又見載于都昌黃氏宗譜（北山鄉塘湖黃氏保存），題作黃氏譜序，又見載於温陵劉氏宗譜（劉以健藏），題作題劉氏宗譜序，均少變一二句，只將鄭氏改爲周氏、黃氏、劉氏即成，隨譜套用，更可見其僞迹昭著。

鄭氏大宗統譜卷一又載朱熹爲鄭虔作唐著作郎弱齊公像贊：

望隆五老，名著丹青。仿右軍之書法，萃李杜之精英。賢哉明哲，足羨多聞。宋翰林院編修朱熹拜撰。

此贊亦顯僞作，署「宋翰林院編修」尤謬。鄭氏大宗統譜可謂集僞造之大成，其中所載「名賢」之文幾無一可信。

都昌黃氏宗譜又載朱熹作黃氏宗譜序：

前缺而□□□在以振□□□□遺□□□□黃氏譜下缺補其下缺序云下缺居於都昌者半。亦嘗考之，宋南渡之先，散處別業而居於都昌者多矣，特未盡離祖宅耳。有云：大族之下有富有貴，勢使然也；擇業之後有貴有賤，理使然也。然是四者，皆自外至者也。由祖宗睦族之義而觀之，則舉不當以是論。奈何人情風俗日流於薄，一族之内，其或有室潤而仕顯者，則萌欽附慕麗之心，語於人則曰：「吾與某尚爾同高而曾也。」未必果親也。其或有犁耕而負販者，則懷鄙薄厭棄之心，語於人則曰：「吾與某久矣無服屬焉。」而未必果疏也。吁！胡不法大賢君子之度量乎？昔范文正公位躋參政，悉以俸賜均與族人，語其諸子曰：「吾吴中宗族甚衆，於吾固有親疏，然以吾祖宗視之，則均是子孫，固無親疏也。苟祖宗之意無親疏，則饑寒者吾安得不恤也？若可能及者，謂今日是祖宗之德也，非己之所能及也。由祖宗積德百餘年而始發於吾，得至大官，若獨享富貴而不恤宗族，異日何以見祖宗於地下，今何顔入家廟乎？」由此觀之，則凡宗族之間有富有貴，皆吾祖宗積德之由，而自務其能哉！今之宗族，欲望其如文正公均俸賜，抑亦鮮矣。倘能不以富貴貧賤異其心，而盡其恭敬親睦之義，則亦庶幾矣。予今守南康，講道白鹿書院，門友黄商伯持其家譜徵予序，僅以世之宗族富貴貧賤而子孫能不墜其先業，如范文正公之訓，書於商伯家譜之右以自警。下缺朱熹序下缺宋淳熙己亥。

此序與前黄氏譜序並載黄氏宗譜，朱熹豈會一譜而作二序，僅此亦見其僞。且序中如「宋南渡之先」云云，亦不類宋人語。按朱熹守南康軍，淳熙六年十月十五日方尋訪到白鹿洞書院廢址，至淳熙七年三月才修復白鹿洞書院。此序署淳熙六年己亥，而却云「講道白鹿書院」，與事實乖謬。

石城吴氏七修族譜卷首載朱熹作吴氏族譜序：

吴氏之先，始於后稷，本軒轅氏之玄孫，至二十二世泰伯、四十一世季札，吴氏之爲天下著姓，金枝玉葉之根，誠非他族可比。世稱某公府君、夫人、郡君、縣君者，惟吴、孔二氏之稱，餘姓人家並不敢妄冒僭稱，亦未有如此遽遽相承數千年綿遠之系，斯吴氏之譜，真可美而可尚也，於是乎序。宋慶元三年丁巳中秋日，新安朱熹撰。

按：此序空洞無物，唯反復誇美吴姓「金枝玉葉之根，誠非他族可比」，「惟吴、孔二氏之稱，餘姓人家並不敢妄冒僭稱」，尤鄙俗可笑，其爲吴氏後裔所僞造一目瞭然。

舊抄本吴氏族譜載朱熹作吴氏族譜跋：

水一源而萬派，木一本而萬枝，無不由本源之深而致枝派之繁遠也。祖宗，人之本源；子孫，人之枝派。本源苟濬，則枝派安得而（不）奮哉。吴本姬姓，自周太王泰伯仲雍封於吴，子孫以國爲氏，其本源可謂深且遠矣。而歷代昭穆人才繼躅，瞭然世系之間，輯諸家乘，以永其傳，昭揚先德，啟迪後人，捨譜牒何求哉。余披閱之，水木本源之自，前有所稽，後有所據也，是為跋。淳熙戊申秋七月甲子，新安朱熹書。

此跋署「淳熙戊申秋七月甲子」，按：淳熙十五年七月並無「甲子」，僅此可見其偽。蓋同前吴氏族譜序相類，亦必吴氏後裔偽造。

沛國朱氏宗譜卷一載朱熹作沛國朱氏世系源流序：

本宗朱氏之先，系出顓頊高陽氏。曾孫重黎、吴回兄弟，相繼命為火正，光融天下，共號祝融。再傳至陸終，生晏安，賜如曹，遂以曹為氏。歷夏暨商，至周武王，封其苗裔曹挾於邾，為魯附庸，復以國為姓，易姓邾。挾以下至儀父克，值春秋齊桓創霸，以輔助功，進予爵。主國九世，為楚所難，子孫因去邑，稱朱氏。兖州仙源縣古邾城，即其地也。克之弟夷父顔仕周，其子友，以父功，别封附庸為小邾國。迨至惠公下六世，亦併於楚，其地為滕縣，隸沂州之東南，有郳城是也。其後西漢時，有名詡者，官大司馬。長史浮者，字公叔，封新息侯。東漢之初，有祐公得封高遠侯。其子永，任下邳太守。迨延六世孫質，復為司徒。質生二子，曰卓，曰寓。卓由司隸校尉遷尚書，居丹陽，生扶風太守翻。翻生上黨太守越。越八世孫曰詢者，為丞相府行參軍。子名濟，孫名申。申生魏之散騎常侍威。威生晉之陳郡太守騰。騰之三世孫曰高者，仕周為太子洗馬。其下七世皆仕唐，登顯秩。而山泠、山湘二公，則為餘二派之小宗焉。溯厥芳徽，自漢唐以來，可謂遠矣，盛矣。其間析居散處，再傳失録其序者，豈不多哉！今僅以卓、寓二公之裔考之，厥郡有九：曰沛國，曰吴郡，曰錢塘，曰丹陽者，皆卓公後也；曰濮陽，曰永城，曰義陽，曰太康，曰河南者，皆寓公後也。閲兹圖譜，乃出自山湘公之子諱曰德者，來守括蒼，宦留屬邑之宣平，子孫藩盛。經七世，至昱公，設教於建川之陽，覩山川秀麗，土物心臧，乃以丘隴在宣，令子竦回籍占居於横溪，而公與長子願，遂流寓於兹。卜兆以瘞，子孫因留以居。是則德公下匪直居宣邑者，夙稱著姓，而居縉者，亦駸匕乎聚族於斯矣。然熹也亦本山泠公九世之裔，支分伯仲，賴先澤之餘蔭，叨遇聖明，得歸林以待罪。偶來五雲，主叔中家，因出宗牒示余，然後知源流所自，同出一宗。熹之幸，亦叔中之幸也。共相忻慰，情不能置，因書而為之序。時紹熙四年辛卯八月之吉，新安裔孫熹謹識。

按：紹熙並無辛卯，紹熙四年為癸丑。序云「偶來五雲」亦謬甚。紹熙四年八月間朱熹在建陽考亭，絶無入浙往縉雲之事。朱熹生平，唯淳熙九年在浙東提舉任上嘗一過縉雲。後來縉雲之朱氏遂多據此僞造朱熹常來縉雲，至謂縉雲朱氏與朱熹為同宗者。如同治重修盧川田氏宗譜載所謂田澹龜山書院序，竟謂朱熹慶元黨禁時入浙至縉雲仙都、台州。此序所云，亦屬此類。序云「因出宗牒示余，然後知源流所自，同出一宗」，尤謬。朱熹淳熙三年歸婺源展墓，淳熙十年即作婺源茶院朱氏世譜，又何須至紹熙四年來縉雲方才「知源流所自」？

濛川足徵録卷首載朱熹作呈坎羅氏宗譜序：

余益友存齋羅子父子兄弟家世春秋學，自相師友，以進士發科，嗣世宦業赫赫，為歙文獻稱首。今適與會於西湖僧舍，傾倒春秋底藴，意見出人，得素王筆削本旨，而不忍别。翌日，懷其家世系圖譜屬余序，且謂捨熹無可托者。諦觀其譜，昭穆秩然，絛而不漏，詳而不冗，書其可信而缺其所疑，乃實録也。存齋之世苟循而上之，聖賢地位亦易易耳。存齋之後，竊為懼之。蓋富貴者自恃而不恤己，焰盛者自肆而不恤人。以不恤己之恃而行其不恤人之肆，流而不返，失其本心，非但族屬昭穆之不顧，宗祖根源之不思，且其家庭之間偏愛私藏以背戾，分門割户，患若賊仇，上慢下暴，老者失其安，少者失其懷，朋友失其信，舟中皆敵國，而痛哭於漢文之時俗者，無怪乎賈生也。夫如是，則雖有修譜之名，而無修譜之實，既無以法一家，將何以法族人耶？其不至於載胥及溺者幾希。余固為存齋後裔之慮也。憶昔君子之愛人也，則憂其無成，此吾儒家法也。是意也，在他人則惡聞，在存齋則喜聞，故余亦樂告之耳。他日羅氏之賢子孫必曰：「朱某之不佞如此，其成人之美如此，其自存心與人為善如此。」存齋其無異余言！時乾道三年歲次丁亥五月望日序。

熹既筆叙譜首而歸之，存齋詣余，再拜曰：「荷契兄不鄙，非但教願，且垂教後世，此意曷敢當承！家君熟視之，曰：『此真聖賢心也！外録諸家藏卷册，誠百世有益之器也！』」存齋又謂曰：「兄之先世在婺源，既知之矣，而先世之先，所出何在？」熹曰：「予傳聞在歙通德鄉之朱村，與祝外祖家不甚相遠。又後遷婺源耳。先君以宦寓建陽，遂家焉。然春露秋霜之感，朱世之情，未嘗不以祖源為念也。」存齋又曰：「通德朱村有考乎？」熹沉思不能應。存齋云：「通德鄉者，古今為吾世居之地。朱村為近鄰，至今猶云朱村云云無異者。」熹乃下拜曰：「然則熹與畏弟里人也！」使人醒然，交泣下。是夜，留宿劇論。比曉，又訂後會。今並書此以俟之。雖然宦途逆旅，踪迹無常，道義之情，自爾難盡。熹又識。

按：存齋羅願父羅汝楫卒於紹興二十八年五月，序乃云「家君熟視之」，可見其偽。又乾道三年五月前後，朱熹在崇安五夫里，正準備赴潭州往見張栻，絶無此時往臨安於西湖僧舍會羅願事。朱熹於紹興二十年歸婺源展墓，亦往歙縣。且羅願作新安志，其中首次爲朱松朱熹父子立傳，朱熹自早知與羅願爲里人。此序所云殊屬不倫，必是羅氏後裔僞造。

項氏重修宗譜卷一載朱熹作項氏重修宗譜舊序：

余以提舉浙東，得一教授項平甫，諱安世。幼能賦詩，長治春秋，相與講明義理之學，悉見博綜典要，學貫三才，余大快之。後余在經筵，薦爲諫官，克殫忠精，轉入龍圖，同寅事主，不勝大得協恭之雅也。維以慶元三年臘月之朔，董由王允上疏，置僞學之籍。於時平甫不願久仕，坐黨籍罷歸，作山林之士，得賞田園之樂，遂廢君臣之義。每懷祖宗之思，懷念家譜，出力校刻書以請序，俾余示其末簡。惟項爲后稷之裔，始自姬録，興周封弟元於項國。國雖小，而附諸夏賓之，比於凡蔣茅應，成周之盛，常到會盟。不謂齊桓創霸，興師取之，國乃云亡。維時有芊公者，出奔遼西之地，遂家焉。因以國爲姓，以地爲郡，項氏之族蓋始於此。時屆春秋，八歲服孔子者，有項橐。其兄壹，生神。自神而勳，以及秦漢、隋唐、六朝，南北諸朝，仕宦聯蟬，相繼不一。猗歟休哉，項氏其盛族哉！更數傳，有項燕爲楚將，生渠及梁。梁殺人，與兄子籍，避仇吴中。舉吴中，與高祖同兵攻秦。籍自號西楚霸王，遂以西楚志郡。揆其實，西楚從遼西而分，遼西項氏實自梁之正派，西楚之項悉皆籍之後昆，則源雖同，而流自異也。今遷括蒼始祖，端由瀑泉之昌公。初昌公之父諱邦公者，派由江南，來仕青田邑宰，廉名素著，一琴一鶴，正治晏如。其子昌，酷愛山水，玩遊括蒼，遂過麗邑瀑泉，見其山環水繞，洵鍾靈毓秀之區，土沃源深，恰子孫發祥之地，遂家於此，實處郡項氏之丕基焉。由是瓜瓞綿綿，麟趾振振，或遷松遂，或居其縉，瀑泉項氏不勝寖大。然而譜牒不作，羅處星居，易於遺佚，支無以分，派無以別，周道親親，其謂之何？平甫安世，愛鳩族衆，倡行譜事，繪系、列圖、志傳，明昭穆，定嫡庶，使木本水源之義，祖功宗德之彰，井然秩然，皎若列眉。項氏孫子，尚知所勉，方得作譜之意，而永文獻之傳也。孔子曰：「足則吾能徵之矣。」余非能言者，第平甫之請，不可辭，聊掇萬一，以為之序云。時大宋慶元七年歲次辛酉仲冬下浣谷旦，欽授浙東提舉經筵講官新安朱熹撰。

按：此序錯誤百出，顯為僞篇。如稱朱熹淳熙八年提舉浙東時「得一教授項平甫」，項安世淳熙二年中進士，淳熙八年尚非潭州教授。如稱「余在經筵，薦為諫官，克殫忠精，轉入龍圖」，朱熹紹熙五年入朝侍經筵，並無薦項安世事，而其時項安世為校書郎，亦非諫官，其轉直龍圖閣乃在開禧年間，朱熹早卒。又序末題「大宋慶元七年」，慶元只六年。序署「欽授浙東提舉經筵官新安朱熹撰」，更荒謬絶倫。

後村千家詩天文門載朱熹作半月詩：

人間離别最堪憐，天上嫦娥恐亦然。昨夜廣寒分破鏡，半奩飛上九重天。

此詩廣被注家所選。按：華岳翠微南征録卷九、華鎮雲溪居士集卷十三，均有此詩，題作弦月。考翠微南征録皆收華岳編管建寧時所作，當為華岳生前所自訂。而華鎮文集原有百卷，南渡前已亡佚，今雲溪居士集三十卷乃從永樂大典中掇輯而成，則其中弦月一詩當是誤收華岳之詩，蓋因皆姓華致誤。

陳敬璋朱子文集補遺附録墨迹中，録有朱熹詩條幅一首：

獨抱瑶琴過玉溪，琅然清夜月明時。幾回擬鼓陽春曲，月滿虚堂下指遲。

按：詩人玉屑卷二十引柳溪近録云：「癩可詩云：『琴到無弦聽者稀，古今唯有一鍾期。幾回擬鼓陽春曲，月滿虚堂下指遲。』晦翁嘗大書此詩，刻石於家。」則此詩後二句乃癩可之詩。前二句則取自朱熹讀李賓老玉澗詩偶成：「獨抱瑶琴過玉溪，琅然清夜月明時。只今已是無心久，却恐山前荷蕢知。」（見朱文公文集卷七）明朱培文公大全集補遺凡例即云：「有他家佳句，文公筆墨偶及，後人遂誤認為文公句者。如『琴到無弦』一首，乃僧祖可所詠，文公常愛其語，而大書之。」

嚴觀江寧金石記卷八載朱熹作書邵子堯夫遊伊洛四首：

六日驅車出上陽，初程便宿水雲鄉。更聞數弄神仙曲，始姓壺中日月長。

七日南觀噴玉泉，千峰萬峰遥相連。中間一道長如雪，飛落寒潭不記年。

秋日□秋禾黍邊，農家富貴自豐年。一簞鷄黍一瓢飲，誰羨王侯食萬錢。

煙嵐一簇峙崔嵬，到此令人心自灰。上有神仙不知姓，洞門閑倚白雲開。

按：此為邵雍詩，而為朱熹所書，觀題可知。朱培文公大全集補遺凡例即云：「有他家佳句，文公筆墨偶及之，遂誤認為文公句者……『六日驅車』四首，乃邵堯夫先生句，今見於擊壤集。文公亦屢書此詩，考亭刻板，只有晦翁字，而無原題，後人遂收為文公作。」

安溪縣人民政府編安溪縣地名録，其中歷代人士詠安溪風物載朱熹題清溪八景之一鳳麓春蔭詩：

鳳麓春蔭馴雉時，龍津夜色賦新詩。東皋漁舍歡呼徹，南市酒家醉舞欹。蘆瀨行舟長破浪，葛磐坐釣閑垂絲。閬岩夕照岡陵翠，薛坂曉霞花滿枝。

按：此詩乃寫春景，朱熹紹興二十三年冬間曾往安溪縣按事三日，登鳳山題禪偈，然與此詩時令不合。近年發現朱熹書「鳳麓春蔭」、「仙苑」二石碑，一題「晦翁題」，一題「晦翁書」，應是晚年所書，此鳳麓春蔭詩疑為後人據此石碑僞造。

臺灣臺南大天后宫之後殿壁上，有朱熹手書詩刻一首：

孝道昭天外，明舒日月光。慈雲環碧海，神德及窮鄉。保民存性善，護國祐寧康。高風貽勝慨，坤範永傳芳。

按：天后，亦稱天妃，即海神，閩廣通海處多立其廟，有天后宫、天妃宫等。元史祭祀志五云：「惟南海女神惠靈夫人，至元中以護海運有奇應，加封『天妃』神號……直沽、平江、周涇、泉福、興化等處皆有廟。」是元至元以後方有設廟祭天后之風，可見此詩之僞。又此詩後署「晦翁」下有「朱熹」、「晦翁」二方印，亦甚拙劣，顯非真迹。

光緒玉環廳志卷十三載朱熹作竹岡戴氏宗譜原序：

周禮大司徒教民之目，曰孝、友、睦、婣、任、恤，而家政居其三，孝、友、睦是也。孝者善事祖父母，友者愛育弟昆，睦者和於宗族，三者實民彝之大者也。聖人立民生之本至矣，凡人之父母，身之所自出也；　昆弟，氣之所自同也；　宗族，高曾之蔓延，又吾身之所同出也。無宗族則無昆弟，無昆弟則無祖父母，無祖父母則無吾身，無吾身則天地之元機於是乎息矣。是故教之以孝，孝則不遺其親；　教之以友，友則不遺昆弟；　教之以睦，睦則不遺宗族。父母、昆弟、宗族不遺，故明王皡皡之風油然而生，國家刑措之化翕然可致也。然則盡乎祖父母、昆弟、宗族之道，莫若先明其源，上之溯吾祖宗之自出，下而延吾宗族之枝派，傍而合祖宗之同氣，然後孝、友、睦之政渟然而行於家矣。是故先王之世，立官以掌其族，作譜牒以繫世次，蓋所以明源委之來也。兹竹岡晦齋戴先生諱明者，余忝氣同道合，每咨商時政之暇，相與窮經釋義，綢繆忘歸。於戊申中春之望，要予於官舍，卒以家譜示予曰：「先生為我序。」予曰：　以先生之道，窮則為孔孟，達則為伊周，且出身仕進，官極人臣，君子進用，吾道將行，有所冀望於先生者大矣。矧先生戴禮之系，詩書源流，忠良作述，同時南塘子姓嘯歌唱和、金石交奏者不知凡幾，致君澤民、聲施宇内者又不知凡幾。余昔守永寧時，詳之甚悉。先生聞望特隆，海内之士望風而下拜者又久之。然予夙忝見知，爰序孝、友、睦之道弁諸簡末，願後世共守此三者之道焉可矣。

按：　此序一望知僞。竹岡在玉環島，玉環縣境内，朱熹向未到，如何能「每咨商時政

之暇，相與窮經釋義，綢繆忘歸」？序稱「於戊申仲春之望，要余於官舍」，按：朱熹淳熙十五年三月十八日方離家赴臨安奏事，此前一直家居崇安五夫里，何來「要余於官舍」？序又稱「余昔守永寧」，更大謬之極，朱熹生平仕歷，無守永寧事。此顯為戴氏修譜所偽作。

温陵劉氏宗譜（劉以健藏）中載有朱熹作詩一首：

林頭枕是溪中石，井底泉通竹下池。宿客不懷過鳥語，獨聞山雨對話時。

譜稱紹熙五年三月朱熹看望劉氏後人南下温陵（泉州），遂為劉氏宗譜作序並題詩。譜序署「紹熙五年甲寅春三月新安朱熹頓首拜撰」，前考（見鄭氏世譜原序所考）已證此譜序為偽，祇將他氏譜序改為「劉氏」而成，所謂「紹熙五年甲寅春三月」云云，偽造尤拙劣可笑。朱熹於紹熙五年四月啟程赴湖南安撫使任，此前正在家忙於赴任之事，其於紹熙四年十二月辭任，五年正月再辭，二月至三月在家待命，皆昭昭載見於朱文公文集卷五十二答吴伯豐書十三、卷六十答王南卿書二、別集卷二與劉智夫書四等，何暇遠行温陵？按此詩前又有叙云：「朱晦翁先生簿銀同時，高弟家先師丘釣磯邀遊芝山，題古洞山房石壁，有『小山叢竹』四大字，又賦七言絕句勒石。」則此詩乃朱熹高弟子丘釣磯所作，時在朱熹來同安（銀同）任主簿之時。（閩林開族千年譜中載有朱熹作林氏世系總紀一文，顯亦偽篇）

仙居南城蔣氏宗譜首載朱熹作仙邑南城蔣氏宗譜舊序一篇：

天台山上應台星，為郡邑名山之祖。人文所聚，巨族連翩，自古稱之。今上即位，余因上封事與當道左，家居數年，常夢想是邦。後蒙薦，累召不敢應。而帝心簡在，命余主管台州崇道觀。夫台與仙距九十里許，時明可吴先生與方子木皆余素交，予以閒散之暇，訪友於青圭紫籜之下。過南城，有覺軒蔣先生博洽古今，常與予講學南峰，開鑿桃洞，因以家譜屬余叙。夫蔣氏自晉唐以來，歷代名臣簪纓接踵，如蔣公旦，登政和五年第，為仙邑開科領袖。又如蔣君煜，以忠烈顯著於時，其來誠有自矣。予嘗受上命，編輯資治通鑑綱目，及按春秋左氏，知蔣氏衍派伯齡為姬公第三子，封於弋陽期思之間，分土立國，此受姓之始也。至九世諱誕，周幽王召為太子太傅，食采潦水，以諫削職。其子諱孟，復封遼城。至廿三世，國為楚所併。子孫降為庶人，或仕於齊之千乘，或散居於樂安而家焉。蓋姬轍既東，王室陵夷，春秋戰國間，凡賜履之國，若諸强大，猶不能保其爵土，況蕞爾蔣氏。然而源深者流長，本沃者枝茂，而人才輩出，大抵為天壤樹不朽者，皆聖人裔也。三十世，值漢高祖徙大姓於京輔，蔣與齊田景等族同遷杜陵關中之地。四十葉有諱詡者，為兖州刺史，因王莽亂，隱居杜陵，號曰三逕處士。迄東漢，逡遒侯諱横，從光武誅赤眉有功。生九子，渡江以南，散居郡縣，各隨地封侯。先生乃第九子，諱澄，函亭侯之後也。函亭侯之長子次孫諱藏密，以荆州刺史遷於婺。居六世，孫諱樞，字伯機，仕晉，為吴郡太守，遷括蒼刺史，因家於台，此蔣氏居仙居之始也。世居蛟池，奕葉蕃衍。再傳十九世，諱琰，唐乾符初登進士第，除縣長。尋遷諫垣，披肝瀝膽，直陳時事。忠不見庸，左遷吉州僉判，遂致仕家居。及聞東駕播遷，仰天大嘯，壽終正寢。瀘州刺史柳公玭為之表叙。生五子：逕、達、遠、運、逵。以五季之亂，昆玉星散。其長居四明。其次與少岱石，即先生之高祖也。先生文學淵邃，德性温厚，與處間汪汪千頃，令人如飲醇醪，不覺自醉。承箕裘於不替，衍嗣續於無窮，其光前裕後，豈有既乎！蓋姬公以元聖之德，忠盡之心，勤勞王室，卜年八百，卜世三十，而灝氣所凝，挺秀代鍾，凡為姬公之裔者，延蔓遍天下，蕃衍及奕世，或為國樹勳，或為世砥節，直與天地共悠遠焉。昔孟僖子知孔子述臧孫紇之言，曰：「吾聞聖人有明德者，其後有達人，今將在孔氏乎！」吾於蔣氏亦云。是為叙。淳熙元年季春新安晦庵朱熹謹撰。

按：此序顯僞。朱熹淳熙元年夏六月方主管台州崇道觀，此序作於三月，竟云「余主管台州崇道觀」。且宋代奉祠宫觀，不往其地，淳熙元年朱熹奉祠家居，斷不可能遠赴台州仙居訪友。朱熹聚徒講學，自著資治通鑑綱目，與朝廷無涉，此序却云「上命編輯資治通鑑綱目」，尤可笑。

李幼武宋名臣言行録外集卷二録朱熹作秋日成詩一首：

閑來無事不從容，睡覺東窗日已紅。萬物静觀皆自得，四時佳興與人同。道通天地有形外，思入風雲變態中。富貴不淫貧賤樂，男兒到此是豪雄。

按：此為程顥詩，見程氏文集卷三。

安徽通志卷四十五古蹟「朱村」引湶溪紀聞，録朱熹與友人書，稱云：「文公在村中注四子書，卒業。嘗與友人書云：『注成，勿先令二州見之。』蓋指羅鄂州、舒州也。」今按：羅鄂州即羅願，舒州即張敦頤，均新安人。新安文獻志先賢事略上：「張衡州敦頤，字養正，婺源人。……歷知舒、衡二州，致仕。」朱熹之歸婺源，一在紹興二十年，一在淳熙三年，而羅願在淳熙十一年始知鄂州，淳熙三年如何能稱其「羅鄂州」？且朱熹歸婺源展墓，來去悤悤，亦絶不可能安住朱村注四子卒業，「注成」云云尤謬。

朱子大同集録朱熹作題梵天法堂門扇一首：

神光不昧，萬古徽猷。入此門來，莫存知解。

朱文公文集別集卷七有其題，而無其文。按：此乃唐平田長老所作偈頌，見五燈會元卷四。宗杲大慧語録多引此頌。

四朝聞見録丁集慶元黨考異中載朱熹遺曾撙節夫詩一首：「節夫亦嘗登葵軒（張栻）之門，既而與王宣子辯其事，連上三書，言頗峻急，王帥以為悖而按去之。其去也，先生（朱熹）遺之詩，有曰：『如何幕中辨，翻作暗投疑？』又曰：『反躬端得味，當復有餘師。』……」按，此為張栻詩，見南軒先生文集卷五，題作曾節夫罷官歸盱江以小詩寄別。

錢日煦錢氏家書卷二載朱熹作題武肅王像：

五代之季，群雄僭竊，當寧宵旰，擁抱虛器，而王獨能志奬公室，翦馘凶頑，以修職貢，來賓王庭。昔齊桓一匡九合，率群牧而朝周，天子以彤弓黃鉞錫之專征。而後唐以金册誓書賜王世守，其功業榮遇，又不啻過之。內府向有武肅王真像，乃摹後唐明宗朝長興間內廷供奉張昉使吴越時所寫之本也。天聖間，賜王之孫文僖公惟演，歷代寶藏。今翰林學士裕之，乃文僖曾孫，因以王之真像及蘇子瞻、岳鵬舉、王龜齡三公真迹像贊見示，遂浣筆志之。慶元六年三月上巳，新安朱熹敬題。

按：武肅王為錢鏐，錢惟演乃其曾孫，而非其孫。錢惟演生於太祖建隆三年，其曾孫裕之，以三代推算，亦絶不能活到慶元六年而與朱熹同時代者。又朱熹臨終前十餘日每日起居行事，俱載於其弟子蔡沈所作夢奠記，巨細不遺，其上巳日記曰：「初三日，在樓下改書傳兩章，又貼修稽古録。是夜，説書數十條。」則斷無作題武肅王像之事。

白雲居米帖卷十二載朱熹作題米芾端州石説：

右米南宫論端州石，縱横放逸，無毫髮姿媚意態，其為老筆無疑。淳熙辛丑仲冬，新安朱熹觀汪伯時所藏於浮石舟中。

按：朱文公文集卷八十四跋徐騎省所篆項王亭賦後云：「今觀此卷，縱横放逸，無毫髮姿媚意態，其為老筆亡疑。淳熙辛丑仲冬乙酉，新安朱熹觀汪伯時所藏於西安浮石舟中。」此題米芾端州石説顯據此跋偽造。

萬曆紫陽朱氏建安譜卷下載朱熹作七世祖承事郎退林公行狀：

公諱森，字良材，姓朱氏，世居歙州之黄墩。一世祖天祐中以陶雅之命，總卒三千戍婺源，邑民賴以安，因家焉。曾祖惟甫，祖振，父絢，皆不仕。公少務學，科舉既廢，不復事進取。既冠而孤。他日，歲時子姓為壽，舉先訓戒飭諸子，諄諄以忠孝和友為本，且曰：「吾家業儒，積德五世，後當有顯者。當勉勵謹飭，以無墜先世之業。」已而嗚咽流涕，以奉養日短為終身之憂。胸中冲澹，視世之榮利油然若不足以干其心者。家人生産，未嘗掛齒。子松遊鄉校，時時小得失，無所欣戚。家既素貧，久而益急。或勸事生業，曰：「外物浮雲爾，無庸有為也。使子賢，雖不榮，於我足。不然，適重為後日驕縱之資爾。」獨見松從賢師友遊，則喜見言色。其篤於道義而鄙外浮榮，蓋天資云。晚讀内典，深解義諦，時時為歌詩，恍然有超世之志。與人交，無賢否，皆得其歡心。然胸中白黑瞭然，人莫能名其為通與介也。以某年月日卒於建州政和之官舍，享年若干。娶程氏，三男：松，舉進士，迪功郎，初尉則政和也。次檉，次槔。二女，未適人。將以某年月日寓葬於政和護國院之側。慶元五年十有二月甲子，孝孫朝奉大夫致仕熹謹記。

按：此文乃朱松所作，韋齋集卷十二有先君行狀，作僞者只將標題換過，加上「慶元五年十有二月甲子孝孫朝奉大夫致仕熹謹記」之結銜，然但觀其中「將以某年月日」一句，偽迹暴露無遺。

揭陽縣志通訊一九八五年創刊號載朱熹在揭陽的一篇遺文，稱發現朱熹佚文隱相堂序：

為梁克家先生之故人孫司法公、孫司理公、孫將領公、孫孝廉公四季昆書齋而作

余嘗遊麻田舊勝，訪吴子野講學問道之場。眺望乎南溪之畔，有厥里居，樹木蓊緊，車馬繁盛。問之父老：「緊誰氏之族也？」父老曰：「里名京崗，孫氏居焉。乃父宰揭嶺而諱乙者，由高郵而來，占籍於兹。生四子，俱工舉子業。考厥由來，其令善下士，喜贈答，凡遊學之英，咸敬禮焉。乃叔子梁先生當茂才時，由晉水而揭嶺，不遠千里，遂握手而結莫逆交。始以詩書相契，繼以氣誼相投，異姓同體，如家人父子之親。結屋數椽，在水中央，六七歲皆讀書明理飲酒賦詩於其上。其令之長嗣諱大榮者，仕江陰法曹；次諱大美者，仕隆興軍司理；三子諱大有者，守瓊州；四子諱大經者，舉孝廉。厥後，梁先生亦回籍而舉鄉貢，登郡魁。紹興庚辰，遂擢狀元及第矣。其法曹、司理、孝廉之學，荷先生教澤，能取科名，故任判簿，入國學，官運僉，選評事而拔貢元。濟濟一堂，雅稱多士之慶。噫嘻，好學下賢之報，豈淺鮮哉！」余曰唯唯。但興賢

之地，木茂水繞，未多易覬，豈可湮没不彰，使人與地俱無傳哉？因榜其額，曰「隱相堂」。事之顛末，既經父老之言。梁先生事，余在講官時曾見囑於臨安矣。厥後詳問里人郭子從，傳述不爽，是為序。

按：此文似原在孫氏族譜中，一九八五年八月十九日羊城晚報報道此文發現經過云：「（揭陽）博物館工作人員孫叔彦打聽到京崗有一位退休教師孫炳志珍藏有朱熹隱相堂序抄件的消息後，便多次到京崗尋訪。今年初，孫叔彦幾經周折找到了孫先生。原來，京崗一帶是當年孫氏的後裔，世代傳誦朱熹序文。孫先生年輕時即從上輩人處抄下序文。」此序作僞之迹，破綻百出。朱熹之任講官而在臨安朝中，乃在紹熙五年，其時梁克家卒已七年，如何兩人能相見而「見囑於臨安」？此序記紹熙五年以後朱熹來遊揭陽麻田，更謬。朱熹紹熙五年以後已黨禁在家，不久即卒，何能千里迢迢往遊揭陽？考朱熹生平行踪仕歷，唯紹興二十七年朱熹在同安任上有可能往遊揭陽，然其時朱熹尚不識梁克家，而梁亦尚未進士及第，更未任宰相。梁除相在乾道六年，從乾道六年至淳熙十四年梁卒，朱熹既絶無往遊揭陽之事，也絶無在臨安與梁相見之可能。據揭陽鄉土録，孫乙於紹興三年來任揭陽令，何以到紹熙五年以後朱熹寫此序時，孫乙仍為揭陽令？又據此序，孫乙四子任法曹、除司理、守瓊州、舉孝廉在紹興十年前後（據「六七歲」推算，亦即梁克家回籍之前),其後已「任判簿,入國學,官運僉,選評事,而拔貢元」等,至朱熹寫此序時,已過去五十餘年,四人官職自當大變,何以開首仍稱「孫司法公、孫司理公、孫將領公、孫孝廉公」?此更不可思議。梁克家生於建炎二年,紹興三年時年僅五歲,豈已是「當茂才」?竟能千里迢迢由晉江來揭嶺,與孫氏四子結為莫逆?此尤為荒謬不經者。所謂「拔貢元」者,明清才有此制,「孝廉公」云云,亦純為明清人口氣。

同治安義縣志卷十四載朱熹石塘記:

紹熙三年内召,除秘書郎,未赴,改除南康知軍,再辭不許。迨抵郡,奏復唐拾遺李渤白鹿書院舊址,引四方士子與之講論,因立學規俾守之。維時屬治建昌之依仁里有熊拙逸子從余遊,嘉其好學深思,能淡仕進。次年秋,造訪其廬,得與歷覽山水之勝。上行三十里許,至卜鄰鄉之石塘,見其群峰環繞,林茂樹密,土沃人稠,而途遇多俊髦,往往諳揖遜風。詢之,則前嘉祐年間由江州義門所析之一莊也。孝友忠厚,可傳可法,宜其至今百有餘歲,猶且子姓之克敦先教如一日焉。吾子其誌之。

按:此文名「石塘記」,却非記石塘,而主要記拙逸子熊兆,不倫不類。且所記與事實不合。「紹熙」或為「淳熙」刻誤。朱熹修復白鹿洞書院,引四方士子講學,立白鹿洞學規,事在淳熙七年三月以後。「次年秋」，朱熹於淳熙八年閏三月即解任歸，秋已不在南康，故是記顯謬，蓋附會拙逸子事僞造。

道光休寧縣志卷一載朱熹範石假山記：

新安山水奇觀也，休寧當其中，一州清淑之氣於是焉鍾，故視他邑爲最勝。其民雅馴，其俗簡易。官於此土者，無爭辯文書之繁，而有登眺嬉遊之樂，其解而去也，往往得書最籍，稱能官。故凡宦遊於東南者皆以吾徽爲樂土，而尤在於休寧也……

按：朱熹生平未嘗一至休寧。此文所云「以吾徽爲樂土，而尤在於休寧也」，亦不合朱熹思想。朱熹有閩中爲樂土之説，朱子語類卷一百十一云：「嘗見前輩説，閩中真是樂國。某初只在山間，不知外處事，及到浙東，然後知吾鄉果是樂地。」「福建賦税猶易辦，浙中全是白撰，横斂無數，民甚不聊生，丁錢至有三千五百者……故浙中不如福建，浙西又不如浙東，江東又不如江西。越近都處，越不好。」

古今别腸詞卷三載朱熹作青玉案詞一首：

雪消春水東風猛，簾半卷，猶嫌冷。怪是春來常不醒。楊柳堤邊，杏花村裏，醉了重相請。　而今白髮羞垂領。靜裏時將舊遊省，記得孤山山畔景：一灣流水，半痕新月，畫作梅花影。

全宋詞第三册録此詞，云：「似是明人作品，必非朱熹詞。」

永樂大典卷五百四十載朱熹生查子拒霜花詞一首：

庭户曉光中，簾幕秋光裏。曲沼綺疏横，幾處新梳洗。　紅臉露輕勻，翠袖風頻倚。鸞鑒不須開，自有窗前水。

此詞題作「朱晦庵詞」，按：此為李處全詞，其亦號「晦庵」，見其晦庵詞。

羅大經鶴林玉露甲編卷四朱文公詞載世傳朱熹作滿江紅詞：

膠擾勞生，待足後何時是足？據見定隨家豐儉，便堪龜縮。得意濃時休進步，須知世事多翻覆。漫教人白了少年頭，徒碌碌。　誰不愛，黄金屋；誰不羨，千鍾禄。奈五行不是、這般題目。枉費心神空計較，兒孫自有兒孫福。也不須採藥訪神仙，惟寡欲。

羅大經云：「余讀而疑之，以為此特安分無求者之詞耳，決非文公作。後官於榮南，節推翁謂余言，其所居與文公鄰，嘗舉此詞問公。公曰：非某作也，乃一僧作，其僧亦自號『晦庵』云。」

乾隆新鄭縣志卷二十五載朱熹作書黄帝諸書後一文：

黄帝聰明神聖，得之於天，天下之理無不知，天下之事無不能，上而天地陰陽造化發育之原，下而保神煉氣愈疾引年之術，庶物萬事之理，巨細精粗，洞然於胸次，是以其言有及之者。而世之言此者因自托焉，以信其説於後也。至戰國時，方術之士遂筆之書，以相傳授。如列子所引與素問、握奇之屬，蓋必有粗得遺言之彷彿者，如許行所道神農之言耳。周官外史所掌三皇五帝之書，恐不但若此而已。

縣志云出自玉海藝文志。按：此非跋文，乃節取朱熹古史餘論之本紀部分而成。

朱培文公大全集補遺卷一輯朱熹遂初堂賦一首：

皇降衷於下民兮，粤惟其常。猗歟穆而難名兮，維生之良。翕然美而具存兮，不顯其光。彼孩提而知愛親兮，豈外鑠繄中藏。年韡韡而寢長兮，紛事物之交相。非元聖之生知兮，懼日遠而日忘。緣氣稟之所偏兮，横流始夫濫觴。感以動兮不止，乃厥初之或戕。既志帥而莫御，氣决驟以翱翔。六情放而曷禦，百骸弛而莫强。自青陽而逆旅，暨黄髮以茫茫。儻矍然於中道，盍反求於厥初。厥初伊何，夫豈遠歟？彼匍匐以向井，我惻隱之拳如。驗端倪之所發，識大體之權輿。如寐而聰，如迷而途。知睍視之匪遐，乃本心之不渝。嗚呼，予既知其然兮，予惟以遂之。若火始然而泉始達兮，惟不息以終之。予視兮毋流，予聽兮毋從，予言兮毋易，予動兮以躬。惟日反兮于理，兹日新兮不窮。逮充實以輝光，信天資而本同。極存神而過化，亘萬古而常通。嗚呼，此義文之所謂復，而顔氏之所謂爲萬世道學之宗歟？

云出自徽本詩集。朱啟昆朱子大全集補遺卷二亦録此賦。朱玉朱子文集大全類編輯此賦，云出自翰墨全書。按：張栻南軒先生文集卷一有此遂初堂賦，前有序云：「洛陽石伯元作堂於所居之北，榜曰『遂初』，廣漢張某爲之辭曰……」後有跋曰：「吾友石君築室湘城，伊抗志之甚遠，揭華榜以維新命。下交兮勿固，演妙理以旁陳。探上古之眇微，得斯説於遺經。謂非迂而匪異，試隱几而一聽。然則兹其爲遂初也，又豈孫興公所能望洋而瞠塵者乎！」張栻文集乃由朱熹親手編訂，則此遂初堂賦斷非朱熹之作。蓋黄幹勉齋黄先生文集卷五有劉正之遂初堂記云：「癸亥之秋，予復訪正之於屏山，正之與予言曰：『予少時嘗以「遂初」名其所居之堂，晦庵先生嘗爲予書之，子能爲我記之否？』」作僞者顯是據此附會。

朱培文公大全集補遺卷六輯朱熹作蒙齋銘一首：

物盈兩間，有萬其數。天理流行，無一不具。維象之顯，理寓乎中；反而求之，皆切吾躬。觀天之行，其敢遑息？察地之勢，亦厚於德。天人一體，物我一源。驗之羲經，厥旨昭然。卦之有蒙，内險外止，止莫如山，險莫如水。曷不曰水，而謂之泉。濫觴之初，厥流涓涓；其生之微，若未易達；其行之果，則不可遏。有崇兹山，潤澤所鍾，維静而正，出乃不窮。始焉一勺，終則萬里。問奚以為？有本如是。是以君子，法取於斯。維義所在，必勇於為。維行有本，繄德焉出。是滋是培，其體乃立。静而養源，澄然一心。動而敏行，萬善畢陳。厚化川流，初豈二致。溥博淵泉，其用弗匱。於惟簡肅，宜有此孫。揭名齋扉，目擊道存。養正於蒙，奚必童稚。終身由之，作聖之地。

云出自徽本詩集。朱啟昆朱子大全集補遺卷二亦録此銘。朱玉朱子文集大全類編輯此銘，云出自翰墨全書。按：此銘乃真德秀作，見真文忠公文集卷三十三，前尚有序云：「桂陽使君張侯某以『蒙』名齋，而山傻真某取果行育德之義為之銘，其辭曰……」

朱培文公大全集補遺卷六輯朱熹作敬義齋銘一首：

惟坤六二，其德直方。君子體之，為道有常。内而立心，曰直是貴，惟敬則直，不偏以陂；外而制事，曰方是宜，惟義則方，各當其施。曰敬伊何？惟主乎一，凛然自持，神明在側；曰義伊何？惟理是循，利害之私，罔汩其真。静而存養，中則有主；動而酬酢，莫不中矩。大哉敬乎，一心之方；至哉義乎，萬事之綱。敬義夾持，不二不忒。表裏洞然，上達天德。若有哲王，師保是詢。丹書有訓，西面以陳。敬與怠分，義與欲對。一長一消，禍福斯在。怠念之萌，闔焉沉昏；欲心之熾，蕩乎狂奔。惟此二端，敗德之賊。必壯乃猶，如敵斯克。怠欲既泯，敬義斯存。直方以大，協德於坤。一念小差，眂此齋扁，嚴師在前，永詔無倦。

云出自徽本詩集。此銘又見性理大全卷七十。朱啟昆朱子大全集補遺卷二亦録此銘。朱玉朱子文集大全類編輯此銘，云出自翰墨全書。按：此銘亦真德秀作，見真文忠公文集卷三十三。考四庫全書總目著録朱熹弟子童伯羽玉溪師傳録一卷，書中載朱熹為童作敬義堂銘及敬義堂詩二首。銘者，即此敬義齋銘。二詩者，一見於民國建甌縣志卷三十二：「伯羽生而沉悫，寡言笑，好讀書，從晦庵朱子學。朱子嘗至其鄉，賦詩云：『獨抱瑶琴過玉溪，琅然清夜月明時。只今已是無心久，却恐山前荷蕢知。』因題其所居之堂曰『敬義』，讀書樓曰『醉經』。又為之作敬義堂詩銘。」一見於性理大全卷七十引敬義堂詩：「高臺巨牓意何如？住此知非小丈夫。浩氣擴充無内外，肯誇心月夜同孤。」然前詩為朱熹知南康時詠廬山玉澗之作，非詠童伯羽（號「玉溪」）於建甌築室所居之玉溪，原題讀李賓老玉澗詩偶成，見朱文公文集卷七，李呂（賓老）在其跋晦翁和玉澗詩中述之甚明。後詩乃朱熹詠呂勝己季克東堂之作，堂在邵武，原題作次呂季克東堂九詠，見朱文公文集卷八。詩銘均非為童伯羽作。

朱培文公大全集補遺卷六輯朱熹作艮泉銘一首：

鳳之陽，鶴之麓，有屺而伏。堂之坳，圃之腹，斯瀵而沃。束於亭，潤於谷，取用而足。清如官，美如俗，是為建民之福。

云出自朱氏家譜。朱啟昆朱子大全集補遺卷二録此銘，云出自家譜雜記。朱玉朱子文集大全類編輯此銘，云出自翰墨大全，并有注云：「泉在建寧府治中和坊紫霞洲文公祠前，井水清洌，四時不竭。」是銘廣為流行，至有據此銘僞造朱熹卜居紫霞洲之説。按：韓元吉南澗甲乙稿卷十八有此銘，題作比園艮泉銘，末且有注云：「淳熙乙未歲六月庚午記」，則此銘應是韓元吉作於淳熙二年。韓元吉於淳熙元年由婺州移知建寧（見宋史翼），與此銘所記正合。民國建甌縣志卷二十二云：「（艮泉）井在朱子祠前，宋淳熙乙未鑿。」則韓元吉此銘當是為此年鑿成艮泉井而作。該志同卷朱文公祠下云：「在縣治北中和坊紫霞洲。宋寶慶二年丁亥，季子在佐嫡孫鑒建祠奉祀。」又卷七紫霞洲下云：「按：通志謂故老相傳，宋朱熹嘗卜居於紫霞洲，構亭於其左，扁曰『溪山一覽』。考之祝穆著方輿勝覽，載紫霞洲並不言熹居之。穆於熹為表侄，此無所載，竊意熹子在所構而相傳之誤也。……清蔣蘅有朱子祠碑記，郡城紫霞洲之有朱子祠，蓋始於宋寶慶間。」是紫霞洲朱子祠乃朱在、朱鑒建於寶慶二年，後人因艮泉在朱子祠前，遂誤以為泉亦并朱熹所鑿，而以泉銘亦歸之朱熹，乃至有朱熹卜居紫霞洲之誤傳。

朱玉朱子文集大全類編輯朱熹作青玉案詩一首：

共言的皪水花净，并倚離披風蓋涼。浪筆更題青玉案，佳人悵望碧雲鄉。

云出自徽刻詩集。按：朱文公文集卷六有圭父為彥集置酒白蓮沼上彥集有詩因次其韻呈坐上諸友，此所謂青玉案詩即其中四句。

朱文公文集卷八十四書釣臺壁間何人所題後録水調歌頭詞一首：

不見嚴夫子，寂寞富春山。空留千丈危石，高出暮雪端。想像羊裘披了，一笑兩忘身世，來插釣魚竿。肯似林間翮，飛倦始知還？　中興主，功業就，鬢毛斑。驅馳一世人物，相與濟時艱。獨委狂奴心事，未羡癡兒鼎足，放去任疏頑。爽氣動星斗，終古照林巒。

題下有注云：「此詞實亦先生所作。」祝穆方輿勝覽卷四録為朱熹詞作，全宋詞亦歸之朱熹。按：此題後云：「頃年屢過七里灘，見壁間有明仲丈題字刻石，拈出嚴公懷仁輔義之語，以厲往來士大夫，未嘗不為之摩挲太息也，然亦不能盡記其語。後數十年再過，因覓其石，則已不復存，意或者惡聞而毁滅之也。獨一老僧年八十餘，能誦其詞甚習，為余道之，俾書之册。比予未久而還，則亦為好事者裂去矣。因覽兩峰趙俊醉筆釣臺樂府，偶記向嘗見一詞，正與同調，并感胡公舊語，聊為書此。」是此詞非朱熹作本甚明。渚山堂詞話卷一云：「依舊本定為胡明仲作。」尤非。朱熹所云胡明仲題詞乃指嚴夫子「懷仁輔義」之語，非指此詞。此題後分明以「嘗見一詞」與「胡公舊語」并題，題目亦稱「何人所題」，則此詞亦非胡寅作。

兩宋名賢小集卷十九石延年詩小集卷末載朱熹作跋石延年詩：

曼卿詩極有好處，如「仁者雖無敵」長篇，舊見曼卿親書此詩，氣象方嚴遒勁，極可寶愛，真顔筋柳骨。今人喜蘇子美字，不及此遠甚。曼卿詩極雄豪而縝密方嚴，如籌筆驛詩：「意中流水遠，愁外舊山青。」又「樂意湘關禽對語，生香不斷樹交花」之句極佳，惜不見其全集。新安朱熹。

按：此跋乃隱括朱子語類卷一百四十論文下中吴雉、林子蒙所録問答，加「新安朱熹」四字而成。

雍正河南通志卷七十七載朱熹作富弼贊一首：

慶曆人望，元豐老成。片言折敵，兩朝握兵。恩浸南北，壽配岡陵。嶽降星隕，始終之靈。

按：通志中此贊與程顥贊程頤贊邵雍贊并列，不倫不類。朱熹對富弼頗多微詞，朱子語類卷一百二十九云：「富公一向畏事，只是要看經念佛，緣是小人在傍故耳。」「富鄭公與韓魏公議不合，富恨之，至不弔魏公喪……但魏公年年却使人去鄭公家上壽，恁地便是富不如韓較寬大。」卷一百三十云：「新法之行……問：『若專用韓富，則事體如何？』」

曰：『二公也只守舊。』……」此贊斷非朱熹作。

乾隆續河南通志卷七十七載朱熹作伊川書院九賢祠贊一首：

偉哉九公，道學之宗。或出或處，源流則同。其出也，股肱王宗，業廣功崇；其處也，為生民而立極，激萬代之清風。家庭孝弟，州閭誠忠，金石之貫，神明之通。于此焉居，時有後先，其歸一揆。以讀以誦，其詩其書，非其先師，鄉先生歟？而學不奠，而社不祭，郡政之闕，郡人之愧。棟宇煌煌，設像堂堂。于登于豆，以謹蒸嘗。伊誰之始？由克列氏。洛爾郡人，景行行之。

按：此贊稱九賢為「道學之宗」，自是指程顥程頤邵雍諸人，又以其稱「鄉先生」，則此所謂「郡」者，當指洛陽無疑，此伊川書院乃在洛陽。然朱熹之時宋金對峙，南北分裂，朱熹斷不可能為洛中建伊川書院九賢祠作贊。又為祠作贊，宋人無此例。

康熙忠武志卷八論載朱熹作諸葛武侯全三郡論：

或論孔明事，以為天民之未粹者，此論甚當。然以為略數千户而歸，不肯徙還，孔明亦未能免俗者，則熹竊而疑之。夫孔明之出祁山，三郡響應，既不能守而歸，則魏人復取三郡，必戡首事者墳墓矣。拔衆而歸，蓋所以全之，非賊人諱空手之謂也。故其言曰：「國家威力未舉，使赤子困於豺狼之吻。」蓋傷此耳。此見古人忠誠仁愛之心，招徠懷附之略，恐未必如或者之論也。

按：此文乃節取朱文公文集卷四十答何叔京書四，稍變文字而成。

亭林鮑氏宗譜前載朱熹作鮑氏家譜叙：

按：鮑氏胄出榆罔之裔，比他姓為最先。黄帝時有田昭者，為帝舜友，歷三代不顯。至周宣時伐叛大勳，詩人歌之，然皆顯於河洛間者。至西漢末，三子俱官顯要。會王莽肆篡棄官，析徙於浙之温婺四明。其後子孫殷繁，大抵甌婺明州之鮑氏，皆昭之裔也。後婺之曾孫能者，三轉為通政司參議大夫。其孫名公初，世德其字者，登唐宣宗戊辰進士，官咸谷大夫，轉鴻臚卿。因上遊羅浮道院，同承直郎林一新上書，怒貶謫司户。拒黄巢，避居於婺。乾寧間，徙居天台。後攜其子可忠名誠者，遊台之亭林，訪林公一星，林女未字，尋贅忠焉。忠公登信宗戊戌進士，生三子：廷啟，廷安，廷章。啟登五代貞明賢才榜，任魯之濟南尹。而孫錫蕃公，登宋至和榜，擢守浮梁。又士光者，登淳熙戊戌進士，爰輯其先世之可知者而為譜，徵余序焉。嗚呼！天下之得姓多矣，孰有若鮑氏之最先者乎！唐虞而後，子孫蔓延河東，宜其大顯，非他人姓比。余乾道癸巳已含命至台，鮑子士光尚未釋褐，以學政録见示，具見其理學之精微。迨乙未秋，始造其廬，见族氏諸子彬彬力學，皆以道義相尚，蓋知其倡化之神也。越辛丑，社倉既行，數其地，乃知亭林時有張氏、王氏、朱、謝以及林、婁諸氏，非必如鮑氏發族之早也。以其代有偉人出乎其間，人皆習聞，功名之盛，灼然著人耳目。然則為人子若孫烏可不勉乎哉！使宗之中得一人以顯其先，則必有慕效而興起焉。若蕃公、光公者，有學問，多才能，善於其職，朝廷咸賴之。自兹以後，使世以謂鮑氏之繼顯於今日者在斯乎！大宋淳熙十年歲在癸卯冬月吉，宣教郎直徽猷閣主管台州崇道觀新安朱熹書。

按：此叙一望知僞。如叙謂朱熹癸巳、乙未、辛丑三次至台州，荒謬至極。至如「天下之得姓多矣，孰有若鮑氏之最先者乎」云云，恰如僞吴氏族譜序所云「金枝玉葉之根，誠非他族可比」，純為鮑氏裔孫自我誇美吹噓之大話，朱熹豈作此等語。

嘉慶武義縣志卷十一藝文下載朱熹作詞二首：

江南序 遊水簾亭

山徑崎嶇路，危巢步可攀。風颯颯，水潺潺，流泉穿石水回環。鳥棲巖下樹，龍卧石中潭，我來不覺精神爽，深入簾櫳四月寒。

歸途詠

樵子村，近黄昏，回首簾亭杳，又見疏松漏月痕，深沉。

志稱二詞係朱熹與吕祖謙、陳亮應鞏豐之邀來武義同遊水簾亭時作。按：朱熹生平，唯淳熙九年浙東提舉任上曾一至武義，然是時吕祖謙已卒，而朱熹尚不識鞏豐。朱文公文集卷六十四答鞏仲至書一云：「聞名願見，為日久矣。兹欲枉顧，乃遂夙心，慰幸可量。」是札作於慶元五年一月，由此可知朱熹與鞏豐初識相見在慶元五年初，其時吕祖謙、陳亮均卒，不久朱熹亦去世，更無往武義遊水簾亭之事。

古今遊名山記卷十五載朱熹作曲水留題：

或言雲安西三十里許有自然曲水，閏月甲午朔，泊舟横石灘上，携子垕及劉甥步訪之。水極峻急，不可流觴。巖顔有永和三年及六年刻字十五六行，剥落已不可讀。細辨其文，但昔人捐金以事仙佛，識金數千石爾，殆非禊飲處也。好事者因年號遂增飾之，當時必置屋廬像設，今變滅無餘。然水石要可喜，姑取酒酌其旁，賞悟良久而去。

此題又見名山勝概記卷四十二，古今圖書集成職方典卷一千五百二十二。按：雲安在夔州路，朱熹生平向未至川蜀，亦無子名垕者。此題乃李燾作，其有子名李垕。

康熙武進縣志卷二十九載朱熹作徐君季子兩賢論：

史稱季札奉使過徐，徐君好札劍，札心知之，為使上國，未獻。還至徐，徐君已死。乃解劍繫之塚樹而去，誠所謂不以死倍吾心哉。嗟乎！此季子之高義，千古知之矣，吾以徐君足以致之也。札好義，必徐君亦好義，兩人相遇之誠故若此。以有用之寶劍，何不贈有用之豪傑，乃掛樹頭，博一日之虚名耶？豈知徐君平日有至德以孚于人者？使札好徐君之劍，徐君亦一諾不苟，即札死，徐君必掛塚樹而去，諒亦不以死背其心者乎？此其心當日不知，作史者不知，千百載而下，可以尚論，見兩賢之同道而然耶？

此文又見乾隆陽湖縣志卷十。按：此文發論淺陋，對季札有微詞，不合朱熹思想，題稱「兩賢」亦不類。文似明清八股，亦不類朱熹文風。

宋丞相四明魏文節公事略載朱熹作魏杞行狀，又見魏文節遺書附録。按：此行狀顯為僞作，如狀云：「娶夫人姜氏静專慶國夫人，郊祀禮儀，特封文節夫人。」據宋史魏杞傳：「淳熙十年十一月薨，贈特進，嘉泰中謚文節。」知「文節」之謚乃在朱熹卒後所追贈，僅此已見此行狀之僞。編事略者已知自露僞迹，故在同年增訂編刻之增訂宋丞相魏文節公事略中，將魏杞行狀多加竄改，特將「封文節夫人」一段改為：「公晉資政殿大學士，薨于淳熙十年十一月癸丑未日，享年六十有四。與配姜氏慶國夫人合葬，祔燕國公之藏。姑輯之以俟後云。淳熙十二年正月九日男熊夢編，新安朱子填諱。」既去「文節」之語，又不言朱熹作狀。同時又將原僞造之制誥四中「特贈爾為太師，追封福國公，謚文節，賜之誥命」，竄改為「特贈爾為太師，晉封魯國公，賜之誥命」。適足欲蓋彌彰，其作僞之拙劣少有。

魏杞行狀

丞相魏公諱杞，字南夫。幼時轉寓四明，邂逅武翼姜公觀，奇之，問公出處，瀟然出涕言：「有母無以為養。」姜公亦為感動，館之於家。命之從學，文日益進。姜公許妻以其子，是為慶國夫人。公未冠授官，復擢巍科，安然於命義，志不苟求。時秦師垣專政，其子熺以同年諷公來見，意不諾。尉餘姚，與太保史公為代，後又相繼秉鈞為盛事。越師秋閱必欲以軍禮，他尉皆羞，公獨戎服執撾，庭趨如儀，神色夷然，識者歎其器量。尉滿，丞相史公為代，念公之貧，故遲其來，公以書促之，史公浩報云：「我遲其行，公促我至，近世交情，所罕聞也。」邑人傳之，以為美談。餘姚有劇盜，為邑人害，公設方略捕之。當改秩，公曰：「盜為民害，不得不除，不願以人之罪為己利也。」不復問賞，徑受節推以歸。憲使秦公昌時聞而重之，密為保奏，訖事，乃語。公不得已，始就賞。公宰晉陵年始及壯，吏事詳練，邑人安其樂易，而服其嚴明。嘗護使客留傳舍，民有以妖黨告，株連數百人，力請即掩捕，少緩且變。人方駭，公不為動，乃先繫其人，累日不問，徐逮其所指者，使覘視之，曰：「是也。」指其人之女為魁，欲得對獄。公益疑其姦，訊之，乃嘗求婚不遂，餘又皆仇家也。以誣告反坐之。晉陵有巫，以神為市，而訴民之不施。公察其情，曰：「左道亂民，有常刑。」逐巫境外，而燬其祠。公在晉陵三年，郡守凡十易，其間有貪殘失衆心，疾公守正，招摭尤甚。及其罪去，寮吏鼓舞，守與其家人至徒步出城，公曰：「我可乘其危哉！」為具舟楫道路之費，獨往送之。

守愧悔，舉家感泣。晉陵一日有被髮號呼於庭者，叩之，則李氏也。其父調官都下，航湖以行，久不知所在，丐為尋訪。公惻然受其詞，同僚皆謂曰：「具區環數郡，安知在吾邑，將必悔之。」公不恤，擇健五百，激以厚賞，使物色，果得盜殺者，遂伸其冤，人尤異之。政譽流聞，周公麟之、吕公廣問常率從班列薦，侍御周公方崇又將引之憲府。公徑赴銓部，授涇縣而後見知，諸公賞歎不已。繁昌獲盜，宰尉奇賞，追逮日滋，謂寓贓於涇民為多，已次遣行，已破數家，至有死者。公下車，獨謂不然。一日，持檄取五十三家，邑民狼顧，公一無所遣。已而真盜與贓乃獲於他邑，平民逮繫縱歸者無全膚，忍死扶憊，與五十三家者泣謝於庭下。繁昌獲遣，而公名益著。涇民有能持吏長短者，自公至，屏跡不敢出。後有吏過其門，遭毆，公曰：「此奸民也，以我將去，故爾。不治，何以懲惡！」即請於守，寘於理。比去，有泣拜於途，悔過自訟者，詢知，即其人，因加訓勉，卒為良民。隆興二年，金虜大舉入寇，聲揺江浙。時錢公端禮宣諭淮南，公以宗正少卿參議其幕。初，高宗皇帝以二聖之故，屈己為湯文樂天之事，首足倒寘，欲正未能。至是，上欲遣使和議，以退虜師，且正敵國之禮。丞相湯公思退薦公有專對才。自宣幕召對，上從容訪問國家利病及淮上將師人才。公敷奏精詳，上當帝心，乃曰：「欲得卿便使虜。」公辭，不許。時警報方急，虜情叵測，公素多病，公母燕國夫人曰：「人臣事君，盡命而已，況天子親擢，此汝自效時也。」有諭詣都堂議使事，凡十餘條，其大者四：一退師議和，二易臣為姪，三減歲幣，四不發係虜歸附人。陛辭，公奏：「萬一犬羊無厭，願陛下勿以小臣為慮，請速加兵。」上惻然久之，曰：「卿虔心如此，天亦相佑，何慮不濟。」行次盱眙，虜帥僕散忠義、紇石烈志甯駐兵淮上，聞有使人，遣權知泗州趙房長請見於淮滸，問使意，且求先見國書。公言：「書合於到日齎出。」房長云：「某不見書及定議於此，使副如何得到闕下？」公出副本示之。房長云：「此盧仲賢齎來書式，前後無再拜等字，不可用也。南朝二三十年稱臣用表，一旦欲為叔姪，且求減幣帛，太無禮！」必欲令公易書，公言：「御書也，臣下豈容輒改？主上以兩國各有利害，天地鬼神鑒其曲直，此則有辭，非所懼也！」自午至酉，或坐或起，詰難紛然。公應酬明敏，辭氣慷慨，房長不能屈。公徐言：「和議若成，兵禍旋弭，皆同知之功，神明亦佑。」房長詞理因而稍順，即云：「且待稟元帥看。」既而忠義復遣計議官李佾同房長請見，詰難愈甚，公隨意爭折之。未幾，忠義復遣校尉高仲端同房長至。仲端傳忠義語云：「和議已二三年，未有端的，宋國忽侵奪我宿州，我以偏師一擊即散，懼而求和。及取接人使，又復不來。今重兵壓境，宋國又求和，而復屯兵合肥，豈欲款我師，期別生事耶？宋國若不推誠，元帥欲提大軍過淮，復於襄漢截斷吴璘軍馬，使不得東，恁時如何？」公曰：「此皆彼此已往之事，今奉信使，不必復言。」遂同副使宿於水濱，與虜相望。時驍將魏勝戰死，楚州陷没。上憤虜反覆，詔以禮物充督府犒軍。公深計用兵利害，即奏曰：「今使事大者，易名，稱減歲幣，不發係虜歸附人。臣與虜力争，其情頗屈。若虜悔禍從約，而禮物既散，恐倉猝難辦，且恐虜疑我紿，别生釁隙。」朝廷深然之，留禮物，公始奉命北行。途遇虜兵，公將使旗令人前行，大呼「奉使來」。俄而控絃露刃，直前圍逼，衆皆失色。公意氣自若，使諭以兩國利害，為少却。累日行宿虜圍中，瀕死者數，絶無飲食。會虜接伴至，方得入境，抵燕山。其館伴張恭愈等，責書不如式。往常遣使書稱「大宋」，虜誘至其庭，逼令去「大」字。虜今亦用此計，逼公令改，又令稱「陪臣」。公曰：「書出御封，不敢輕改。竊恐沿淮小人欲梗和好，生事疆埸，望稟元帥，切勿信也。」公前後與虜語，抗論不撓，動中事機，曉諭禍福，開布誠信，虜頗信服。時虜主葛王欲和，而忠義等不欲，事聞虜主，意肯忠義，遂遣李倘等見公。其辭稍順，而責書不如式，且欲世為姪國。公言：「只如人臣之家，安有一家專是叔，一家專是姪之理，此何昭穆？兩國皇帝，方享萬壽，臣子何忍預以世言。」倘等言：「向於誓表世修臣節，尚忍言之，今為世姪，乃不忍言耶？」公曰：「大國不欲和則已，如欲議和，亦須闊略節目，彼此相遷就可也。」忠義等以和議垂成，已不得逞，乘其未定，俄擁兵長驅而南，老稚奔逃，倉猝不得渡，多至溺死。公切責津吏，將奏劾之，始得二十艘以濟，所全活甚衆。虜兵侵逼，公護禮物稍内遷，適副使康滑病，不能騎，兼之摧困百端，告公曰：「滑死于此，公其勉諸！」公毅然以死自誓，抗議益堅，辭色俱厲。虜無以屈，乃定盟，卒易君臣為叔姪，減歲幣銀絹五萬疋兩，不發係虜歸附人。逮歸，得虜報書，公力求視書藁，見其書詞悉如約，乃受。其館伴賀曰：「此回來和，奉使大段不易，自此封王拜相不疑矣！」使還，即日引見。上大悦，勞諭再四，即詔諭軍民云：「杞越疆通問，得其要領而歸，淮南侵騎已空壁而退。」德壽宫有旨引見，高宗望而喜悦，委曲拊問，且曰：「朕向來亦曾奉使，備知虜情，姦詐百出。卿能一一力争，事理俱當，如奏禮物，以成今日之事，尤識事體，訖事而歸，想太夫人甚喜。」時年甫四十有六，比還，鬚髮盡白。公雖素貧，視財物不以介意。出疆賞黄金五百星及龍腦、香蘭、銀絹雜物等，公用之餘，例歸使者。公既竣事，并虜中所贈遺之物，分毫不取。後執政入謝，德壽宫太上皇勞出使之勤，問所用幾何，公以比舊什之一為對，太上皇歎曰：「向吾遣使，泛常密贈黄金千星。了如許大事，而費止此。今卿至是，殆天所以報也。」公在給舍，守正不阿，多所論駁，人推其公，雖被駁者，不敢怨也。上以兩浙常平多虚額，命中人按視。公言：「政和間，更走馬承為廉訪使，所至黜陟官吏，權勢薰灼。建炎以來，嘗使與州縣間事，開端于此，漸不可長。若止取文書，監司可辦。」時方借收圭租，以助經費。降將蕭鷓巴嘗賜淮南田，不欲，以職田為請。公言：「此祖宗養廉之具約，借猶有還期，奪與人，則仕者寧不觖望？」上悉從之。上嘗從容謂公曰：「近日無他事否？有亦卿不肯放過。」公對曰：「蒙陛下容納正直，是以有犯無隱。」吏部素號劇煩，公徧居郎省及歷長貳，通練章程，吏不得欺。據法持平，不容私謁，自膺柄用，益以國事為己任。自言平生無所愧者，不為阿私，故於議論政事，陞陟人才，未嘗容心。上屢謂忠樸，麻制云：「政如衡石之平，衷靡絲毫之偽，察其樸厚，可副弼諧。」蓋述上語也。曾覿、龍大淵以潛邸之舊，得出入禁闥，或時采聽市井閒事，以效小忠，恩幸甚厚，頗為威福。覬望者趨之，其門如市。一日，羣臣奏事畢，公獨前曰：「曾覿、龍大淵權勢太重，宜有以抑之。」上默然良久。參政陳公俊卿進曰：「誠如魏杞言。」羣臣趨出，上獨留公，曰：「卿所言，朕亦覺之，今當若何？」公曰：「潛邸舊臣，陛下欲富貴之則可，為不當使與政事，如諸路總管，亦不為不重。」上深然之。公再拜謝曰：「陛下憐臣愚忠，賜之開納，天下社稷之幸也。」是夕，連奉御筆，二人俱出外任，於是天下咸服。方葉公顒之參政也，諫有欲規，近者誣奏其子，而寘其姪於理，葉遂罷。已而按治誣狀，公曰：「事當從實，力明其枉。」上悚然為悟。蜀將吴璘死，朝廷未有以處，僉謂吴氏在蜀久，軍民安之，宜復將其子，以慰安蜀人之心。公曰：「以吴璘之忠，付以全蜀，固無可慮。璘死，諸子賢否未可知，若不乘時改轍，遂世授吴氏兵柄，他日恐為朝廷憂。」於是析為各路，命近臣以往，迄今無西顧之憂。上嘗問：「朕覽神宗紀，見當時災異甚多，何故？」公曰：「傳言『天道遠』，有邈然不著其應者，有不旋踵為應者。人君惟務修德，勿問其他。思天出災異譴告，正如父母震怒，為子者不必問己有過無過，惟當恐懼修省。」上曰：「卿言甚善，不如此，是自求禍也。」公在樞府，條進邊防事，上曰：「卿等夙夜究心，措置條理。」又曰：「宰相多事大體，不屑細究利病。行之未幾，或有更改，朕固嘗戒之，卿盡心如此，極體朕意。」又曰：「朕觀卿凡事首尾參照，必欲使法令炳然，一定不可易也。」又曰：「朝廷肅静，皆卿處事詳細之力。」又曰：「近數事皆合人心。若進用之際，太畏人言，亦是私意；坦然無心，自叶公論。」奉諭筆，奬諭曰：「朕念循習苟且之弊，思以綜覈為先。向玩歲愒日，務存形跡，蚤來所奏革弊二事，殊愜朕意。卿盡公協濟，何慮政教之不舉。」公素畏謹，未嘗漏言，或問「二事」為何事，公亦不言。公自以奮身羇孤，值明聖於海内人物孳孳訪拔。嘗與解省校試，盛服焚香，禱之於天，危坐諦覽，晝夜無惰容。或者甚之，則曰：「為國取士，何敢不敬？」所取程文，必以學識為先，其門人多有聞於世。公當軸曰，專以引拔寒畯為先，私黨皆不以進。有為言者，公曰：「廟堂非親故謀進之地。」賓客至前，必觀其議論器識可用否，不問其識不識。搜求文武，如恐不及。又因語次加訪問，使各舉所言，習而記之。薦紳治狀，擇其衆論所歸者，選用焉。得官而謝者，拒不納，不惟無市恩之嫌，而並無壅遏之患，一時執政皆效之。其不應得者，不為兩可之辭，即日報使歸部，人亦不為怨。公與同列言：「朝廷論材之地，不可使有譴舛。」於相位置二屏，一書在朝百執事姓名，一書天下郡守監司姓名，各書其祿秩赴罷月日於下，遇除授，不待尋繹，而具日以覩省，益無遺材之恨事，至今時相遵用之。常歎曰：「安得王佐才，知而薦之，使登此位，得奉身以退。」及用人，各因所長，不為求全，條為科目，各適其器，所薦二十餘人，若丞相陳公俊卿、端明汪公應辰、求制王公秬、閣學徐公村，皆一時之選，多至顯者。陳公俊卿以從班罷且久，公言：「俊卿耆德夙望，不宜久置閑地。」上即命召之。同列有掠為己功，不以為意。其後陳公聞之，為悚服焉。燕國服除，起知吴門。過闕，上賜宴，問勞周渥，且曰：「朕自記得卿，此親擢也。」問為政何先，公曰：「寬而有制，嚴而不殘，是所先也。」上首肯久之。辭行，上曰：「天寒，曷少留。」公曰：「大小一日缺官，則廢一日之事，臣何敢憚寒？」上曰：「卿念郡事如此。」喜見于色，褒嘉之語，不能盡記。公在吴門，克勤小物，不以大臣自居。聽訟處事，悉有方略，受輸一事，尤可為後法。秋苗浩繁，寮吏屢請委官定期，猶未有定議。晨起，忽命置歷，韜以紫囊，日差官二員，不俟庭謁，徑入廟中，授以約束，暮則覆實，泛擇才能之吏，不限高下，外邑管庫之士，偶入城府，度其可使，則亦命之。賕請路絕，官吏無所容其私。或間數日，公亦親臨之，條教示民明簡，訪吏精密，遠近樂輸，先期告足。歲旱，嘗禱於白龍祠，頃之，龍出雲表，吏民駭觀，一雨三日，歲以大稔。新其宇以報焉。褒詔押至，有「老臣舊弼，諳練庶事」之語。朝旨和糴，公惟恐病民，委請各官集其事，據其時，直價不淹時。公初在揆度，蜀方謀帥，公請以有大臣才器德望者為之，初無容心，其人以為出入，深銜之。至是以糴事萋菲糴官，公因被誣，亟為詞以歸。公自使還，不一二年，徑至大用。每謂中原淪胥，戴天大義，不可不復，時有未可，姑俟遵養，和非本意，不欲以使事受賞。每遷，必再三遜，然明良相遇，言聽計從，殆不以是也。客有以啓賀者，曰：「使蘇中郎歸典屬國，固難酬抗匈奴之功，然富韓二公卒為大臣，豈專以使契丹之故？」人謂名言。公自念少時孤困流落，遇報官及諸受命，必感泣曰：「此非平生意望所敢及。」戒其家人，勿以奢縱，雖入相出藩，而生理甚薄，用度不給，未嘗介意。公平生不事生産，既解機政，無家可歸，僑寓四明城闉僧舍。已而卜築村疃，得仲夏王氏廬，愛其山水，雖隘僻，處之淡如也。皇子魏惠憲王判四明，與王眷出郊，訪公於碧溪，留訊卜宿。王見山水愛之，語公曰：「人情於玩物皆有厭倦，惟觀山水之樂不厭，何也？」曰：「人性本静，所以樂此。」王稱善久之。嘗云：「他日有郊霈，首當奏弟。」使虜還，恩例得二名，子已長成，俱爵不奏，一授叔汝，功進二階；一奏弟枏。一日，有老僧謁曰：「公昔所書窗紙來告。」則枏已更數任。公薨，枏不勝哀，浹日而卒，一門友悌，可悲也已。公篤於義，其叔與弟之子率次第官之，宗族散處江淮閩浙，視力周邺，更去迭來，客館無虚日。李氏妹既嫠居，廪其家，官其子。公自罷政，退居凡十五年，未嘗以一事浼州縣。賦調率先時而輸，務致精好，為記識以自別。官吏見者，無不感歎。初，參政錢公端禮倅四明日，一見公，知為國器，即館延之，又力薦於朝。公感其知，執門生之禮，雖貴不怠。聞其亡，哀慟左右，戒其諸子世無忘錢氏也。東宫講讀徹章及政府進書，例賜金繒，公以滿盈自懼，必引義牢辭得請而後已。當遷官，亦累辭。上曰：「卿亦太廉矣！」歸家，因以「太廉」名堂，御筆題匾。姑蘇飛語，或勸公自辨，公曰：「流言止於智者，使有是，一郡之人獨無詞乎？」公風神秀整，暇時把酒賦詩，談論傾座，聽者忘倦，泛及世故，曲當事情，可舉而行，平時口不言錢。公平生屬意性理之學，深造自得，閲内典常有悟，生死禍福得喪不以入其心。少喜為詩，晚益超妙，頗得少陵、半山之妙，岑特奬褒。遺文有家集三十卷，勤齋詩三卷，訓子姪孫經術義理，自三都二京以下，擇其尤者，類為童諷三十卷，使誦習之。焦山之殯，每切霜露之感，或言當百川入海之會，風水雄勝，且世再出相。公曰：「泥陰陽家以徼福，而不便展省，可乎？」燕國之葬，卒遷奉化，合葬溪口上山崇福顯親禪寺，前名常樂院，其後得旨改院，賜額曰崇福顯親祠。娶夫人姜氏静専慶國夫人，郊祀禮儀，特封文節夫人。公復資政殿大學士。薨於淳熙十年十一月癸未，六十有四。次年九月丁酉葬於奉化溪口上山，祔太師燕國公之藏。

宋丞相四明魏文節略又載朱熹作贈魏丞相詩二首：

皂蓋朱幡出帝都，九天拜命重分符。東寧此去三千里，多少疲癃渴已蘇。

青史魏公賢宰相，先聞朝上老名臣。心存正大知無異，夢感威儀信有神。千載義田能復舊，一朝祠宇為重新。從來閒氣鍾英傑，如見今人即古人。

二詩又見魏文節公遺書附録。按：此二詩亦偽作。詩題作「贈魏丞相」，自是魏杞在世時所贈，然詩中却云「千載義田能復舊，一朝祠宇為重新」，所謂「祠宇重新」云云，即行狀中所云「卒遷奉化，合葬溪口上山崇福顯親禅寺，前名常樂院，其後得旨改院，賜額曰崇福顯親祠」，乃魏杞死後之事。僅此可見其偽。

廣西朱氏族譜載朱熹作四季讀書歌四首：

春季

春讀書，春日遲，柳風輕暖浴沂時。閉門經史埋頭處，花开花落總不知。

夏季

夏讀書，夏日長，薰風占斷北窗涼。庭前緑轉芭蕉影，池邊紅蓮開道香。

秋季

秋讀書，秋氣清，金風蕭寂井梧聲。五年黄卷三更雨，六尺梨床一短檠。

冬季

冬讀書，冬三餘，少年須用情專諸。螢窗雪案功勤苦，紫閣彤庭定我居。

按：廣西朱氏族譜中載有二組朱熹四季讀書詩，其中必有一僞。另一組詩讀書好，有朱熹弟子張巽和詩和晦庵先生四時讀書樂（見道光惠安縣續志卷十一），證此組詩確為朱熹作，民國廬山志卷五山川勝迹録云：「朱熹四時樂詩碑，淳熙壬寅，周嗣修之。」即指讀書好組詩，則此四季讀書歌應為僞作。朱培文公大全集補遺凡例云：「他書有誤將時人作為文公作者……如四時讀書樂，乃元儒吕六松句，今亦指為我文公句矣。」則此四季讀書歌為吕六松作，觀其中「紫閣彤庭定我居」云云，亦不合朱熹思想。

今故宫博物院藏有朱熹一帖「真迹」：

□□，秋暑高炎。共惟□□□文侍郎，奉使察州。□□，□□動止萬福。熹□審上心念舊，□界使節，有如碩德重望，内更禁近□□之選，外歷留都名藩之寄。獨未嘗駕軺車而展澄清。今兹所以少迂涂轍，然後進長地官，遂躋丞弼，□□祖宗用人之法也。多賀，多賀！□比蒙恩復帖職，實出吹噓，第罪戾之餘，豈應得此？一味悚慄。□□去歲若不緣心疾大作，勉赴武夷，則今日受察□□，其樂豈有涯哉！廬陵蚤稻本信收，六月間偶太熱，微有生蟲處，遂損一二分。秋後尤酷暑，晚稻渴雨，見今祈禱。閩中想成樂歲，鮮于囝駿福星也，復何患耶！□自聆臨遣之報，屢欲遣記。訪便莫獲，適泰寧李宰來求先容，因得附此。忪悸殊未愈，書無倫理，切乞恕罪。餘蕲順令圖厚以對璽召。右謹（下缺結銜、姓名多字。）

按：前人考此帖或以為予向子諲，或以為予趙汝愚，或以為予王佐等，均非。考帖中「勉赴武夷」云云，分明是作帖人稱自己去年得疾，未能來武夷上任供職，如今遂不得受使官之察，可見作帖之人顯非福建人，下自問「閩中想成樂歲」，亦顯見是非福建人口吻。泰寧在福建，作帖之人無從來閩，故托李宰送札。由帖中可見作帖之人為廬陵本地人，因病在家，故帖中詳叙廬陵早晚稻之事。總之，凡帖所云，無一同朱熹生平行事與仕歷相合，而作帖之人乃一因病居家未赴福建地方任之廬陵士人，可以確鑿斷定此帖非朱熹作。細按此帖中，凡自稱姓名處以及最末結銜姓名處均被剜挖，顯乃作偽者有意為之。明胡儼跋即歎云：「惜其所與之人姓字磨滅。」徐邦達古書畫過眼要録考此帖，亦云：「此帖原是劄子的形式，現在前後名款和結銜，多被刮掉和削去，三處書名僅存一個『熹』字，也經後人重加填補。」蓋此帖本非朱熹之札，被剜挖處本是原作帖人之姓名結銜，作偽者以此帖字迹類似朱熹，遂將原姓名挖去，填補上「熹」字，至于結銜過長，難以仿朱熹筆迹填補，則乾脆削除，造成是帖殘缺破損之假象，以欺世人。復考此帖不類朱熹書札風格，而大似明人口氣。以帖中「外歷留都」一句考之，按「留都」乃對同一朝之舊都而言，宋人無有稱金陵為「留都」者，因金陵非宋之舊都，唯明時遷都北京後，乃稱舊都南京為「留都」。僅此已可知此帖乃明以後之人所作偽。

鄭端朱子學歸中朱熹訓蒙詩，有與朱玉朱子文集大全類編所載訓蒙詩不同者四首：

體認

雖云道本無形象，形象原因體認生。試驗操存功熟後，隱然常覺在中明。

仁之三

天理生生本不窮，要從知覺驗流通。若知體用原無間，始笑前來説異同。

辭達而已矣之二

因辭可以驗人心，心地開明辭必明。試把正人文字看，何嘗巧滯與艱深。

大而化之之二

春水融盡絶澌微，徹底冰壺燭萬機。静對春風感形化，聖心體段蓋如斯。

朱培文公大全集補遺卷一録朱熹性理吟（即訓蒙詩）九十四首，有體認、辭達而已矣之

二、大而化之之二而無仁之三。按：此仁之三即朱文公文集卷六送林熙之詩五首之第三首，作於乾道四年，顯非訓蒙詩中之詩。其餘三首亦僞。

南岳唱酬集中，有五首朱熹唱酬詩未收入朱文公文集，另外多載有朱熹唱酬詩四首：

自西園登山宿方廣寺

俗塵元迥隔，景物倍增明。山色回圍碧，泉聲永夜清。月華侵户冷，秋氣與雲生。曉起尋歸路，題詩寄此情。

過高臺獲信老詩集

巍巍僧舍隱雲端，坐看君詩興不闌。讀罷朗然開口笑，舊房松樹耐霜寒。

題福岩寺

天竺西方寺，相從此日來。山僧留客坐，野老把松栽。地拱千尋險，天遮四面開。殷勤方外望，塵事不勝哀。

夜得嶽後庵僧家園新茶甚不多輒分數碗奉伯承

新英簇簇燦旗槍，僧舍今朝得品嘗。入座半甌浮緑泛，鴉山烏啄不如香。

又有朱熹與張栻、林擇之三人聯句三首：

路出山背仰見上封寺遂登絶頂聯句

我尋西園路，徑上上封寺。竹輿不留行，及此秋容霽。磴危霜葉滑，林空山果墜。崇蘭共清芬，深壑遞幽吹。不知山益高，但覺冷侵袂。路回屹陰崖，突兀聳蒼翠。故應祝融尊，群峰拱而峙。金碧雖在眼，勇往詎容憩。絶頂極遐觀，脚力聊一試。昔遊冰雪中，未盡登臨意。兹來天宇肅，舉目盡纖翳。遠邇無遁形，高低同一視。永惟元化功，清濁分萬類。運行有機緘，浩蕩見根柢。此理復何窮，臨風但三喟。

晨鐘動雷池望日聯句

浮氣列下陳，天净澄秋容。朝暾何處開，彷佛呈微紅。須臾眩衆彩，閶闔開九重。金鎮忽涌出，晃蕩浮雙瞳。乾坤豁呈露，群物光芒中。誰知雷池景，乃與日觀同。徒傾葵藿心，再拜御曉風。

中夜祝融觀月聯句

披衣凛中夜，起步祝融巔。何許冰雪輪，皎皎飛上天。清光正在手，空明浩無邊。群峰儼環列，玉樹生瓊田。白雲起我傍，兩腋風翩翩。舉酒發浩歌，萬籟為寂然。寄聲平生友，誦我山中篇。

按：朱熹與張栻、林擇之遊南嶽唱酬時在冬季，且無聯句之事，此六首所詠皆秋間登遊事，顯非朱熹詩。

同治弋陽縣志卷十一載朱熹作陳文正公集序：

先生中興之首勳也。先生之相業行實，繫籍聖賢，其後必傳諸史册，泐諸金石，昭然可紀。故凡性情道德學問文章，發之于紀綱政事，顯之于號令聲名，金錫圭璧，無在不見，為可法而可傳者也。況其有關于廟謨，有裨于生民，有傳于後世，此天地之正氣，川岳之鍾靈，蓋不世出之英傑，誠哉一代之偉人也！故先生之在朝，歷事二帝，前後二十餘載，功業詞章，巍然焕然。設使天假以年，則宋室之土宇可全復，而不徒江南之半壁矣。從事二紀，獲庇同朝，先生之相業，實皆熹之習見習聞，親炙而佩服之者也。惜泰山既頽，梁木既壞，遺言碩劃，幸賴有賢嗣偉節伯仲諸人克繼先業，顯名于朝。又熹之金蘭筆硯同事者，一日以先生之文集丐余為序，熹雖不敏，亦不敢辭。于是浣手焚香，端坐肅觀，越月餘而始畢，不敢贊一辭，但因所請，以次第其篇凡三十卷，而弁諸首云。時乾道七年，新安門人朱熹頓首拜書于碧落洞天書院。

按：此文出于陳文恭公集，為陳氏裔孫所僞造。四庫全書總目卷一七四别集類存目録陳文恭公集十三卷，云：「是集為其裔孫以範編次，并以誥敕及諸書文字有涉于康伯者匯附于後。然遺文僅二卷，而附録乃十一卷，末大于本，殊非體例。且遺文亦多僞作，如所載謝敕命修家譜表稱：『昨進家譜，敕令史院編修填諱。』自古以來，無是事理。其謝語稱『伏惟聖躬保重』，『聖壽隆長』，而首稱『臣康伯叩頭拜謝曰』，末稱『臣等不勝欣躍，無任感戴叩謝之至』，尤不曉宋人章表體例。又首載原序一篇，稱『乾道七年新安門人朱熹頓首拜書于碧落洞天』，其詞鄙陋殊甚。」今以「從事二紀」考之，陳康伯卒于乾道元年，上推二紀為紹興十一年，時朱熹方十二歲，豈非夢囈？

同治弋陽縣志卷十一又載朱熹弔陳康伯之祭陳魯公文：

惟公德在生民，功書信史。大節昭然，善終善始。中興輔相，比立豪英。曰文曰武，各以其名；孰如我公，道全德備。莫得而名，翳名之至，亦弗自如。惟誠惟一，衆善畢隨。士於見聞，以多為富；公無不窺，不以博著。士於詞章，以麗為精；公無不能，不以文稱。匪清匪濁，不夷不惠，和不至流，廉不至劌。論無苟異，亦無必同。温温其毅，坦坦其恭。執法於中，不專為直。大姦既除，國論始一。承流於外，不一於寬。苛嬈不作，閭里自安。中坐廟堂，宏綱是總。主德既修，民聽不聳。從容一言，撥佞移寵。帝納其忠，人服其勇。晚而告休，脱冕移紳，安車駟馬，歸卧里門。進不出位，退不忘君。垣屋雖卑，德義日尊。群行兼融，尚不勝紀。公亦何心，有此全美？惟其不有，道則彌光。兩宫之春，四海之望。謂當百年，再登丞弼，卒惠我民，永綏王國；云胡不淑，奄忽長終！臨絶之言，不忘奏宫。嗚呼哀哉！我從公遊，出入二紀，晚途間關，辱託知己。千里訃至，一觴薦誠。想公如在，洒淚同傾。尚饗！

按：此文亦出于陳文恭公集，為陳氏裔孫僞造。朱文公文集卷八十七有祭陳福公文，與此文大致相同，乃祭陳俊卿。蓋陳俊卿與陳康伯同為丞相，同封福國公，作僞者乃將此文「出入三紀」改為「出入二紀」，小變數句，將「祭陳福公文」改為「祭陳魯公文」，遂成為弔陳康伯之作。殊不知祭文所云與陳康伯仕歷全不相合，即改「三紀」為「二紀」，僞迹更彰。

同治弋陽縣志卷十二載朱熹作上陳魯公啟：

迥憂思以求閑，方陳危懇；即便安而誤寵，并沐殊私。弗遂懇辭，迄成忝冒。伏念某學惟信己，才不逮人。生際休明，豈自甘於淪棄；病侵遲暮，久莫奉於馳驅。比叨民社之臨，猶冀桑榆之效。屬私門之變故，致公務之弛隳。黽勉旬時，已積簡書之畏；顧瞻疇昔，未忘香火之修。仰洪造之不違，服明恩而已厚。敢意便蕃之錫，更陞論譔之華。顧先帝特達之深知，昔幸容之遜避，而聖上叮寧之申命，今復軫於眷懷。惟拜賜之無名，屢騰章而自列。重煩睿旨，曲借寵光。仰戴皇慈，欲終辭而不敢；自憐末路，知仰報之難圖。祗命以還，措躬無所。茲蓋伏遇丞相國公，妙熙天滓，獨運化鈞。欲儲材於朽鈍之餘，肯垂意於事功之外。遂令衰晚，有此叨踰。某敢不思稱榮名，勉終素業？考諸前聖，儻不謬於正傳；覺彼後知，或少裨於大化。過此以往，未知所裁。

按：此文亦出自陳文恭公集，為陳氏裔孫偽造。朱文公文集卷八十五有謝政府啟，與此文同，而將「壽皇」（孝宗趙昚，淳熙十六年上號「壽皇」）改為「先帝」，欲蓋彌彰，高宗趙構卒於淳熙十六年，而陳康伯於乾道元年已去世，豈能有「先帝」之語？原啟題下注云「漳州解罷得祠」，則應作於紹熙二年，時陳康伯早卒，「丞相國公」指留正等，與陳康伯了不相涉。

同治廣信府志卷十一之二藝文載朱熹作上福國公啟：

先生氣粹珪璋，學深淵海，蚤著士林之望，亟膺宸眷之知。仰商山恬養之風，久淹琳舍；復紫禁清華之舊，超冠天官。欲振起斯文於萎靡之餘，故將順其美於聽納之際。志存社稷，身任股肱。宰相以鎮撫四裔，莫予敢侮；丈夫當掃除天下，舍公其誰？謂事君莫如以人，故在上必引其類。

按：此文乃由王十朋梅溪王先生文集後集卷二十二陳侍郎康伯與陳右相二啟拼湊而成。

雍正江西通志卷一百四十藝文載朱熹作答饒州蔡通判：

一麾出守，迹濫厠於九賢；同官為僚，治實資於半刺。禮過於厚，緘來以朋。恭惟某官，世襲衣冠，家傳詩禮。學古然後入政，修身乃能治人。宜所至之有聲，諒無入而不得。展龐統騏驥之足，貳番君山水之邦。靡行終更，即膺迅擢。某誤被宸命，濫持郡符，雅聞別乘之賢，喜見天書之西。通家自今日，行登元禮之門；異才非王孫，誤倒蔡邕之履。

按：此乃王十朋之作，見梅溪王先生文集後集卷二十三。

民國同安縣志卷八載朱熹作遊蔡林社八景詩：

圃山夕照

未向謝家尋舊蹤，圃山久已挹高風。莫嫌隔岸風清遠，幾度斜陽照碧紅。

珠嶼晚霞

寶珠自古任江流，鎖斷銀同一鷺洲。曉望平原燦日色，霞光映入滿山丘。

金龜壽石

十朋巨石自天然，忍耐煙雲不計年。此地古稱多壽者，金龜壽石出彭堅。

玉井泉香

玉井由來桔下延，上池得飲是仙緣。從今勿慕檻中水，頻酌清香覺爽泉。

沙堤岸影

一片玉璣耀水明，秋來鴻雁宿沙瀛。只因海客忘機末，影落長堤字幾行。

漁網蝶影

飛飛江上織漁艘，舉網隨風汲浪高。遠盼雲舟浮緑水，飄然蝴蝶出波濤。

蓮道樵歌

樵夫一曲和歌清，蓮道響窮鶴浦城。多少江湖名利客，不如伐木誦丁丁。

文江漁唱

錦江夜色月明多，静聽漁人唱櫂歌。昨日山妻藏斗酒，為余問渡漾秋波。

按：宋時同安尚無蔡林八景之説。且蔡林八景為遊賞之地，朱熹如有八題，自必流行同安，為世人所習知，然自朱熹門人陳利用編大同集，至明林希元增補大同集，均不知有此八景詩而未收入，足證其為晚出僞作。

朱培文公大全集補遺輯録九十四首訓蒙絶句外，又輯録四十九首七律，合稱之為性理吟，以為：「饒雙峰謂此編乃文公授黄勉齋訓子芝老，蓋約性理要義為韻語，命曰性理吟。」朱啟昆朱子大全集補遺輯録同此，亦謂：「性理吟乃先臣熹將性理約為韻語，以教先臣在者。先臣門人黄幹親承師授，廣傳於世。明時車振刻於常州，高攀龍刻於無錫。」按：此四十九首七律性理吟顯僞。據宋徐經孫黄季清注朱文公訓蒙詩跋，朱熹乃作訓蒙絶句九十八首，而無作七律四十九首之事。元程端禮所稱朱熹性理吟詩，亦指此訓蒙絶句，而非另有性理吟七律，其程氏家塾讀書分年日程卷一述之甚明：「此乃朱以孫芝老能言，作性理絶句百首教之之意。」大約因程端禮將訓蒙絶句又稱為性理絶句，後世遂有附會僞造性理吟七律而與訓蒙絶句魚目混珠，合併行世，鄭端刻入朱子學歸，尤侗刻入西堂全集，他如槐軒全書、南宋名賢小集等，皆採此書。考性理吟七律出現於明天順年間，萬曆中高攀龍刻是書，其性理吟序云：「昔者朱子嘗取六經四子中要義，約為韻語，命曰性理吟，以訓其子芝老。金川車公名振者，受於其祖松坡公，松坡得之五河李先生，李得之雙峰饒先生，饒得之勉齋黄先生，黄則親承師授者也。天順中，車公為常州府司理，刻於常，攜其板歸，毁於火。嘉靖中，車公婿饒公名傳者，為汀州府司理，刻於汀……」其説顯本自程端禮而自露僞迹：朱熹無有子名芝老者，程端禮稱芝老爲孫，并非其子；程端禮明言「絶句」，而非七律；又程端禮明言百首，而非一百四十三首。如證以徐經孫序，則性理吟四十九首七律之僞昭然若揭。此性理吟七律顯係車振本人僞託，而由松坡上至黄幹師承傳授也爲其僞造。明正德年間有譚寶焕者，作性理吟二卷，四庫全書總目稱此書「皆以四書及性理中字句爲題，前列朱子之説，而以一詩括其意。前集一卷爲七言絶句，後集一卷爲七言律詩。」此性理吟七律四十九首，疑即譚寶焕作，而被車振僞託爲朱熹之作。

性理吟

仁

天地本來生物心，先儒特指此爲仁。五行運轉功歸木，四序周流氣屬春。一瘼不通身且痺，寸私未去道非純。有能克己功夫到，腔子中間惻隱真。

義

理有當爲在必爲，事皆審處得其宜。富非以道窮寧忍，身可成仁死莫辭。取予截然分界限，是非斷不謬毫釐。要知此道觀元化，天地嚴凝肅殺時。

禮

天澤初分禮已基，三千三百特其儀。分由父子君臣定，恭豈聲音笑貌為。理在人心陰有節，民知天則犯無思。聖門問目皆根底，四勿當先克己私。

智

察慧為明類管窺，此惟公是與公非。事行無事惡乎鑿，知極先知覺自微。明德功夫由格物，窮神造化可研幾。始條理至終條理，入聖優於聖域歸。

信

有諸己者若為名，道在參前與倚衡。充是四端非外鑠，確然一理與俱生。五行主以中央土，萬善歸於此意誠。實理流通歸造化，天何言處四時行。

誠

實理根源帝降衷，渾然太極具胸中。不思不勉聖而化，則著則形天者融。一性毫釐無矯揉，兩間化育妙流通。學知未造斯誠地，主一功夫要廣充。

心

虛靈知覺本無私，物誘其間易轉移。理義擴充無限量，賢愚異向只毫釐。精神收斂歸方寸，功用彌綸極兩儀。一念少差微亦顯，誰云暗室可容欺。

又

此身有物宰其中，虛徹靈臺萬境融。斂自至微充則大，寂然不動感而通。五官本以思為主，一竅須防欲外攻。不睹不聞穹壤隔，盍於謹獨上加功。

敬

進德功夫那處尋？常惺惺地主吾心。精神收斂天常在，氣象森嚴帝實臨。文若在宫先致肅，堯雖至聖尚能欽。帝王心法皆由此，學者須還用力深。

性

此性凝於二五精，天之命我本來純。只因氣質分清濁，遂使賢愚有等倫。誠則踐形非用力，學能克己始為仁。盡人盡物皆吾事，本本元元祇一真。

情

未發之時皆是性，動而感物乃為情。欲如可欲仁非遠，思或妄思邪易生。萬想不摇心正大，四端既發善流行。提防意馬如防寇，謹獨功夫要講明。

氣

二五之精判混元，厥初本體自純全。配乎是道生乎義，牿則皆人養則天。平旦清明常不撓，兩儀充塞浩無邊。死生禍福誰能攝，聽命於心即聖賢。

志

方寸中間徹兩儀，規模全在立心時。希賢希聖惟吾道，行帝行王視所之。有則竟成功易集，懦而無立事難為。始焉趨向尤當辨，舜跖其徒易背馳。

命

賦予皆原造化功，胡為定分杳難窮。性根於我原無異，氣禀之天有不同。道在何須言壽夭，身修只合任窮通。聖賢順受無非正，義在當為命在中。

思

方寸中間貫兩儀，五官五事本乎思。憧憧合謹朋從戒，亹亹無忘内省時。理欲兩端分界限，聖狂異向只毫氂。思誠若達何思地，不問生知與學知。

意

萬事皆從有意生，念頭纔起是根萌。聖能無我先應絶，學欲正心須自誠。百慮經營行此志，一機感發屬乎情。濂溪不去窗前草，此意分明養得成。

樂

紛華掃退惟吾情，外樂何如内樂真。禮義悦心衷有得，窮通安分道常伸。曲肱自得宣尼趣，陋巷何嫌顔子貧。此意相關禽對語，濂溪庭草一般春。

憂

富貴何須分外求，樂天知命本無憂。事關職分思無曠，德在吾身患不修。流涕賈生深漢慮，攢眉杜老為唐愁。困心衡慮終無益，療病還須藥必瘳。

剛

鐵壁金城硬脊梁，夜深劍氣凜寒芒。三軍莫奪匹夫志，九殞難摧壯士腸。毅若參乎宜有勇，欲如棖也豈為剛。要須集義功夫到，血氣何如志氣强。

柔

温和如玉盎如春，義理薰蒸淑此身。粹德常存鄉善士，嘉猷巽入國良臣。但推寬厚慈祥意，肯作脂韋軟媚人。張禹孔光何等習，巧言令色鮮其仁。

中

正體原從不倚生，亭亭當當理分明。帝王相授皆惟一，夫婦雖愚可與行。載在羲經推二五，寓諸麟史即權衡。果能此道經斯世，天地中間掌樣平。

權

事物秤量易一偏，權為善用乃為權。一心酬酢中常主，萬變縱横理自然。不是反經求合道，要非膠柱可調弦。若將變化參乾道，正氣流行四序遷。

幾

萬事根源肇自微，當知微者著之幾。安危理勢乘除頃，禍福機緘倚伏時。智者未形先豫料，常情已著鮮能知。毫芒善利尤當辨，舜跖其徒易背馳。

道

一太極中涵性分，六君子者得心傳。無形超出流形表，不物來從有物先。龍負龜呈開妙藴，鳶飛魚躍會真筌。經綸一息無斯道，圓蓋方輿特塊然。

德

此德根於此性真，四端萬善足吾身。出寧似舜天之合，懋敬如湯又日新。細行不矜珪有玷，寸私無累玉其純。雲行雨施乾元普，宇宙中間物物春。

四德

天德胚胎自渾淪，乾分四者可名言。元工肇始斯仁普，亨道為通庶類蕃。利則有華皆就實，貞而無物不歸根。流行四序周而始，誠貫其中是本源。

四端

四者本無端可窺，一機感發善隨之。欲知本體胚胎處，着在良心發現時。情動始能覘朕兆，性初原自有根基。火燃泉達充而廣，此理生生無盡機。

格物

一物中間一理存，欲窮是理見須真。川流不息應知道，穀種能生始驗仁。製錦可觀為邑者，斵輪能悟讀書人。此身有物先須格，萬物從來備我身。

踐形

肖貌均之造化功，聖惟和順積諸躬。聲而為律身為度，目自能開耳自聰。但見從容時中道，何須蹈履上加功。物皆各盡天然則，一理純乎四體充。

皇極

以極為中義未安，示民標準有相關。萬殊本本元元地，一理亭亭當當間。棟木在中群木拱，辰星居所衆星環。九章統會歸諸五，千古箕疇彝訓頒。

忠恕

內不自欺忠是體，推而及物恕行焉。人能勉此幾於道，聖則純乎動以天。探本窮源誠是主，視人猶己理同然。聖門一貫知誰會，獨自參乎得正傳。

中和

喜怒未形中固在，發而中節乃為和。粹然本自性情出，捨此其如禮樂何。正若固喬淪矯亢，柔如光禹失依阿。不偏不倚中庸訓，理學功夫要琢磨。

陰陽

形而下者謂之器，天道無陰不佐陽。動則群陰俱發育，静而萬物俱歸藏。雷方伏處潛萌地，冰欲堅時自履霜。但使陽明勝陰濁，此身先自要平章。

變化

流行造化杳難窺，物有推移道不移。草木春花秋實際，獸禽孳尾氄毛時。太虚瞬息陰晴雨，浮世駸尋壯老衰。本體尚存形跡異，化焉形跡亦無之。

夜氣

時當嚮晦寂無營，是氣分明養得成。收斂精神安夢寐，流行旦晝亦清明。五官泰定邪難入，一室中虚善自生。存得滿腔天理在，從他鼻息響雷鳴。

謹獨

一念根萌自隱微，外無形跡可容窺。跡先未動機先動，人不能知我自知。顔燭夜燃防欲縱，震金暮斥畏天欺。豈知為學求諸内，不但幽居暗室時。

聖

胸中何慮亦何思，妙在從容中道時。自是性之非力强，純乎天者豈人為。一私不累大而化，萬境俱融生則知。孰謂神明難遽造，惟狂克念聖之基。

神

聖固非人可得為，至神尤更杳難知。心功默與天同運，道化全無跡可窺。陰闔陽開機孰使，風飛雷厲令如馳。無方無體純乎易，禍福昭昭未判時。

人心

不是人心與道違，先儒特謂此心危。氣成形後有知識，物誘吾前易轉移。理欲兩端分界限，聖狂一念判毫釐。若人無有天戕者，物則依然具秉彝。

道心

方寸中存無極真，纖毫物欲外難侵。至精至粹純乎理，無智無愚有是心。誠實本來消衆妄，陽明原自絶群陰。帝王相傳精一法，獨向危微妙處尋。

明明德

一真洞洞在中扃，人不生知必學成。克去己私無晦蝕，還他本體自光明。蕩除泥滓泉斯潔，拂拭塵埃鏡乃清。性分本來非外得，斯明原自内中生。

止至善

丘隅黄鳥詠緜蠻，止道光明體艮山。物與俱生皆有得，德雖至大不踰閑。敬仁盡乃君臣分，慈孝嚴於父子間。知止乃能安汝止，明誠學力本相關。

君道

制世非徒勢位尊，克艱厥後止於仁。九經統會先修己，萬化綱維在得人。政出中書權在我，利捐内帑富藏民。大公至正無私昵，宇宙中間物物春。

相道

金鼎調元贊化工，此心端合與天同。宗枋大計韓忠獻，遐邇清名司馬公。造化無私參衆論，格君有道竭精忠。綴衣趣馬皆吾屬，不問宫中與府中。

師道

曠曠誰開一性真，要將斯道覺斯民。明如虞舜先敷教，聖若宣尼善誘人。夜立伊川門外雪，風生明道坐中春。帝王亦有師承益，廣厦群儒日日新。

吏道

仕非其義仕奚為？一命當懷及物思。清白居官皆可紀，志勤蒞職敢求知。理材有道唐劉晏，用法持平漢釋之。硬著脚根行實地，班資何必計崇卑。

求放心

放渠鷄犬欲求難，内省何須用力艱。出入不踰方寸地，揍存尤只片時間。當知本體皎然在，不是良心去復還。人患弗思思則得，可容旦旦伐牛山？

絜矩

物我由來總一般，四方八面要平看。己如欲立人俱立，民既相安我始安。異體莫如同體視，彼心當即此心觀。有能强恕功夫到，不信推行是道難。

干禄

顓孫為學太匆匆，便欲邀求禄位穹。不想利名中著意，盍於言行上加功。常將闕處思危殆，每把其餘慎始終。寡悔寡尤牢記取，自然有禄在其中。

永樂大典卷八千二百六十九載朱熹作嘉禾郡四齋銘：

處仁齋銘

里有仁焉，擇之而處。顛沛造次，不辨其所。蓬因麻直，絲以染遷。漸磨而化，物我皆然。

好義齋銘

質直無邪，所存在義。行而宜之，勿放於利。無適無莫，匪驕匪吝。推之邦家，其遠可信。

復禮齋銘

湛然一性，中有覺知。感物而動，私欲害之。約之以禮，勿順乎非。不遠而復，顔氏庶幾。

近智齋銘

仲尼之聖，顔子之賢。好學不厭，智斯仕焉。勉強師之，其德日起。知之而好，斯近智矣。

按：此四齋銘乃李正民作，見至元嘉禾志卷二十三，題作縣學講堂齋銘。

同治廣信府志卷十一之二藝文載朱熹作上陳魯公書：

伏惟明公以大忠壯節，早負天下之望，自知政事，贊襄密勿，凡所念執，皆繫安危。至其甚者，輒以身之去就争之，雖無即從，天子之信公也蓋篤，天下之望公也益深，懍懍然惟懼其一旦必去而不可留也。

按：此文當亦出自陳文恭公文集。朱文公文集卷二十四有賀陳丞相書，乃賀福公陳俊卿，而非魯公陳康伯，其開首與此同，知此書實為陳康伯裔孫截取此賀書僞造而成。

毛德琦廬山志卷十一載朱熹作同王太守暨諸公濂溪祠詩：

發明正學古無聞，千載寥寥獨見君。喜有人能弘此道，定知天未喪斯文。永陽遺俗堪垂則，溢浦流風又策勳。我率諸公拜祠下，要令今古播清芬。

此詩又見吴宗慈廬山志卷十、九江府志卷四十九等。按：此為王溉詩。周子全書卷十九交遊贈述有王溉作謁濂溪先生祠堂二首，序云：「有宋淳熙歲承火羊，月臨水鼠，陽生後之三日，郡太守王溉同貳車趙希勉、周梓，款謁濂溪先生祠堂，陪禮者幕官吕巘、唐紹彭、朱光祖，邑令黄灝，廣文應振，郡庠諸生六十有二人。行禮訖事，王溉賦詩二章，以紀其事云。」其第二首，即此詩。王溉時為九江守，毛德琦廬山志卷九載周頤聖壽無疆頌刻石，末署「淳熙八年秋八月刻石於五老峰前，奉議郎權知江州軍州兼管内勸農事借紫王溉。」

隆慶臨江府志卷三載朱熹作煙雲臺詩：

吴門不作南昌尉，上疏歸來朝市空。笑拂巖花問塵世，故人子是國師公。

按：此詩乃黄庭堅作，見山谷外集卷十三，題作隱梅福處。

民國同安縣志卷三十一引有朱熹致許權詩，稱云：「許權，字正衡，號巽齊。以明經登治平元年甲辰科進士，官至承信大夫。盛德高標，文名藉甚。平生所為名藍古剎碑文最多，人争傳誦。朱子簿同安，曾勖以詩云：『文圃山高君莫羡，聖門巖薛與天齊。』著文集，被兵燹湮没，僅存者蘇魏公贊、西安橋記略耳。卒於宋大觀二年。」按：朱熹簿同安在紹興二十三至二十七年間，而許權早卒於大觀二年，朱熹如何以詩勖之？同安縣志此説蓋本之許順之族譜諸書，許順之為朱熹弟子，則朱熹作詩勖許權云云，顯為許氏族人因許順之附會僞造。

康塘洪氏宗譜卷十載朱熹作康塘三瑞堂記：

余素耽山水之趣，凡有名山大川，無不悉至，則一石一木，可寄遊覽而助吟詠者，悉皆留情。歲在辛卯，余訪友遂安。城北十里餘許，有名康塘者，山川佳勝，木石鹿豕，可縱居遊，誠高蹈之墟，君子之居也。中有隱君子號志曾者，愛泉石，樂琴書，跡不履城市，交不接浮誇，其逃世之君子歟？令胤三：長字守成，次守引，三守澤，皆文壇驥足，中原旗鼓。余每適其宅，與三君子商榷古今，匪朝伊夕。宅旁建一樓，高十餘丈。樓置瑶琴百具，每當風晨月夕，幽致飄然，按弦而撫，百琴應響，如出一律，所謂嘯虎聞而不吼，哀猿聽而不啼。惜子期不再，空負此高山流水也。樓後竹千竿，樓之左右，百卉備舉。前一池，廣可二十餘畝，中有鯉鱠、菱蓮、蒲藻，無不悉具。兩岸桃李繁饒，池内置設畫舫，凡賓朋交錯，皆遊賞其中，即曲水流觴，何多讓焉。其年春筍怒發，亭亭直上數丈餘，峭直無節，此一異也；池内蓮實，每枚體大如盞，清芬逼人，此二異也；荷下之菱，其大如枕，水溢味甘，其瓊漿耶？其醴泉耶？此三異也。洪公頻蹙告余曰：「有此三異，花木之妖也。不禳，且有禍。」余曰：「否！否！草木，得氣之先者也。和氣致祥，則動植之物先應焉，此休徵也。兆當在三嗣男矣。」是歲，三子舉於鄉，果并與選，奏名禮部。所謂必有禎祥者，信不誣也。噫！斯皆天意所鍾，豈人力所能為哉！以洪公平昔律身端嚴，行己有耻，居家篤厚，倫理待人，不亢不阿，恭順尊長，軫恤孤寡，種種德範，難以筆罄。斯殆天誕德裔，以張大其門，為善人積德光裕之報也。後二歲，洪公新其祠宇，祠成而余再至，因顔其堂曰「三瑞」，附之以聯曰：「三瑞呈祥龍變化，百琴協韻鳳來儀。」而并述其事，以志不朽云。

按：此篇顯僞。文稱朱熹乾道七年、九年來淳安訪詹儀之，遂為洪氏作此記，尤謬。

朱熹與詹儀之之初識在淳熙二年，見景定嚴州續志卷三及朱熹與張栻往還書札，則乾道中斷無往淳安見詹儀之之事。乾道七年朱熹方丁母憂，廬墓守喪，豈可能離家千里出走？乾道七年一年中朱熹行踪昭昭載見於朱熹、張栻、吕祖謙三人通信中，見朱集卷三十三答吕伯恭書九——十一，吕集卷三答朱元晦書七——十二，張集卷二十二各書，以及朱熹與林擇之、何叔京、石子重往還書札，無往淳安之事。乾道九年一年中朱熹行踪，亦昭昭載見於朱集卷三十三答吕伯恭書十六——二十七，吕集卷三答朱元晦書十六——二十五，月月可考，亦絶無往淳安之事。又記中所謂「三瑞」：竹數丈無節，蓮子大如杯盞，菱大如枕頭，均荒誕不可能事，連篇記如夢囈。考祝穆方輿勝覽卷八有云：「三瑞堂，洪公元弼為寧海主簿時建。適以荷花、桃實、竹幹有連理之瑞，已而生子适。故适以貳車行縣，題詩云：『久矣馳魂夢，今登三瑞堂。故山有喬木，近事話甘棠。展驥慚充位，占熊憶問祥。白雲留不住，極目是吾鄉。』」洪适三瑞堂詩載盤洲集中。又陳耆卿嘉定赤城志卷六：「寧海縣三瑞堂，在聽西。政和四年，主簿洪皓建。時以荷花、桃實、竹幹有連理之瑞，已而生子适，故名。紹興十六年，适以貳車行縣，題詩云……」洪皓建三瑞堂，其亦有三子顯貴，康塘洪氏顯即是仿此偽造三瑞、三子中舉及此三瑞堂記，而託之朱熹以為高。

康塘洪氏宗譜卷十一又載朱熹作康塘百琴樓歌：

余嘗習静於銀峰之半畝方塘，時與洪子守成昆仲會文百琴樓中，故作歌以志之。

歌曰：

武强洪氏有康塘，山崔嵬兮水飛湍。卓哉碩人生其間，作德日修心自閑。崇樓廣置琴百張，興來鼓操樂且耽。其聲高，蕭蕭静夜鶴鳴皋；其聲古，洞洞金徽傳太初；其聲洪，冗冗鐵騎響刀弓；其聲幽，溶溶花落咽泉流。琴宜春，春日靄，東風應聲律，肺腑春滿懷；琴宜夏，夏景長，披襟奏南薰，夏閣生微凉；琴宜秋，秋思爽，金飆助宫商，萬壑秋聲朗；琴宜冬，冬令寒，呵手弄冰弦，和風解冬霜。書虞倦，琴滿案，玉軫常與牙籤伴，任教披吟歷萬卷，終是心恬神亦健；棋虞喧，琴滿軒，焦桐常置爛柯邊，任教當局猛争先，終是心和形也捐；畫虞癖，琴滿壁，朱弦常與丹青匹，任教骨髓愛奇筆，終是心融情自適。有時風，竹松送響和絲桐，飄揚午夜號長空，餘音梟梟擬鳴鐘；擬鳴鐘，百琴之樂樂融融。有時月，清輝異影聲疏越，嫦娥親自雲端閲，大笑人間音妙絶；音妙絶，百琴之樂樂泄泄。有時雪，瓊樹瑶臺音韻别，一團和氣滿腔徹，頓覺寒威忘凛冽；忘凛冽，百琴之樂樂習習。昔有琴臺傳至今，今見琴臺擅其名。矧是樓頭鼓百琴，猗與休哉孰與群。噫嘻，振振繩繩深有慶，於洪氏之後胤！噫嘻，振振繩繩之有慶，於洪氏之後胤！新安朱熹題詠。

按：朱熹生平未嘗一至淳安，前康塘三瑞堂記所考已證朱熹往淳安訪詹儀之為子虛烏有，此歌亦顯偽作。茲祇以「余嘗習静於銀峰之半畝方塘」考之，此句顯欲與朱熹方塘詩附會到一起，適足露其作偽之迹。今淳安瀛山書院得源亭中尚有朱熹方塘詩石碑，稱此詩是朱熹「訪占虚舟（按：即詹儀之）先生，遊此……有感而作。」明王畿瀛山書院記云：「瀛山距邑西北四十里，宋熙寧時，有占安者，構書院於其巔……山下鑿池，引泉注之，為方塘，以便遊息。厥後其孫儀之……淳熙中，與朱晦翁相友善，常往來山中，論格致之學，因為題方塘詩以見志。」又占氏宗譜亦云：「瀛山書院，安公致仕，建書院於其上，以訓子弟，下鑿方塘。後朱子訪占儀之公於院中，觀書有感，作方塘詩。」此説大謬至極。朱熹所詠方塘乃在崇安，而非淳安瀛山之方塘，其方塘詩作於乾道二年，是年朱熹亦絶無往淳安之事。

今按：朱文公文集卷二以及卷三十九答許順之書十，均有此詩，而不作此題，第四句作「為有源頭活水來」，而不作「惟有源頭活水來」，詩名觀書有感，非為訪詹虚舟而作。答許順之書十云：「夏秋間伯崇來相聚，得數十日講論。……秋來老人粗健，心閑無事，得一意體驗……更有一絶云：『半畝方塘一鑒開，天光雲影共徘徊。問渠那得清如許？為有源頭活水來。』試舉似石丈（憝）如何？湖南之行，勸止者多，然其説不一，獨吾友之言為當，然亦有未盡處。後來劉帥遣到人時已熱，遂輟行。」范伯崇來相聚在乾道二年，見卷四十答何叔京書二與卷三十二答張敬夫書四。「老人粗健」，指朱熹母祝氏，卒於乾道五年。所謂「湖南之行」與「劉帥」云者，指朱熹乾道二年嘗思趁劉珙帥潭之時往湖南訪張栻而未能成行，延至次年才往。據朱熹劉珙墓記，劉珙乾道元年三月帥潭，至三年正月召赴行在，此答許書云「劉帥遣到人時已熱」，知劉珙時方在湖南未去，則必作於乾道二年秋間。故斷可知觀書有感詩乃詠崇安之方塘，與詹儀之及淳安之方塘了不相涉。且乾道二年朱熹與許順之討論「敬」說而非「静」說，許順之作敬齋記有「敬字不活」之説，故朱熹作方塘詩乃借源頭活水比喻「敬」之非為「不活」，主「敬」而不主「静」。此康塘百琴樓歌竟謂「習静」云云，可謂驢唇不對馬嘴。

康熙遂安縣志卷十載朱熹來淳安講學時所作二詩：

過許由山

許由山下過，川水映明珠。洗身懷高潔，抛�墩上娱。

詠青溪

青溪時過碧山頭，空水澄鮮一色秋。隔斷紅塵三十里，白雲黄葉兩悠悠。

二詩又見萬曆遂安縣志卷四，民國遂安縣志卷十等。按：朱熹生平未嘗一至淳安，此二詩均僞託。如詠青溪本見載於朱文公文集卷二，題作入瑞巖道間得四絶句呈彦集充父二兄，為四絶句之第二首，瑞巖在福清縣，詩約作於隆興年間，與淳安所謂「青溪」風馬牛不相及。

宜興舊志卷十載朱熹作舟泊山溪詩：

鬱鬱層巒夾岸青，春溪流水去無聲。煙波一櫂知何處，鶗鴂兩山相對鳴。

按：朱熹生平足跡未嘗至宜興。朱文公文集卷十有水口行舟二首，其二即此詩，祇將「春山緑水去無聲」改為「春溪流水去無聲」，以與題合。然水口在古田，非詠宜興詩甚明。

重修泉州府志卷七載朱熹作題石佛巖詩：

卧草浮雲不計秋，忽然成殿坐巖幽。紛紛香火來求佛，不悟前生是石頭。

又見閩書、南安縣志等，多以為是朱熹在同安初悟釋氏之非而作。按：此詩乃王十朋作，見梅溪王先生文集後集卷十八，題作石佛。

京口三山志金山志卷九載朱熹作遊金山詩二首：

金山

浩浩長江水，東逝無停波。及此一回薄，潮平煙浪多。孤嶼屹中流，層臺起周阿。晨望愛明滅，夕遊驚蕩磨。極目青冥茫，回瞻碧嵯峨。不復車馬跡，唯聞榜人歌。我願辭世紛，兹焉老漁簑。會有滄浪子，鳴船夜相過。

暇日侍法曹叔父遊金山得往字

暇日西委輸，匯澤東滉漾。中川屹孤嶼，佛屋寄幽賞。我來此何日，秋氣欲蕭爽。共載得高儔，良辰豈孤往。酒酣清嘯發，浪涌初月上。疊鼓唤歸艎，寄跡真俯仰。

二詩多見載於方志，古今圖書集成方輿彙編山川典第一百零二卷録此二詩，歸入金山部。按：朱熹生平足跡未嘗至京口，此二詩見朱文公文集卷七，首詩原題作落星寺，為奉同尤延之提舉廬山雜詠十四篇之一；後詩原題作暇日侍法曹叔父陪諸名勝為落星之遊分韻得往字率爾賦呈聊發一笑。二詩皆朱熹南康任上詠廬山之作，與金山無關。

餘杭縣志卷二十二載朱熹作提舉洞霄宫客五年詩一首：

巖谷秉貞操，所慕在元虚。清夜眠齋宇，終朝觀道書。形忘氣自冲，性達理不餘。於道雖未已，庶超名跡拘。至樂在襟懷，山水非所娱。寄語馳狂子，營營竟焉如？坐厭塵累積，脱洒味幽元。静披笈中素，流詠東華篇。朝昏一俯仰，歲月如奔川。世氛未云遣，仗此息諸緣。端居獨無事，聊披老氏書。暫釋塵累牽，超然與道俱。門掩竹林幽，禽鳴山雨餘。了此無為法，身心同晏如。

志云：「此詩為朱子大全集所無，當是道流偽託為之。……考史傳載朱子提舉鴻慶，正在寧宗即位、除焕章閣待制、侍講之時，實無提舉洞霄之事。」按：此詩實在朱文公文集卷一中，乃由讀道書作六首之首詩與誦經、久雨齋居誦經三首詩拼湊而成，皆朱熹手編牧齋净稿中詩，作於紹興二十二年與二十三年，斷非提舉洞霄宫之詠。朱彝尊洞霄宫提舉題名記云：「文公當日第主管崇道、冲佑、雲臺、崇福、太一諸祠，提舉鴻慶一宫，未嘗主此地。」

石渠寶笈續編第五録清宮藏朱熹自書讀道書有感詩六首，宋牋本，行書，後題云：「乾道元年□酉歲仲秋既望，寓南嶽讀道書有感成六首，晦庵朱熹書。」并有鈐印四：「純庵」、「與木石居」、「晦翁」、「朱熹之印」。按：此六首詩見朱文公文集卷一，題作讀道書作六首，乃編在牧齋净稿中，作於紹興二十二年壬申，斷非乾道元年之作，且乾道元年朱熹尚未號「晦庵」，更無「寓南嶽」之事，此顯為贋品。

今長沙有朱熹手書二詩奉酬敬夫贈言并以為别詩碑（拓本存湖南省博物館），後且有題曰：「乾道三年九月八日詩奉酬敬夫贈言，再以為酬。新安朱熹書。」吴大澂識云：「此卷墨跡，余得自粤中，曾屬樂生炳元以端石摹刻之。兹來湘水，重鈎勒石，置之嶽鹿書院。」按：此詩見朱文公文集卷五，無此後題。朱熹於九月八日抵潭州，與敬夫别乃在十一月二十三日，此題顯僞。

光緒桃源縣志卷十載朱熹遊桃源縣桃源洞之詩桃溪一首：

澗裏春泉響，種桃泉上頭。爛紅紛委地，未肯出山流。

志稱朱熹乾道六年「奉敕諭苗過鼎州，至桃源洞，有桃溪詩……」按：乾道六年朱熹丁母憂在家，斷無往湖北鼎州諭苗之事。此爲朱熹雲谷二十六詠之桃溪詩，見朱文公文集卷六，此桃溪在建陽。

四庫全書總目卷三十七經部四書類存目録或問小注三十六卷，題朱子撰，中且有朱熹與劉用之書及序四篇。提要考云：「宋以來諸家書目皆不著録，諸儒傳朱子之學者，亦無一人言及之。康熙壬午，始有陳彝則家刻本，稱明徐方廣所增注。越二十年壬寅，鄭任鑰又爲重刻，而附以己説，并作後序，反覆力辨，信爲朱子書。如卷首載朱子與劉用之書及序四篇，晦庵集中不載，則以爲集中偶佚；年譜不記作此書，則以爲年譜遺漏；書中多講時文作法，則以爲制義始王安石，朱子亦十九舉進士，心善時文。連篇累牘，欲以强詞奪理。至如解中庸『其至矣乎』一節，『道之不行也』一節，皆剽四書大全所載雙峰饒氏語；『射有似乎君子』一節，全剽四書大全所載新安陳氏語，僞跡昭然，萬難置喙，則以爲大全誤題姓名，其偏執殆不足與辨。又既稱此書作於集注之後，而孟子『萬物皆備於我矣』一章，乃於第三條下附記曰：『此條係語類説，第八條係或問説，前輩多疑此爲未完之説，在集注之前。』信哉是小注又在集注前矣，不亦自相牴牾耶？所載中庸原序，稱『淳熙己酉冬十月壬申』，考宋史孝宗本紀，是月有庚子、壬寅二日，使庚子爲朔，則下推三十二日爲壬申；使壬寅為晦，則上推三十一日為壬申，均不得在十月。文獻通考載朱子之言曰：『集注後來改定處多，遂與或問不相應，又無功夫修得云云。』是或問尚未暇改，何暇又作小注？陳振孫書録解題又曰：『論語通輯十卷，黄幹撰。』其書兼載或問，發明翁婦未盡之意。使朱子果有此書，幹亦何必發明乎？其為近人依託無疑。王懋竑白田雜著有是書跋，稱任鑰刻是書後，自知其謬，深悔為湯友信所賣，并稱序及諸論皆友信之筆，任鑰未嘗寓目云。」又四庫簡明目録標注卷四經部八亦於朱熹四書或問下云：「有徐思曠夾注本。存目或問小注三十六卷，舊題朱子撰，提要力斥其偽，不知是書即思曠所注也。」今按：若或問小注即徐思曠夾注之書，徐又何必於己書中偽造與劉用之書及四序？考陳彝則家刻本分明云明徐方廣所「增注」，則當是原來已有注，後為徐方廣所增。徐方廣與徐思曠應為一人。與劉用之書及四序必為徐氏增注前已有，與原注同偽託朱熹作，然則徐方廣增注非偽，而增注前之原注為偽矣。注中多有與胡廣四書大全同者，當是徐方廣取四書大全所載增入注中。

四庫全書總目卷三十七經部四書類存目録朱熹四書問目一書，提要考云：「舊本題曰『考亭朱元晦先生講授，門人雲莊劉爚、睦堂劉炳述記』。前有永樂壬寅其九世孫劉文序，稱：『四書問目世所傳者，四書大全、朱子文集内載數條而已。近於親表教授程蕃家求得論語二十篇。及任江西豐城尉，適吴侍御家得大學、中庸數十條，而孟子則同修國史崇邑邱公永錫家藏焉。於是散者復合，而闕者幾全。』又有弘治十一年鄭京序，稱：『宣德間，書林有與同姓者，欲附其族，為劉氏子孫所辱。遂於凡載籍二人姓名悉剔去之，或易以他名，欲滅其跡。』又稱：『劉文所輯，湮晦失傳，其裔孫復於鷹山游氏得其全帙云云。』案朱彝尊經義考，劉爚有四書集成，劉炳有四書問目，并注已佚。則問目獨出於炳，不應兼題爚名。又豐城縣志載明一代典史六十三人，亦無所謂建陽劉文。且建陽一書賈，其力幾何，安能盡毁爚、炳之書，又安能盡鏟爚、炳之名以易他氏？其説皆牴牾支離。書中問答，亦皆粗淺，不類朱子之語，殆皆其後人所依託歟？」按：劉文所説朱子文集内載四書問目數條，指續集卷九答劉韜仲問目。續集編於淳祐五年，據王遂自序云：「歲在癸卯（淳祐三年），遂假守建安，從門人弟子之存者而求其議論之極，則王潛齋已刻之方册。間從侍郎（朱熹子朱在）之子請，亦無所獲。惟蔡西山之孫覺軒早從之遊，抄録成帙；劉文昌家亦因而抄掇。悉以付友人劉叔忠，刋落其煩，而考訂其實。」知王遂來守建安，特往蔡元定家及劉爚、劉炳家訪求朱熹遺文，今續集一編亦正主要收輯朱熹答蔡元定父子與答劉氏兄弟之書，若劉氏兄弟有四書問目，何以王遂只得答劉韜仲問目若干條，而未得四書問目全本？且景定三年余師魯來守建安，又再收輯遺文編刻别集，據建安書院山長黄鏞咸淳元年序云：「建通守余君師魯……搜訪先生遺文，又得十卷，以為别集……鏞與君之長子謙一為同舍郎，亦嘗預聞蒐輯之意……」劉氏兄弟為崇安人，若有四書問目，此時亦必可訪得入集，而别集蒐搜之多過於續集，亦無四書問目，更可證四書問目為後人僞作無疑。

永樂大典中有家山圖書一書，題為朱熹所作，四庫全書總目卷九十二子部儒家類二録此書，有考云：「今考書中引用諸説，有文公家禮，且有『朱子』之稱，則非朱子手定明矣。錢曾讀書敏求記曰：『家山圖書，晦庵私淑弟子之文，蓋逸書也。李晦顯翁得之於劉世常平父，劉得自於魯齋許文正公。其書以易、中庸、古大學、古小學參列於圖，而於修身之旨歸綱領，條分極詳。此本惜不多覯，宜刊布之，以廣其傳云云。』曾家所藏舊本，久已不傳，世無刊本，書遂散失。惟永樂大典尚備載其原文，然首列小學本旨圖，中多曲禮、内則、少儀之事，與曾所謂『以易、中庸、古大學、古小學參列於圖』者，體例稍異。意是書諸儒相傳，互有增損，行世者非一本歟？」今按：善本書室藏書志卷十五著録翁蘿軒藏元刊本（按：疑為明刻本）文公先生小學明説便覽六卷，題云「後學餘姚夏相纂輯，松塢門人京兆劉剡音校」。丁氏云：「前有文公小學書題及題辭十節，更列弟子授業之圖至衿鞶篋笥椸楎圖，凡五十有四，與四庫本家山圖書相合，惟缺首葉右小學本旨一圖……錢曾所藏舊本無從蹤跡，惟永樂大典尚載原文，兹獨附小學之首，與閣鈔家山圖書對看，賴以補正甚多。」據此，家山圖書與文公先生小學明説便覽實為一書，而纂輯者為夏相。

四庫全書總目卷九十五儒家類存目録有清李文炤近思録集解十四卷，中載有朱熹訓子詩，提要云：「前有綱領數條，末附感應詩解一卷，訓子詩解一卷。感應詩見朱子大全集。訓子詩稱傳自黄幹，而無可證據。其詩淺俗，决非朱子所為也。」

三餘堂叢刻中收有二十四孝原編一卷，以為朱熹撰。按：二十四孝之説起於元時，宋時尚無此説。最早有二十四孝一書，為元郭守敬之弟郭守正所編。後張憲玉笥集卷五有題王克孝二十四孝圖詩，而二十四孝圖詩、女二十四孝圖等遂紛出。疑此二十四孝原編乃元人偽造。

光緒南安府志補正卷九載朱熹作宿真覺寺一首：

真覺江邊寺，風煙罨畫然。庭羅合抱柏，門泊釣魚船。暮雨凉初過，中秋月正圓。無人求共賞，獨自占江天。

按：朱熹生平無中秋節在南安府之事。據同治建昌府志卷九有曾季貍宿正覺寺詩：「正覺江邊寺，西風倍泠然。庭羅合抱木，門泊釣魚船。暮雨涼初過，中秋月正圓。無人來此夜，獨自占江天。」可見此詩實曾季貍作。

紹興新河王氏族譜卷十載有朱熹作王氏族譜序：

熹承皇命，救荒諸郡，按歷之嵊，至孝嘉鄉，適王先生舜臣告予曰：「愷家居於此，敢請先生駐旌半時，以叙闊情。」予遂往訪之，詢舜臣尊君之出處，答曰：「家父命改通判宿州太平觀，愷久違顔範，不得侍聽講席，學問無成，於心快然。」自叔瑀授廣德司録時，都門與予一别，不覺又六七寒暑矣，可見人生相會之難也。是夕，留予邸宿其家。舜臣持曾祖正字君家譜觀之，再拜而啟曰：「愷家父久慕先生大筆，以冠其端，今蒙先生賁□，不勝是幸。」余與叔瑀締交同官，舜臣講於予，既欲予言，何可辭請。按王氏自逸少公為會稽内史，家居剡之金庭，至今二十餘世，僅七百餘載，世更變故，子孫固守於斯，正所謂死徙不出鄉，可謂難矣哉！嗚呼！自周官五宗九兩之法廢，故家大族各有譜以辨疏戚，强不援，弱不遠，的派旁支，實書不誣，貴得信以傳信也。奈中古之世，有賜姓而紊宗；流俗之弊，有冒氏而渾族，皆不得姓氏本源，烏得遽以世家稱之？王氏之族，内史以前，具載唐史，故不必書；内史以後，嗣續繼修，世守不失，無賜冒之亂，則王氏之裔百世無僞，誠可謂清白相承，閥閲名族矣。為王氏子孫登名斯譜者，當克繼宗緒，無忝先哲，則庶幾乎？遂出譜圖之首，以勗諸時。淳熙壬寅仲春既望，朝奉大夫、提舉浙東常平茶鹽兼會稽道按歷諸郡救荒事、婺源縣開國男食邑三百户、賜紫金魚袋新安朱熹序。

按：此序一眼可知為僞作。如序開首云「按歷之嵊，至孝嘉鄉」，考朱熹淳熙九年正月七日巡歷到嵊縣，十四日已巡歷到金華縣，二月已回到紹興（見朱熹年譜長編），何來朱熹二月十五日、十六日在嵊縣為王氏譜作序之事？又序末署「朝奉大夫、提舉浙東常平茶鹽兼會稽道按歷諸郡救荒事、婺源縣開國男食邑三百户、賜紫金魚袋新安朱熹序」，更大謬不然。朱熹慶元元年三月方轉朝奉大夫，紹熙五年閏十月八日方封婺源縣開國男，食邑三百户（亦見朱熹年譜長編），淳熙九年豈能作如斯語？「會稽道」者，宋代無有會稽道，此乃清人語，僅此可見此序為清代王氏裔孫所僞造。

重修十年派周氏宗譜卷一載有朱熹作諸暨周氏譜序：

夫譜何為而作也？譜賴以明氏族、别世系，俾昭穆相承、親疏有序而作也。其有關風化，切於世教，孝子順孫之尊祖敬宗，篤厚倫誼者，曷有重於此哉？且姓肇於周姬，巨族遍於天下，賢人君子，無世無之，第世遠年湮，屢罹兵火，譜乃弗繼，漸至失傳，史册雖昭，□□□□。是故仁人君子，必思夫水源木本之義，而倦倦於譜之輯歟？故先生程子曰：「管攝人心，收繫宗族，厚風化，篤人倫，使之不忘本，須是明譜。」由是觀之，譜之所繫大矣哉！熹自早歲私淑濂溪，讀其遺書，每痛其缺扔，博求四方，一無所獲。予至道州，訪遺稿於其孫，較世之所傳者差多，然亦散亂而無序。迨至南康，拜神像以慰夙昔私淑之心，因與僭撰祠堂之記，訪求其遺書於道州，稿簡多一二，但太極通書混焉無別，而是譜殆亦未之見也。今公事至浙東，聞評事周仲賓，濂溪之曾孫也，予訪之，因以世譜示予。余歷觀之，迨至濂溪行迹，圖太極於前，序通書於後，與余平日之所序者吻合，余不勝喜躍，而謂其實切於世教，有功於吾儒之書也。且其脉絡分明，裔派昭晰，誠足以收系宗族、篤厚人倫於萬世者。故余不待其求，而樂焉為之序云。時淳熙辛丑春三月，提舉浙東常平茶鹽公事、進直徽猷閣新安朱熹序。

按：此序連篇胡言亂語，一望知僞。如序稱朱熹早年曾往道州訪濂溪遺稿，南康任上又往道州求遺書，皆荒謬絶倫。朱熹淳熙九年正月巡歷紹興府屬縣，二月已回紹興府，何來三月在諸暨訪周氏作譜序之事？朱熹淳熙八年七月十七日除直秘閣，至淳熙九年九月四日除直徽猷閣，如何淳熙九年三月時題「進直徽猷閣」？皆是拙劣僞造。

暨陽石氏宗譜卷一載有朱熹作贈石氏受姓序：

余榮甲第任同安簿，石君子重為同安丞。熹嘗任南康軍，石君子重亦任南康丞。出入相友，講明道學多符。著作中庸輯略，乘間以重修家譜見示。熹窮目歷觀，甚有感激。夫姓氏以人物為榮，不以人物為辱，彼區區改氏冒姓者奚益哉！古者別姓分類，作譜作禮時，則有著姓氏之世系；敘昭穆而命小吏時，則有姓氏官，淵源遷派，繩繩有序，金枝玉葉，秩秩可考，故訂甚易。自譜牒久廢，源流無據，崛起草野之夫，而求附聖明之後，噫，可歎矣！竊觀石氏之相承，無非出於黃帝之後，考之史遷世表，至周武王，而武王封康叔於衛靖伯，食采於石就。石氏春秋時為衛上卿。漢興，高祖召奮為小使，擢為中涓，積功纍纍。孝文時，官至大中大夫。孝景即位，以奮為九卿。生四子：長建，次甲，三乙，四慶。皆以順行孝謹授官，各食禄二千石。帝曰：「石君及四子登榮，各享天禄。」人臣尊寵，舉襲其門，號曰「萬石君」。後以上大夫禄老於家，孝謹恭敬，雖齊魯諸儒質行，皆自以為不及。接踵登仕，世不乏人。八世孫渾，吏部尚書；祖，東萊太守。十五世孫淵，建安太守，從晉元帝渡江，家於丹陽。青州刺史彌之，自丹陽徙會稽之剡。檢校太保諱元遂，始徙南明厥子坊，鎮東軍節度使。孫湘，東都勾復；渝，吏部尚書。曾孫環，蘇州檢校；琪，殿中丞；延，倖司空右丞。五世孫匡鄴、匡建，副使；匡瑾，太保；文渥，大理評事。六世孫顯達盈朝。若待旦公道開義塾，築三區，身自督教，明道先生嘗寓館，講論道學。登科甲者七十餘人，以孝行鳴於東南，可謂盛矣！噫，世以一己之見而論他人之譜牒，難矣；雖然，不可不論：先哲姓氏之權出於上易明，後世姓氏之權出於下難考；以國賜姓，為魯為宋；以謚賜姓，為惠為宣；若司空、司馬，以官賜姓；若王孫、公孫，以氏賜之；若東門、西門，以居賜之。石氏之姓，其來有自，衍及子孫。繼承者前後作述，光彩昆耀；而改氏冒姓者乃石氏之下風，無足道耶！吾友子重，諱敦，為會稽新昌右族。曾大父諱景淹，不仕。大父諱公儒，以遺逸名授迪功郎。父諱維，贈朝奉大夫。自幼端悫，穎悟不群。年十二刻意為學，晝夜不怠。年十八擢進士，授迪功郎。與熹相善，託熹作文，以輯先人受氏之源，終於公弼、斗文二公重修譜牒之意乎。宋淳熙十四年歲次丁未桂月

新安晦庵朱熹頓首拜撰。

按：此序亦連篇胡言亂語，所叙與事實無一相合，不值一辨。石敦子重卒於淳熙九年六月二十六日，朱熹作有知南康軍石君墓誌銘，見朱文公文集卷九十二。此序之作偽匪

夷所思。

諸暨南門周氏宗譜卷一載朱熹作暨陽周氏宗譜叙：

譜牒之作，所以別宗支，明世系，誠士君子有家之要務也。其意起於黄鍾，形於律吕。其法始於始祖，一世、二世以至五宗族，列為旁從之類。族有圖，以別昭穆，明親疏，而禮制喪服行焉，尊卑上下、等級隆殺設焉。予觀周克慎之世系，本出於姬姓黄帝之裔，以國為氏，綿千餘年，支分派別，蔓延天下，而尤望於河南。至始遷祖諱靖，字天錫，世居祥符。為國子正録，扈蹕南渡居杭，遷於諸暨。歷四世，祖伯五、伯八、伯九遷南郭，於今凡幾世矣。其譜系所輯，燦然明備，先世之澤，至今賴以不墜者，克慎之力也。俾同源分派，人易世疏，不有譜，將使宗支世系紊亂無考，其後世弊，殆有不可勝言者矣。嗚呼，可不謹哉！時大宋慶元丙辰秋七中浣，晦庵朱熹序。

按：慶元二年朱熹黨禁在家，斷不可能迢迢往諸暨觀譜作叙，此叙顯僞造。

民國重修南屏楊氏宗譜卷一載朱熹作弘農真傳序：

嘗考傳記，見晉時王謝子弟，雖遇先人只字，必藏而法之，其才可知矣。而其出於君賜者，又可知唐之房、杜，首稱賢相，僅立門户，遭不肖子孫蕩廢殆盡，尚可記先世之制誥哉？至於狄梁公後，持告身以謁狄青，尤不足言矣。厥後房、杜子孫邈焉無聞，而王謝衣冠世濟其盛，一能守與不守之間，而子孫之賢否以别。一子孫之賢否，而家世所由以盛衰也。弘農楊氏遠出周，封齊伯為楊氏之後。自子孫以楊為姓，來世有顯著，如漢之關西夫子，唐宋之簪祖相仍，皆予記述。蓋楊氏以王謝有守之子孫法之，亦以王謝之衣冠望之，故樂為序。

按：譜稱南屏楊氏始祖楊貞官杭州清河令。朱熹淳熙九年巡視諸暨救災，由楊貞陪同視察，遂為楊氏作弘農真傳序。按之實際，絶無此事。此序正如前諸暨周氏譜序所考，亦為僞作。

天府廣記卷四十二載朱熹作樓桑廟詩三首：

江表孫郎藉父兄，阿瞞挾主傚狐鳴。蛟龍不合池中老，匕箸何勞座上驚？時事正神桑寶蓋，夕陽又下錦官城。蕭條千古風雲會，誰問人間有孔明？　樓桑大樹翠繽紛，鳳鳥鳴時曾一聞。合使本支垂百世，詎知功業只三分！空村常帶燕山雪，古廟猶飛蜀道雲。尚賴偏方傳正統，離離春草半斜曛。　誰憐漢室竟三分，桑柘枯條帶落矄。遺老凋零披草莽，故宫慘淡會風雲。龍飛舊國傳今日，龜載穹碑篆古文。俯仰空成詩客恨，啼鳴滿樹不堪聞。

按：樓桑在涿州東南，為劉備故里。有桑高十丈，劉備兒時戲桑下，指謂帝王羽葆。桑側有劉備古廟。南宋時朱熹絕不可能北往涿州，此三詩顯僞託。

武夷山志卷五、古今圖書集成方輿彙編山川典卷一百十三均載有朱熹作方池詩：

武夷之境多神仙，我亦駐此臨風軒。方池清夜墮碧玉，重簾白日垂洞門。暗泉湧地紫波動，微雨在藻金魚翻。倚檻照影清見底，拄杖卓石尋無源。洗玉女去不返，遭此丈八芙蓉盤。溪船明月泛九曲，出入紫微聽潺湲。便欲此地覓真隱，何必商山求綺園。

按：此為元薩都剌詩，原題作武夷館方池。

翰墨大全戊集卷四載有朱熹作祭李三谿文、祭胡古潭文二文。今按：「李三溪」即李南金，「胡古潭」即胡翼龍，二人皆為江西人。李南金字晉卿，號三溪冰雪翁，樂平人，寶慶二年進士，同治樂平縣志卷七有傳。胡翼龍字伯羽，號蒙泉，一號古潭，廬陵人，淳祐十年進士。兩人活動年代在朱熹之後，故此兩篇祭文顯非朱熹所作。詳見杜春雷朱熹佚文兩篇考辨。

嘉靖太平縣志卷一、嘉靖浙江通志卷十一均載有朱熹作題陶源明小像詩：

慧遠無此冠，靖節無此巾。此巾要亦有，無此灑酒人。

按：此爲方回詩，第二句原作「修靜無此巾」。

永樂大典卷二八〇九載有朱熹作紅梅詩：

似桃非桃杏非杏，獨與江梅相早晚。天姿約略帶春酲，便覺花容太柔婉。霞觴瀲灩玉妃醉，應誤劉郎來閬苑。會須參作比紅詩，莫學墻頭等閑見。

按：此爲王十朋詩。

道光徽州府志卷十一之三載有朱熹作題汪氏快閣詩：

傍檐古木緑陰陰，下有清溪可洗心。燕坐紅塵飛不到，清風時至喜披襟。

按：此爲王炎所作詩。王炎字晦叔，一字晦仲，號雙溪，婺源人。或是王炎與朱熹字相似，遂誤將此詩為朱熹作。

李清馥閩中理學淵源考卷十七「陳彦忠先生士直」條下著録有朱熹贈人詩一首，其說曰：

馥家藏先公（按：李光地）所遺朱子墨迹一軸，書贈人詩一首。後云：「考亭朱某題贈門人彦忠、彦孝昆玉同榜登第。」其詩云：

秋闈春榜兩同年，昆玉連登豈偶然。
青領乍辭芹泮路，緑袍新醉鳳池筵。
東南文運今方盛，虞典人才古獨先。
忝我師儒真不負，長歌喜極為重編。

今按：二〇〇四年在中貿聖佳二〇〇四年秋季拍賣會上出現朱熹手書「贈門人彦忠彦孝同榜登第」詩册（後在網上公布廣傳）。該詩册云：

秋闈春榜兩同年，昆玉□登□□□。
□□乍辭芹泮路，緑袍新醉鳳池筵。
東南文運今方盛，虞典人才古獨先。

忝我師儒真不負，長歌喜極為重編。

考亭朱熹題贈門人彥忠、彥孝同榜登第。

將此詩册本與李光地、李清馥藏朱子墨迹本相比照，顯是兩個不同本子。詩册本少「昆玉」二字，字迹拙劣，斷非朱熹手迹。方彥壽作是「國寶」還是偽帖——朱熹「贈門人彥忠彥孝同榜登第詩册」考析，定此詩册為偽帖，良是，可成定案。至於李光地、李清馥藏朱子墨迹本及此朱熹詩之真偽，尚多有疑點待考。按李氏藏朱子墨迹本後題「考亭朱某題贈門人彥忠、彥孝昆玉同榜登第」，乃是後來藏此帖者或知情者所題，既非此詩題目，也非朱熹本人所題，此本一目了然。故其中題「考亭朱熹」亦自合理，不得以「考亭」疑朱熹此詩為偽，或以據「考亭」定朱熹詩之作年與彥忠彥孝登第之年。又此「彥忠」是陳彥忠還是葉彥忠亦尚未知，更無從確定彥忠兄弟登第在何年（如彥忠兄弟是否有可能在淳熙中登第等）。故朱熹此詩之真偽，還當存疑待考。

同治德興縣志卷一載有朱熹作歲寒堂詩：

書堂高構歲寒巔，水秀山明隔市廛。滿座柳風吹道骨，一溪梧月浸心天。

按：此為余瀚詩，原題作自題歲寒堂。